1691

CIRTA

ses monuments,

son administration,

ses magistrats,

D'APRÈS LES FOUILLES ET LES INSCRIPTIONS

PAR

Ch. VARS,

Professeur de Philosophie au Lycée
Secrétaire de la Société Archéologique de Constantine

| OUVRAGE ORNÉ DE 8 PLANCHES HORS TEXTE ET D'UN PLAN |

PARIS
ERNEST THORIN, Éditeur
7, Rue de Médicis, 7
—
CONSTANTINE
ADOLPHE BRAHAM, Imprimeur-Éditeur
2, Rue du Palais, 2
—
1895

CIRTA

ses monuments,

son administration,

ses magistrats,

D'APRÈS LES FOUILLES ET LES INSCRIPTIONS

PAR

CH. VARS,

Professeur de Philosophie au Lycée
Secrétaire de la Société Archéologique de Constantine

OUVRAGE ORNÉ DE 8 PLANCHES HORS TEXTE
ET D'UN PLAN

PARIS
ERNEST THORIN, Éditeur
7, Rue de Médicis, 7

CONSTANTINE
ADOLPHE BRAHAM, Imprimeur-Éditeur
2, Rue du Palais, 2

1895

A Monsieur Ernest Mercier,

PRÉSIDENT DE LA SOCIÉTÉ ARCHÉOLOGIQUE DE CONSTANTINE,
PRÉSIDENT DE LA SOCIÉTÉ DE L'AFRIQUE CENTRALE,
ANCIEN MAIRE DE CONSTANTINE,
CHEVALIER DE LA LÉGION D'HONNEUR,
LAURÉAT DE L'INSTITUT,

Au savant auteur de l'*Histoire de l'Afrique septentrionale* et de tant d'autres publications qui ont fait connaître et aimer notre belle et attrayante Algérie,

Je dédie ce modeste ouvrage qu'il a inspiré de ses conseils et soutenu de ses encouragements, sans lesquels il n'eût pas vu le jour.

Mon unique ambition a été d'apporter ma petite pierre au monument qu'il vient d'élever à notre chère ville de Constantine, en écrivant son histoire si importante et si complexe dont on attend la publication avec une légitime impatience.

Puissé-je y avoir réussi !

Ch. Vars

Constantine, le 31 Décembre 1894.

BIBLIOGRAPHIE

La bibliographie de Cirta n'existe pas, à proprement parler. Si le livre que nous présentons aujourd'hui au public a quelque mérite, c'est d'être entièrement nouveau.

Cirta, la grande Métropole des IIII Colonies, était, pour ainsi dire, inconnue. Si on avait quelques données sur son organisation, elles étaient très vagues et tout à fait superficielles. En revanche, on n'en avait presque aucune sur ses monuments. Le secret, sur ce point, n'avait pas encore été dévoilé. C'est qu'on n'avait pas puisé à la véritable source : l'épigraphie, et les découvertes dues aux fouilles nécessitées par la construction de nos édifices modernes. On s'apercevra, en lisant la première partie de ce volume, qu'il reste encore beaucoup à faire de ce côté. Nous ne possédons, en effet, qu'un nombre relativement restreint d'indications sur les monuments de Cirta. Cette pénurie tient à plusieurs causes : les fouilles, en effet, n'ont pas été, la plupart du temps, très profondes. On s'est contenté, le plus souvent, d'établir les fondations de nos demeures sur d'anciennes substructions que l'on n'a pas déblayées. Il eût fallu pour cela creuser à une profondeur moyenne de six mètres, distance qui sépare le sol actuel de Constantine de celui de l'ancienne Cirta. De plus, malgré le zèle déployé depuis plus de quarante ans par notre vaillante et prospère *Société archéologique*, il n'a pas toujours été possible de surveiller ces fouilles que beaucoup d'entrepreneurs se sont empressés de combler sans permettre les constatations scientifiques auxquelles elles eussent certainement donné lieu. Heureusement pour nous et pour l'antiquité, la plus grande partie de la surface de Constantine recouvre encore les substructions inexplorées de la ville romaine. Il faudra bien se décider un jour à porter le pic des démolisseurs dans les informes superstructures qui constituent la plus notable partie de la ville, pour les remplacer par des édifices plus confortables. C'est ainsi qu'en ce moment même, pour la construction d'un Collège de jeunes filles, on va procéder, sur un vaste emplacement où devait passer une des plus grandes artères de Cirta, à d'importantes démolitions sous lesquelles vont surgir probablement bien des données intéressantes. La *Société archéologique* de Constantine a pris désormais toutes ses mesures pour que rien ne lui échappe, dans l'avenir, des vestiges de l'antiquité dont notre sous-sol est si riche. Elle est donc appelée à de nombreuses découvertes qui ajouteront encore a sa vieille réputation de science et de travail.

Malgré cette difficulté imposée si longtemps aux recherches, au point de vue de la topographie de Cirta, de bien précieuses données épigraphiques ont été mises au jour et conservées en très grand nombre par des hommes d'un zèle admirable et dont quelques-uns eurent une connaissance profonde de l'épigraphie, alors qu'elle était encore dans l'enfance. Nous les nommerons tous avec le même respect, sinon pour leur valeur personnelle, du moins pour les services qu'ils sont rendus : Léon Rénier, le Général Creuilly, Delamare, Cherbonneau, Marchand, Reboud. Nous réservons pour le dernier rang de cette série celui qui doit y occuper le premier, après Léon Rénier, M. Poulle, notre véritable maitre, en même temps que notre vénéré Président honoraire de la *Société archéologique*. Son œuvre épigraphique, tant pour Cirta que pour le département tout entier, est aussi considérable que sa science est profonde et sûre. Combien il est regrettable qu'il n'ait pas entrepris lui-même l'étude que nous livrons au public ! Aucune des fautes inévitables que notre inexpérience a commises n'y eût été signalée. Seul, il connaît à fond tout ce qu'il est permis de savoir sur Cirta, depuis près de trente ans qu'il en pénètre les secrets avec cette sagacité dont témoignent tous ses travaux. Malheureusement, la retraite l'a éloigné de nous et nous n'avons pu profiter, autrement que par les écrits dont notre *Société archéologique* est si fière, d'une science et d'une expérience si profondes.

Les découvertes de ces zélés et savants chercheurs ont constitué cette riche épigraphie de Cirta qui est consignée d'abord dans les 28 premiers volumes du *Recueil de Constantine*, et ensuite dans le *Corpus Inscriptionum Latinarum* de Berlin (C. I. L., viii). C'est là surtout que nous avons puisé tous les éléments mis en œuvre dans ce livre.

Nous avons aussi consulté, avec fruit, les quelques pages consacrées à Constantine par Amable Ravoisié, Architecte du Gouvernement, dans son *Exploration scientifique de l'Algérie en 1840-41-42* (Firmin Didot, 1851). Nous lui avons emprunté, en outre, la plupart de belles planches que nous publions sur des monuments romains qu'ils a dessinés à cette époque et dont il ne reste plus aucune autre trace aujourd'hui.

Nous ne rappellerons que pour mémoire la petite notice de Cherbonneau, sur *Constantine et ses antiquités*, publiée dans le premier volume du *Recueil de Constantine*, en 1853.

Enfin, nous avons contrôlé avec soin tous les détails que nous donnons sur les magistratures et le culte, dans le grand *Manuel des antiquités romaines*, de Th. Mommsen et J. Marquardt, dont la maison Ernest Thorin vient de publier une édition française en seize volumes in-8°.

PREMIÈRE PARTIE
———

LES MONUMENTS

CIRTA

SES MONUMENTS, SON ADMINISTRATION,

SES MAGISTRATS

D'APRÈS LES FOUILLES ET LES INSCRIPTIONS

S'il est une des cités de l'Afrique romaine pour laquelle il soit aussi intéressant qu'utile de rassembler les connaissances qui nous en sont données par les textes épigraphiques, les auteurs anciens et les restes aujourd'hui disparus de ses monuments, c'est bien notre antique *Colonia Julia Cirta,* appelée aussi par Dion Cassius (1) et les inscriptions (2) *Colonia Julia Juvenalis Honoris et Virtutis Cirta,* désignée souvent par les mots *Respublica Cirtensium* (3) et qui devint plus tard, sous Constantin, après la défaite de l'usurpateur Alexandre, la *felix* et la *splendida Colonia Constantina* (4) ou encore la *Constantina Civitas* (5). Les données qui

---

(1) 48, 22.
(2) C. I. L., viii, 7099 et 7117.
(3) Ibid: 2296, 6998, 7043, 7049.
(4) C. I. L., viii, 7012.
(5) Ibid: 7013, et Cod. Théod., 12, 1, 29.

constituent ce que nous en savons sont dispersées de tous côtés. Aucun travail d'ensemble ne les a réunies et nous ne connaissons dans le *Recueil de la Société archéologique* lui-même aucune synthèse qui ait condensé ces notions fragmentaires, car nous ne pouvons attribuer ce mérite au travail fort intéressant, mais malheureusement trop incomplet, de Cherbonneau sur *Constantine et ses antiquités* (1). Il est donc nécessaire de réunir ces documents en un petit précis qui permette, à chaque instant, d'interpréter sûrement les textes épigraphiques d'une nature toute spéciale dont notre ville et ses environs sont si riches. Elle a été, en effet, le siège d'une organisation presque uniquedans l'empire qui a donné à ses inscriptions un cachet particulier dû à la nature des fonctions qu'elles relatent.

I.

Des origines à la colonisation romaine

Le plateau de Constantine, isolé du territoire environnant par la profonde gorge du Rhumel (Ouad-Remel) et qui n'y tenait que par l'isthme du Coudiat-Ati qu'on pouvait aisément défendre, en y concentrant la résistance, était un emplacement de premier ordre. Les plus anciens habitants du pays, fixés au sol et ayant une organisation sociale, durent s'y établir, et la ville, grâce à cette formidable position, domina

---

(1) *Rec. de Const.*, t. I de la collection, p. 102-103.

bientôt tout le pays dont elle devint ultérieurement la capitale. Ce pays fut la Numidie. Aussi, les commencements de Cirta sont-ils associés aux origines des rois de Numidie dans les légendes primitives. Selon la tradition grecque, le premier d'entre eux, Juba, serait le fils d'Hercule (l'hercule phénicien, Baal) et de Thespias *Certhe* (Κέρθη) (1). Il donna le nom de sa mère à la ville qu'il fonda et qui devint la capitale de son royaume. Mais il semble plus logique de rattacher ce vocable à la langue phénicienne ou aux idiomes libyques (berbères). Les Carthaginois y exercèrent une grande influence et beaucoup d'entre eux s'y établirent. Cirta conserva toujours cette suprématie. Vers la fin de la deuxième guerre punique (203), elle était la capitale de Syphax (2) qui avait enlevé cette partie de la Numidie à Massinissa. Après la victoire des Romains, celui-ci rentra en possession de Cirta. Il ne cessa, dès lors, d'y résider, et ses successeurs l'imitèrent. Strabon nous donne une idée de cette capitale en la dépeignant comme une place très forte et bien décorée par tous ses rois, surtout par Micipsa (3) qui, au dire d'Appien, la rendit inexpugnable, l'embellit, à l'aide d'une colonie de grecs qu'il y attira, et la rendit si florissante qu'elle pouvait mettre en ligne 10,000 cavaliers et 20,000 fantassins (4).

A sa mort, ses états ayant été partagés entre ses fils et son neveu, Jugurtha, Cirta échut à Adherbal. Mais Jugurtha, mécontent de son lot et envieux d'une si belle capitale, vint l'y assiéger. Il ne put

---

(1) Apollodore, *bibl.*, 2, 7, 8.
(2) Tit. Liv., *narr.*, 30, 12 ; Appien, *Pun.*, 27.
(3) Strab., 17, 3, 13, p. 832.
(4) Appien, lib. 106.

prendre la ville que par la famine. Elle était trop bien défendue par sa position inexpugnable et par la colonie de négociants italiotes qui s'y était fixée (1).

Après la défaite de Jugurtha, et pendant la guerre civile entre César et Pompée, elle ne fut plus que la capitale de la Numidie sous l'autorité de Hiemsal II, puis de son fils Juba, roi des Numides (2). César ayant débarqué en Afrique, en l'an 708 de Rome, y trouva un zélé partisan dans la personne de *P. Sittius Nucerinus,* un ex-conjuré de Catilina, qui y guerroyait dans l'armée de Bogud, roi de Mauritanie, à la tête d'un petit corps d'Hispaniens et d'Italiotes. Sittius s'étant mis à sa solde, pénétra dans le royaume de Juba et réussit à s'emparer de Cirta, *ville très opulente,* disent les historiens. Après avoir érigé cette partie de la Numidie en province romaine, César fit de Cirta une sorte de colonie libre à la tête de laquelle il plaça Sittius, à la condition qu'elle serait occupée par des citoyens romains dont ses compagnons d'armes formèrent le premier noyau (3). De là, le nom de *Sittianorum Colonia* que donnent à Cirta Pomponius Mela (4) et Pline l'Ancien (5).

Après le meurtre de César, le fils de Massanassès, Arabion, dont le père revendiquait des droits sur Cirta, reconquit les états de son père et mit à mort Sittius (6). Il périt bientôt lui-même (7) et la colonie romaine subsista sous le nom de *Colonia Julia Juve-*

---

(1) Sall., *Jug.*, 21-26 ; cf. 81, 82, 88, 101, 104. — Tit. Liv., *Ep.* 64. — Appien, *Num* , 4 — Dion Cass , fr. 89, 5.
(2) Appien, *Guerre civ* , 4, 54.
(3) Id. ibid.
(4) Pompon. Mél., 1, 7, 30.
(5) Plin , *Hist. nat*, 5, 3, 22.
(6) Cic , *ad Attic.*, 15, 17, 1. — Appien, *loc. cit*. — Dion Cass., 48, 21.
(7) Dion Cass., *loc. cit*.

nalis Honoris et Virtutis Cirta, au dire de Dion et selon les inscriptions citées plus haut.

La *Colonia Cirta* est mentionnée sur les itinéraires de Peutinger et d'Antonin. Elle fit partie, sous Auguste, après que la Mauritanie eût été assignée à Juba II, de la province de l'Afrique nouvelle, c'est-à-dire du diocèse de Numidie. Transformé plus tard, lui-même, en province (vers la fin du IIIe siècle), ce diocèse porta le nom de sa capitale et s'appela la province de la Numidie Cirtéenne *(Numidia Cirtensis)* (1), comme l'attestent la liste de Vérone et une inscription de Thibili (2). C'était le territoire civil, tandis que le sud de la province, placé sous l'autorité du légat, formait la *Numidia Militiana* ou le territoire militaire. La république des IIII colonies, dont nous allons parler, n'existait plus à ce moment.

II.

La Confédération des IIII Colonies cirtéennes

Mais cette colonie, avons-nous dit, eut une organisation toute particulière dont il importe d'esquisser les principaux traits. Peu de temps après son établissement, et peut-être même dès ce moment, comme cela avait lieu chaque fois qu'une colonie romaine s'installait sur un territoire conquis, elle eut à sa tête des *duumvirs*. Cela résulte de deux inscriptions, dont l'une, encastrée dans les murs de la Casbah, semble avoir appartenu à un sarcophage au nom de *L. Domitius Tiro,* augure, *duumvir vicensimarius* (3),

---

(1) Poulle, *Rec. de Const.*, 1876-77, p. 463.
(2) C. I. L., VIII, 5526.
(3) *Rec. de Const.*, 1853, planche XIII, n° 19 et p. 50 ; C. I. L., VIII, 7099.

c'est-à-dire chargé du recouvrement de l'impôt du vingtième sur les affranchissements (1), et dont l'autre, trouvée au Coudiat-Ati en 1851, est l'épitaphe de *P. Sittius Dento*, édile, *duumvir, questeur pour la seconde fois, flamine quinquennal* (2). Le nom de cet édile et la forme des lettres des deux textes qui est du premier siècle font remonter ces magistratures à l'origine de la colonie, ou tout au moins bien peu après. Ce sont les *duumviri coloniae deducendae*, les principaux magistrats de toute colonie. Ils sont quelquefois appelés *triumvirs* (3). Nous avons à Constantine un *P. Sittius Velox*, édile, *III vir*, qui est encore de la famille des fondateurs de la colonie. Toute l'administration de la colonie leur était subordonnée. Chose curieuse : ils pouvaient ne pas être de la tribu à laquelle appartenait la colonie. C'est ainsi que nous avons trouvé à Constantine l'épitaphe d'un *Q. Junius Firminus*, édile, duumvir, questeur, flamine perpétuel (4), qui était *Arn(ensi tribu)*, alors que Cirta était de la tribu Quirina.

D'après les dispositions prises par César pour l'établissement à Cirta de la Colonia Julia, tout le territoire environnant la cité, tant au sud qu'au nord, tant à l'est qu'à l'ouest, fut donné à cette colonie. Dans ce territoire, se trouvaient une foule de centres dont les inscriptions nous démontrent qu'ils étaient autant de *pagi* dépendant de la Colonie Cirtéenne et que, par conséquent, ils n'avaient pas leur *ordo decu-*

---

(1) Ce ne peut pas être la *vicesima hereditatium* qui n'existait pas encore à l'époque dont nous parlons Voir sur ces impôts, l'inscription de Bougie, n° 70, et le commentaire où nous en rendons compte. (*Rec. de Const.*, 1893, p. 198).
(2) *Rec. de Const*, 1853, p. 59.
(3) Tit. Liv., iv, 2 ; vi, 26 ; viii, 16 ; ix, 28 ; xxi, 25, et, notamment, xxv, 5, et xxv, 7.
(4) *Rec. de Const.*, 1866, p. 54.

rionum. C'étaient *Tiddi* (le Kheneg), *Arsacal* (Aïn-Kerma), *Mastar* (Rouffach), *Uzeli* (Oudjel), *Subzuar* (Sadjar), *Saddar* (Aïn-el-Bey), *Sila* (Sigus). Ils étaient administrés par des *magistri pagi* qui faisaient partie de l'*ordo* de Cirta. Beaucoup d'entre eux devinrent municipes indépendants dès le temps de Septime Sévère et, en particulier, sous Caracalla.

Tel était le territoire appartenant en propre à la Colonie Cirtéenne. Mais cette colonie était encore le chef-lieu d'une confédération formée par trois autres et même, pendant un certain temps, par quatre autres colonies. Les trois premières étaient celles de *Rusicade* (Philippeville), *Milev* (Mila), *Chullu* (Collo) et la quatrième celle de *Cuiculum* (Djemila). Le territoire de ces colonies avait même fait partie intégrante, dès l'origine, de celui de la *Colonia Julia Cirta*, de telle sorte que Rusicade et Chullu, par exemple, ne sont mentionnés dans Pline (1) que comme des *oppida* et non des *coloniae* ; mais déjà, sous Trajan, à la seule colonie de Numidie qui était celle de Cirta, on voit subsister les *IIII Coloniae Cirtenses* (2), comme l'atteste un grand nombre d'inscriptions dont quelques-unes sont datées de ce règne (3).

D'après ce que nous venons de dire, on saisit sur le vif les progrès de la colonisation romaine : d'abord, une seule colonie dans toute la Numidie, celle de Cirta, ensuite trois et même quatre autres grandes colonies, celles de Rusicade, de Milev, de Chullu et de Cuiculum, et enfin, dans le territoire de chacune d'elles, comme nous venons de le voir pour ce-

---

(1) Plin., *loc. cit.*
(2) C. I. L., VIII, 7080.
(3) Entre autres celle de Constantine, n° 7069 du C. I. L., vol. VIII.

lui de Cirta, constitution de municipes que nous appellerions aujourd'hui de *plein exercice*.

Mais ce démembrement de la *Colonia Cirta* en quatre et plus tard cinq colonies ne se fit pas, comme partout ailleurs, d'une façon définitive. Les nouvelles colonies restèrent rattachées à celles de Cirta par le lien fédéral pour ne former qu'une seule république dont l'administration était entre les mains des *triumviri IIII coloniarum* (1). Les charges municipales sont aussi dites des IIII colonies. C'est ainsi qu'on trouve des *édiles* des IIII colonies (2), des *décurions* des IIII colonies (3), des *patrons* des IIII colonies (4), des *flamines perpétuels* des IIII colonies (5), des *flaminicae IIII coloniarum* (6), etc.....

Les colonies rattachées à Cirta n'avaient donc pas la plénitude du droit municipal. Leur condition n'était guère différente, à ce point de vue, de celle des *pagi Cirtenses* de Sigus et de Sila qui, bien qu'ils aient possédé un *ordo decurionum*, formaient des républiques d'un ordre inférieur.

Comment se manifestait pour elles cette infériorité ? Par l'envoi sur leur territoire d'un édile de Cirta qui était à la tête de toute la juridiction et portait le titre de *praefectus jure dicundo*. Nous connaissons une foule de personnages revêtus de ce titre (7).

En quoi consistait cette charge ? On sait que la juridiction municipale s'étendait sous l'empire, sur-

---
(1) C. I. L., VIII, 7101, 7978, 7091, 4191.
(2) Ibid, 7126 ; cf. 7112, 8318, 8319.
(3) Ibid, 7963, 7938.
(4) Ibid, 7030, 7044, 7059, 7069, 7132 ; cf. 6048.
(5) Ibid, 8318, 8319.
(6) Ibid, 7080.
(7) Ibid, 6710, 6711, 6950, 6958, 7094, 7098, 7103, 7115, 7123, 7124, 7125, 7127, 7130, 7131; 7134, 7986, etc.....

tout après le décret de Caracalla, à toutes les questions de droit *inter privatos,* c'est-à-dire à toutes les affaires de droit civil ne dépassant pas une certaine somme, par exemple, 15,000 sesterces dans la Gaule Cisalpine, ainsi que le prescrit la loi *Rubria* (1). Mais cette somme a dû probablement varier beaucoup selon les provinces. Les autorités municipales étaient aussi compétentes en matière criminelle (2), mais c'était surtout en Italie, car elles ne pouvaient guère avoir ce droit dans les provinces en face de la justice du gouverneur. Enfin, les municipalités jouissaient d'une certaine autonomie financière, c'est-à-dire qu'elles pouvaient lever un tribut local pour les besoins de la cité (3). C'était le pouvoir de régler toutes ces affaires au nom de l'édilité cirtéenne et de diriger les divers *officia* qui en étaient chargés qui constituaient les attributions du *praefectus jure dicundo* de chaque colonie. Ce *praefectus,* nommé par décret des décurions de Cirta, gouvernait donc pour cette colonie celles qui lui étaient rattachées. Au-dessous de lui étaient les édiles et les décurions locaux, lorsque la colonie subalterne en possédait. Lorsqu'elle n'avait pas de curie propre, c'étaient les décurions de Cirta qui lui en tenaient lieu, ainsi que cela résulte d'un grand nombre d'inscriptions.

Il nous est difficile d'arriver à une plus grande précision sur les attributions de ce personnage, car, ainsi que nous le disons plus haut, cette organisation est pour ainsi dire unique dans l'empire. Il fau-

---

(1) Cf. la quatrième table de [cette] loi trouvée à Veleia et le fragment d'Ateste.
(2) Loi municipale de César, lig. III et suiv.
(3) Th. Mommsen. *Le droit public romain,* t. VI, 2e partie, page 472 de l'édition française.

drait posséder le texte de la constitution donnée par César et confirmée, avec des modifications, par les premiers empereurs, à la Colonie Cirtéenne. Mais les historiens sont muets à cet égard et il est peu probable que l'épigraphie comble un jour cette lacune. Quoiqu'il en soit, cette colonie avait reçu des privilèges considérables pour son édilité, puisque celle-ci avait une puissance territoriale et administrative assez analogue à celle d'un petit État. Ces privilèges venaient sans doute de ce que la colonie avait été constituée en faveur d'un personnage fort utile au dictateur romain dans un État ami, tandis que les autres colonies romaines étaient pour ainsi dire anonymes et fondées dans des provinces conquises.

Combien de temps dura cette suprématie de Cirta sur les trois et quatre autres colonies ? Il est aisé de s'en rendre compte, puisque nous la retrouvons encore mentionnée sous Caracalla, d'après la grande inscription dont nous reparlerons plus loin, où *M. Caecilius Natalis,* édile, triumvir, questeur quinquennal, préfet des colonies de Milev, de Rusicade et de Chullu, déclare qu'il fit élever ue statue d'airain à la sécurité du siècle, un édicule tétrastyle avec une statue d'airain à l'indulgence de l'empereur et un arc de triomphe avec une statue d'airain à la vertu de l'empereur Antonin (Caracalla) (1) ; et sous Alexandre Sévère, d'après l'inscription de *M. Fabius Fronto,* édile, triumvir, préfet *jure dicundo* des colonies de Mila, de Rusicade et de Chullu (2). La dissolution de cette confédération n'eut lieu que plus tard, mais nous ne savons pas à quelle époque. Nous connais-

---

(1) C. I. L., viii, 7095, 7096, 7097 et 7098.
(2) Ibid, 7103, 7988 et 7989 ; cf. 7963.

sons seulement le nom du dernier *praefectus jure dicundo* des colonies de Rusicade, de Chullu et de Milev : c'est un certain *Commodus* qui, après avoir rempli ces fonctions, vit se dissoudre la confédération *(soluta contributione a Cirtensibus)* et fut le premier *triumvir* de Milev (1), sa colonie natale devenue indépendante.

Il est probable que la ville de Cirta, si importante par sa position stratégique formidable, par sa qualité de capitale de la Numidie romaine et par l'immense population dont parle Strabon, continua pendant des siècles à prospérer et à s'embellir de riches monuments. Elle devait être, au moment de la révolte d'Alexandre, une des plus opulentes cités de toute l'Afrique, mais elle traversa, à ce moment, une crise désastreuse.

Le vicaire d'Afrique, Alexandre, dont on ne connaît le prénom, Domitius, que par l'inscription de Constantine si judicieusement commentée par M. Poulle (2), n'avait pas consenti à envoyer son fils comme otage à Maxence, après que les milices de Carthage eurent refusé de recevoir et de laisser exposer en public les images de ce prince. Ce dernier ayant alors envoyé des émissaires pour assassiner Alexandre, les troupes qu'il commandait se soulevèrent et le revêtirent de la pourpre impériale (3). L'usurpateur fut reconnu par Cirta dont il avait fait son quartier général. Vaincu par Volusianus, préfet du prétoire de Maxence, et par son lieutenant Zénas, il fut pris et étranglé. Plus tard, Maxence ayant été

---

(1) Ibid, 8210.
(2) *Rec. de Const.*, 1878, p. 461, sq.
(3) Zosime, liv. ii.

lui-même défait par Constantin à la bataille du Pont-Milvius, Cirta reconnut le nouvel empereur qui la rebâtit et lui donna son nom. La capitale de la Numidie avait donc été saccagée dans l'intervalle (308-311). Les historiens qui ont parlé de ces événements, Aurelius Victor et Zosime, ne sont pas d'accord sur l'auteur de ce désastre. Fut-ce Alexandre qui l'aurait assiégée et prise pour s'y faire reconnaître ? Fut-ce Maxence pour se venger, après la défaite de son compétiteur ? M. Poulle, avec des arguments péremptoires, tranche la question dans ce dernier sens.

Cirta fut rebâtie par Constantin qui lui donna son nom (1). Elle s'appelle, en effet, Constantine, depuis la constitution donnée par cet empereur, en 340, *Ordini Civitatis Constantinae Cirtensium* (2). Les inscriptions, à partir de cette époque, en font foi : *felix Colonia Constantina* (3), *splendidae Coloniae Constantinae felicitas* (4), *Constantina Civitas* (5).

Grâce à sa position isolée et de facile défense, elle ne tomba pas aux mains des Vandales. Elle était encore debout, libre et prospère, lorsque Bélisaire délivra l'Afrique.

Elle fut le siège d'une importante église dont les évêques sont souvent mentionnés aux actes ecclésiastiques. Le schisme donatiste y vit le jour et les démêlés qui se produisirent entre les chrétiens des deux confessions y furent retentissants.

---

(1) Aurel. Victor. *De Caes.*, 41, 28.
(2) Cod. Théod., 12, 1, 29.
(3) C. I. L., 7012.
(4) Ibid, 7034.
(5) Ibid, 7013.

III.

Topographie générale de Cirta

Il serait assez malaisé aujourd'hui d'essayer de se faire une idée de l'aspect général et de la topographie des divers quartiers de la grande cité romaine. Une grande faute a été commise dès le début de notre occupation : celle de n'avoir pas dressé le plan des ruines qui étaient encore debout et des substructions que le hasard des fouilles de nos constructions a fait découvrir dans la suite. Nous aurions aujourd'hui un tracé qui nous permettrait d'imaginer l'aspect de la vieille capitale. Cette restauration ne serait pourtant pas, à notre sens, absolument impossible. Un architecte qui aurait la patience de dépouiller les vingt-huit volumes de notre collection et ceux de plusieurs autres publications spéciales, pour y étudier toutes les descriptions de fouilles dont il y est fait mention et les noter sur un plan, nous restituerait peut-être la topographie de la vieille cité, malgré bien des lacunes inévitables, car la plupart des fouilles n'ont été ni décrites, ni mentionnées. C'est une œuvre bien méritoire qui devrait tenter la sagacité d'un de nos dessinateurs.

IV.

Superficie de la ville romaine

Avant d'aborder l'énumération des monuments de Cirta dont l'épigraphie fait mention, essayons de fixer la surface que couvrait la cité romaine. Le premier de nos prédécesseurs, Cherbonneau, a écrit à ce propos quelques pages qui sont aujourd'hui précieuses (1), mais que la difficulté du sujet rend trop peu explicites. Nous en reproduirons les passages les plus saillants :

« Il y avait jadis, dit-il, une ville intérieure et une ville extérieure, la seconde plus étendue que la première, bien quelle n'en fut que le faubourg et l'annexe. En effet, par l'étude raisonnée des blocs de maçonneries, des pans de murs et des citernes épars sur le sol, comme les anneaux d'une chaîne subitement dénoués, on peut deviner que Constantine n'a pas toujours été emprisonnée dans les remparts que nous voyons aujourd'hui..... Elle s'étendait à l'ouest depuis le four à chaux de M. Amat (2) jusqu'à Bellevue, près du cimetière musulman ; au sud-ouest jusqu'au Bardo ou quartier de cavalerie (3) ; et elle embrassait la colline du Coudiat-Ati, ainsi que le bas-fond de la rive gauche du Rhummel..... »

« Au rapport de St-Optat, un faubourg considérable, du nom de *Mugæ*, touchait à la métropole de la Numidie. Mais on ne sait pas au juste si l'évêque de Mila a voulu parler du village bâti à Sidi-Mabrouck, autour de cette basilique qui ne marque plus sur le sol que la régularité de son plan avec les premières assises de l'abside et des deux chapelles latérales pavées en mosaïque. Un acte des martyrs de Numidie (4) fournit, d'ailleurs, le nom de *Mugas* qui doit être le même que *Mugæ*. M. Dureau de La Malle n'a

---

(1) *Rec. de Const.* — *Constantine et ses antiquités*, par Cherbonneau, t. I, 1853.
(2) A l'extrémité du square n° 2.
(3) Aujourd'hui parc d'artillerie et du Train.
(4) Cité par Ruinart, p. 223.

point hésité à le placer dans le voisinage de Constantine, et c'est une conjecture que légitime, selon moi, l'assertion de Saint-Optat. Voici maintenant une autre preuve qui n'est point à dédaigner. A Rome, la porte qui s'ouvrait sur le marché aux bestiaux s'appelait *Mugonia*, du mugissement des troupeaux. Or, la tradition dit que, de temps immémorial, les troupeaux destinés au ravitaillement de la ville furent parqués et gardés sur le plateau du Mansourah. » (1).

Nous savons, par le témoignage d'Ibn Bathouta qui vint à Constantine en 1325 (2), que cette ville possédait, sous la dynastie hafside, un faubourg dans le triangle compris entre la roche des martyrs, la pyramide Damrémont et le marché kabyle qui est au-dessous du square n° 1. Ce faubourg avait sans doute succédé à une ancienne portion de la cité romaine.

Ainsi donc, le plateau du Mansourah et ses pentes du côté de la ville, l'emplacement dont nous venons de parler, tout le Coudiat jusqu'au fort Bellevue et les pentes où se trouvent actuellement les dernières maisons des faubourgs Saint-Jean et Saint-Antoine, telle était l'immense surface occupée par l'ancienne colonie des Sittiens, ce qui justifie l'expression de Strabon sur l'importance de la cité de Micipsa.

Ajoutons que les environs de la grande ville étaient occupés par des villas et de grandes exploitations rurales. Il en reste un vestige sur un des rochers qui avoisinent la ville dans la direction du Hamma.

---

(1) La municipalité actuelle de Constantine a renoué cette tradition en établissant au même endroit un marché aux bestiaux.
(2) *Voyage du cheikh Ibn Bathouta à travers l'Afrique septentrionale au commencement du XIVe siècle.*

C'était la limite du *fundus* des Salluste *(limes fundi Sallustiani)* (1).

V.

Le Capitole, ses temples, ses statues et la basilique de Constantin

Dans l'enceinte de ce vaste périmètre couvert d'habitations se dressaient de magnifiques monuments ornés de portiques et de péristyles dont nous allons essayer de donner la description et de déterminer l'emplacement, autant que nous le permettront l'épigraphie et ce qui restait de ces monuments au moment de la conquête.

Le Capitole, ou temple de Jupiter capitolin, qui servait aussi de citadelle à Cirta comme à Rome, occupait l'emplacement de notre Casbah actuelle. Ce même lieu avait aussi servi d'acropole aux Numides et c'est probablement là que se dénoua le touchant épisode de Sophonisbe et de Massinissa. Le Capitole romain devait être luxueux, si on en juge par les fragments d'inventaire sur plaques de marbre qu'on a retrouvés, lors de la reconstruction de l'ancienne forteresse turque. Ils mentionnent, en effet, dans cet édifice dont la magnificence devait être à la hauteur des richesses qui y étaient entassées, la présence d'une statue de Jupiter vainqueur, en argent, la tête ceinte d'une couronne d'argent formée de feuilles de chêne au nombre de 30, avec quinze glands de même métal, portant à la main droite une sphère d'argent supportant une statuette de la Victoire en argent, ayant une palme de 20 feuilles d'argent et une

---

(1) *Rec. de Const.*, 1866, p. 74, et C. I. L., VIII, 7148.

couronne de 40 feuilles également d'argent. La statue de Jupiter tenait de la main gauche une lance d'argent (1).....

Dans le *nympheum*, sorte de retraite vaste et élevée, décorée de colonnes, de statues et de peintures, ayant au milieu une fontaine d'où jaillissait un courant d'eau pure, de manière à donner une fraîcheur pleine d'agrément (2), et qui se trouvait près de ce temple, une autre inscription mentionne la présence, au sommet et en couronne, de quarante lettres d'or séparées par des feuilles de lierre d'or au nombre de dix, de six coupes d'or, d'un Cupidon et de six statues d'airain, de six autres statues de marbre et de dix silènes d'airain (3).

On pénétrait dans cette partie de la cité réservée, à de si belles constructions, par un grand arc de triomphe dont une planche de Ravoisié a reproduit quelques fragments (4). Il avait été élevé aux frais de *Q. Fulvius Faustus*, quinquennal, préfet *jure dicundo*, triumvir, édile revêtu de la puissance questorienne, c'est-à-dire préposé à la gestion financière de la cité. Il était la réalisation de la promesse que ce personnage avait faite, lorsqu'il briguait l'honneur de l'édilité (5).

Tandis que de nombreuses statues que nous allons énumérer d'après les souvenirs qu'en a conservés l'épigraphie, décoraient les avenues des temples qui se trouvaient sur le vaste emplacement de notre Casbah actuelle, une foule de statuettes ornaient intérieurement ces édifices. Il ne nous en est resté qu'une, trou-

---

(1) C. I. L., viii, 6981.
(2) Liban. *Antioch.*, p. 372. — Philostr. *Apoll. Tyon.*, viii, 12.
(3) C. I. L., viii, 6982.
(4) *Explor scient. de l'Algérie*, pl. 12, n° 1.
(5) C. I. L., viii, 7105.

vée près des remparts de la citadelle, avec la première des deux inscriptions mentionnant les richesses du Capitole. C'est une statuette ailée de la Victoire ayant, dit Cherbonneau dans sa description, quelque chose de ravissant et d'aérien dans son ensemble. Donnée à la ville, en 1855, par M. Ribot, alors colonel du génie, elle constitue une des pièces archéologiques les plus curieuses et les plus précieuses de notre musée. Elle a été l'objet de plusieurs savants mémoires et fait l'admiration de tous les archéologues : « Ses traits, dit Cherbonneau (1), ont une pureté idéale, et elle semble, sous l'impulsion des ailes, glisser dans la région éthérée. »

Il ne nous est resté aucune description des monuments découverts au cours des fouilles nécessitées par la construction de notre grand quartier militaire. Seul, l'architecte Ravoisié, qui prit une si grande part à l'exploration scientifique de l'Algérie, pendant les années 1840, 1841 et 1842, nous en a laissé de belles planches avec cotes soigneusement établies (2). Nous lui emprunterons ses notes pour les monuments qui nous occupent, ainsi que pour les vestiges disparus des autres parties de la ville.

Voici ce qu'il nous rapporte de ce qu'il a observé dans l'ancienne casbah :

« Deux temples païens placés parallèlement entre eux, une église chrétienne des premiers temps, construite sur le soubassement de l'un de ces temples, de vastes citernes et des murs d'enceinte, sont les seules ruines que nous ayons retrouvées encore en

---

(1) *Rec. de Const.*, 1863, p. 282.
(2) *Exploration scientifique de l'Algérie.*

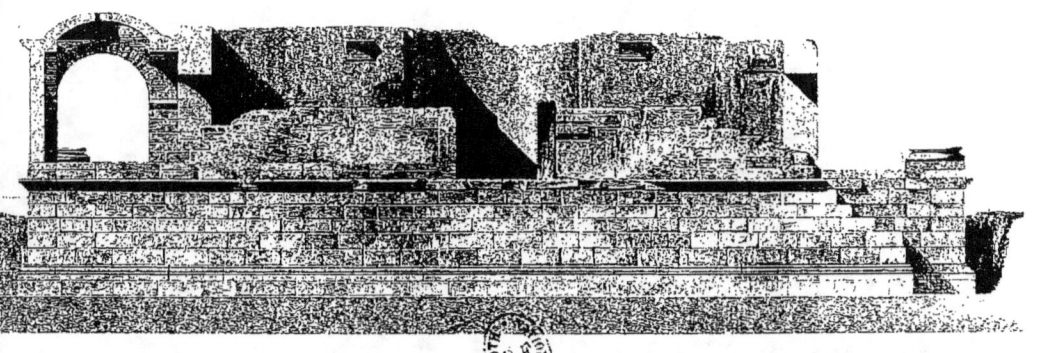

Restes des Temples du Capitole, en 1842 (Disparus)
(D'après une planche de Ravoisié)

Phototyp. G. HÉMERY, Constantine

Restes des Temples du Capitole, en 1842 (Disparus)
(D'après une planche de Ravoisié)

place sur le plateau choisi par les Romains pour fonder leur Capitole.

« De nombreux et riches débris de frises et de chapiteaux, des autels votifs, de la sculpture et un grand nombre d'inscriptions ont été, en outre, découverts sur ce même emplacement ; ce qui doit faire supposer que, indépendamment des temples indiqués, d'autres édifices s'y trouvaient également (1).

« L'orientation de ces temples de forme *périptère* diffère sensiblement de celle qui est généralement adoptée chez les Grecs et chez les Romains. Le *pronaos* de la *cella,* au lieu d'être tourné du côté du Levant, était situé entre l'Est et le Midi.

« Les bases de colonnes trouvées à leur place primitive ont permis, en raison de l'écartement qu'elles ont entre elles, de déterminer le nombre des entre-colonnements qui devaient exister.

« Le mur de la cella du petit temple est détruit ; les restes, visibles en quelques endroits, d'un fort dallage ont indiqué d'une manière assez incertaine la place qu'il devait occuper. Quant à la cella du grand temple, il est constant que sa fondation a servi à recevoir le mur extérieur de la basilique chrétienne, due, selon toute probabilité, au zèle pieux de l'empereur Constantin....... » (2).

Du côté où est actuellement la prison militaire, se trouvaient de vastes citernes dont la plupart servent encore, et où les eaux étaient amenées par un aqueduc venant du Coudiat-Ati où d'autres vastes citernes avaient été ménagées. Ces dernières étaient ali-

---

(1) On va voir que cette remarque est pleinement confirmée par les textes épigraphiques.

(2) *Loc. cit.,* p. 30 du texte.

mentées par un autre aqueduc, avec système de siphons, dont il nous reste encore de grandes arcades au lieu voisin de Constantine appelé, pour cette raison, « *les Arcades Romaines* ». Ce dernier monument a été affermé par l'État à la *Société archéologique de Constantine* qui en est ainsi le conservateur.

Sur ce vaste emplacement où les Romains avaient érigé leur capitole se trouvaient donc encore d'autres temples.

Signalons celui dont la divinité à qui il avait été consacré, et le personnage qui l'avait bâti, sont restés inconnus, et qui fut dédié sous le deuxième consulat de *L. Venuleius Apronianus* et *L. Sergius Paulus*, c'est-à-dire en l'année 168 qui fut bissextile. C'est précisément le cinq des kalendes de mars, où tombait le jour supplémentaire de cette année, qui fut choisi pour la cérémonie de la dédicace, sous Caracalla (1).

On y trouvait aussi, probablement, un sanctuaire de Castor et Pollux où *L. Calpurnius Successianus*, chef du collège des dendrophores, sorte de prêtres qui portaient processionnellement de jeunes arbres dans les cérémonies religieuses, avait consacré un ex-voto à chacune de ces divinités (2).

Enfin, une crypte *(speleum)* y avait été ménagée, avec des statuettes et toutes sortes d'ornements, par le célèbre *Publilius Ceionus Caecina Albinus*, clarissime, consulaire à six faisceaux, qui fut *praeses* de la province de Numidie sous Valentinien et Valens (3). Ce titre de *præses* qui est donné, dans le bas-empire, aux gouverneurs des provinces, est substitué, pour

---

(1) *Rec. de Const.*, 1853, p. 63. — C. I. L., VIII, 6979.
(2) Ibid, p. 51. — Ibid, 6940 et 6941.
(3) Ibid, p. 57. — Ibid, 6975.

ces fonctionnaires, à celui de *legatus propraetore*. *Caecina Albinus* signala son gouvernement par la construction, dans la province de Numidie, de nombreux édifices publics. C'est ainsi qu'il érigea à Mascula, entre les années 364 et 367, un édifice dont l'inscription qui rappelle ce fait est trop mutilée pour que nous puissions en connaître la destination (1). A Thamugadi, il répara complètement les quatre portiques du capitole que le temps et, peut-être, les dévastations de la lutte entre les orthodoxes et les donatistes, avaient presque complètement détruits (2). On connaît l'importance de ce travail par les énormes colonnes qui subsistent encore. A Lambaesis, il reconstruisit entièrement le pont qui traversait le cours de l'Aïn-Drinn, avec ses culées, son tablier et les deux portes qui y donnaient accès (3). Il restaura en même temps le forum de la même cité (4) et, peut-être aussi, le grand temple dédié à Jupiter, Junon, Minerve et au Génie de la ville, qui occupe encore un des côtés de la place. C'est lui, qui, à Rusicade, construisit les *horrea publica* destinés à centraliser dans ce port, avant d'être expédiés à Rome, les produits de l'annone de la province. Enfin, dans le grand théâtre de *Cuiculum* (Djemila), il avait fait reconstruire, à ses frais, un magasin de costumes pour les acteurs. Il est probable que c'était à la suite d'un incendie, arrivé de 364 à 367, sous le règne simultané de Valentinien 1er et de Valens (5). On se montra, paraît-il, fort reconnaissant de ces services. Aussi

---

(1) *Rec. de Const.*, 1866, p. 167. C. I. L., VIII, 2242.
(2) C. I. L., VIII, 2388.
(3) Ibid, 2656.
(4) Ibid, 2735.
(5) *Rec. de Const.*, 1888, p. 188.

se faisait-on un honneur de l'appeler à l'inauguration des monuments élevés par les citoyens qui avaient réussi à obtenir les honneurs de leurs municipes. C'est ainsi qu'à *Macomades,* ville importante située au xxviie mille de la route de Cirta à Théveste, un flamine perpétuel, *Popilius Concessus,* lui fit dédier l'arc de triomphe qu'il venait d'y construire (1).

Dans les avenues des temples et sur les petites places, ménagées en avant des portiques, se dressaient un grand nombre de statues. L'épigraphie mentionne les suivantes :

Une statue au *Génie du peuple,* élevée aux frais de *M. Marcus Roccius Felix* qui avait été gratifié d'un cheval public et était devenu triumvir, prêtre de Rome et flamine du divin Antonin. Il avait érigé cette statue, pour s'acquitter envers ses concitoyens de l'honneur du triumvirat qu'il avait reçu d'eux, et sur le prix de six mille sesterces qu'il s'était engagé à verser. En la dédiant, il distribua à chaque citoyen inscrit sur la matrice publique des secours en argent et donna des jeux publics avec des bons de vivres (2) ;

Une statue à la Victoire qui devait probablement avoir, comme pendant, une autre statue à la Gloire. Le piédestal qui les rappelle porte exactement la même épigraphe et ne mentionne aucun dédicant (3).

Voilà pour les divinités. Quant aux empereurs ou aux membres de leur famille, les statues suivantes leur ont été érigées :

Statue à Jules César. Elle devait être la plus an-

---

(1) *Rec. de Const.,* 1867, p. 239. — C. I. L., viii, 4767.
(2) Ibid, 1853, pl. 4. — Ibid, 6948.
(3) C. I. L., viii, 6967 et 6949.

cienne. Il ne reste de la dédicace qu'un petit fragment sans nom de dédicant (1) ;

Statue à Commode, *frère* de Septime Sévère et *oncle* de Marc-Aurèle Antonin (Caracalla), élevée par *L. Martialis Nepos* et *M. Sempronius Rusticinus,* héritiers de *Marcus Verus,* pour se conformer à son testament. Ce personnage, en effet, avait promis la statue lorsqu'il reçut l'édilité ; mais la mort ne lui avait probablement pas laissé le temps de remplir sa promesse. Ses héritiers s'en acquittèrent (2) ;

Statue à Julia Domna, *mère des camps* (titre qu'on donnait toujours à l'épouse de l'empereur), femme de Septime Sévère et mère de Caracalla et de Géta, dont le nom et les titres furent ensuite martelés. Elle fut élevée en 202 par la république des Cirtéens, c'est-à-dire par le conseil général de la Confédération.

Deux statues à Constantin appelé, sur le piédestal de l'une, « *auteur de la sécurité perpétuelle et de la liberté* », et sur celui de l'autre, « *dompteur de toutes les factions, qui rappela, par sa victoire, et éclaira d'une nouvelle lumière la liberté obscurcie par les ténèbres de la servitude* ». Elles lui avaient été consacrées, la première, par *Iallius Antiochus*, praeses de la province de Numidie (3), et la seconde, par un personnage dont le nom ne nous a pas été conservé par l'épigraphe et qui était Rational des deux Numidies (4). C'était le chef suprême de l'administration fiscale de la province. Ces deux statues, érigées sans doute en même temps, devaient se faire pendant sous le par-

---

(1) C. I. L., VIII, 7019.
(2) *Rec. de Const.*, 1853, p. 48. — C. I. L., VIII, 6994.
(3) Ibid, p. 44. — Ibid, 7005.
(4) C. I. L., VIII, 7007.

vis de l'église donnée par Constantin aux orthodoxes, après que les donatistes se furent emparés de celle qu'ils possédaient dans l'intérieur de la ville ; elle fut probablement construite sur l'emplacement d'un des deux temples que les fouilles de la casbah ont retrouvé sous ses fondations. Cette église est probablement aussi celle dont on a retrouvé les fragments de l'épistyle portant une grande dédicace à Constantin, semblable à la précédente, et qui fut faite par un *praeses* de la Numidie dont le nom a disparu, mais que nous avons de fortes raisons d'identifier avec *Iallus Antiochus* (1). Celui-ci aurait bâti cette église en même temps qu'il érigeait la statue dont nous venons de parler ;

Une statue à Gratien, père de Valentinien et Valens, élevée, sous le règne de ces deux empereurs, par *Dracontius,* faisant fonctions de vicaire de la province de la Numidie (364-367) (2) ;

Les autres statues qu'on y trouvait avaient été décernées à des particuliers. On pouvait y voir :

1° Celle de *T. Cæsernius Statius Quintius Statianus Memmius Macrinus* qui obtint le consulat et le sacerdoce augustal, après avoir rempli les fonctions suivantes que nous rétablirons dans l'ordre ascendant :

Quindecemvir stilitipibus judicandis, c'est-à-dire président d'une cours de justice;

Comte d'Hadrien ;

Candidat à la questure du même empereur ;

Tribun du peuple ;

Envoyé d'Hadrien pour le choix des recrues dans les régions au-delà du Pô;

---

(1) *Rec. de Const.*, 1853, p. 45. — C. I. L., VIII, 7006.
(2) Cod. Théod., 10, 1, 5 ; 11, 1, 11.

Légat de la XIIIᵉ Légion *Gemina Martia Victrix;*

Légat propréteur de la province d'Afrique, puis Consul (1). C'est sans doute pendant qu'il remplissait cette dernière fonction, à Rome, que les décurions de Cirta, qui l'avaient connu lors de sa dernière légation, lui décernèrent le titre de patron de la cité et lui élevèrent cette statue;

2° Celle de *M. Coculnius Quintillianus,* orné de la toge sénatoriale par Septime Sévère, questeur désigné après avoir occupé le flaminat et joui de tous les honneurs municipaux dans sa patrie, la *Colonia Julia Juvenalis Honoris et Virtutis Cirta.* Elle lui avait été élevée et dédiée par son ami *Florus,* fils de *Labœon;*

3° Celle qui avait été élevée par la République cirtéenne, à son patron, *P. Julius Junianus Martialianus,* clarissime, arrivé au consulat après avoir été successivement :

Questeur de la province d'Asie ;

Tribun du peuple ;

Préteur ;

Curateur de la cité des Calènes, en Italie;

Curateur des voies Clodia, Cassia et Ciminia;

Préfet du trésor militaire, sorte de caisse destinée à fournir une retraite aux soldats et officiers qui avaient reçu leur congé régulier *(honesta missio)* (2).

Proconsul de la province de Macédoine (3);

Légat de la IIIᵉ Légion *Severia Alexandriana,* noms donnés, par Alexandre Sévère, à la IIIᵉ Légion Augusta, après l'avoir réorganisée (4).

---

(1) *Rec. de Const.,* 1853, p. 50. — C. I. L., vIII, 7036.
(2) Poulle, *Rec. de Const.,* 1869, p. 688.
(3) Ce *cursus honorum,* que nous donnons tel quel, nous semble troubler un peu l'ordre de succession des magistratures. C'est ainsi qu'il nous paraît étrange, entre autres irrégularités, que *Martialianus* ait été proconsul avant d'être consul.
(4) Poulle, *Rec. de Const.,* 1853, p. 39. — C. I. L , vIII, 7049.

Ce grand personnage, dont nous avons pu retrouver les propriétés, cette année même, aux environs de Khenchela, par l'inscription que nous publions sous le n° 71 (1), nous était connu par d'autres textes. Le Conseil des décurions de Thamugadi, dont il était aussi patron, lui éleva une statue (2), ainsi qu'un centurion de la IIIe Légion à Lambæsis (3).

4° Celle de *P. Pactumeius Clemens* qui parcourut la carrière suivante :

Quindécemvir *Stilitipibus judicandis,*

Questeur,

Légat de Rosianus Geminus, son beau-père, proconsul d'Achaïe;

Tribun du peuple;

Fétial;

Légat d'Hadrien à Athènes, Thespies et Platées;

Légat du même en Thessalie;

Préteur urbain;

Légat d'Hadrien à l'examen des comptes des cités syriennes;

Légat du même, en Cilicie;

Consul;

Légat d'Antonin, la première année de son règne, en Cilicie;

Légat de Rosianus Geminus, proconsul d'Afrique;

Jurisconsulte, c'est-à-dire faisant partie du collège des Légistes dont s'entourait Antonin.

Cette statue lui avait été élevée par décret des décurions qui le nommèrent, en même temps, patron

---

(1) *Rec. de Const.*, 1893, p. 206. Cette inscription nous a permis d'examiner en détail le système de l'impôt foncier en Afrique.
(2) C. I. L., VIII, 2392.
(3) Ibid, 2742.

des IIII colonies cirtéennes (1). Ce titre de jurisconsulte qui lui est donné par le texte de Cirta s'accorde bien avec ce que nous rapporte de lui Pomponius qui le cite comme un des auteurs des rescrits d'Antonin (2);

5° Celle de *L. Mœcilius Nepos,* flamine perpétuel, gratifié d'un cheval public, qui obtint tous les honneurs dans les IIII colonies. Elle lui avait été érigée par son ami *P. Paconius Cerialis,* édile triumvir (3). Le dédicant nous est connu par d'autres libéralités. C'est ainsi qu'il consacra, nous ne savons sur quel point de la ville, un autel à la Fortune Céleste (4) et un autre à Silvain, de concert avec plusieurs membres de sa famille (5), avec lesquels il érigea aussi un Mercure d'airain dans un temple dont nous ne connaissons pas non plus l'emplacement. Quant à *Mœcilius Nepos* nous le retrouvons à Constantine dans une dédicace à *Porcia Maxima Optata,* fille de *P. Porcius Optatus,* clarissime (6), à laquelle il avait élevé une statue au forum, probablement à côté de celle de son père que nous signalons plus loin. Un curieux incident, mentionné par l'épigraphie, s'attache à l'existence de cette statue de jeune fille. Elle avait été volée, peut-être par un admirateur, et un certain *Annaeus Matutinus* en fit ériger une autre à ses frais.

6° Celle que *Sittia Calpurnia Extricata,* flaminica perpétuelle, avait élevée à une divinité dont le nom n'est pas mentionné, en reconnaissance de la remise qui lui avait été faite de la somme honoraire du flaminicat.

---

(1) *Rec. de Const.*, 1853, p. 41.
(2) Dig., 40, 7; 21, 1.
(3) *Rec. de Const.*, 1853, p. 40. — C. I. L., VIII, 7112.
(4) C. I. L., VIII, 6943.
(5) *Rec. de Const.*, 1853, p. 68. — C. I. L, VIII, 6962.
(6) C. I. L., VIII, 7063.

L'inscription pourrait, d'ailleurs, être interprétée comme désignant la statue de Sittia Calpurnia Extricata elle-même (1);

7° Enfin, celle de *L. Julius Victor Modianus, vir egregius*, procurateur des trois Augustes (Sévère, Caracalla et Géta) en Numidie (209-211), faisant fonctions de Procurateur du *Tractus* de Théveste, c'est-à-dire des grandes propriétés impériales des environs de cette ville. Elle lui avait été élevée par *Fortunatus Vindex* et *Diotimus*, affranchis de la famille impériale, *adjutores tabularii*, c'est-à-dire employés de ses bureaux (2).

Ainsi cinq ou six temples, dont une basilique chrétienne, avec portiques et péristyles, un nymphœum, dix-huit statues, tels sont les monuments dont l'épigraphie et les fouilles révèlent la présence simultanée ou successive sur ce magnifique plateau qui domine le vaste pays dont le panorama se déroule au nord de la cité. Mais il est probable que ces monuments étaient encore en plus grand nombre, car il faut admettre que bien des restes ont à jamais disparu. Les citoyens de Cirta devaient donc avoir sous les yeux un superbe spectacle, lorsqu'ils se dirigeaient vers le Capitole pour honorer les dieux, se livrer au charme de la conversation dans l'entrecolonnement des portiques et sur les degrés des temples, promener dans les avenues décorées de statues ou, enfin, pour se livrer aux soins de l'hydrothérapie à l'heure de la méridienne, car il existait aussi des Thermes au nord du Capitole, aux deux tiers de la hauteur des masses rocheuses qui portent le plateau. Ils ont à peu près disparu sous les

---

(1) *Rec. de Const.*, 1853, p. 45. — C. I. L., VIII, 7119.
(2) Ibid, p. 41. — Ibid, 7053.

décombres qui en ont été projetés aux diverses époques et, surtout, depuis notre occupation ; mais le voyageur anglais Shaw les a vus en 1743 et Ravoisié a donné le plan et une coupe de ce qui subsistait encore en 1840. Ils étaient pourtant déjà presque entièrement recouverts par les déblais de la casbah. On y descendait probablement du plateau par un escalier qui a aussi depuis longtemps disparu. Ces Thermes étaient alimentés par une source d'eau chaude qui se dégageait à cet endroit.

VI.

Le Forum de Cirta, son emplacement probable, ses voies d'accès

Le *Forum* de Cirta est mentionné dans deux inscriptions dont nous parlerons plus loin.

Où était-il ? Nous n'avons à ce sujet aucune indication précise. Mais si nous tenons compte de la persistance avec laquelle les populations successives d'une vieille cité maintiennent la même affectation aux emplacements jadis choisis pour des édifices spéciaux, et dont nous venons de trouver un exemple dans le lieu où fut la citadelle, et où est encore notre Casbah, il est probable que l'endroit réservé à la vie publique, à Cirta, était notre place actuelle du Palais où a été planté, en 1870, l'arbre de la Liberté, où sont les divers Cercles de notre ville, où la musique militaire donne ses concerts, où sont la Banque, le Palais de la Division et les grands cafés, où se font les parades militaires de décorations aux officiers et aux soldats, en un mot, où s'écoule en grande partie, la vie extérieure de nos concitoyens.

Ce qui le prouve, ce sont les textes, ordinairement placés au forum, que nous avons retrouvés sur les côtés de cette place et dont le plus important est la dédicace d'une statue à l'usurpateur Alexandre; ce sont les nombreux restes de colonnes, débris d'anciens portiques ou de péristyles, qu'on a exhumés en creusant les fondements de l'Hôtel de la Banque, du Cercle militaire, de la maison Moreau, etc...; ce sont les belles substructions ayant appartenu à un remarquable édifice que tout nous fait croire avoir été un temple et que le Génie a exhumées, un moment, sous nos yeux, cette année même, lorsqu'il a creusé les fondations d'une aile nouvelle à ajouter au Cercle militaire. Nos lecteurs en trouveront le plan dressé par les soins de M. le Chef du Génie, dans la chronique des découvertes de l'année, au XXVIIIe volume de notre société archéologique (1894). La disposition même de cette place, son élévation au-dessus du sol des rues environnantes d'Aumale et Caraman, qui lui donnent l'aspect extérieur du forum de Thamugadi (1), de celui de Cuicul et de tant d'autres, tout nous porte à croire à la vérité de cette attribution.

Des fouilles méthodiques, pratiquées sur cette place, mettraient à jour, nous en sommes convaincu, des textes de la plus haute importance.

Comment accédait-on au forum ? Il est probable que les petites rues du Palais, d'Orléans et l'ouverture qui longe le seuil de la cathédrale, donnant actuellement accès à la place du Palais, ont encore à peu près la même direction que les tronçons de voies aboutissant jadis au Forum. Mais si on se rappelle

---

(1) Voir la description que nous en avons faite dans notre *Promenade archéologique aux ruines de Timgad*, publiée dans le 17e vol. de l'*Annuaire du Club Alpin Français* (1890).

que le Forum des anciennes cités romaines se trouvait sur l'entrecroisement de deux voies principales appelé le *cardo* (1), probablement parce que ces voies semblaient prendre de ce point la direction des quatre points cardinaux, on ne reconnaîtra plus ici cette disposition, car le forum de Cirta se trouverait plutôt côtoyé de tous les côtés par les rues actuelles d'Aumale, Damrémont, Desmoyen et Cahoreau qui ont probablement toujours existé, au moins chez les Romains, à qui leur tracé s'imposait, pour se rendre dans les divers quartiers de la ville.

Pourquoi cette disposition inusitée du Forum cirtéen ? Il nous semble qu'il est facile d'en devenir la raison. Les grandes routes venant à Cirta de *Rusicade* et *Tiddi*, de *Sitifi*, *Cuicul* et *Milev*, de *Sigus*, d'*Hippo Regius*, *Calama* et *Thibili*, de *Lambœsis*, etc...., ne pouvaient venir se croiser dans l'interieur de la ville, isolée, comme elle l'était, du pays environnant. Elles aboutissaient donc à un point excentrique d'où partaient plusieurs voies urbaines. Dans cette ville, inaccessible, sauf sur ce point, le cardo n'avait donc pu être ménagé. On s'était contenté de réserver au Forum la partie la plus propice, celle qui était circonscrite par les voies dont nous venons de parler, et desservie par les issues qui y donnaient accès. Ces issues, d'ailleurs, étaient ménagées de manière à figurer le cardo, comme on le voit encore par les petites rues du Palais, d'Orléans et l'ouverture avec degrés descendant à la rue Caraman, dont les directions ont peu changé, et qui se coupent aujourd'hui, presque à angles droits, au milieu de la place. C'est

---

(1) R. Cagnat. *Communication* à l'Acad. des Inscr. et B. L. en 1892. — Voir aussi *Rec. de Const.*, XXVII° vol. (1893), notre petite notice sur *Ammaedara* (Haydra), p. 328.

ainsi que l'usage et la tradition du cardo furent respectés.

VII.

Monuments du Forum, édicules et statues

Ce forum était environné de portiques, de temples et de basiliques dont on a retrouvé les traces en construisant les édifices qui entourent notre place du Palais. Il était dallé en grandes pierres et devait avoir des entrées monumentales, avec degrés, par la rue du Palais et l'issue qui longe le seuil de la cathédrale. Une autre grande porte devait y donner accès de la rue Damrémont qui conduisait au Capitole. Il était rempli de statues et de dédicaces aux empereurs, aux grands personnages qui occupèrent, dans la capitale de la Numidie, d'éminentes fonctions, ainsi qu'aux édiles et aux patrons de la cité.

C'était sur le Forum qu'avait été placée la dédicace célèbre d'une statue à P. Septimius Géta, père de Septime Sévère. Sa célébrité tient à ce qu'elle est la seule qui nous ait révélé le prénom de ce personnage. Dans toutes ses inscriptions, en effet, Septime Sévère aime à se donner pour l'arrière petit-fils de Trajan, pour le petit-fils d'Hadrien, pour le fils de Marc-Aurèle et pour le frère de Commode. Il veut se rattacher à la famille des Antonins, et ne nomme jamais son véritable père. Notre inscription faisait partie d'un monument, élevé sur le forum par la république des IIII colonies cirtéennes, en l'honneur de la famille de cet empereur, et où se trouvaient les statues de ses différents membres. Placée à côté de la suivante, en l'honneur de la première femme de Septime Sévère, elle est ainsi conçue : « A Publius Septimius Geta, fils de Lucius, père de l'empereur Sévère, Auguste, fils très pieux, très grand prince, grand-père du très saint empereur Antonin (Caracalla), Auguste, très puissant et très indulgent prince, la république des IIII colonies cirtéennes ; par décret des décurions, aux frais du trésor public. » Elle a été trouvée aux abords de la place du Palais, dans la maison naguère habitée par le Secrétaire général de la Préfecture, actuellement siège de la Succursale du Crédit foncier et agricole de l'Algérie. Cet emplacement avait été jadis celui d'un important monument romain construit en pierres de grand appareil, avec des murs très larges (1).

Une autre intéressante inscription qui faisait partie du même monument, et qu'on a trouvée à cent mètres plus loin, dans la maison qui fait l'angle de la rue Caraman et de la rue d'Orléans, en face de la cathédrale, rappelle la statue de la première femme de Septime Sévère dont elle nous apprend aussi les noms jusqu'alors inconnus. C'est encore la république des IIII colonies cirtéennes, par décret des décurions et aux frais du trésor public, qui consacra la mémoire de *Paccia Marciana,* jadis épouse de l'empereur Sévère Auguste, très pieux et très grand prince (2).

La place actuelle du Palais nous a conservé encore la grande dédicace à l'usurpateur Domitius Alexander qui avait été reconnu empereur par Cirta. Cette dédicace sur un piédestal qui a dû supporter la statue de cet ancien légat de la IIIe légion, révolté contre Maxence, est rédigée en termes d'un hyperbo-

---

(1) Cf. Poulle, *Rec. du Const*., 1886-87, p. 177 et 178.
(2) Id., ibid, p. 178 et 179.

lisme outré qui montre que Cirta était fière d'être le boulevard d'un empereur. L'auteur de la dédicace est *Scironius Pasicrates, praeses* des deux Numidies, qui appelle le nouvel empereur *restaurateur de la liberté publique et propagateur de tout le genre humain, ainsi que du nom romain* (1). Cette inscription, comme les précédentes, nous a aussi révélé un prénom autrefois ignoré, celui d'Alexander. M. Poulle a écrit, sur la révolte de ce légat, les circonstances de sa lutte avec Maxence et l'état des esprits à Cirta, divisés par les ardentes querelles des donatistes et des orthodoxes, une brillante dissertation qui a éclairé d'un très grand jour les questions que soulèvent ces événements peu connus de l'histoire (2).

C'est aussi sur le Forum que se trouvait placé le monument consacré à la fortune de Septime Sévère, de Caracalla et de Géta dont le nom fut plus tard martelé, comme d'habitude, et dont la colonne qui le portait a été trouvée dans les fondations de l'Hôtel de la Banque. Cet édicule avait été construit en 204 (3).

Une autre statue, consacrée au retour de la fortune de Septime Sévère, et dont la dédicace a été trouvée dans la rue d'Aumale, devait être aussi placée au Forum. Elle avait été dressée aux frais de *C. Sittius Flavianus*, édile, triumvir, préfet des colonies cirtéennes qui, après avoir donné la somme honoraire de vingt mille sesterces, avait, à l'occasion de la dédicace de ce monument, donné des jeux scéniques au peuple (4).

---

(1) C. I. L., VIII, 7004.
(2) *Rec. de Const.*, 1876-77, pages 463 à 497.
(3) C. I. L., VIII, 6969
(4) Ibid, 6944.

On y trouvait encore cette curieuse dédicace à un augure principal de l'illustre famille des *Fronton* de Cirta qui fut aussi édile et préfet *jure dicundo,* dans laquelle les citoyens de la colonie de Mila et, peut-être de Cirta, mentionnent qu'ils lui avaient offert, par souscription, un char à deux chevaux *(bigam)* à cause de ses libéralités (1).

On pouvait y voir, enfin, la statue que l'*ordo Coloniae Constantinae* et le conseil provincial de la Numidie, firent élever sur le Forum, à l'aide des dons de Constance et de Julien, à *Ceionus Italicus,* clarissime, consulaire, en souvenir des services qu'il leur avait rendus et des marques de modération, de patience, de vertu civique, de libéralité et de dévouement qu'il avait données à tout le monde (2).

Une foule d'autres textes, aujourd'hui disparus ou transportés ailleurs, pouvaient y être lus par les citoyens, dans leurs stations sur cette place publique.

VIII.

Voie ornée de statues conduisant au Forum, avec un arc de triomphe de Caracalla

Une voie qui traversait la rue Cahoreau et aboutissait, sans doute, à la rue actuelle du Palais, pour aller au Forum, était remplie de statues avec piédestaux posés avec symétrie *(aequatis),* sur des trottoirs *(crepidinibus)* (3). Nous savons, par l'inscription qui nous a conservé ces détails, qu'elle avait été réparée en entier en 162 sur l'ordre de *D. Fonteius Frontinianus,*

---
(1) C. I. L., VIII, 7103. — *Rec. de Const.*, 1860-61, p. 144.
(2) Ibid., 7012, 7013. — Ibid., p. 136.
(3) C. I. L., VIII, 7046.

de Cirta, légat de Marc-Aurèle et de Verus qui devint ensuite consul. Ce même personnage, dont il nous reste un grand nombre d'inscriptions, se signala par d'importants travaux pendant son commandement en Numidie. Nous les rappellerons plus loin, à propos de son tombeau de famille qui se trouvait dans notre rue Desmoyens.

Sur cette belle voie, conduisant au forum, était posé un grand arc de triomphe dont il existait encore des restes il y a quelques années, avant la construction de la maison Azoulay, sur la place d'Aumale.

« L'arcade complète subsiste encore, dit Ravoisié (1), cachée en grande partie dans les maisons voisines. Deux pilastres corinthiens et les piédestaux des colonnes qui devaient se trouver en saillie décorent ses deux façades. L'entablement et l'attique manquent complètement (2) ; mais très probablement, les deux piliers de la porte de la ville de la seconde enceinte, désignée par les auteurs arabes et les voyageurs modernes comme *Porte romaine*, sont les plates-bandes d'architraves qui devaient être placées au-dessus des chapiteaux et faire ainsi partie de l'entablement de cet édifice. »

Ce monument avait été élevé en 210, sous le règne simultané de Septime Sévère et de Caracalla, et la légation en Numidie de *M. Aurelius Cominius Cassianus*, par Caecilius Natalis, édile de Cirta, triumvir, questeur quinquennal, préfet *(jure dicundo)* des colonies de Milev, Rusicade et Chullu ; outre la somme de

---

(1) *Explor. scient. de l'Alg*, texte, p. 19
(2) L'attique a été retrouvée dans les masures qu'a remplacées la maison Carrus, dans la rue Caboreau. Voir *Rec. de Const.*, 1869, p. 695 et C. I. L., VIII, 6996.

60,000 sersterces qu'il avait versée, conformément à la loi, à la caisse municipale, en retour de ces différents honneurs, il fit construire à ses frais cet arc de triomphe pour donner à ses concitoyens une nouvelle preuve de sa reconnaissance. Il l'avait fait surmonter d'un édicule tétrastyle encadrant de ses colonnes une statue d'airain consacrée à la bonté de l'empereur Caracalla. L'arc de triomphe était encore orné de deux autres statues d'airain : la première, élevée à la Sécurité du Siècle; la seconde, à la Vertu de l'empereur. Natalis ne se contenta pas de cette coûteuse libéralité à la cité, mais encore il donna pendant sept jours des jeux publics au peuple, dans les quatre colonies et il fit des distributions publiques. Toutes ces particularités nous sont transmises par les cinq inscriptions qui décoraient le fronton et les quatre montants de l'arc de triomphe (1).

Cet opulent citoyen de Cirta devait être un personnage fort distingué, car il a laissé sa trace dans les Lettres. Dans son dialogue *Octavius*, Minucius Felix en fait un interlocuteur ardent contre les Chrétiens.

IX.

Le tétrapyle d'Avitianus et la Basilique de Constance

Non loin de là, mais à une époque bien postérieure, avait été construit l'énorme porche appelée *Tétrapyle* qui précédait l'entrée de la grande basilique de Constance qui s'étendait dans la rue Rouaud et empiétait sur la rue Nationale.

---

(1) C. I. L., VIII, 7094, 7095, 7096, 7097, 7098.

« Les anciens, dit Ravoisié (1), placèrent toujours
« ce genre d'édifice au point d'intersection des voies
« conduisant aux principaux monuments des villes,
« et plus particulièrement sur le chemin qui mène à
« la Basilique; c'était, en outre, le lieu où se réunis-
« saient les habitants, avant de se rendre à ces diffé-
« rents édifices publics. »

Ce monument était une solide construction où venaient se croiser les rues Rouaud et Cahoreau, mais sans tenir compte de l'orientation des quatre ouvertures, ce qui prouve que les anciennes voies qui s'y coupaient avaient disparu. Il fut détruit partiellement en 1842. Il avait été élevé, avec la basilique qu'il précédait, par *Claudius Avitianus,* sous Constance II, ainsi que nous l'apprenait une inscription gravée sur chacun de ses piliers. La dernière qui ait été publiée, et qui portait sur dix-sept assises du pilier encore debout, dans l'îlot de maisons qui a fait place aux bâtiments élevés entre la rue Nationale, la rue Caraman et la rue Cahoreau, a été découverte en 1868. On y lit que « *Claudius Avitianus,* Comte de première classe, vice-préfet du Prétoire, a fait continuer et achever, depuis ses fondations, la basilique de Constance avec les portiques et le tétrapyle. » C'est entre les années 359 et 364, pendant lesquelles Claudius Avitianus géra le vicariat d'Afrique, que fut construite la basilique (2), mais plutôt avant 361, sous Constance II, qu'après cette date qui est l'époque du règne de Julien, dont l'hostilité contre le christianisme ne devait pas encourager ses gouverneurs à élever des églises. Remarquons, à ce propos, que M. Poulle ne nous semble pas

---
(1) *Explor. scient. de l'Alg.,* texte, p. 19.
(2) Poulle, *Rec. de Const.,* xiii° vol., p 678. Cf. C. I. L., viii, 7037.

Tétrapyle d'Avitianus, en 1842 (Disparu)
(D'après une planche de Ravoisié)

traduire heureusement les mots *basilicam Constantianam* par *basilique de Constantine*. Nous voyons plutôt dans cette épithète le nom de l'empereur sous laquelle elle fut construite et nous aimons mieux interpréter ces mots par *basilique de Constance*.

La basilique dont il est fait mention dans le texte a disparu depuis des siècles, mais on en a retrouvé dans la rue Rouaud, au niveau de la rue Nationale, le parvis, en grandes et superbes dalles, fort lisses et fort usées, qui régnait autour d'une partie de l'édifice; il se continuait parallèlement à la rue Nationale, et il apparaît sur divers autres points à quelques centaines de mètres plus bas (1).

X.
Le premier amphithéâtre de Cirta

Ne quittons pas ce quartier sans mentionner la curieuse découverte faite aux abords de la rue Combes, le 15 octobre 1876, par M. Costa, lors des fouilles exécutées pour les fondations de la mosquée de Si Hamouda, et qui consistait en un arceau en pierre de taille, dont les deux piliers étaient posés en arc de cercle; quelques jours après, M. Costa remarqua, dans une boutique arabe de la rue Combes, une autre partie d'arceau appartenant au même système et qui est éloigné de 5 mètres du premier. En avant de ces deux arceaux se trouvaient deux murs circulaires, moins élevés qu'eux et décrivant, dans l'intérieur de leur circonférence, une enceinte qui était absolument concentrique. Ils étaient distants l'un de l'autre de 1^{m}00 à

---

(1) Poulle, *Rec. de Const.*, vol. XIX, p. 315.

1m20. Ces découvertes suggérèrent à notre confrère, M. le Colonel Brunon, l'idée qu'on avait ainsi retrouvé les restes d'un ancien cirque des premiers temps de l'occupation romaine (1). Le troisième mur vers l'intérieur lui paraît être le *mœnianum* ou balustrade qui séparait de la scène, où se passaient les jeux du cirque, les spectateurs entrés par les arcades retrouvées. Il rapproche de cette hypothèse ce que dit le géographe Edrisi, au XIIe siècle, dans sa description de Constantine : « On y voit également un édifice romain, jadis destiné aux jeux scéniques, et dont l'architecture ressemble à celle de l'amphithéâtre de Termet (2), en Sicile (3).

Cette ingénieuse hypothèse a été pleinement confirmée par des fouilles ultérieures faites dans ces quartiers, lors de la démolition des constructions de Dar-el-Bey. Elles mirent à jour, en 1881, de nouveaux arceaux semblables à ceux décrits par le colonel Brunon, cinq ans auparavant, et complétèrent le monument dont il avait judicieusement conjecturé l'existence. Il traversait la rue Combes, s'engageait sous les boutiques de Dar-el-Bey et devait traverser la rue du 17e Léger pour couper de nouveau, dans sa forme arrondie, la rue Combes, et aller rejoindre les restes de constructions signalés par M. Meister (4).

Ce cirque fut sans doute le premier monument de ce genre que posséda Cirta et il dut probablement

---

(1) Colonel Brunon, *Rec. de Const.*, vol. XVII, p. 61, sq.
(2) L'ancienne *Tauromenium*.
(3) La haute antiquité de cet édifice qui dut être, ainsi que nous le verrons, abandonné par les Romains eux-mêmes, ne nous autorise pas à croire que le passage d'Edrisi s'y rapporte, car le monument ne devait déjà plus exister, autrement que sous les décombres, dès l'époque byzantine. Il est probable que le géographe de Roger de Sicile fait allusion au grand théâtre d'*Aufidius*.
(4) *Rec. de Const*, vol XVII, p. 66. Cf. Poulle, ibid., vol. XXII, p. 284.

précéder de longtemps ceux dont nous parlerons plus loin, car les arceaux et les murs en étaient complètement enfouis et le dallage du sol primitif, au-dessus duquel il s'élevait, n'était pas à moins de 4 mètres de profondeur au-dessous du niveau de la rue Combes. C'est dire qu'il avait été englouti dans la marée montante des pavés romains, pour emprunter à Victor Hugo une image pittoresque, et qu'il avait été élevé sur le sol numide. D'ailleurs, son périmètre l'avait de bonne heure rendu impropre à l'usage pour lequel il avait été construit. Du parement extérieur de sa circonférence au centre, il ne mesurait que 14 mètres, ce qui détermine un espace tout à fait insuffisant pour contenir une fraction importante de la population d'une aussi grande ville que Cirta.

XI.

Temples, sanctuaires et statues sur la place Nemours

Si nous remontons de là sur la place Nemours ou de la Brèche, nous pourrons constater, par le résultat des fouilles qui ont été opérées pour les fondations de l'*Hôtel d'Orient*, du marché et du théâtre, qu'autour d'elle, les monuments ont été nombreux et importants, ce qui permet de croire qu'elle a été peut-être le véritable emplacement du forum. Bien que les textes dont nous allons parler autorisent, en quelque sorte, cette opinion, nous ne saurions y souscrire, car cet emplacement ne nous paraîtrait pas heureusement choisi à une extrémité de la ville et immédiatement auprès du rempart.

On trouvait là, pourtant, dès le temps des Antonins que rappelle, par sa forme, l'épigraphe qui le mentionne, un monument tétrastyle avec sa coupole, offert et dédié par *Caius Julius Potitus.* C'était un petit dôme, soutenu par quatre colonnes appuyées sur des degrés, et au milieu desquelles s'élevait, sur un piédestal, une statue d'airain ou de marbre.

Sur l'emplacement qui fait l'angle de la rue Caraman et de la rue Nationale, les fouilles de 1868 ont exhumé une construction demi-circulaire en pierres de grand appareil avec un escalier presque monumental (1). C'était sans doute un temple où nous avons appris, d'après une inscription qui s'y trouvait, que *Julius Fabianus,* gratifié d'un cheval public, pontife chargé de la vice-présidence du collège des prêtres qui desservaient ce temple, préfet chargé d'administrer, pour la confédération cirtéenne, les colonies de Rusicade et de Chullu, chargé du cens quinquennal, avait donné et dédié, à ses frais, deux statues qu'il avait promises à l'occasion de son élévation à la questure, et qu'il avait même ajouté à cette libéralité un jour de représentations théâtrales ainsi que des distributions au peuple (2).

De l'autre côté, sur l'emplacement de l'*Hôtel d'Orient,* s'élevait une chapelle à Vénus où se trouvait une statue d'airain de cette déesse entourée d'Amours, monument et statues donnés, dit l'épigraphe qu'on y a découverte, par *L. Julius Martialis,* triumvir, édile et gérant de la questure, au nom de son père, Julius Martialis, en outre d'une autre libéralité offerte à Rome éternelle, au nom de son frère Victor. Nous avons vu plus haut que le même L. Julius Martialis

---

(1) Poulle, *Rec. de Const.*, vol. XIII, 1869, p. 682.
(2) C. I. L., VIII, 7123.

avait élevé, au Capitole, une statue à Commode, pour le compte de *Marcius Verus* dont il était le neveu et l'héritier. Une autre inscription du sanctuaire de Vénus nous a conservé le nom du sculpteur des statues qu'il contenait. Il ne serait autre que L. Julius Martialis lui-même, à moins que l'artiste ne portât le même nom que le dédicant. On voyait sur les feuilles de trèfle du piédestal qui avait cette forme, et où se trouve cette dernière indication, les trous dans lesquels étaient scellés les crampons qui fixaient les statues. Les Amours qui occupaient les coins du trèfle étaient à une distance de 1^m05 l'un de l'autre (1).

Sur ce même lieu, on a retrouvé le dé qui servait de piédestal à une statue de *M. Flavius Postumus.* L'inscription, gravée sur ce piédestal, nous apprend que ce haut personnage, qui était patron des quatre colonies cirtéennes et, probablement, originaire de Cirta, avait rempli les fonctions d'intendant à six faisceaux du trésor public en Gaule, de légat de la 6e légion ferrée qui se trouvait en Gaule, sous Caracalla ou sous Elagabale, époque où vécut notre personnage, de préteur, de tribun honoraire, de curateur, c'est-à-dire d'inspecteur ou intendant de la colonie des Ardéatiniens, l'ancienne capitale des Rutules, dans le Latium, à environ 30 kilomètres de Rome (2). On sait que cette dernière fonction était réservée aux plus grands personnages de l'État. Cette statue lui avait été élevée par ses fils, probablement sur l'autorisation des décurions de Cirta qui avaient concédé l'emplacement.

Un autre dé d'autel, mais sans ornements, et ayant,

---

(1) Poulle *Rec. de Const.*, 1869, p. 685.
(2) Poulle, *loc. cit.* — C. I. L., VIII, 7044.

sans doute, servi de piédestal à une statue, s'élevait au même lieu. Il était consacré à *M. Claudius Restitutus* qui avait été procurateur d'Auguste pour le territoire compris entre Hadrumète et Théveste, c'est-à-dire chargé de surveiller la levée des impôts dans cette région. A ce titre s'ajoutait la procuratèle du *jeu matinal*. Cette charge consistait, pour notre Procurateur, à prendre soin d'envoyer à l'intendance impériale les bêtes féroces qui devaient figurer aux jeux du cirque. Ceux-ci avaient lieu le matin des jours de réjouissances, avant les représentations scéniques. De là le nom de *jeu matinal*. Notre Procurateur était bien placé, dans le sud de la province d'Afrique où abondaient les lions et autres bêtes féroces, pour organiser dans ce but des chasses fructueuses. Il avait été aussi chargé de surveiller la gestion des cités syriennes et avait rempli les fonctions de tribun militaire de la VIIe légion Gemina et de préfet de la première cohorte des Gétules. Il était aussi de Cirta et c'est un affranchi, faisant partie du personnel de son office, qui lui avait élevé ce monument, avec l'autorisation des décurions (1).

Enfin on trouva, dans ce même endroit, qui devait être un lieu destiné par la municipalité à recevoir les statues des personnages de Cirta devenus célèbres, un autre dé d'autel servant de piédestal au buste qu'une grande dame de cette ville, *Seia Gaetula*, s'était fait élever, en vertu d'un décret des décurions, parce qu'elle était la mère de *Naevia Naevilla*, femme d'un ancien préteur, et la grand-mère de *Sabinia Celsina*, femme d'un autre ancien préteur. Cette patri-

---

(1) *Rec. de Const.*, p. 691. — C. I. L. VIII, 7039.

cienne avait le souci de sa propre gloire et de celle de sa famille, puisqu'elle fit encore élever deux autres statues à sa fille *Naevia Naevilla* et à son fils *Naevius Seianus*. L'orgueil de cette famille est légendaire, si nous nous reportons au testament d'un de ses ancêtres, le poète Naevius, qui disait, dans l'épitaphe composée d'avance par lui-même : « Si les Immortels pouvaient pleurer les hommes, ils n'auraient pas assez de larmes pour le poète Naevius dont la descente au trésor de Pluton marque le moment où les Romains ont commencé à ne plus savoir parler la langue latine. » (1).

Toujours dans ce même lieu, qui semble, par ces dédicaces et ces statues, ainsi que par les monuments importants dont les fouilles nous ont révélé l'existence, confirmer l'opinion de ceux qui en ont fait le Forum, on a trouvé une grande dédicace à Septime Sévère et à ses deux fils, Caracalla et Géta, datée de l'an 210. Elle leur avait été consacrée par Caecilius Natalis, avant qu'il eût jeté sur la voie, allant au Forum, l'arc de triomphe orné d'un tétrastyle et de statues dont nous avons parlé (2).

Du même côté de la place Nemours, sur l'emplacement du marché, devait s'élever une statue de Caracalla, au milieu d'un tétrastyle, que lui avait élevée *M. Seius Maximus,* honoré d'un cheval public, à l'occasion de son élévation au triumvirat et dont il a accompagné la dédicace par des jeux publics donnés au peuple, outre la somme honoraire de 20,000 sesterces (3). Nous venons de signaler l'orgueilleuse

---

(1) *Rec. de Const.*, p. 694. — C. I. L. VIII, 7054.
(2) Poulle, ibid., 1869, p. 695
(3) Id., ibid., 1876, p. 354., ibid. 7000.

manie de la fille de notre personnage, Seia Goetula, qui élève des statues à ses filles, parce qu'elles avaient épousé de très grands personnages, mais qui oublie son père, parce qu'il n'avait rempli que des charges municipales à Cirta. La famille Seia est pourtant illustre aussi et très ancienne à Rome, puisque Tite-Live mentionne un édile curule de ce nom en 680 de Rome, c'est-à-dire 73 ans av. J.-C. (1).

Sur cette même place, la tranchée qui y fut ouverte, en 1870, pour la pose des tuyaux qui amènent à Constantine les eaux de Fesguia, a exhumé une autre base de statue que *P. Julius Theodorus*, ex-centurion de légion, ayant reçu son diplôme de congé, c'est-à-dire bénéficiaire d'une retraite d'officier, avait élevée, avec l'autorisation des décurions, à son épouse *Veratia Frontonilla*, flaminica des IIII colonies cirtéennes et, probablement, de l'illustre famille des Fronton de Cirta (2).

Un texte qui semble mentionner un vœu fait par *L. Horatius Martialis* à une divinité dont le nom n'existe plus sur l'épigraphe, mais qui paraît être Junon *Céleste*, a été trouvé sur la place Nemours, dans les déblais de la porte Valée. Il y avait peut-être là aussi un sanctuaire à Junon (3).

Près de là était également une statue à la Paix, élevée par un certain *P. Gavius*, honoré d'un cheval public et édile de la cité (4).

C'est encore sur cette place que devait avoir été érigée en 283, par *M. Aurelius Decimus*, alors *praeses*

---

(1) Tit. Liv., *Hist. nat.*, xv, 1, cité par Poulle, *Rec. de Const*, 1875, p. 356.
(2) C. I. L., viii, 7080. — *Rec. de Const.*, 1875, p. 352.
(3) Ibid., 6939.
(4) Ibid., 6957.

ou gouverneur de la Numidie, une grande statue à l'empereur Carin dont on a retrouvé la base sur la muraille de la courtine, entre la porte Valée et la porte Djebia (1). Il est problabe que l'auteur de la dédicace avait, en même temps, élevé une autre statue à côté de la précédente, à l'empereur Numérien qui est si souvent associé à son frère dans les inscriptions ; mais l'épigraphie cirtéenne n'en a pas conservé la trace.

Le célèbre légat de Marc-Aurèle et de Verus, qui devint Consul après la mort de ce dernier, *P. Julius Marcianus* qui était probablement de Cirta, eût aussi sa statue sur cette place. Elle lui avait été élevée par *Durmius Felix,* primipile de la IIIe Légion cyrenaïque, qui avait été son écuyer, pendant la plus grande partie de sa légation en Arabie. La base en a été retrouvée dans la barricade de la porte Djebia. On dressa aussi, au même endroit, les deux statues que les décurions de Pétra avaient élevés à notre personnage sur le Forum de leur cité, et dont la dédicace est rédigée, en grec, sur les deux piédestaux qui ont encore été trouvés dans les montants de la porte Djebia. Une inscription latine, ajoutée au texte grec, nous apprend qu'elles avaient été transportées de Pétra à Cirta, sur l'ordre même de Marcianus qui voulait, sans doute, avoir, dans sa ville natale, ce témoignage de la reconnaissance de ses anciens administrés (2).

Les démolitions de la maison Ben Aïssa qui se trouvait, dans les premiers temps de la conquête, près de l'ancienne porte Valée, ont mis à jour le piédestal d'une statue élevée, à cette place, à Caracalla, en vertu du testament de *Munatius Celsus,* ancien

---
(1) C. I. L., viii, 7002.
(2) Ibid., 7050, 7051, 7052.

praeses de Numidie, par son fils et héritier, *Munatius Celsus* qui augmenta de ses propres deniers la somme de douze mille seterces laissée par son père à cet effet·

L'emplacement de l'ancienne caserne des Janissaires, où s'élève aujourd'hui notre théâtre, recélait le piédestal de la statue d'un noble et célèbre personnage dont le nom figure, en toutes lettres, dans les actes des frères Arvales, *C. Arrius Antoninus* qui fut, sous Commode, le premier préteur nommé, pour désigner des curateurs et des tuteurs aux orphelins. Il fut successivement :

Quattuorvir de l'entretien des voies partant de Rome ;

Tribun de la IIIe Légion scythique ;

Questeur de Rome ;

Sevir des chevaliers romains, c'est-à-dire commandant d'une de leurs six brigades ;

Edile curule, attaché à la rédaction des actes du Sénat ;

Curateur des cités de l'Emilie ;

Curateur d'Ariminium ;

Chef de la juridiction de la région au-delà du Pô ;

Prêtre du collège Marcius Antoninus, qui était chargé du culte de Marc-Aurèle et d'Antonin institué par Commode ;

Augure ;

Frère Arvale ;

Curateur de Nole ;

Le premier préteur chargé de désigner des curateurs et des tuteurs aux orphelins ;

Préfet du trésor de Saturne *(aerarium sanctius)* ;

Consul ;

Proconsul d'Asie (1).

---

(1) *Rev. arch.* 28, 1874, p. 333 ; *Rev. afr.* 18, 1874, p. 74 et 240 ; Rossi, *Bull. dell'Inst.*, 1874, p. 114 ; *Rec. de Const.*, 1873-74, p. 240 ; C. I. L., VIII, 7030.

Le *Concilium provinciae* de Cirta, ville où il était né, l'avait nommé patron des IIII Colonies cirtéennes et c'est, en cette qualité, que les décurions avaient autorisé son ami, *C. Julius Libo*, triérarque de la nouvelle flotte de Lybie, à lui élever cette statue, et en avaient donné l'emplacement.

Un curieux monument d'Aïn-Mechira qui indique l'établissement d'un marché dans ce lieu où se trouvait la propriété d'*Antonia Saturnina*, deuxième femme de *C. Arrius Pacatus*, le père de notre personnage et le généreux donateur des Thermes, dont nous parlons plus loin, a permis à M. Poulle d'étudier, avec une lucidité remarquable, la carrière d'*Arrius Antoninus* (1) dont la mort, ordonnée par le préfet du prétoire de Commode, causa une telle sédition dans Rome que l'empereur, cédant à l'émeute, livra son favori à la populace qui lui trancha la tête et la promena dans les rues, au bout d'une lance, après avoir jeté son corps dans les égouts, C'est dire de quelle estime et de quelle popularité jouissait notre cirtéen qui avait été, avec Fronton, l'ami de Marc-Aurèle, avec qui il avait, d'ailleurs, des liens de parenté.

La grande dame qui épousa, en secondes noces, le père de notre personnage, eut aussi sa statue au même endroit. Elle lui avait été érigée par son affranchi, *L. Antonius Cassianus*, avec l'autorisation des décurions et, en partie, aux frais de la cité. Le piédestal lui donne surtout pour titre à la reconnaissance publique d'avoir été l'épouse de *C. Arrius Pacatus* et la belle-mère des clarissimes *Antoninus, Maximus* et *Pacatus Arrius* (2). Cette inscription a le mérite de

---

(1) *Rec. de Const.*, 1875, p. 365, sq.
(2) C. I. L., viii, 7032.

nous avoir conservé les prénoms des frères de notre consul.

La fille d'un autre grand personnage de Cirta, *Q. Pompeius Sosius Priscus,* consul en 169 et en 180, que la mort avait sans doute enlevée, en pleine adolescence, à sa famille, comme on peut le conjecturer du texte qui nous la rappelle, avait aussi une statue sur cette place. Ses ascendants de quatre générations avaient été consuls. Son bisaïeul, *Sextus Julius Frontinus,* avait eu trois fois les faisceaux : la deuxième en 98 et la troisième en 100 ; son aïeul, *Q. Sosius Senecio,* en 99 et 107 ; son grand-père, *Q. Pompeius Falco,* à une époque qu'on n'a pu déterminer, et son père en 169 et en 180. Son frère lui-même, *Q. Sosius Falco,* les obtint en 193 (1). Nous croyons que *Sosia Falconilla* avait été arrachée à sa famille, en pleins charmes de jeunesse, car l'inscription qui mentionne sa filiation ne lui donne aucun époux. De plus, ce ne put être que dans une circonstance aussi douloureuse que le conseil des décurions décida, pour alléger sa douleur, d'offrir à son père *cinq* statues dont il n'accepta qu'une, d'ailleurs, et dont il dispensa même l'*ordo* de faire les frais (2).

Une autre statue à un personnage dont le nom a disparu, mais qui avait été prêtre augustal, tribun du peuple et légat de Trajan, et qui avait été nommé par le conseil de la confédération ou de la province, patron des IIII colonies, avait été aussi érigée à ce même endroit de la ville (3).

Enfin, l'épigraphie mentionne deux autres statues

---

(1) Cf. Borghesi, *Bull. del Inst.*, 1853, p. 184.
(2) *Rec. de Const.*, 1853, p. 67 ; C. I. L., VIII, 7066.
(3) C. I. L., VIII, 7069.

élevées, la première à un légat de la IIIᵉ légion flavienne, qui avait rempli une grande charge en Etrurie et avait commandé une armée contre des rebelles, mais dont le nom et les fonctions ne subsistent plus sur la pierre (1), et la seconde à un personnage resté inconnu, par son affranchi, *C. Grattius Victor* (2).

Ainsi donc, la place que nous nommons aujourd'hui Nemours, Valée ou de la Brèche (ce dernier nom tend à prévaloir définitivement), contenait un grand monument sur l'emplacement de l'*Hôtel de Paris*, une autre grande construction circulaire, comme le temple de Vesta à Rome, un temple à Vénus, un autre temple près du portique de Gratien dont nous parlons plus loin, un temple à Junon, plusieurs monuments tétrastyles et vingt-cinq statues, si tous les piédestaux, surtout ceux trouvés dans les remparts, n'ont pas été trop déplacés pour les besoins de la défense byzantine ou turque. Sans être le véritable Forum, ainsi qu'on peut le conjecturer de ce qui a été dit plus haut, elle en avait certainement l'aspect et quelques-uns des usages. D'ailleurs, il est presque certain qu'elle lui était reliée par la voie ornée de statues et d'un arc de triomphe dont nous avons parlé.

Cette place était traversée dans le sous-sol par une conduite d'eau venant des citernes du Coudiat-Ati et qui passait ensuite dans la rue Cahoreau, pour se continuer dans la direction de Dar-el-Bey où se trouvaient de vastes citernes. Cette conduite était formée de tuyaux en terre cuite, de la forme d'un tronc de cône, s'engageant les uns dans les autres, la petite ouverture de l'un dans la grande ouverture de l'autre.

---

(1) C. I. L , vιιι, 7070.
(2) Ibid., 7107.

Leur assemblage était recouvert d'un bourrelet de chaux hydraulique comprimée par une enveloppe de toile qui le soudait hermétiquement. Ces tuyaux portaient, gravée en relief, dans un rectangle, l'inscription *Milevitani* (1) qui rappelle les suivantes que le général Creully avait lues sur des tuyaux semblables des conduites d'eau de Cirta : *Tiditni, Uzelitani, Auzurenses, Gemellenses*. Ces inscriptions nous montrent que les poteries des municipes voisins de Tiddi (Kheneg), d'Uzeli (Oudjel), d'Auzuri (?), de Gemellae (?) et de Milaevum (Mila) étaient chargées de cette fourniture à leur grande métropole.

Cette abondance de riches substructions et de belles inscriptions découvertes sur les bords de la place nous font vivement regretter pour l'épigraphie que de grandes fouilles ne soient pas entreprises au milieu même de la place. Elles exhumeraient certainement bon nombre de textes nouveaux dont quelques-uns éclaireraient d'un grand jour l'histoire de notre cité.

XII.

Citernes du Bardo et deuxième amphithéâtre

Puisque nous sommes sur la place de la Brèche, explorons ses alentours.

Si nous descendons les pentes du Bardo nous trouvons, disséminés sur le sol où ils forment parfois des épaulements, des restes de massives constructions en blocage noyé dans du béton. Ce sont les débris d'anciennes et vastes citernes où se déversait le trop-

---

(1) *Rec. de Const.*, 1853, p. 124.

plein de celles du Coudiat-Aty dont nous parlerons plus loin. On y a trouvé une inscription qui est ainsi libellée sur deux extrémités de lignes : ....*nsiones* ....*etularum*. Cherbonneau a lu : *(Ma)nsiones (Ge)tularum, Casernement des Gétules* et suppose qu'il y avait là, peut-être, comme aujourd'hui, un quartier d'indigènes (1). Mais Rénier qui a vu ce fragment de texte n'y a point trouvé d'*s*, à la fin du premier mot, ni d'*e*, au commencement du second. Il lit donc : ......*nsione*..... *(spor)tularum*, ce qui signifie que l'inscription n'est qu'un fragment de dédicace de l'édifice affecté à des citernes et, qu'en cette occasion, le citoyen qui le fit construire, distribua des secours en argent, en même temps qu'il donnait des jeux publics.

De l'autre côté des abords de la place, vers le fond du square n° 2, dans la partie occupée actuellement par un baraquement de M. Rémès, se trouvait un amphithéâtre dont les gradins avaient, en grande partie, disparu depuis longtemps et dont l'emplacement est aujourd'hui recouvert par les déblais du Coudiat. Les Arabes l'appelaient *Fondouk-er-Roum* (le caravansérail des chrétiens ou des Grecs). Il en reste, au Musée, un magnifique piédestal où se lit le mot : AMPITHEATRI.

XIII.

Le tombeau de Praecilius

Puisque nous explorons les abords de la place de la Brèche, où doivent nous ramener, plus tard, les citernes et la nécropole du Coudiat, suivons, du lieu

---

(1) *Rec. de Const.*, 1853, p. 116.
(2) Rén., *Inscript. de l'Al*, n° 1889. — C. I. L., VIII, 7138.

où nous sommes, les remblais qui ont prolongé, au nord-ouest des remparts, la place Nemours, et arrêtons-nous sous le rocher qui supporte la ville, à peu près au pied de la tour, aujourd'hui démolie, qu'on appelait jadis *Bordj-Açous*. Là se trouvait un hypogée (*conditorium*) devenu célèbre, qu'un riche particulier de Cirta, *Praecilius*, ayant exercé la profession d'orfèvre, s'était fait construire pour lui et sa famille, vers la fin du IVe siècle ou au commencement du Ve.

Le bon état de conservation dans lequel il a été trouvé, l'inscription fort curieuse gravée sur le principal sarcophage et les fresques et mosaïques des diverses chambres du mausolée, ont vivement excité la curiosité publique et exercé la sagacité des savants (1). Nous citerons les principaux passages de la description qu'en a faite, aussitôt après les fouilles, un membre de la *Société archéologique* de Constantine, Bache :

« Ce caveau, pour ainsi dire creusé dans le roc, n'est autre chose qu'une chambre sépulcrale, dont les murs, hauts de trois mètres environ, mesurent à peu près cinq mètres de longueur sur trois de largeur ; deux de ces murs seulement, résistant à l'effort du temps, sont restés debout et se tiennent encore à angles droits. Ces murs, d'une épaisseur suffisante pour affronter les éboulements, l'infiltration

---

(1) Voir l'*Africain*, de Constantine, du 21 et du 28 avril 1855, n°s 200 et 201 ; l'*Akhbar*, de la même époque ; le *Toulonnais*, du 15 mai 1855, n° 5135 ; le *Journal général de l'Instruction publique et des Cultes*, du 30 mai 1855, n° 43 du XXIVe vol., et du 30 juin de la même année, n° 52, où on lit, sur ce monument et son inscription, une lettre de F. Dübner et une seconde de Henri Weil, d'où il résulte que l'inscription de Praecilius est en vers héroïques du mètre de Commodien ; *Rev. arch.*, 15 juin 1855, note de Léon Rénier sur *un monument funéraire récemment découvert à Constantine* ; *Rec. de Const.*, t. I, p. 140 ; t. II, 1854-55, p. 174 et planche 9 ; t. III, 1856-57, pp. 25-40, note, pp. 41-43 et planches 1, 2 et 3.

des eaux, etc...., sont faits de briques triangulaires, de pierres et de quelques morceaux de marbre blanc, liés ensemble par le ciment.........

« Le caveau est couronné par une terrasse à laquelle on arrivait au moyen d'un escalier extérieur et tournant dont quelques marches subsistent encore. Cette terrasse, garnie en son pourtour de rigoles pour l'écoulement des eaux pluviales, est pavée d'une mosaïque grossière en petits dés de pierre grise.

« L'intérieur de la chambre sépulcrale paraît s'être terminé et arrondi en une voûte, par le sommet de laquelle, au moyen d'une tranchée, on est arrivé à la découverte du monument qu'elle renfermait. Voûte et parois des deux murs restants étaient recouvertes d'un enduit ou crépissage assez épais, de couleur brunâtre, et peint, extérieurement, à l'huile ou à l'eau. Cette peinture, disposée en bandes ou zones de diverses couleurs, très fraîches encore par l'effet de l'humidité, s'arrondissait graduellement sur le fond, dans le centre du cintre de la voûte, et finissait par une sorte d'enluminure semblant représenter le spectre solaire ou les sept couleurs de l'arc-en-ciel. »

Le *Recueil de la Société archéologique* de Constantine a donné un croquis des rosaces de la mosaïque extérieure, ainsi qu'une esquisse de la fresque qui décore un des murs (1) et un dessin linéaire représentant la vue du monument tout entier et à vol d'oiseau (2). Mais on a trouvé dans l'intérieur de

---

(1) *Rec. de Const.*, 1854-55, pl. 8 et 9.
(2) Ibid., 1856-57, pl. 1.

l'hypogée deux fragments de mosaïque d'un haut intérêt qui méritent d'être décrits.

« Le premier fragment, continue Bache, représente une sorte de tapis enrichi d'une bordure à bords étoilés et à quatre pointes, et dont le fond est exclusivement formé de rosaces liées entr'elles par des carrés et des espèces de losanges inverses, en forme de sablier.

« Ce travail est remarquable, comme exécution lapidaire, comme dessin et comme couleurs. Ce qui ne l'est pas moins, c'est la variété de dessins de chacune des onze rosaces composant le fragment : aucune d'elles ne se ressemble. La petite bordure en baguette qui enserre la bordure principale est, elle aussi, d'un fini merveilleux de pointillage, d'une légéreté pleine de grâce et accuse même une rare habileté de main d'œuvre, une véritable perfection en matière de marqueterie.

« Le second fragment est plus curieux encore que le premier. Il s'étendait en dessous et en face même du cintre sous lequel était encastré le sarcophage de Praecilius.

La mosaïque dont il faisait partie « représentait un sujet entier......... Elle était divisée en trois parties ou rectangles. Dans chacune des bandes ou zones latérales, d'inégale largeur et d'inégale longueur, représentant toutes deux la mer, sont figurés des génies ailés et nus, avec une flamme au-dessus du front : l'un, monté sur une embarcation, pêche à la ligne des poissons épars ; l'autre semble amarrer l'embarcation à un poteau planté au bord du rivage. Ajoutons que l'encadrement supérieur d'une de ces zones, celle de gauche, contient comme ornement des croix affectant la forme des croix de Malte.

« Quant au sujet principal, celui qui occupait le milieu de la mosaïque, il serait difficile d'expliquer ce qu'il représentait. On ne distingue que les débris de trois personnages, savoir : à droite, le torse, le buste et le bras gauche d'une femme nue, quoique drapée par derrière ; au milieu, le torse et les avant-bras d'un homme complétement vêtu, qui, portant une longue baguette de la main gauche, semble faire de la main droite, une libation avec un petit vase à deux anses; à gauche, le torse et bras gauche nu d'une femme, sans doute, également vêtue. A la fresque, à hauteur de ceinture de ces derniers personnages, s'allonge le dos d'une bête fauve qui ressemble fort à tigre.

« Mais ce qu'il y a de plus gracieux dans ce fragment de mosaïque, c'est, sans contredit, l'encadrement du sujet pricipal. Cet encadrement se compose de couples de griffons assis, enroulés de lianes et affrontés, levant chacun une patte de devant et s'apprêtant à boire dans un vase qui les sépare, chaque couple de griffons est séparé lui-même par un mascaron ou une tête de soleil, vue de face et couronnée de pointes ou de rayons.

« Ce fragment de mosaïque ne le cède en rien, sous le rapport de l'exécution, du dessin et des couleurs, à celui que nous avons essayé de décrire en premier lieu.

« Par suite, sans doute, de l'infiltration des eaux à travers les blocs de rocher ou de quelque éboulement, le sol voûté du caveau s'est effondré en son milieu. Cet effondrement a amené de nouvelles découvertes. On a pu pénétrer, par cette ouverture, dans une galerie souterraine.... qui devait être un lieu de sépulture choisi par des gens riches, si l'on en juge par les échantillons de monuments qui s'y trouvent. »

Telles étaient la structure et la décoration du caveau. On y a trouvé plusieurs sarcophages qu'on peut voir encore exposés à toutes les intempéries, au bas des déblais du Coudiat que les wagonnets de la première entreprise du dérasement ont amenés sur ce point. Il se trouvaient dans la galerie au-dessous du caveau de Prœcilius et semblent taillés d'hier.

Le sarcophage principal portait, sur la forte épaisseur de son couvercle, la curieuse inscription dont nous allons parler, mais disons d'abord ce qu'il contenait.

« On y a trouvé, dit Bache, parfaitement conservé, un squelette humain au grand complet. Ce squelette s'est réduit, au contact, non pas en poussière, mais en une pâte molle et blanchâtre, ce qu'il faut attribuer à l'action de l'humidité. La tête du squelette, étendue sur le dos, reposait sur un coussinet ; le corps avait dû être enseveli dans une pièce d'étoffe, car, sur certaines parties des eaux, on a distingué la trace de la trame du linceul qui l'enveloppait ; du reste le temps a tout consumé.

« Chose regrettable : on n'a trouvé dans ce sépulcre aucun des objets, médailles, pièces de monnaie, bijoux, urnes, vases, statuettes, poteries, etc..., dont les Romains avaient coutume d'accompagner les dépouilles de leurs morts. »

Quel était ce personnage dont on a pu un instant contempler les restes authentiques ? Lui-même a pris soin de nous le dire, en termes plus pompeux que corrects et élégants, dans une longue inscription en huit lignes où il ne veut rien nous laisser ignorer de ce qui le concerne et qu'on peut traduire ainsi, d'après la lecture de Léon Rénier, que nous reproduisons ci-dessous (1) :

Moi qui ne puis plus parler, maintenant, je raconte ma vie en ces vers.
J'ai joui de la brillante lumière pendant bien longtemps.
Je fus *Praecilius*, de Cirta, ayant exercé la profession d'orfèvre.
J'ai été d'une bonne foi exemplaire et toujours vrai.
Tout à tous, de qui n'ai-je pas eu pitié ?
Tout souriant, j'ai toujours joui d'une vie luxueuse avec mes chers
[amis.
Après la mort de la chaste dame Valérie, je n'ai pas trouvé la pareille.
Autant que je l'ai pu, j'ai mené une vie agréable et sainte avec mon
[épouse.
J'ai honorablement fêté cent fois l'heureux anniversaire de ma nais-
[sance.
Mais vient le dernier jour où l'esprit abandonne les membres anéantis.
Cette épitaphe que tu lis, je l'ai préparée, pendant ma vie, pour ma
[mort
Arrivée à l'heure qu'a voulu la Fortune qui jamais ne m'abandonna.
Suivez-moi tel que j'ai été ; je vous attends ici, venez.

Par cette traduction, où nous avons voulu sacrifier l'élégance à la vérité, on voit que notre orfèvre avait une douce philosophie et que les cent années ainsi vécues ont dû lui être légères. Quel dommage que son sommeil de quinze siècles ait été troublé par les dévastations qu'a subies sa luxueuse et dernière demeure ! Aujourd'hui, il n'en reste plus rien qu'un sarcophage violé dans notre musée et des débris de mosaïques jetés aux alentours et qui s'enfouissent peu à peu dans les déblais du Coudiat ! Quant à l'hy-

---

(1) *Inscript. rom. de l'Alg*, p. 249 ; C. I. L., VIII :
Hic ego qui taceo mea(m) vita(m) demonstro
Lucem clara(m) fruitus et tempora summa
Praecilius, *Cirtensi lare, argentariam exibui* (sic) *artem*
Fydes (sic) *in me mira fuit semper et veritas omnis.*
Omnisbus (sic) *communis ego : cui non misertus ubique ?*
Risus luxuriam semper fruitus cum caris amicis.
Talem post obitum dominae Valeriae non inveni pudicae
Vitam cum potui gratam, habui cum conjuge sanctam
Natales honeste meos centum celebravi felices
At veni(t) postrema dies ut spiritus inania mempra (sic) *relinquat*
Titulos quos legis vivus mee (sic) *morti paravi*
Ut voluit Fortuna, nunquam me deseruit ipsa
Sequimini tales : hic vos exs(s)pecto ; venitae (sic).

pogée, il a à peu près disparu sous les détritus qui s'y entassent.

XIV.

Le Portique de Gratien

Si nous remontons de là à l'entrée de la rue Basse-Damrémont, anciennement *nouvelle rue de la Poste,* parce que cette administration a d'abord été logée dans l'ancien palais turc où est aujourd'hui le Trésor, nous nous trouverons sur l'emplacement du Portique de Gratien, élevé entre les années 367-375, sous les règnes simultanés de Valentinien, Valens et Gratien. A cette époque, ainsi qu'on l'a vu par les épigraphes de Caeionus Caecina Albinus, une grande impulsion fut donnée, en Numidie, aux travaux publics, par les représentants du pouvoir impérial. Voici un autre grand monument dont s'est enrichi Constantine sous ce gouvernement. Il avait été élevé, dit l'inscription qui nous le rappelle, des fondations au faîte, par un autre clarissime, consulaire à six faisceaux, praeses de la Numidie cirtéenne, un certain *Annius*......... dont le cognomen a disparu du texte (1). C'était pendant le *siècle doré* des empereurs Valentinien, Valens et Gratien, sous la surveillance, avec participation aux dépenses, de *Naevius Numidianus,* qui descendait probablement de cette opulente famille des Naevii dont nous avons constaté plus haut l'orgueil et les libéralités chez une de ses aïeules. Annius donna à ce Portique le nom de Gratien, ce qui est confirmé par un fragment de pla-

---

(1) *Rec. de Const.*, 1854-55, p. 171. — C. I. L , VIII, 7015.

que en marbre trouvé aussi dans les démolitions de cette rue et qui portait en caractères de onze centimètres de hauteur les mots ...*ticum Gra*...... qu'il faut évidemment lire : [*Por)ticum Gra(tianum*] (1). La présence de ce portique prouve qu'il y avait là un grand monument public faisant suite à la façade de l'édifice trouvé sur l'emplacement de l'*Hôtel de Paris* et qui occupait probablement la place ou les abords de la grande maison Azoulay. Le Portique de Gratien le délimitait probablement du côté de la rue Basse-Damrémont, sur une voie par où on montait au Capitole.

Sous ce portique qui était, comme on le sait, une promenade couverte, ménagée entre des colonnes, se trouvaient des statues. C'est ainsi que du côté de la rue Basse-Damrémont où il s'étendait, s'est trouvé le fragment de piédestal d'une statue qu'avait érigée un chevalier romain dont le cognomen se termine par les lettres ......*nna,* en l'honneur des fonctions d'édile qui lui avaient été confiées. Il avait ajouté cette libéralité à la somme ordinaire de 20,000 sesterces et donné, le jour de l'inauguration, des jeux publics au théâtre (2).

XV.

Monuments de la rue Leblanc

Avant de redescendre dans la rue Nationale, dont nous avons déjà exploré les abords du côté de la place Valée, et où nous trouverons encore quelques

---

(1) *Rec. de Const.*, 1856-57, p. 151. — C. I. L., VIII, 7015.
(2) *Ibid.*, 1854-55. — *Ibid.*, 7122.

vestiges importants, pénétrons de nouveau dans la cité pour y recueillir d'autres souvenirs.

Si nous remontons la rue Basse-Damrémont où se trouvait la dédicace du Portique de Gratien, nous arrivons bientôt sur la petite place d'Orléans par un détour, où toute trace du passé a disparu, sauf vers la droite, dans la rue d'Aumale, où s'est trouvée la base de la statue à la Fortune de Septime Sévère et de sa famille. Sur cette place viennent déboucher, en formant un angle, d'une part la rue Leblanc et de l'autre la rue de la Tour.

Dans la rue Leblanc qui se dirige perpendiculairement sur la façade de la nouvelle Préfecture, quelques textes intéressants ont été relevés.

C'est ainsi que d'une muraille byzantine a été extrait un fragment d'inscription monumentale mentionnant un important édifice, bâti par un préfet *jure dicundo* de la colonie de Rusicade, dont le nom a disparu, et dédié par un légat d'Auguste, propréteur, également inconnu (1).

Dans la même rue se trouvait encore un autre fragment d'inscription monumentale ayant aussi appartenu à une grande construction, élevée par un personnage qui avait rempli les fonctions d'édile. Mais il était *quinquennal*, c'est-à-dire chargé de faire, pendant l'année de son édilité, le recensement de l'impôt qui avait lieu tous les cinq ans, et d'en fixer une nouvelle répartition. Il était aussi pontife et flamine perpétuel (2).

Dans les vestiges du monument précédent, s'est trouvée la mention d'une réparation qui avait été faite

---

(1) *Rec. de Const.*, 1858-59, p. 123. — C. I. L., VIII, 7072.
(2) Ibid., p. 118. — Ibid, 7102.

sous les règnes simultanés d'Honorius et de Téodose, par un certain *Aurelius Januarius*. Il lui restitua, y est-il dit, son premier usage et sa première splendeur (1). Quel était ce monument et quelle était sa destination ? Il est impossible de le dire, mais on voit que le quartier où nous sommes avait son importance.

Deux autres fragments d'inscriptions, ayant appartenu à un piédestal de statue, ont été découverts dans ce quartier, au milieu de débris de constructions byzantines, mais ils sont trop mutilés pour qu'on puisse leur donner une attribution. La forme des lettres est la même et les pierres sont de même nature. Ils semblent mentionner un chevalier romain qui fût *jure dicundo* de la colonie de Milev et pontife d'empereurs divinisés. C'est en l'honneur de ce pontificat qu'il paraît avoir érigé la statue en question (2).

XVI.

Le Tombeau des Fonteius

Si nous continuons notre marche dans la rue Damrémont, qui est probablement sur l'ancienne voie du Capitole, nous arrivons bientôt au croisement de cette rue avec la rue Desmoyen qui, ainsi qu'on l'a vu plus haut, délimite une partie de l'ancien Forum, dans la direction du nord au sud, derrière les bâtiments du palais d'Ahmed-Bey.

Dans cette rue, devait se trouver un *Columbarium* ou *sepulcrum commune* de l'illustre famille des *Fonteius*. On y a trouvé, en effet, une inscription billingue

---

(1) *Rec. de Const.*, 1858-59, p. 118. — C. I. L., viii, 7018.
(2) Ibid., 1856-57, p. 142 et 1858 p. 123. — Ibid., 7134.

græco-latine, en grandes lettres, de 10 et 5 centimètres et demi, ainsi libellée : οἶκος κοιμῆς *Fonteiorum* (maison de repos des Fonteius). Cette inscription devait se trouver à l'entrée du caveau qui est sans doute enfoui sous des constructions modernes et qui sert de cave à l'un des propriétaires de la rue. Peut-être se trouve-t-il sous le Palais qui a recouvert tant de substructions romaines ou sous la grande maison arabe qui sert aujourd'hui de Crèche et qui est construite, comme on le sait, sur d'importants caveaux.

Cette famille des Fonteius, qui était, par conséquent, de Cirta, est célèbre dans les annales de la Numidie. Un de ses membres, *D. Fonteius Frontinianus,* qui montre, par ce cognomen, qu'il était allié à l'illustre famille des Fronton, de Cirta, avait été légat de la IIIᵉ Légion, de 160 à 162, c'est-à-dire à la fin du règne d'Antonin et au commencement de celui de Marc-Aurèle, après quoi il obtint les faisceaux. C'est le légat dont il nous reste le plus d'inscriptions en Afrique, tellement il y imprima, par ses libéralités et son attachement au pays, une vive impulsion aux travaux publics. C'est lui qui fit entièrement réparer, à Cirta, ainsi que nous l'avons vu plus haut, la voie ornée de statues qui conduisait au Forum. Son zèle à faire embellir les cités de son gouvernement nous est signalé par une intéressante inscription de Timgad *(Thamugadi)* qui nous donne sur les *pollicitations,* c'est-à-dire sur les promesses de dons ou d'érection de monuments faites par les candidats aux honneurs municipaux, un détail fort curieux. Nous y voyons, en effet, qu'en garantie de leurs promesses ils devaient fournir caution *(fideijussorem).* La caution était rigoureusement tenue d'exécuter la promesse, à défaut du *pollicitateur,* et ses héritiers eux-mêmes étaient responsables. C'est ainsi que *Decimus Fonteius* obligea, par un arrêté, à élever une statue à la Victoire Auguste, dans le Forum de Thamugadi, *L. Cestus,* successeur, fils et héritier de *L. Cestius Gallus,* caution de *Fl. Natalis,* qui l'avait promise. Il l'obligea encore à ajouter aux frais de cette érection, qui étaient de 3 mille sesterces, une somme de 3,400 sesterces que Fl. Natalis avait pris l'engagement de verser dans la caisse municipale (1).

Ce même légat transforma la petite ville de *Verecunda* (aujourd'hui Marcouna), si voisine de Lambæsis, le siége de son commandement, qu'elle en était comme la banlieue. Il y éleva, notamment, la même année 160, deux monuments à Antonin, l'un au Forum (2) et l'autre sur un point de la ville que le *Corpus* n'indique pas (3). Ce dernier, étant donné les dimensions de la dédicace, devait être très important. Il fit construire, en outre, pour ce municipe, l'aqueduc qui l'alimentait en eau potable et le dédia au même empereur (4). Enfin, il dédia à Marc-Aurèle l'arc de triomphe que les décurions de la cité y firent ériger en 163 (5). C'est à partir de cette époque et grâce l'impulsion donnée par Fonteius, que le *vicus* devint municipe. Le légat avait probablement obtenu de l'Empereur le décret instituant ce nouvel ordre de choses, puisque ce n'est qu'à partir de cette date que les inscriptions

---

(1) C. I. L., VIII, 2353.
(2) Ibid., 4203.
(3) Ibid., 4204. — Cf. Cherbonneau, *Rec. de Const.,* 1873-74, p. 78.
(4) Ibid., 4205.
(5) Ibid., 4206.

mentionnent la *Respublica Verecundensium* et son *ordo decurionum* (1).

A *Diana Veteranorum* (aujourd'hui Zana), il dédia à la *Victoire* des deux augustes (Marc-Aurèle et Verus), un édicule avec statue que *L. Sutorius Felix*, flamine perpétuel, fit construire pour quatre mille sesterces, en vertu du testament de *M. Cassinius Secundus*, également flamine perpétuel, dont il était l'héritier (2). Il fit aussi, dans ce même municipe, la dédicace d'une statue qu'avait érigée le conseil des décurions, en 162 (3). C'était comme patron de la ville qu'il avait procédé à cette consécration et c'est en cette même qualité, pendant qu'il était consul, que la ville lui élevait une statue en 163 (4).

A Lambaesis, il continua et acheva, peut-être, la construction du magnifique temple d'Esculape et de la Santé, opérée par les troupes de la IIIe légion. Il y consacra les sanctuaires de *Jupiter Valens* et de *Silvanus Pegasius*, en 162, alors qu'il était déjà consul désigné (5). Dans cette même ville, il éleva un grand monument, probablement un temple, dont toute trace a d'ailleurs disparu, mais qui devait être de la plus haute importance, si on en juge par les débris grandioses de la dédicace qui le rappelle (6).

Il dut aussi, dans la colonie de *Milev* (Mila), participer à la construction d'un monument dont on a retrouvé la dédicace qui lui est attribuée (7).

Cette activité déployée à l'embellissement de son

---

(1) Cf. Pallu de Lessert, *Les Fastes de la Numidie* (*Rec. de Const.*), 1888-89, p. 78).
(2) C. I. L., VIII, 4582.
(3) Ibid., 4589.
(4) Ibid., 4599.
(5) Ibid., 2579, *d. e.*
(6) Ibid., 2694.
(7) Ibid., 8208.

pays, où le sage gouvernement des Antonins n'avait pas hésité à lui confier l'autorité suprême, excita partout la reconnaissance de ses administrés. Nous venons de voir que Diana lui éleva une statue. Lambæsis lui en décerna une aussi en 162, et c'est un centurion de la IIIe légion, *Sex. Terentius Saturninus,* qui la dressa et lui en fit la dédicace. Son épouse, *Numisia Celerina,* participa aux mêmes honneurs. La mère d'un officier décoré du *corniculum, Magnia Procula,* lui en éleva une à Lambæsis (1), et les décurions de cette grande ville lui en érigèrent une autre, près du temple de Jupiter, pendant le consulat de son mari (2). Le municipe de Verecunda, que le légat avait pour ainsi dire créé, lui témoigna aussi sa reconnaissance en érigeant à Numisia Celerina une statue au Forum (3).

L'illustration acquise par ce grand personnage dut nécessairement rejaillir sur sa famille qui devait trouver à Cirta, où elle résidait, une considération assez grande pour que son tombeau, élevé en plein cœur de la ville, fût l'objet de la vénération publique.

Cette même rue Desmoyen a conservé la trace de plusieurs autres monuments. C'est ainsi qu'une statue dont le bénéficiaire et le donateur restent inconnus, y avait été élevée le 19 des Calendes de février de l'année 207, après avoir été promise le 3 des nones de janvier de l'année précédente, sous le consulat de Senecion et d'Aemilianus, au temps de Septime Sévère (4).

---

(1) C. I. L., viii, 2739.
(2) Ibid., 2740.
(3) Ibid., 4232.
(4) Ibid., 6985.

Une autre statue y avait été élevée à cet empereur par un personnage dont le nom a disparu (1).

Enfin un fragment d'inscription encastré dans le mur du Palais, du côté de la rue Desmoyen, nous apprend qu'un monument dont on ne connaît ni la nature, ni la destination, avait été relevé, à partir des fondations, dans les parages de cette rue (2).

XVII.
Le temple et la statue de Pallas

Si de la rue Desmoyen nous passons dans celle du 26ᵉ de Ligne qui lui est parallèle et dans laquelle nous pénétrons par la rue Caraman, nous nous trouvons dans le voisinage d'un temple à Pallas. Il a entièrement disparu, mais la statue de la divinité et son piédestal ont été retrouvés mutilés dans les décombres d'une zaouïa existant autrefois dans cette rue et qui a dû être construite sur les substructions de cet édifice. Ces débris sont aujourd'hui au square n° 2. La dédicace du piédestal est trop incomplète pour être entièrement restituée, mais nous pouvons y déchiffrer des détails intéressants.

Nous y apprenons, en effet, que la statue et, probablement aussi l'édifice qui la contenait, avaient été élevés aux frais de *Quadratus Baebianus Vindex* (?) qui fut édile, questeur, triumvir, préfet *jure dicundo* des colonies de Rusicade et de Chullu. Il avait fait cette largesse, en outre d'une journée de jeux floraux qu'il avait donnés pendant son triumvirat (3). On appelait

---

(1) C. I. L , VIII, 6997.
(2) *Rec. de Const.*, 1854-55, p· 170. — C. I. L., VIII, 7140.
(3) *Rec. de Const.*, 1854-55, p. 166. — C. I. L., 6958.

jeux floraux les réjouissances qui se donnaient aux calendes de mai et qui se nommaient pour cette raison *majuma* (1). Il paraît que la licence des mœurs y devint excessive. Aussi, ces fêtes furent-elles plus tard interdites (2).

Nous lisons aussi sur l'inscription qu'un autre don s'ajouta à celui de Quadratus Baebianus. Il dut avoir une certaine importance, puisqu'il coûta cent mille sesterces à son frère qui en fut l'auteur. Il est très probable qu'il s'agit du temple consacré à Pallas et qui semble, d'après le texte, avoir été rebâti. C'est ainsi que les deux frères, dont le second paraît avoir été centurion de légion, s'unirent ensemble dans une même volonté d'honorer la déesse.

Il est encore question dans le texte d'une sédition des Gétules, c'est-à-dire des indigènes du Sud qui vivaient en ce temps à Cirta, comme le fait aujourd'hui une nombreuse population arabe étrangère. Mais il est difficile, à cause des lacunes de l'inscription, de rattacher ce fait à celui de la construction ou de la dédicace du monument. On ne voit pas la relation qui a pu exister entre eux. Cherbonneau a pensé que, pendant cette sédition, l'édifice avait été renversé et qu'il fut reconstruit par le frère de *Quadratus Baebianus*. C'est une pure hypothèse. Quoiqu'il en soit, il y avait, dans ce quartier un important sanctuaire de Pallas.

On y trouvait aussi, probablement près du temple, une statue de Trajan dont nous possédons un fragment de piédestal trouvé en 1855 (3). Elle avait été élevée entre les années 103 et 113, mais nous ignorons le nom du donateur.

---

(1) Cod. Théod., 5, 6, 1.
(2) Ibid., 2.
(3) *Rec. de Const.*, 1854-55, p. 141. — C. I. L., 6988.

XVIII.

Les Thermes d'Arrius Pacatus

De la rue du 26ᵉ de Ligne redescendons dans la rue Caraman, remontons celle-ci jusqu'à mi-chemin de la rue que nous venons de quitter à la rue Lhuillier et prenons la rue des Cigognes, jusqu'à la rue de France. C'est à l'intersection de ces deux rues que se trouvaient les Thermes construits par *Arrius Pacatus,* le père du célèbre consul de Marc-Aurèle et l'époux de la grande dame dont nous avons trouvé la statue sur la place Nemours. Le *Recueil de la Société archéologique* de Constantine (1) contient la relation suivante des fouilles qui y furent faites à la fin de l'année 1862 :

« Le nivellement de la rue des Cigognes, exécuté en 1857, avait déjà dégarni un grand massif de maçonnerie romaine, où l'on distinguait l'extrémité d'un *hypocauste,* ce qui fit supposer qu'on rencontrerait un bain dans les déblais ultérieurs. En effet, au mois de novembre 1862, M. Crespin, ayant à enlever un monceau de terres rapportées qui touche aux premières découvertes, trouva la partie principale des Thermes au point d'intersection des rues de France et des Cigognes. De ce côté était la façade, elle regardait le midi. Les limites de l'édifice comprenaient le pâté de constructions qui obstrue actuellement les rues Richepanse, de Varna, de France et des Cigognes. L'entrée, donnant accès dans une vaste salle voûtée *(aestuarium),* occupait le milieu de la façade. Deux pi-

---

(1) Vol. VII, 1863, préface, p. IX et X.

liers d'axe, reconnus au milieu de la rue de France, ne laissent aucun doute à cet égard.

« A la suite de cette salle, on voit une pièce communiquant avec l'hypocauste et qui pourrait avoir été le *sudarium*. Plus loin, à un niveau inférieur, quatre corps de citernes s'appuyaient contre le mur de cette pièce. Les massifs de béton du dernier réservoir ferment aujourd'hui la rue de France.

« Ce qui mérite une attention particulière, c'est le sous-sol formé par des rangées horizontales de tuyaux qui distribuaient, dans tous les sens, un courant continu de chaleur. Ces tuyaux sont des parallélogrammes en poterie creuse de 0^{m}47 de long sur 0^{m}25 de large. Le vide ménagé au milieu est un carré de 0^{m}12 de coté. Sur les faces latérales opposées sont pratiquées deux ouvertures dont l'une dessine une porte cintrée au sommet, et l'autre, une fenêtre losangique. Voici comment fonctionnaient ces calorifères. La première ligne horizontale de tuyaux soutenait une autre série de tuyaux pareils, debout et juxtaposés de façon à communiquer avec la couche inférieure par les orifices oblongs. Au-dessus régnait le carrelage proprement dit. Afin d'éviter toute déperdition de chaleur, on avait enveloppé l'appareil tout entier d'une masse de terre rapportée et damée avec soin.

« La galerie de l'hypocauste qui ne mesure pas plus de 0^{m}47 en hauteur était intacte. Sur les piliers en brique qui la portaient, étaient appliquées des briques de grande dimension, suivant le lit à une couche de béton hydraulique où l'on avait composé la mosaïque de l'*aestuarium*. Au juger par les fragments de ce pavage qui n'ont point cédé sous l'écrasement de l'édifice, il y a eu là un incendie, car les petits cube de marbre sont plus ou moins vitrifiés. »

Tel était l'excellent aménagement du sous-sol de ce monument. Au-dessus, et dans le grand espace circonscrit comme il est dit plus haut, s'élevaient les belles salles des thermes avec la luxueuse décoration dont les avait embellis l'oputent citoyen à qui Cirta devait cet édifice. Comme d'habitude, dans ces sortes d'établissements, des statues devaient être placées dans de petites absides *(Zothecae)*. C'est ainsi qu'on a retrouvé dans les décombres du bain la dédicace, sur plaque de marbre, d'une statue de Septime Sévère (1). Enfin, les piliers qu'on a retrouvés, bien en avant de la façade, dans la rue de France, nous montrent que l'entrée était précédée d'une grande colonnade qui devait lui donner un aspect monumental.

Cette circonstance que l'entrée de l'édifice se trouvait sur le trajet de notre rue de France nous permet encore de penser, ce qui est d'une grande importance au point de vue topographique, qu'une voie romaine passait sur ce point.

L'attribution de notre édifice à *C. Arrius Pacatus* ne saurait faire l'ombre d'aucun doute, puisqu'on a trouvé, devant la façade, un dé d'autel en calcaire bleuâtre, revêtu de moulures élégantes, et portant ces mots : *C. Arrius Pacatus, balineum Pacatianum.*

La présence de Thermes à cet endroit suppose l'existence d'une conduite venant sans doute en droite ligne des citernes du Capitole. Mais ces dernières n'étaient pas les seules à Cirta. Nous parlerons plus loin de celles du Coudiat, et nous avons dit un mot

---

(1) C. I. L., 6999.

de celles qui se trouvaient sur les pentes qui dominent l'abattoir. Nous en avons vu d'autres près de l'ancien Forum, lors des fouilles exécutées, l'année dernière, par le Génie, pour la construction d'une aile au Cercle militaire et des nouveaux bureaux militaires, de la rue Desmoyen. M. Poulle en a décrit de fort curieuses, mais leur aménagement étant de façon turque, nous n'en reparlerons pas pour ne point sortir de notre cadre. Il est probable pourtant que ce sont d'anciennes citernes romaines réparées par les Turcs, puisque, près du même endroit, il s'en est trouvé au lieu où a été exhumée la statue de Bacchus dont nous parlons plus bas. Comme on va le voir, l'épigraphie et les fouilles nous en révèlent d'autres près du point où nous sommes.

XVIII.
Aqueduc et citernes de Caecina Albinus

De la rue de France descendons, par la rue des Cigognes, jusque sur la place des Galettes et arrêtons-nous devant la maison construite sur l'emplacement de l'ancien dispensaire. C'est là, qu'en 1865, fut découverte une pierre rectangulaire de 1^m07 de long sur 0^m27 de large. Elle contenait en caractères très distincts l'intéressante inscription suivante : « Pendant notre heureuse époque, et pour faire le bonheur de la splendide colonie de Constantine, sous le règne de nos trois seigneurs pieux, heureux, victorieux, triomphateurs, et toujours augustes, *Caecina Decius Albinus*, le jeune, honoré du titre de clarissime, consulaire à six faisceaux de la province de la Numidie constantinienne, a fait construire, remplir d'eau et inaugurer un conduit qui sert à fournir au peuple et à l'alimentation de la cité la provision d'eaux pluviales de toute l'année. La dédicace en a été faite avec le ministère d'*Ecdicius,* sacerdotal. » (1)

Sur ce même emplacement, les fouilles, opérées pour les fondations de la maison actuelle, mirent au jour les restes d'un immense bassin circulaire entouré de pierres de taille d'un volume considérable et bien conservées (2). Ce bassin, qui ne communiquait avec aucun canal extérieur, devait être alimenté par un jet d'eau central où aboutissait, sans doute, une conduite souterraine et se déversait peut-être par un autre canal intérieur descendant dans les bas quartiers de la rue Nationale. Il devait être placé au milieu d'une cour autour de laquelle était sans doute construite une maison luxueuse. Peut-être était-ce le palais du gouverneur, peut-être un autre établissement thermal.

Où était l'aqueduc, probablement souterrain, d'Albinus ? La place des Galettes et tout le pâté de maisons de l'ouest en gardent profondément le secret, mais il n'en est pas de même pour les citernes qu'il alimentait. Elles étaient tout près de ce lieu et existent encore sous l'amas de constructions élevées le long des rues Vieux, des Alises, du 3e Bataillon d'Afrique et sous la halle même de la place. Elles ont été découvertes en 1853 et M. Gouvet en a publié un plan très détaillé dans le 2e volume du *Recueil de la Société archéologique.* L'année suivante, M. Vicrey jeune en a fait une description à laquelle nous allons faire quelques emprunts :

---

(1) *Rec. de Const.*, 1865, p. 170. — C. I. L., viii, 7034.
(2) Ibid., p. 169.

« Elles sont occupées, nous dit-il, pour une part qu'il n'est guère possible d'évaluer, par les caves des maisons comprises entre la rue du 3ᵉ Bataillon d'Afrique, la rue Vieux et la place des Galettes. Elles ont accès par une maison qui a sa façade sur le coin où la rue du 3ᵉ Bataillon d'Afrique se dirige perpendiculairement sur la rue de Constantine.

« Quoique remblayé jusqu'à la naissance des voûtes, ou peu s'en faut, le premier compartiment laisse encore apercevoir des ouvertures de portes de communication ; les pierres de taille sont d'un appareil qui rappelle le ɪᴠᵉ siècle. Toutes ces portes, ouvrant au nord-est, ont été bouchées par les indigènes, en maçonnerie grossière, afin d'isoler, chacun à son profit, le compartiment dont il jouit.

« Mais on peut, malgré ce fractionnement, juger que ces citernes occupent un emplacement bien plus vaste que la maison, car les communications souterraines du sud et du sud-ouest laissent encore circuler assez librement jusque sous les rues Vieux et des Altises.

« Quant à la partie qui se dirige vers la place des Galettes, il n'en est pas de même. On se trouve arrêté par les égouts qui s'y déversent constamment et par les plaques d'eau et d'immondices qui croupissent au fond.

« Tous les piédroits des voûtes sont en pierre de taille. La voussure n'est plus aujourd'hui composée que de la maçonnerie de béton, employée par les Romains comme charge de voûte, mais on voit que, primitivement, elle était en briques, et la retraite légère qu'on observe dans la pierre de taille, à la hauteur des naissances, en est une preuve suffisante.

« Passons à la maison de la rue du 3ᵉ Bataillon d'Afrique. Sous cet édifice, on trouve encore aujourd'hui un compartiment-annexe de forme circulaire qui devait alors servir de puisard. Du reste, *il donne encore de l'eau à l'usage de cette maison.*

« Quelques ouvertures accessoires pratiquées dans les murs, à la hauteur des naissances, paraissent avoir établi des communications avec d'autres citernes voisines, dans le cas de trop plein ou de surabondance et pour leur donner une issue convenable. Maintes tentatives ont été faites pour y pénétrer et l'on n'a obtenu pour tout résultat que la découverte de fragments d'une mosaïque annonçant la présence d'un édifice important............ »

Les Romains, on le voit, et nous le constaterons encore dans la suite, avaient fait à Cirta de gigantesques travaux d'adduction et d'aménagement des eaux. C'était, on le sait, leur plus grande préoccupation lorsqu'ils s'établissaient quelque part. Mais à Cirta, ils ne s'étaient pas contentés de capter les eaux du voisinage. Ils avaient tellement compris que cette ville, dans son isolement, pouvait être facilement privée des apports du dehors, qu'ils mirent tous leurs efforts à ne pas laisser s'égarer, sans en faire usage, les eaux tombées du ciel.

Nous ne quitterons pas cette rue du 3ᵉ Bataillon d'Afrique sans recueillir le souvenir d'une statue érigée à une *flaminica* perpétuelle, *Sittia Calpurnia Extricata*, à qui ses concitoyens avaient, nous l'avons vu, accordé le même honneur au Capitole. Mais ici, c'est un hommage rendu à la grande dame par ceux qui l'entourent, par sa *familia*, c'est-à-dire par l'ensemble de ses serviteurs (1). Il est probable que la

---

(1) *Rec. de Const.*, 1856-57, p. 143. — C. I. L., VIII, 7035.

statue se trouvait dans l'*atrium* de sa demeure. Le piédestal qui porte la dédicace nous indique donc peut-être l'emplacement de sa maison et sûrement son quartier.

La découverte de cet unique document épigraphique dans toute cette partie de la ville et la conséquence que nous venons d'en tirer nous montrent que si nous sommes privés de données certaines sur la plupart des quartiers de la cité romaine, c'est que leurs substructions sont recouvertes par les maisons arabes dont nous avons presque toujours conservé la superstructure en l'aménageant à nouveau, ou tout au moins les fondations. Nous n'y avons que rarement fouillé et interrogé le sol qui recèle d'innombrables secrets. Nous possédons, au contraire, une multitude de documents partout où de grandes et sérieuses constructions ont été entreprises, comme à la Casbah, sur la place du Palais et dans ses environs, autour de la place Nemours et sur quelques points de la rue Nationale.

XX.

Temples de Julie et de Saturne

C'est là qu'il nous reste maintenant à revenir. Reprenons donc la rue de France et arrêtons-nous dans la rue Caraman. Dans l'ancien magasin de campement, actuellement occupé par le *Grand Bazar du Globe* des frères Dessens, sur un fragment de marbre admirablement sculpté, nous trouvons la dédicace d'un temple à l'impératrice Julie, la première femme d'Auguste, qui avait été divinisée en 42. Il lui avait été dédié par *Q. Marcius Barea,* douze fois consul, prêtre fétial, et qui était probablement de Cirta, de concert avec *Caelia Ururia Potita*, prêtresse augustale de la nouvelle divinité (1).

Il est donc fort probable qu'il y avait là un grand édifice public avec sa colonnade. L'emplacement, d'ailleurs, se prête fort bien à cette attribution. Ce temple aurait fait suite aux autres constructions monumentales qui délimitaient la place Nemours et dont nous avons signalé plus haut l'existence. Il aurait eu sa façade tournée vers la voie du Forum que fit si bien restaurer, sous Marc-Aurèle, le consul *Fonteius*. Il eût été aussi dans le voisinage immédiat du Forum.

Remarquons en passant que si nous n'avons pas hésité à donner à notre flamine augustale le cognomen d'*Ururia*, malgré la leçon du *Corpus* qui ne se prononce pas, c'est que ce cognomen, dont il ne manque ici que le second *u*, était usité à Cirta, bien que nous le trouvions rarement dans nos inscriptions. C'est ainsi que nous le lisons sur une épitaphe découverte à l'ouest du Coudiat-Ati, en 1853, et sur laquelle, chose curieuse, étaient dessinées des sauterelles.

La flamine augustale qui dédia ce temple avec l'ancien consul, Q. Marcius Barea, était de cette grande famille des *Potitus* qui donna plus tard naissance à C. Julius Potitus, le donateur de la construction tétrastyle que nous avons retrouvée sur la partie orientale de la place Nemours. Elle était donc de Cirta.

Dans cette même rue Caraman, sur l'emplacement de l'ancienne mosquée de Sidi el Foual qui se trouvait à l'angle des rues Caraman et Cahoreau, nous

(1) *Rec. de Const.*, 1873-74, p. 463. — C. I. L., VIII, 6987.

retrouvons, par une inscription fort peu explicite, d'ailleurs, le souvenir d'un temple à Saturne. Le texte semble mentionner l'exécution d'une promesse faite aux ministres de ce dieu. Il s'agit probablement de l'érection d'une statue dans le temple (1).

Sous les portiques de ces temples, se trouvaient, comme toujours, des statues. Nous avons un fragment de piédestal de l'une d'entre elles qui avait été érigée en l'honneur d'un édile revêtu de la puissance questorienne, c'est-à-dire chargé spécialement de l'impôt. Il fut aussi triumvir des IIII colonies, préfet *jure dicundo* de Rusicade, de Chullu et de Milev, et, enfin, flamine perpétuel. Son nom a disparu (2).

Enfin, une autre inscription qu'il est impossible d'interpréter, mentionne peut-être aussi l'existence d'une autre statue qui devait se trouver dans la même rue, à son point d'intersection avec la rue Cahoreau (3), devant le temple de Saturne.

XXI.

Petit temple et statue de Bacchus

Dirigeons-nous maintenant dans la rue Nationale et arrêtons-nous un instant devant la maison Mouret, dont les magasins du rez-de-chaussée sont occupés par M. Lavillat. Elle est très voisine du point où ont été retrouvés les restes du premier amphithéâtre de Cirta. Il y avait là un petit sanctuaire à Bacchus sur lequel nous sommes très exactement renseignés, aussi bien par les résultats très complets

---

(1) C. I. L., viii, 6961.
(2) Ibid., 7125.
(3) Ibid., 7139.

des fouilles que par les archéologues qui y ont assisté et nous en ont laissé la relation, MM. Féraud et Poulle.

Les travaux de dégagement de la rue Nationale, opérés en 1871, mirent à jour une enceinte pavée d'une mosaïque entièrement dégradée, d'ailleurs, par l'incendie qui avait causé la destruction de l'édifice, et par l'action de l'humidité. « Les murs latéraux, jusqu'à un mètre au-dessus du sol, dit M. Féraud, étaient lambrissés avec des plaques de couleurs différentes. Au-dessus de ce placage, une série de niches pratiquées dans les murs avaient contenu des statuettes en marbre dont les tronçons ont été retrouvés renversés par terre. C'était, autant que nous avons pu en juger par les débris, des images d'hommes, de femmes et d'enfants, d'une exécution assez soignée. » On trouva là, gisant au milieu des décombres, la face contre le sol, une assez belle statue de marbre blanc, représentant un adolescent entièrement nu et de grandeur naturelle, brisée en deux morceaux, à la hauteur des cuisses, par la violence du choc subi dans la chute. Le sujet est debout, le bras gauche accoudé sur un tronc d'arbre qu'entoure un cep de vigne d'où pendent des grappes de raisin. Contre le tronc est un petit animal dont la tête manque. La main gauche, portée en avant, tient délicatement une coupe à deux anses. Le bras droit, auquel manque la partie intermédiaire, s'allonge sur un thyrse enrubanné. La tête est ceinte de pampre, de raisins et de feuilles de lierre. « Cette tête, dit M. Féraud, les épaules, la chute des reins et les cuisses ont les contours potelés, moelleux et arrondis du corps de la femme, tandis que le reste, comme le haut de la poitrine, le torse, en un mot, et le bas des jambes conservent les formes et les proportions qui sont les indices de la virilité (1). »

On avait là, sans aucun doute possible, une fort belle représentation de Bacchus. Mais comment se trouvait-elle dans ce lieu et d'où venait-elle ? Les fouilles de la construction de M. Mouret nous l'ont appris, six ans après, avec tous les détails désirables.

A l'angle de cet emplacement qui touche au point de rencontre des rues Vieux et Rouaud, c'est-à-dire sur le lieu même de la découverte, on trouva, à trois mètres environ au-dessous du sol, cinq morceaux de pierre avec inscription dont la réunion permit de lire ce qui suit :

« Consacré à Liber Pater auguste, *Q. Quadratus Quintulus*, fils de Quintus, de la tribu Quirina, investi de l'édilité, a donné et dédié la statue, avec l'édicule et ses colonnes, qu'il avait promise, sans y être obligé pendant qu'il était préfet pour les triumvirs, indépendamment de la somme réglementaire de 20,000 sesterces qu'il avait déjà versée à la caisse municipale. L'emplacement a été concédé par décret des décurions. » (2).

Il y avait donc là un sanctuaire à Bacchus. Comment était-il construit ? Les fouilles qui ont exhumé ce texte nous renseignent exactement.

« Les fragments de la pierre contenant l'inscription, dit M. Poulle, étaient au pied de la maçonnerie même qui supportait le dôme sous lequel était placée la statue. La maçonnerie était revêtue sur trois cô-

---
(1) *Rec. de Const.*, 1871-72, p. 408.
(2) Ibid., 1878, p. 317. — C. I. L., VIII, *add.*, 10867.

tés d'un parement en pierres de taille et reposait sur un socle à moulures simples et sévères ; le quatrième côté était adossé à un mur qui va, dans une direction oblique, de la rue Rouaud à la rue Nationale et aboutit aux grands arceaux signalés plus haut.

« Le piédestal mesure, à la base et sur la façade, 3 mètres, et 2^m36 sur les petits côtés ; la moulure a 0^m50 de hauteur et 0^m16 de saillie, en sorte que le fût a 2^m68 en façade et 2^m20 sur les côtés.

« Le dôme devait reposer sur deux colonnes placées sur le devant et sur deux pilastres adossés au mur dont je viens d'indiquer la direction ; les pierres du chapiteau qui couronnaient le fût n'ont pas été retrouvées. Quant à celle qui portait l'inscription et sur laquelle je n'ai pas remarqué trace de moulures, elle devait être placée sur la façade du fût, entre le piédestal et le chapiteau. » (1).

La dédicace nous apprend que *Q. Quadratus Quintulus*, donateur de ce gracieux monument, était un édile de Cirta remplissant pour les triumvirs, et sur leur délégation ou en leur absence, la plus haute magistrature municipale.

XXII.

Monument au Génie des Colonies Cirtéennes. — Maison romaine

Non loin de là, avait dû se trouver, bien avant la construction du tétrapyle, un grand monument élevé en l'honneur du Génie des Colonies Cirtéennes, ainsi qu'il résulte de deux énormes blocs faisant partie du pilier occidental de l'édifice d'Avitianus. La dédicace

---

(1) Poulle, *Rec. de Const.*, 1878, p. 319.

qu'on y lit devait se trouver sur une frise et était tracée en lettres monumentales de quinze centimètres (1). Ce monument, comme celui dont nous allons retrouver plus loin les traces à la grande mosquée et qui avait été élevé à la concorde des IIII colonies, prouve que Cirta ne négligeait aucune occasion de flatter l'amour propre des cités qui étaient liées à sa fortune, et qu'elle attribuait à cette alliance persévérante une grande partie de son importance et de sa prospérité.

Toujours dans ce même quartier, à gauche du tétrapyle et tout près de l'arc de triomphe de Caecilius Natalis, sur l'ancienne voie de Fonteius, se trouvaient encore, en 1840, les restes très complets de la façade d'une maison romaine, ornée de pilastres corinthiens avec entablements. Ils étaient enveloppés de constructions arabes dont ils faisaient eux-mêmes partie, comme mur principal, et ont entièrement disparu avec les masures qu'ils soutenaient. Ravoisié qui les a vus, lors du séjour de la mission scientifique à Constantine, croit que ce monument n'a pas dû être considérable à l'origine.

Ce monument est celui que Cherbonneau, dans sa petite *Notice sur Constantine*, décore du nom pompeux de *temple grec* (2). On voit que cette appellation est quelque peu ambitieuse.

XXIII.

La voie romaine de la place Nemours au pont d'Antonin

Cette suite de monuments, tétrapyle, basilique de Constance qui pouvait bien occuper l'ancien empla-

---
(1) *Rec. de Const.*, 1878, p. 314. — C. I. L., VIII, *add.*, 10866.
(2) Ibid., 1853, p. 114.

cement de l'édifice affecté au Génie des IIII colonies, amphithéâtre, sanctuaire de Bacchus, nous prouvent que la place Nemours était ouverte de ce côté, et qu'une voie romaine, sur laquelle ils étaient en façade à l'Est, devait partir de là pour aller aboutir au pont d'Antonin (notre pont actuel d'El-Kantara) et jouer ainsi le rôle de notre rue Nationale. Mais le tracé de cette voie devait beaucoup différer de celui de notre rue. Il était peut-être direct et, au lieu d'infléchir vers le sud pour aller rejoindre la place Perrégaux, puis de là prendre une orientation sud-ouest-nord-est, il devait tomber dans la rue Combes, puis dans la rue Vieux et, enfin, dans la rue Perrégaux pour rencontrer ensuite notre rue Nationale à l'entrée du pont. La partie de la ville qui forme aujourd'hui le quartier arabe jusqu'à la pointe Sidi-Rached, et qui était très éloignée de ce tracé, communiquait avec l'autre rive du Rhummel par un pont dont nous parlons plus loin. Les fouilles que va nécessiter la construction d'un collège de jeunes filles, au nord-est de la place Perrégaux, nous renseigneront peut-être exactement sur ce point.

L'ouverture de la rue Nationale et la construction des maisons qui la bordent ne nous ont pas fourni de nombreuses données sur l'ancienne Cirta. Il est aisé d'en comprendre la raison par ce qui précède. Les quartiers qu'elle traverse étaient en dehors de la grande artère qui se dirigeait du sud au nord. Il n'y avait donc là que des habitations particulières et peu de monuments. Toutefois, la grande mosquée va nous fournir de précieux renseignements.

XXIV.

Temples de Vénus et de la Concorde des Colonies Cirtéennes

Malgré sa façade moderne, cet édifice est fort ancien. L'intendance de ce sanctuaire a appartenu pendant plusieurs siècles à la famille des Beni-Lefgoun, dans laquelle s'est maintenue, jusqu'à notre entrée à Constantine, la dignité de Cheikh-el-Islam, c'est-à-dire de pontife de l'islamisme (1). Il est construit sur l'emplacement, et avec de nombreux restes d'un temple romain ou même de plusieurs temples réunis, où étaient vénérées, comme dans un panthéon, plusieurs divinités. C'est ainsi qu'on y trouvait un sanctuaire à Vénus qui avait été dédié par un légat de Numidie dont le nom se termine par les lettres ....*ndus* qu'il faut évidemment lire [*Secu*]*ndus* (2). On connaît en Numidie trois légats de cet *agnomen* : *P. Cassius Secundus,* sous Néron, mais à une date incertaine, *Metilius Secundus,* de 121 à 123, sous Hadrien, et *Cassius Secundus,* de la fin de ce règne. Il est très probable que notre légat est un des deux derniers.

Un autre sanctuaire était consacré à la Concorde des Colonies Cirtéennes. On y voyait une statue érigée à cette divinité aux frais de *C. Julius Barbarus,* questeur et édile. Il l'avait promise lorsqu'il briguait cette dernière dignité (3). La dédicace est datée d'une façon très précise. Le candidat à l'édilité avait promis la statue le 5 des ides de janvier et il put la dédier le 3 des ides de mars de la même année 224,

---

(1) Cherbonneau, *Rec. de Const.*, 1853, p. 122.
(2) Ibid., p. 123. — C. I. L., VIII, 6964.
(3) *Rec. de Const.*, 1853, p. 123. — C. I. L., VIII, 6942.

sous le consulat de Julianus, pour la deuxième fois consul, et de Crispinus. C'était au temps d'Alexandre Sévère. On voit, par ce dernier détail, que la statuaire était expéditive à Cirta. Il ne faut pas s'en étonner. Il y avait à Cirta, comme dans toutes les villes du monde romain, ainsi qu'on vient de le voir par la profusion de statues qui s'y élevaient de toutes parts, une industrie très prospère de ce genre de production. Les ateliers de sculpteurs devaient être très animés et des œuvres de toute sorte devaient à l'avance s'y trouver en grande quantité pour prévenir les commandes. Les pollicitateurs pouvaient donc être servis rapidement. Ils choisissaient un type général de statue d'homme, de femme ou de divinité presque toujours drapé de la même manière, grâce à la forme un peu vague des vêtements alors en usage, et il n'y avait plus que quelques retouches à faire pour l'adapter au sujet qu'il fallait représenter.

Les restes de ces deux temples ont été employés à l'ornementation de l'édifice musulman. « Les six colonnes disposées de chaque côté du chœur, dit Cherbonneau, sont surmontées de chapiteaux de l'ordre corinthien dont le feuillage élégant a presque entièrement disparu sous une épaisse croûte de chaux. Il a fallu que l'architecte du Département fît gratter et nettoyer au ciseau le couronnement de l'une d'elles pour que nous puissions y admirer l'habileté des artistes de cette métropole de la Numidie. » (1).

On a trouvé sur la façade orientale du minaret de cette même mosquée un fragment d'inscription provenant du piédestal d'une statue jadis élevée à Constantin par *Vettius Florentinus*, rational de la Numidie

---

(1) *Rec. de Const.*, 1853, p. 124.

et de la Mauritanie. Cette statue était probablement sur la petite place qui précédait les deux temples ci-dessus. L'auteur de la dédicace appelle l'empereur le *grand Constantin, très victorieux, toujours auguste, fondateur de la paix,* et loue sa vertu, la félicité qu'il donne à ses peuples et son éminente piété (1).

Sur la 3ᵉ colonne de la seconde nef de la mosquée, on lit que *T. Cornelius Quintilius* et ses fils, *Severianus, Paternus et Quintilianus,* ont fait construire à leurs frais le monument d'où elle provient (2).

Tout près de la mosquée, dans les fondations de la maison Cohen Namia, on a trouvé, en 1869, le fragment d'une grande dédicace qui a été peut-être celle d'un des temples dont nous venons de parler et qui porte, en lettres monumentales, les mots suivants : ...*nus Coloniar*... L'édifice d'où provient ce texte avait été sans doute bâti par un légat devenu plus tard consul et nommé alors par le conseil provincial patron des IIII colonies (3).

La rue Nationale ne nous a plus fourni d'inscriptions intéressantes. Nous en avons dit plus haut la raison : elle n'est pas sur le trajet de l'ancienne voie romaine qui reliait le pont d'Antonin à la place Nemours. Nous allons donc abandonner maintenant la ville proprement dite où nous avons recueilli tous les souvenirs de quelque importance qui y ont été exhumés. Un instant on a pu espérer que les déblais du percement de la rue Thiers nous fourniraient quelques documents. Il n'en a rien été, car les quartiers qu'elle traverse étaient en dehors des

---

(1) *Rev. Afr.*, 1859, p. 137 ; 1863, p. 407. — *Rec. de Const.*, 1860-61, p. 139-141. — C. I. L , VIII, 708, 709.
(2) *Rec. de Const.*, 1858-59, p. 212. — C. I. L , VIII, 7314.
(3) *Ibid.*, 1869, p. 676. — *Ibid.*, 7132.

lieux où s'agitait la vie publique à Cirta. On n'y a rencontré, dans la rue de Constantine, que les restes d'un mur fort épais ayant sans doute fait partie du rempart intérieur qui forma comme une seconde enceinte à la ville romaine, car on voit sur toute la partie correspondante de la rive gauche du Rhummel des restes de muraille qui se rattachent évidemment à l'enceinte extérieure.

XXV.

Le Pont d'Antonin sur l'Ampsaga

Nous allons donc passer sur la rive droite de l'Ampsaga des Romains, de notre ouad Remel actuel. Cirta y avait là, comme aujourd'hui, une issue par le pont actuel d'El-Kantara. L'infrastructure de cette immense construction, presque jusqu'à la hauteur du tablier, est romaine. Il est facile d'en fixer la date approximative si on prend comme donnée certaine, à cet égard, les fragments d'inscription monumentale trouvés soit au bas des piles, soit dans les matériaux de la maçonnerie d'une des culées. Ces fragments sont les restes d'une grande dédicace à Antonin (1). Mais il n'est pas sûr qu'ils aient appartenu primitivement à notre édifice, ni qu'ils ne proviennent pas de l'arc de triomphe existant encore tout près de là, à la fin du siècle dernier, et dont Bartholomeo, l'architecte de Salah-bey en 1791-92, employa les matériaux à la réparation du pont. Cependant nous estimons, pour notre part, que des lettres de 37 centimètres de hauteur conviennent parfaitement à la dédicace d'une si gigantesque construction et nous ne

---

(1) *Rec. de Const.*, 1856-57, p. 150, et 1864, p. 72. C. I. [L., VIII, 6991.

voyons aucun inconvénient à donner à nos fragments cette destination. Nous considérons donc ce pont comme bâti sous Antonin. La grandiose allure de ses piliers, leur solidité que tant de siècles n'ont pu ébranler, la parfaite assiette de leurs assises sont bien les caractères distinctifs de la belle architecture du milieu du IIe siècle.

Les arches superbes reposent sur une voûte naturelle du rocher sous laquelle s'engouffre l'ancien Ampsaga pour passer ensuite sous deux autres voûtes du même genre, avant d'aller se précipiter, en retentissantes cascades, au nord-est de la cité, dans les profondeurs de la plaine.

Cette magnifique construction a excité l'admiration de tous les voyageurs des siècles passés, mais aucun d'eux ne l'a décrite avec autant de vérité qu'Edrisi au XIIe siècle. « Ce pont, dit-il, est d'une structure remarquable ; sa hauteur au-dessus du niveau des eaux est d'environ cent coudées. Il se compose d'arches supérieures et d'arches inférieures, au nombre de cinq, qui embrassent la largeur de la vallée. Trois de ces arches, celles qui sont situées du côté de l'ouest, à deux étages, ainsi que nous venons de le dire, sont destinées au passage des eaux, tandis que leur partie supérieure sert à la communication entre les deux rives. Quant aux autres, elles sont adossées contre la montagne. »

Ce pont ne servait pas seulement à relier les deux rives : il était aussi utilisé comme aqueduc. On en voit encore, sur la droite, les restes qu'avait réparés Salah-bey.

Au-dessus d'une des piles reposant sur le rocher, du côté du nord, se trouvent deux éléphants affrontés, au-dessus desquels, sur une autre pierre, est sculptée en relief une femme qui paraît être une danseuse de ballet. Ces deux morceaux n'occupent probablement pas leur place originelle. Ils ont dû être tirés des restes de l'ancien théâtre romain utilisés par don Bartholomeo pour la restauration du pont.

XXVI.

Arc de triomphe et Portique d'Aufidius. — Théâtre et Hippodrome

Si nous passons sur la rive droite du Rhumel, nous nous trouvons bientôt sur l'emplacement d'une grande ruine que Shaw et Peyssonnel ont décrite, avant qu'elle eût disparu dans la bâtisse de Salah-bey. C'était, paraît-il, un grand arc de triomphe que les arabes appelaient, on ne sait pourquoi, *Ksar-el-Ghoula* (le *Château de la Goule*).

Le docteur Peyssonnel, à la relation duquel il faut plus ajouter foi qu'à celle de l'anglais Shaw qui est contradictoire, nous donne de cet édifice la description suivante : « Vis-à-vis ce pont, de l'autre côté du fossé, il y a une petite plaine, au niveau du plan de la ville, où l'on trouve un arc de triomphe très bien conservé. Trois grandes portes le forment : celle du milieu a environ vingt-cinq pieds de large ; les autres sont proportionnées, mais plus petites. On n'y trouve ni bas-reliefs, ni inscriptions. Après cet arc de triomphe, on voit une grande muraille qui soutenait quelque édifice considérable. » (1).

Cette description n'autorisait nullement Ravoisié à indiquer sur son plan, comme emplacement de cet

---

(1) Cité par Ravoisié, *Explor. scient. de l'Alg.* p. 11 du texte.

édifice, les terrains où s'est élevée depuis l'usine à gaz. Il se trouvait bien plutôt, ainsi que l'a pensé M. Poulle, « sur le petit monticule situé entre la gare des marchandises et le grand coude de la route d'El-Kantara au Bardo », à peu près sur les terrains où s'élève aujourd'hui un groupe de maisons qui bordent à droite la route du Khroub et à gauche celle du Bardo. On y a trouvé et on y trouverait encore d'énormes blocs taillés qui prouvent que l'extraction de matériaux faite par don Bartholomeo n'avait été que superficielle.

Cet arc de triomphe n'était peut-être que le *Prothyrum* d'un grand portique qui précédait un théâtre, si l'on en croit une magnifique inscription trouvée près de là, au-dessous de l'ancien cimetière européen, probablement sur l'emplacement de la gare des marchandises (1). Elle est gravée sur une superbe dalle en calcaire dur, d'un très beau grain, qui mesure 1^{m}73 de longueur sur 0^{m}83 de hauteur. Un grand cadre orné d'un triple rang de moulures l'environne. C'est peut-être le plus beau spécimen d'épigraphie qui se soit encore trouvé en Afrique, et il est bien regrettable qu'il soit livré, sur un côté du square n° 2, à toutes les injures du temps et des oisifs et aux souillures des animaux. Il serait bien malheureux qu'il vînt à se détériorer. Voici ce qu'on y lit, en caractères de 7 centimètres et demi de hauteur, d'un galbe merveilleux, dont les mots sont nettement séparés par des feuilles de lierre munies de leurs pédoncules :

« *C. Aufidius Maximus,* fils de Caius, de la tribu

---

(1) Nous n'avons pu trouver, malgré nos recherches, aucune indication plus précise de sa provenance.

Quirina (c'est-à-dire de Constantine), préfet ou commandant de la quatrième cohorte des Bracares en Judée, tribun militaire de la troisième légion appelée Fulminata, en Cappadoce, a donné et dédié, le premier, un portique avec ses niches à statues, pour remercier ses concitoyens de l'honneur du pontificat qu'ils lui ont conféré. Il a versé, en outre, au trésor de la cité, la somme réglementaire de dix mille sesterces. »

Bien qu'il n'ait été qu'un officier subalterne, puisqu'il ne s'éleva pas à la dignité de légat, Aufidius devait avoir une très grande fortune pour édifier à ses frais un Portique dont la splendeur devait répondre à celle de sa dédicace.

L'emplacement de ces ruines adossées à la petite colline dont nous venons de parler, et quelques fragments d'autres grandes inscriptions qu'on y a trouvés, nous sollicitent vivement à penser qu'il y avait là un théâtre. Le lieu se prête, d'ailleurs, fort bien à cette attribution. S'il en était ainsi, les spectateurs avaient devant eux, aux jours de représentations, le plus beau décor qu'on puisse imaginer : leur ville avec ses beaux monuments, se déployant tout entière, en éventail, sous leurs yeux ; à leurs pieds, les abîmes ténébreux où mugissait l'Ampsaga, et à droite, la grande trouée aux parois gigantesques par où il se précipitait dans la plaine.

Cette partie de la ville, d'ailleurs, semblait être destinée aux fêtes populaires. C'est ainsi qu'on a retrouvé un peu plus haut, sur l'emplacement même de la gare, les restes d'un hippodrome ; mais on n'en a exhumé qu'une faible partie, le reste demeurant enseveli dans les flancs du Mansourah. Combien il est regrettable que la Compagnie du chemin de fer n'ait pas poussé plus loin ses déblais ! Ce problème eût été résolu au grand avantage de la science.

XXVII.
Autres ponts sur l'Ampsaga

On fera peut-être une objection à notre double hypothèse sur l'affectation de ces emplacements. On pensera que ce théâtre et cet hippodrome auraient été bien éloignés de la ville. On n'a qu'à jeter les yeux dans le gouffre qui enserre la cité et on verra à ses pieds la preuve qu'une pareille difficulté n'existait pas pour les habitants de Cirta. On voit, en effet, en cet endroit du ravin, adossés au rocher même, deux piédroits en belle maçonnerie de pierres de taille, avec bandeau d'imposte à la hauteur de la naissance du cintre (1).

Ce sont les piliers d'un pont à arcades superposées qui rapprochait tellement de la ville le point dont nous parlons qu'il n'y avait presque plus entre eux d'intervalle. L'étude de ces restes a permis à Ravoisié d'émettre, avec la plus grande vraisemblance, l'hypothèse suivante :

« Les cinq ou six claveaux encore en place, dit-il, doivent faire supposer que les arcades qu'ils formaient n'avaient pas une grande ouverture et qu'elles étaient au moins au nombre de cinq pour remplir l'espace vide et supporter les piliers des arcades supérieures qui devaient atteindre le niveau du sol. La communication se trouvait ainsi établie d'une rive à l'autre. Ces mêmes arcades, dont nous avons re-

---
(1) Ravoisié. *Explor. scient. de l'Alg.*, p. 13 du texte.

trouvé les restes, occupaient, ainsi qu'il est facile de le supposer, une place intermédiaire, et devaient être, pour cela même, supportées à leur tour par un grand cintre en maçonnerie posant sur les deux murailles de rocher qui servent d'encaissement à la rivière.

« Aucun voyageur ne nous a laissé d'indication sur la forme de cet édifice et les vestiges que nous présentons n'ont pas même été mentionnés par eux. Nous nous arrêterons donc à la supposition que nous venons d'établir ; et nous le ferons avec d'autant plus de persistance, que le pont romain restauré par Salah-Bey nous offre, à cet égard, un exemple tout à fait analogue. La seule différence qui existe dans celui-ci, c'est que la voûte qui supporte tout l'édifice est le rocher même, tandis que dans celui que nous décrivons, cette voûte naturelle devait être remplacée par une arche en maçonnerie dont l'ouverture ne pouvait pas avoir moins de 15 à 20 mètres. » (1).

Ces piliers, dont la structure est fort belle et la conservation intacte, forment aujourd'hui une des curiosités de l'admirable et hardi *Chemin des touristes* que M. Rémès a tracé avec tant de bonheur, le long de la muraille de rocher qui borde la rive droite du Rhumel. Ce chemin qui conduit de merveilles en merveilles le visiteur étonné, épouse toutes les saillies et toutes les anfractuosités de cette gigantesque muraille et présente, à chaque détour, le spectacle d'une nouvelle féérie. Il y a là comme une débauche de sublime.

Les voyageurs arabes s'accordent à dire qu'il y

---

(1) Ravoisié, *loc. cit.*, p. 14.

avait, au temps des Romains, plusieurs autres ponts sur l'Ampsaga, mais nous n'en connaissons aucune trace.

XXVIII.
Aqueducs et autres souvenirs antiques du Rhumel

Deux cents mètres environ avant d'arriver à ces débris, en suivant le chemin des touristes par son entrée sous le grand pont, on arrive en face des restes d'un aqueduc qui amenait les eaux du Mansourah et des hauteurs voisines jusqu'à la hauteur de la place que la rue Nationale a ménagée, sur le bord du gouffre, dans le coude qu'elle forme pour s'infléchir dans la direction du sud-ouest. Cet aqueduc franchissait la rivière sur des arcades, après avoir passé dans une galerie souterraine dont Ravoisié nous a laissé un petit plan et une coupe accusant une largeur intérieure de 0^{m}55. Les restes de cet aqueduc, situés sur la rive gauche du fleuve, semblent avoir une hauteur de quatre à cinq mètres dans leur partie la plus rapprochée de la rive.

Ne quittons pas le Rhumel où nous reviendrons, d'ailleurs, pour examiner le grand barrage exécuté à son entrée dans le ravin et une fontaine thermale qui en est voisine, sans mentionner un autre aqueduc construit en briques, le long de la paroi rocheuse qui resserre le fleuve à gauche. Il commence au deuxième pont naturel avant d'arriver à la cascade. Il amenait une portion des eaux de l'Ampsaga à des moulins qui devaient se trouver à peu près sur l'emplacement de la minoterie de M. Lavie. Cet aqueduc sert encore au même usage sur une partie de son parcours. Son extrémité seule est devenue inutile par suite du grand couloir que le Génie a percé dans le rocher pour amener ces eaux à la grande usine que la maison Lavie y a installée. En cet endroit, d'un pittoresque sublime, la profondeur du ravin jusqu'au niveau supérieur où était le Capitole est d'environ 170 mètres. La tradition veut qu'on précipitât de ce point les criminels condamnés à mort, et, au temps des Turcs, les femmes convaincues d'adultère. Cette tradition du Capitole cirtéen n'a rien qui doive nous surprendre chez un peuple qui avait, parmi les légendes de son origine, la fable de la Roche Tarpéienne dont il était si facile de faire une réalité à Cirta.

Pour être complet dans notre revue des antiquités du Rhumel, disons que M. Rémès, au cours de ses travaux d'aménagement du Chemin des Touristes, a trouvé des traces non équivoques de l'exploitation de la pierre par les Romains. N'ayant ni poudre, ni dynamite (heureux temps !) pour l'extraire par éclatement, ils traçaient au ciseau de profonds sillons dans lesquels ils enfonçaient des coins de bois qu'ils inondaient ensuite ; le gonflement des fibres opérait doucement la scission de ces énormes quartiers de roc dont ils faisaient les larges assises de leurs édifices. M. Rémès nous a montré à nous-même de nombreuses preuves de cet antique procédé, dans les profondeurs du ravin.

Ajoutons enfin que notre ingénieux cicérone nous a signalé, le long des parois qui resserrent le fleuve, de nombreuses sources d'eaux thermales qui ont dû être utilisées pour les besoins de l'établissement que nous allons retrouver en amont, près de l'entrée de la gorge.

Une dernière considération nous retient encore dans ce fantastique abîme où il est maintenant si aisé de se rendre et si intéressant de séjourner. C'est que ces eaux profondes doivent submerger bien des souvenirs de toute nature. Depuis quatre mille ans que la vie humaine s'agite sur le plateau qui nous domine, que de débris se sont précipités dans ces profondeurs et combien seraient fructueuses les recherches qu'on y tenterait en dérivant par places successives, au moyen de canaux mobiles, le cours du fleuve, et en épuisant ensuite les eaux qui remplissent les cavités de la faille ! Souhaitons qu'un jour ces recherches soient tentées.

XXIX.

Le Rocher des Martyrs

Remontons sur la rive droite d'où nous sommes descendus et continuons notre marche dans la direction du sud-ouest. Nous arriverons jusqu'à une centaine de mètres au-dessus de la passerelle, dite *Pont du Diable*, jetée sur le Rhumel, à son entrée dans le ravin. Là, au fond de la vallée qui se creuse entre le Mansourah et le Coudiat-Ati, sur la même ligne que le rempart occidental, se dresse une roche ayant une face plane verticale sur laquelle est gravée l'inscription suivante qui fait l'objet de la vénération des chrétiens et où il s'agit d'un certain nombre de martyrs dont les deux premiers, Jacques et Marien, sont célèbres dans les annales de l'Église :

« Le 4 des nones de septembre (1), passion des

---

(1) *Rec. de Const.*, 1853, p. 79 et pl. xvii. — C. I. L., viii, 7924.

martyrs d'Hortensia (1), *Marien* et *Jacques, Datus, Japinus, Rusticus, Crispus, Tatus, Metunus, Victor, Silvain, Egyptius* (ici deux sigles très difficiles à interpréter). Souvenez-vous, en présence du Seigneur, de ceux dont celui qui a fait (cela) sait les noms. Indiction xv. »

On croit, sur la foi d'un acte des martyrs inséré par Ruinart, dans sa collection, que Jacques et Marien furent exécutés à Lambèse en 259, après avoir été torturés à Cirta, sous le règne de Valérien, mais nous ne connaissons pas le nom du légat qui gouvernait alors la Numidie, à moins que ce ne soit *Veturius Veturianus* qui commanda, le premier, la IIIe légion après sa reconstitution et qui est placé par les épigraphistes entre 255 et 259 (2).

Quelques personnes, n'acceptant pas Lambèse comme lieu du supplice, voudraient le voir auprès de ce rocher même pour lui attirer encore plus de vénération. Bien que nous n'ayons pas à prendre parti dans cette controverse, il nous semble intéressant de peser leurs raisons.

L'auteur anonyme du récit de ce martyre, qui s'en dit témoin oculaire et déclare qu'il a été chargé d'en rendre compte par les victimes mêmes de la persécution, dont il était le commensal et le compagnon, nous raconte, entre autres choses, que Marien, avant d'être mis à mort, fut torturé de la manière suivante : « Il fut suspendu pour être déchiré. Le nœud
« qui le tenait en l'air lui serrait, non les mains,

---

(2) On lit dans le texte le mot *hortensium* que le général Creully interprète par « habitants d'un lieu cultivé en jardins » ; mais M. Poulle croit avec raison que ce mot exprime un ethnique et qu'il désigne ici une ville du nom d'Hortensia dans la Proconsulaire.
(3) Pallu de Lessert, *Rec. de Const.*, 1888-89, p. 149.

« mais l'extrémité des doigts, afin que la masse du
« corps, supportée par des membres si faibles, aug-
« mentât la douleur. Même, on eut la cruauté de lui
« attacher aux pieds des poids pesants ; en sorte
« que, tirée en sens contraire, la charpente entière
« du corps se disloquait ; les nerfs étaient brisés,
« les entrailles déchirées. Mais, ô barbare impiété !
« tu n'as rien fait ! Tu as suspendu les membres
« d'un martyr, ouvert ses flancs, mis à nu ses en-
« trailles............ Enfin, la fureur des bourreaux fut
« vaincue et il fallut le reconduire en prison, etc.... »

Or, un tel supplice, disent les partisans de l'exécution auprès de notre rocher, n'eût pas permis de conduire vivants à Lambèse les condamnés et de leur faire supporter, dans l'état où il avait dû les laisser, « cette route difficile et pénible. »

Cette raison, ainsi présentée, nous paraîtrait excellente, si elle pouvait cadrer avec le récit inséré par Ruinart dans ses *Acta sanctorum*. Mais il y est dit formellement que les condamnés ne furent pas mis à mort le lendemain. « Ils restèrent encore quelques jours en prison » à Cirta, après cette torture, puisqu'ils eurent le temps d'y avoir, pendant leur sommeil, de nombreuses visions qui accrurent leur fermeté, et d'être de nouveau interrogés par « le magistrat de Cirta. » Le narrateur confirme encore ces délais en nous rapportant qu'ils « gagnèrent à Dieu de nombreux témoins » pendant ces interrogatoires successifs. Ils pouvaient donc être un peu remis de leurs blessures, lorsqu'ils furent transportés à Lambèse, et en état de supporter ce voyage. De plus, dans la ville militaire où devait être donné l'ordre de leur mise à mort, ils attendirent « durant plusieurs jours

« avant que la rage insensée du préfet pût arriver
« jusqu'à eux. » « Durant cette longue attente, »
ajoute encore le narrateur, ils eurent aussi le temps
d'avoir des visions. Le texte de Ruinart n'autorise
donc pas cette opinion.

La seconde raison invoquée est que la description
du lieu du supplice convient parfaitement au lieu où
se dresse notre roche. « C'était une vallée profonde,
« traversée par un fleuve dont les rivages s'élevaient
« doucement en colline, et formaient ainsi, des deux
« côtés, comme les degrés d'un amphithéâtre. Le
« sang des martyrs coulait jusqu'au lit du fleuve. »
Or, rien dans la topographie de Lambèse ne convient
à cette description. De plus, il ne coule pas de fleuve
dans cette localité.

Il nous semble qu'il est aisé de réfuter cette argumentation. L'Aïn-Drinn, qui traverse le territoire de l'ancienne cité, est aussi encaissé dans une vallée profonde dont les rivages s'élèvent doucement en colline. Si on objecte que ce n'était pas un fleuve, nous répondrons que le mot *flumen* n'a pas précisément ce sens, et que les Latins entendaient par là toutes sortes de cours d'eau. Bien plus, le côté du Rhumel où aurait eu lieu le supplice ne s'élève pas doucement, mais brusquement en colline sur la rive droite de notre fleuve.

Toutefois, nous n'hésitons pas à embrasser cette manière de voir parce que, selon nous, la véritable raison n'est pas alléguée : c'est l'inscription elle-même. Il n'y est pas dit *en souvenir des martyrs,* mais *passion,* c'est-à-dire mise à mort. Les chrétiens qui l'ont gravée sur ce rocher, sinon immédiatement après le supplice, ce qui eût été dangereux, car il pouvait être le lieu habituel des exécutions de ce genre, du moins quand la paix leur eût été rendue, ne l'ont pas choisi arbitrairement. Pour une simple commémoration, ils eussent élevé un monument dans un lieu consacré.

On nous objectera peut-être que nous nous prononçons bien vite contre le texte que nous invoquions tout à l'heure. C'est qu'en effet, les *Acta sanctorum* ne sauraient être considérés comme des documents d'une vérité historique bien établie sur les faits qu'ils rapportent. Réunis, sans une critique bien sérieuse, par les Bollandistes qui les empruntèrent à des traditions qui ont dû les transformer considérablement, sinon les créer de toutes pièces, ils ne sont consacrés que par l'accueil que leur ont fait les commentateurs, tels que Surius, Baronius et Ruinart, et par la créance que leur a accordée l'Église. Ce n'est pas assez pour leur donner une valeur historique indiscutable, au moins quant au détail des faits.

Qu'étaient ces martyrs ? Il est impossible de le savoir autrement que par le récit accueilli par Ruinart, et encore, pour les deux premiers mentionnés par notre inscription, Marien et Jacques, ce qui justifie, sur la véracité de ce récit, la remarque précédente. Les compagnons qu'il leur donne sont tout autres que ceux de notre texte. Quant à Jacques et Marien, c'étaient deux clercs ou, si l'on veut, deux étudiants ecclésiastiques de la Proconsulaire. L'un était diacre et l'autre lecteur. L'acte de leur martyre nous raconte qu'ils voyageaient avec leur suite en Numidie pendant la persécution de Valérien. C'est dire qu'ils étaient d'une condition sociale assez élevée. Arrivés à Centuria que plusieurs croient être notre El-Kantour, sur la voie de Rusicade à Cirta, ils apprennent que la persécution sévit avec rigueur à Cirta. Ils délibèrent quelque temps pour savoir s'ils continueront leur voyage (1). La mère de Marien qui accompagnait son fils fait d'abord quelques objections ; mais l'ardeur de la foi qui anime tous les voyageurs les pousse à affronter le danger. Ils se rendent au faubourg de Cirta que nous avons appelé *Mugae* au commencement de cette notice. Là, ils confessent ouvertement leur foi et sont jetés en prison. On connaît le reste.

L'inscription a dû être gravée par quelque humble fidèle qui a aussi mal tracé les caractères qu'il parlait le latin, car son épigraphe, très inhabile, fourmille de barbarismes et de solécismes.

L'autorité ecclésiastique a protégé par une grille ce pieux souvenir contre les accidents qui pourraient naître du voisinage de la route. La possession de ce terrain par le diocèse est assez curieuse à noter. Il appartenait à un arabe du nom de Si Hamouda. S'apercevant qu'un jour, des ouvriers terrassiers qu'il y faisait travailler, allaient mettre en pièces le rocher, il leur intima l'ordre de cesser leurs travaux de ce côté et vint en offrir la propriété à Mgr Robert, alors évêque de Constantine. Ce prélat éclairé, comprenant le prix d'une pareille donation, fut très touché de cette démarche et se fit accorder l'autorisation de l'accepter pour le diocèse.

Tout près de là, sur la gauche, se trouve une source d'eau chaude dans l'intérieur d'un rocher creusé en forme de salle circulaire recouverte de sa

---

(1) Cette scène est représentée dans un tableau qui orne la sacristie de notre cathédrale.

voûte sphérique. Cette salle est en grande partie l'œuvre de la nature, mais la main de l'homme n'y est pas étrangère. Elle a complété l'ébauche, de façon à en faire une piscine entourée peut-être d'une construction à usage de thermes. Mais il ne reste rien pourtant qui justifie cette hypothèse.

XXX.

Le barrage de l'Ampsaga

Si, du Pont du Diable, nous examinons la paroi qui borde à droite l'entrée du ravin, nous ne tardons pas à remarquer qu'elle est formée en partie d'une masse de béton emprisonnant solidement un blocage très serré qui descend en pente douce de l'extrémité supérieure, et s'élargit, en s'arrondissant, dans le bas de la rivière. Cette construction fait tellement corps avec la roche dont elle a, d'ailleurs, la couleur et l'aspect, qu'il faut une certaine attention pour la distinguer. Sur la paroi opposée, on n'aperçoit que la roche et de grosses assises de la muraille byzantine qui protégeait la ville de ce côté. Mais on ne voit pas de trace d'une disposition pareille à celle de l'autre rive. Il est pourtant probable qu'elle existait et que ces deux masses de béton étaient destinées à fermer, par le moyen d'une grande vanne, l'accès du ravin aux eaux du fleuve. Il y avait donc là un important barrage dont la largeur du lit à cet endroit nous rend bien compte. Les Romains voulaient avoir auprès de la ville, en cas de sécheresse, si fréquente dans nos contrées et dont la grande agglomération réunie dans la cité eût pu souffrir, malgré les nombreuses citernes dont ils l'avaient pourvue, une provision d'eau inépuisable.

La structure de la masse de béton est si compacte, sa constitution si dense, que M. Rémès, qui a ménagé sur ce point une entrée des plus pittoresques à son *Chemin des touristes*, n'a réussi qu'au prix des plus grands efforts à l'entamer. Cette circonstance ne peut nous permettre d'accepter l'hypothèse de Cherbonneau qui attribue aux Vandales, dont la présence à Constantine est d'ailleurs fort contestable, la construction de ce barrage (1). On sait que ce peuple de conquérants a laissé fort peu de traces de son établissement en Afrique, et que ses constructions étaient loin d'avoir cette solidité toute romaine que nous constatons ici. L'auteur que nous venons de citer s'appuie sur ce fait qu'il a remarqué dans le bétonnage un fragment d'inscription latine. Mais, est-ce là une preuve suffisante et les Romains n'utilisaient-ils jamais dans leurs constructions les débris d'anciens édifices que la vétusté ou la désuétude avaient fait abandonner ? Nous pourrions en citer de nombreux exemples pris dans des monuments bien antérieurs à l'époque byzantine.

XXXI.

Voie romaine de Cirta à Carthage et thermes extra-muros. — Le triomphe d'Amphitrite

Si de ce point nous franchissons le fleuve pour prendre la direction du quartier de cavalerie, sis au Bardo, et si nous remontons les pentes qui conduisent de là à la route de Sétif, en opérant sur la gauche un petit détour, nous nous élèverons bientôt sur l'em-

---

(1) *Rec. de Const.*, 1853, p. 118.

placement des anciennes citernes du Coudiat-Ati dont il va être question plus loin, et nous nous trouverons sur le passage d'une voie romaine, dont les restes forment, sur ce point, une petite portion de l'ancienne route de Tunis, un peu au-dessous du fort de Bellevue. Elle est formée de grandes dalles parfaitement jointes entre elles et ayant une épaisseur de 20 à 25 centimètres. Elle était encore intacte en 1840, mais elle a depuis à peu près disparu. C'était la voie de Cirta à Carthage qui différait essentiellement, par sa structure, de celle de Cirta à Rusicade. Celle-ci, en effet, était construite sur deux bordures en fortes pierres, reliées par intervalles de 8 à 10 mètres, au moyen de chaînes ou traverses, également en pierres de forte dimension, dont l'espace était rempli par un blocage.

Continuons notre route jusqu'aux approches du Rhumel, à environ un kilomètre de sa jonction avec le Bou-Merzoug. Nous nous trouverons là sur l'emplacement d'un ancien et important édifice qui s'étendait probablement jusqu'aux bords du fleuve, où on voit encore, dit Ravoisié (en 1842), des masses considérables de maçonnerie sorties du sol et ayant des surfaces couvertes par de la mosaïque. On y en découvrit une à cette époque; elle était magnifique, et fut transportée au musée du Louvre, par les soins du capitaine d'artillerie Delamare, qui a enrichi de sa reproduction sa précieuse collection de dessins des monuments romains de la province de Constantine. Voici le rapport de Ravoisié sur les circonstances de la découverte et l'état de la mosaïque :

« Ce terrain, que le général Négrier, commandant en chef de la province, venait d'affecter à la culture, fut défriché par le 3ᵉ régiment de Chasseurs d'Afrique. Au mois de juin 1842, des fragments de murs ayant bientôt arrêté les travailleurs, ils furent contraints de descendre à un mètre environ au-dessous du sol et, à leur grande surprise, ils virent un pavage en mosaïque d'une exécution fort remarquable. Voici, d'après l'explication qui nous en fut donnée par un de nos collègues, M. le capitaine d'Etat-Major de Neveu, résidant à Constantine, lors de cette découverte, comment cette mosaïque était disposée et quelles étaient ses véritables dimensions :

« Ce beau pavage antique, formant un parallélogramme de 7ᵐ14 sur 1ᵐ36 était divisée en trente-six compartiments d'égale grandeur, dont six étaient sur le petit côté et sept sur le grand. Un trente-septième, plus important que les autres, était placé au bord le plus étroit de la mosaïque, et se trouvait, par conséquent, enveloppé sur trois de ses faces par huit des petits compartiments dont nous venons de parler. Sa hauteur était de 3ᵐ20, dans le sens du grand côté de la mosaïque, et de 2ᵐ04 dans celui du petit côté.

« Des guirlandes de feuillles reliaient tous ces compartiments, dont le milieu était orné de rosaces différentes, à l'exception cependant du plus grand, représentant un sujet mythologique très usité chez les anciens, qui semblerait indiquer que l'édifice était un établissement thermal. Neptune et Amphitrite, placés sur un char d'or traîné par quatre chevaux marins, occupent le centre du tableau ; auprès de ces personnages voltigent des génies ailés, portant au-dessus de leurs têtes une banderolle enflée par le vent. De la main gauche, le dieu des mers tient son trident, et de la droite s'échappent les rênes de ses coursiers. Au-dessous de ces derniers, deux barques à voiles sont montées par quatre enfants ; les uns sont occupés à manier l'aviron et les autres à pêcher. Plus bas, deux enfants sont couchés sur des dauphins, et dans les parties vides de ce tableau se trouvent des poissons de différentes formes et de différentes grosseurs.

« Cette composition, aussi riche que correcte, autant sous le rapport de la variété des couleurs que sous celui de la pureté du dessin, appartient à la belle époque de l'art et doit donner une juste idée de l'antique splendeur de Cirta (1). »

Ajoutons que cette mosaïque bien connue sous le nom de *Triomphe d'Amphitrite*, était un modèle d'exécution d'un thème bien souvent retrouvé ailleurs et particulièrement en Afrique. L'édifice qui existait sur ce point était donc, comme le conjecture excellemment Ravoisié, un établissement thermal public extra-muros ou des thermes particuliers appartenant à une grande famille de Cirta qui avait là, peut-être, une villa.

XXXII.

Gigantesque aqueduc à arcades superposées

Franchissons maintenant le Rhumel et revenons vers la ville. Nous nous trouverons bientôt en face d'une gigantesque construction formée de six grandes arches orientées du Sud-Est au Nord-Ouest. Ces restes et ceux du pont d'Antonin sont les seuls vestiges considérables de l'antiquité qui soient encore debout à Constantine.

---

(1) Ravoisié, *Explor. scient. de l'Alg.*, texte, p. 6 et 7.

On les désigne sous le nom d'*Arcades romaines*. C'est ce qui subsiste d'un grand aqueduc qui amenait à Cirta, aux vastes citernes du Coudiat-Ati, dont nous allons nous occuper, les eaux de la source du Bou-Merzoug, captées au pied de la montagne, à 50 kil. environ de Constantine. La plus grande des arches n'a pas moins de 20 mètres de hauteur et toutes sont construites en belles pierres de taille, par assises réglées, comme les monuments les mieux soignés.

L'aqueduc était jusque là souterrain, en descendant les plateaux qui s'inclinent depuis le Djebel Gourzi jusqu'aux approches de Constantine : mais, arrivé là, il se dégageait de terre pour franchir la vallée du Rhumel sur les arcades qui subsistent encore et même, à mesure que cette vallée se creuse, sur deux séries d'arcades superposées, qui n'en formaient pas moins, dans la partie la plus profonde, la dépression d'un siphon. On connait ce système d'adduction des eaux chez les anciens. Vitruve en donne la règle dans les termes suivants : « s'il se rencontre de hautes montagnes, il faudra que la conduite des tuyaux s'opère en les contournant, pourvu que ce détour ne soit pas trop grand. Mais si les vallées sont fort longues, on y dirigera les tuyaux, en descendant selon la pente du coteau, sans les soutenir par de la maçonnerie, et alors il arrivera qu'ils iront fort loin dans le fond de la vallée, selon son niveau, qui est ce qu'on appelle le *ventre*, dit κοιλία par les Grecs. Par ce moyen, lorsque les tuyaux seront parvenus au coteau opposé, ils contraindront l'eau qu'ils ressèrent de remonter assez doucement, à cause de la longueur de ce ventre ; car s'ils n'avaient été

Arcades Romaines, en 1842
(D'après une planche de Ravoisié)

conduits par ce long espace qui est à niveau le long de la vallée, ils feraient, en remontant tout court, un coude qui forcerait l'eau à faire un effort capable de rompre toutes les jointures des tuyaux, etc, (1).

On comprend maintenant comment, la plaine se redressant brusquement du côté du Coudiat-Ati où il fallait arriver, les Romains, tout en ménageant le siphon, furent obigés d'en adoucir la pente par des arcades, simples d'abord, et ensuite, superposées. Ce genre de construction était trop usité à Cirta, ainsi que nous l'avons vu par l'étude des ponts jetés sur l'Ampsaga, pour que les Romains n'eussent pas assuré ainsi l'existence de leur aqueduc qu'une pente trop rapide, brusquement relevée à son extrémité, eût certainement compromise.

Cette superposition des arches a d'ailleurs laissé des traces qui n'ont pas échappé à Ravoisié, lorsqu'il a visité, en 1840, les restes de cette construction, plus complets alors qu'ils ne le sont aujourd'hui. « En rétablissant les piliers détruits, dit-il, depuis l'endroit le plus élevé du terrain jusqu'à l'arcade remblayée, dont le cintre se trouve, à sa naissance, de niveau avec les assises basses des grands piédroits, on est amené à trouver la place de douze arcades. Il en existe encore sept. Ce n'est qu'à partir de l'arcade inférieure que devait commencer une suite d'ouvertures cintrées à deux étages, dont l'existence ne saurait être mise en doute, puisqu'on voit encore en place, à la pile opposée à celle où s'arrêtaient les arcades simples en hauteur, la retombée d'une de ces voûtes, formée par cinq claveaux (2).

---

(1) Vitruv. lib. VIII.
(2) Ravoisié, *Explor. scient. de l'Alg.*, p. 26 du texte.

Cette gigantesque construction qui s'étendait sur une longueur de deux kilomètres et demi, et qui, étant donné la distance des piliers de chaque arche, devait comprendre 250 ouvertures cintrées à sa partie inférieure et peut-être plus de cinquante à la partie supérieure, devait présenter, lorsqu'on la considérait du Nord-Est, un admirable spectacle bien fait pour donner aux habitants de Cirta, le légitime orgueil d'appartenir au puissant peuple qui réalisait de si grandes choses.

XXXIII.
Les grands réservoirs du Coudiat

Si nous nous dirigeons maintenant en droite ligne jusqu'au point d'arrivée de cet aqueduc, nous aborderons bientôt les pentes méridionales du Coudiat-Ati et nous arriverons à deux cents mètres environ, vers l'Est, de la façade septentrionale du fort Bellevue. C'est là que se trouvent aujourd'hui, réduits à quelques masses informes de béton, les restes des immenses citernes qu'alimentait le canal aérien, dont nous venons de décrire la puissante structure. Ces citernes étaient formées de plusieurs grands corps de bâtiments dont l'un, celui du Nord qu'on a pu mesurer exactement jadis, était un vaste rectangle de 32^{m}80 de longueur sur 6 mètres de largeur entre les parois intérieures. Il était partagé en quatre compartiments qui, divisant le poids de la massse totale du liquide, permettait aux murailles d'en supporter l'effort. Deux autres enceintes encore plus vastes, avec lesquelles communiquait la première, se trouvaient au midi et dans des directions différentes. Il est probable que ces citernes se succédaient ainsi jusqu'à l'extrémité septentrionale du Coudiat-Ati.

XXXIV.
Système général d'adduction, de distribution et de conservation des eaux à Cirta

C'est de là que partait la conduite souterraine également en forme de siphon qui faisait communiquer ces réservoirs avec ceux du Capitole. On en a retrouvé des traces lorsqu'on a jeté les fondements du grand marché aux grains. Elle passait le long de la façade occidentale, à quelques pas seulement du théâtre dont nous avons parlé au § XII. Les citernes du Bardo, mentionnées au même endroit, tiraient aussi de là leur approvisionnement, comme celles des quartiers de Dar-el-Bey, par la conduite passant sous la place Nemours et dont il est fait mention à la fin du § XI. Les citernes de la rue de France, aux thermes de Pacatus, et probablement aussi celles des rues du 3e Bataillon d'Afrique, des Alises et de la place des Galettes, où la conduite d'Albinus qui y dirigeait les eaux de pluie ne pouvait apporter qu'un faible appoint, étaient probablement tributaires de celles du Capitole. Il en était sans doute de même des réservoirs trouvés au nord de la place du Palais, cette même année, par le Service du Génie. Quant aux citernes et aux fontaines du bas de la ville, dans la direction du sud, il est probable qu'elles s'approvisionnaient aussi, soit aux réservoirs de Dar-el-Bey, soit à ceux de la place des Galettes. On voit donc, qu'étant donné le système d'adduction des eaux à Cirta par le grand aqueduc et leur distribution dans des réservoirs étagés à des niveaux qui se commandaient les uns les autres, dans les différents quartiers de la ville, l'eau était en abondance et ne manquait jamais sur l'aride rocher et dans les riants faubourgs qui l'environnaient. Quelle que fût pourtant la perfection toute romaine de ce système d'hydraulique, les merveilleux administrateurs de cette cité ne s'en étaient pas tenu là. Comme nous, avant la construction de l'aqueduc qui assurait avec tant de sécurité pour l'avenir l'alimentation de la cité, ils amenèrent aussi dans leurs réservoirs les eaux du Mansourah et des lacs de Djebel-Ouache, au moyen de deux autres aqueducs qui franchissaient l'Ampsaga, le premier sur le pont d'Antonin et le second entre ce pont et celui dont on voit encore les culées à 500 mètres en amont. Ce ne fut pas tout encore : ils voulaient avoir, dans leur ville même, un immense bassin à jamais intarissable et ils firent le barrage de l'Ampsaga. Enfin, on a vu, qu'ils retinrent même les eaux des pluies. Quelle belle leçon pour nous !

XXXV.

La Nécropole de Cirta

Nous voici arrivés au terme de notre voyage archéologique à travers notre vieille capitale. C'était aussi celui de la vie des Cirtéens. Le Coudiat-Ati était leur nécropole et il nous reste à l'examiner sous ce dernier point de vue. Le déblaiement des pentes de la colline pour le percement des quartiers Saint-Jean, Saint-Antoine, du boulevard Victor Hugo, de la rue Rohault de Fleury et de la route de Sétif, ainsi que les fouilles exécutées pour l'assiette des maisons qui forment ces quartiers, et lors du premier essai de dérasement de la montagne, ont mis au jour des textes funéraires innombrables. Ils ne présentent, en général, que fort peu d'intérêt, si ce n'est pour la connaissance de l'*Onomasticon* de Cirta. Une nomenclature des noms les plus usités à Cirta compléterait sans doute fort utilement cette notice, mais nous ne la donnerons pas pour ne point accroître l'aridité de notre étude. Nous nous bornerons à enregistrer les inscriptions originales qu'on pouvait lire dans cette cité des morts.

Voici une stèle consacrée d'une manière touchante à « *Geminia Ingenua*, qui n'eut qu'un seul époux *(univira*, c'est-à-dire qui ne se remaria pas, après être devenue veuve), qui mérita d'être appelée *la mère de tous les hommes* en venant au secours de tous ; sans tache, très pure, renommée et rare (pour ses vertus). Elle vécut jusqu'à l'âge de 81 ans sans avoir jamais fait la moindre peine à personne. » (1).

Une épitaphe très commune, d'ailleurs, mais qui nous a frappé par le nom de la défunte, rappelle le souvenir de « *Julia Cirtesia* qui vécut 101 ans. » (2). Elle était appelée Julie la Cirtéenne !

Une autre femme qui vécut 80 ans, *Mecilia Castula*, est honorée par son frère, *Q. Cassius*, qui l'appelle « femme très agréable et sœur bien-aimée. » (3).

On voyait aussi dans la nécropole un beau cippe en forme d'autel, avec plusieurs moulures en haut et en bas, dont l'inscription est du même caractère que celle du sarcophage de Praecilius, et date probablement aussi du IVe siècle. Elle est très curieuse

---

(1) C. I. L., VIII, 7384.
(2) Ibid., 7481.
(3) Ibid., 7566.

dans son style emphatique et obscur. Le latin, malgré ses prétentions littéraires, en est fort incorrect. Nous y lisons ce qui suit, mais sans en garantir absolument le sens :

« Aux dieux mânes ; *Umbria Matronica*. J'ai atteint l'apogée de la vie humaine ; je me suis fait l'esclave craintive de cette divinité et de cette religion que j'ai servies durant quatre-vingts ans, et je l'ai même fait nu-pieds, chastement, pudiquement et sans cesse. Je me suis montrée dans toutes les villes de la terre et j'ai ainsi mérité de celle-ci qu'elle me reçût avec bienveillance. — Elle a vécu 115 ans et a été inhumée ici. Que tes os reposent bien ! » (1).

Cette épitaphe, très énigmatique, est probablement chrétienne, malgré la formule initiale : « Aux dieux mânes. » Le paganisme, en effet, était plus simple, moins oratoire et moins symbolique. Cette divinité et cette religion qu'Umbria Matronica a servies pendant 80 ans, nu-pieds et chastement, doivent être celles du Christ. Ce voyage dans tout l'univers est sans doute un symbole chrétien. Remarquons que c'est avec raison que Matronica se vante d'avoir atteint l'apogée de la vie humaine, puisqu'elle est morte à 115 ans !

Sur un cippe élégant, avec chapiteau fortement en saillie, orné de moulures et de dessins variés d'une assez belle exécution, on lisait une autre épitaphe d'une épigraphie soignée, datant de la même époque, plus simplement, mais aussi plus élégamment conçue en ces termes : « A *Salvidenia Minna*, fille de Quintus, femme d'une pureté digne des temps anti-

---

(1) *Rec. de Const.*, 1856-57, p. 151. — C. I. L., VIII, 7604.

ques. Elle a vécu 28 ans et se trouve sous cette pierre. Que tes os reposent bien ! » (1).

En voici une autre très touchante : « A la mémoire de *P. Sittius Tullianus*. Caecilia Januaria, son épouse chérie, a élevé, avec ses fils, ce monument à son mari bien-aimé. Il a vécu 65 ans. » (2).

XXXVI.

Tombeaux de famille dans les environs

Peu d'autres textes funéraires sont encore à signaler dans l'immense quantité de ceux que les fouilles ou les éboulements de la colline ont mis à jour. On peut en donner deux raisons. La première est que les épitaphes païennes, qui en constituent la presque totalité, sont, en général, très simples et peu explicites sur le compte des morts. Les anciens louaient surtout les vivants dans les monuments qu'ils érigeaient au milieu de leurs cités. Contrairement à nos usages, ils étaient muets devant la mort. Les textes funéraires se bornent à nous indiquer le nom et l'âge des défunts sans autre indication de date ou des excellentes qualités dont ils avaient fait preuve pendant leur vie. La seconde raison est que notre nécropole était surtout destinée aux défunts obscurs soit par leur naissance, soit par leur fortune. Les tombeaux des grandes familles se trouvaient généralement le long des voies qui sortaient de la cité, ou dans les domaines qu'elles possédaient aux environs. Les épitaphes étaient alors moins brèves et se signalaient davantage à l'attention. Nous en avons retrouvé quelques-unes que nous allons examiner.

---

(1) *Rec. de Const.*, 1865, p. 119. — C. I. L., VIII, 7705.
(2) Ibid., 1853, p. 72. — Ibid., 7764.

En voici une découverte dans un mur de l'ancien passage Dar-el-Bey, ce qui prouve que le tombeau de famille d'où elle a été extraite se trouvait, comme celui des Fonteius, dans l'intérieur même de la ville. Elle est ainsi conçue : « A la mémoire de *Sextus Aemilius Felicianus* qui a tant aimé ses parents et fut le bienfaiteur de sa famille. Aemilia Gargilia à son frère bien-aimé qui a vécu 65 ans et a été enseveli ici. » (1).

Un tombeau découvert à droite de la voie romaine qui conduisait à Lambèse, dans le jardin de M. Morand, près de l'Oued-Yacoub, contenait l'épitaphe suivante en belles lettres d'une exécution parfaite : « Aux dieux mânes. *Antonia Monnica* a vécu 61 ans. Que ses ossements jouissent d'un bon repos ! Volumnius Felix a élevé une statue et deux autels portant le même nom à son épouse chérie qui a toujours bien mérité de lui. » (2).

Auprès de la même voie romaine a été trouvé un sarcophage portant une inscription dans le style de l'épitaphe de Matronica. Le latin en est aussi barbare et la prétention littéraire aussi peu justifiée. Il s'agit d'une autre dame dont l'éloge funèbre a été fait par un mari plus convaincu de ses propres mérites que de ceux de sa femme, puisqu'il trouve le moyen de s'y couvrir de fleurs. « Je fus, fait-il dire à sa femme, *Mnesithea Aurelia*. Chaste et pudique, j'eus pour mon mari toute la fidélité possible. Il n'eut jamais aucune querelle avec moi et aima comme moi nos enfants. Cet éloge t'est bien dû, Gratianus. J'ai vécu, me hâtant de vivre pour toujours. » (3).

---
(1) *Rec. de Const.*, 1853, p. 66. — C. I. L., VIII, 7174.
(2) Ibid., 1854-55, p. 152. — Ibid , 7202.
(3) Ibid., 1856-57, p. 155. — Ibid., 7228.

Cette dernière phrase nous montre que l'inscription est chrétienne. Mais le sentiment religieux qui l'a dictée aurait dû, il nous semble, inspirer plus de modestie à son auteur.

Un dé d'autel d'une facture très soignée, inscrit sur ses quatre faces en caractères d'un style très pur qui rappelle la bonne époque du commencement du IIIe siècle, a été trouvé dans les environs du Coudiat vers 1860. Malheureusement, un ouvrier inintelligent le mit en pièce avant qu'on eût pu relever l'inscription. Le rapprochement qu'on a pu faire des morceaux n'a pas permis de la déchiffrer entièrement, mais il résulte de ces fragments qu'elle était composée en vers hexamètres d'une excellente latinité. C'était un débris du tombeau d'une *Gens Flavia* qui semble avoir été une des meilleures familles de Cirta. Il s'agissait d'une jeune femme enlevée subitement à l'affection des siens, et qui recommande à son époux survivant un tout jeune enfant issu de leur union (1).

Bien au sud du Coudiat-Ati, à l'endroit désigné sous le nom de Camp des Oliviers, on a découvert un autre tombeau de famille contenant l'épitaphe d'une autre jeune dame *Caninia Octavena,* « femme incomparable qui mourut à l'âge de 27 ans et trois mois. » Elle était sans doute la joie de son père qui dit sa douleur d'une manière très touchante sur le mausolée qu'il lui avait élevé (2).

Près du pont d'Antonin, sur une des voies qui y débouchaient, se trouvaient aussi des monuments funèbres. C'est de là que provenait sans doute la belle inscription trouvée dans les débris de la reconstruc-

---

(1) *Rev. de Const.*, 1864, p. 65-69. — C. I. L., VIII, **7255**.
(2) Ibid., 1856-57, p. 156. — Ibid., **7271**.

tion de Salah-bey et qui était la dédicace d'un tombeau appartenant à la *Gens Antiana Satura*. Le chef de cette famille, *Saturus,* l'avait fait élever pour sa femme, *Cassia Quieta,* et pour tous ceux des siens qu'il avait déjà perdus. Il devait appartenir à une famille opulente et très renommée de Cirta pour terminer ainsi l'épitaphe de ses défunts : « Voyageur, arrête-toi, mais sans t'étonner que cette voie que tu foules possède de telles dépouilles. » (1).

Une stèle dont nous ignorons la provenance, mais qui contient trois épitaphes, dont deux assez curieuses, a été sans doute aussi extraite d'un tombeau de famille. Dans une première inscription est rappelée la mémoire de *L. Julius Kanidius* qui vécut 80 ans et qui « les vécut vraiment. » A droite de l'inscription en est une autre, peu commune. Elle mentionne une *Julia Spes*. « Quiconque aime sa femme, dit l'auteur de l'épitaphe, apprendra par cet exemple à redoubler de tendresse. C'est une douce consolation dans la vie. Mon épouse est allée aux cieux avec notre très cher fils *Episucus*, après avoir vécu 57 ans. » Au-dessus de ces deux épitaphes est celle du petit Episucus qui mourut, en effet, à l'âge de onze ans (2).

Voici une autre curieuse inscription funéraire de provenance également inconnue. Elle est consacrée « à la mémoire de *Julia Renata,* la plus sainte de toutes les femmes. Après avoir atteint les années de la vieillesse, elle a suivi son mari, *Julius Sarnianus.* Elle est morte à l'âge de 70 ans. » (3).

On trouvait encore dans la ville, mais nous ne sa-

---

(1) *Rec. de Const.*, 1860-61, p. 170. — C. I. L. viii., 7277.
(2) Ibid., 1853, p. 59. — Ibid., 7427.
(3) C. I. L., viii, 7517.

vons dans quelle partie, le tombeau de famille des *Lepidius*. Il contenait l'épitaphe de *L. Lepidius Nampulus* et de son épouse, *Stennia Potita*. Il leur était destiné, « ainsi qu'à leurs héritiers et aux héritiers de ces derniers. » Ici les mots suivants qu'il est bien difficile d'adapter à ce qui précède : *Vivunt in diem suum istantius fec....* (1).

Un tombeau découvert au Hamma, dans une propriété privée, nous donne l'ethnique de ce lieu, appelé autrefois *Azimacia*. Son nom actuel n'en est peut-être qu'une corruption, malgré le sens très naturel qu'il tire des eaux chaudes qui coulent à cet endroit. Ce tombeau nous montre que les Romains de Cirta possédaient dans les environs de riantes villas qu'ils aimaient. Il contenait la dépouille de « *L. Sittius*, prêtre d'Auguste qui se plaisait beaucoup dans sa villa suburbaine d'Azimacia. Il l'avait bâtie pour lui et les siens. Aux honnêtes gens, du bonheur », dit-il en terminant (2).

Dans une inscription malheureusement mutilée, un défunt célèbre, en excellents distiques, une autre belle propriété située à l'embouchure de l'Ampsaga, « lieu très agréable du nom d'Alba, où l'on savoure la bonne odeur des pins maritimes, où verdit l'oranger et où les naïades prennent leurs ébats (?) dans une nappe d'eau transparente comme le verre ». Elle a été encore trouvée dans les environs de Constantine. Le défunt se plaint de n'être plus que cendres et d'avoir perdu son unique fille enlevée à la fleur de l'âge par une mort imméritée. Il ajoute, sur le ton d'une résignation toute philosophique : « Ce que

---

(1) C. I. L. VIII., 7543.
(2) *Rev. Afr.*, I, p. 315. — C. I. L., VIII, 7741.

donne la nature, elle le reprend, sans qu'on puisse le lui reprocher. » Enfin, il souhaite que ses os « reposent mollement. » Le délicat lettré qui s'était fait cette épitaphe se nommait *P. Sittius Optatus* (1). Il est bien regrettable que cette belle inscription qui n'a pas moins de 20 lignes soit tellement mutilée qu'on ne puisse la lire en entier. C'était un petit chef-d'œuvre poétique.

Nous terminerons cette revue des épitaphes originales de Cirta par la plus gracieuse, sinon la plus poétique de toutes. Elle appartenait à un tombeau élevé aussi dans une agréable villa qui continue encore de nos jours à être une verdoyante oasis au milieu de l'aridité des champs environnants. Il s'agit des jardins de Salah-bey qui régnait à Constantine, il y a plus d'un siècle. Ce prince éclairé, le meilleur administrateur, peut-être, qu'ait eu le beylicat de Constantine, passe pour avoir créé ce domaine. On va voir qu'il n'en fut que le restaurateur et qu'il continua, sur ce point, l'œuvre que de riches patriciens de Cirta y avaient accomplie. Un d'entre eux s'y était fait élever un tombeau. Voici comment il dépeint en vers, sinon d'une correction irréprochable, du moins fort poétiques, l'agréable situation de sa dernière demeure : « A mon tombeau vient l'oiseau attique (l'abeille) qui, rassasié de thym, distille les gouttes de miel. Mes oiseaux y chantent sous la voûte verdoyante. Le laurier d'Apollon verdit sur ma tombe et le cep de la vigne laisse pendre autour d'elle des raisins dorés. » (2).

---

(1) C. I. L., VIII, 7759.
(2) *Rec. de Const.*, 1853, p. 76. — C. I. L. VIII., 7854.

DEUXIÈME PARTIE

L'ADMINISTRATION ET LES MAGISTRATS

DEUXIÈME PARTIE

ORGANISATION ADMINISTRATIVE DE CIRTA

XXXVII

Panorama de la Cité romaine

Malgré la pénurie de vestiges antiques, mais grâce aux résultats de quelques fouilles heureuses et aux nombreuses données de l'épigraphie, nous avons pu reconstituer les traits essentiels de la Métropole des Colonies cirtéennes. Aidé de la topographie actuelle et de quelques fragments du cadre où s'est écoulée, pendant huit siècles, la vie romaine dans la principale ville de la Numidie, nous pouvons désormais, en groupant toutes ces données et en comblant, par la pensée, les nombreuses lacunes qu'elles laissent entre elles, nous représenter assez aisément l'aspect de notre vieille Cirta vers la fin du IIIe siècle.

Au Nord, le vaste emplacement du Capitole, où donnait accès le magnifique arc de triomphe de *Fulvius Faustus*, dressait ses cinq temples (dont deux périptères), avec leurs portiques et leurs péristyles, au milieu d'un peuple de statues élevées à des empereurs, à des légats et à de hauts dignitaires de l'édilité cirtéenne. Au-delà se déroulait un immense horizon où l'on voyait, au premier plan, s'enfuir l'Ampsaga vers la mer ; où la route de Cirta à Rusicade serpentait dans la plaine, où s'étendaient vers la droite, dans la direction d'*Asimacia* (le Hamma), les riantes propriétés des Salluste ; où se distinguaient au second plan les villes de Tiddi et d'Arsacal et où les arêtes rocheuses du Chettaba cachaient celles de Mastar, d'Uzeli et de Phua. En face de cet opulent paysage, un peu au-dessous du bord septentrional du plateau de Cirta, une route taillée dans le roc descendait aux Thermes du Capitole. Au Nord-est de ce magnifique acropole, de vastes citernes, toujours remplies par le siphon qui venait du Coudiat, alimentaient d'une eau abondante les quartiers du Sud-est.

Si, de ce point, on se dirigeait vers ces quartiers, en suivant la voie qui passait devant les thermes d'*Arrius Pacatus,* on traversait probablement une région éloignée des agitations de la vie publique et occupée, entre des ruelles serpentant dans tous les sens, par des *insulae* ou propriétés de grandes familles qui y abritaient non-seulement leur *gens,* mais encore y donnaient asile, en vertu de locations, à des affranchis qui ouvraient sous des auvents des boutiques sur la rue et habitaient les étages supérieurs. A part les bains dont nous venons de parler, on ne rencontrait point là de monuments publics. Du moins, les fouilles peu approfondies de ces quartiers n'en ont point révélé.

Il n'en était pas de même si on sortait du Capitole par la voie qui y donnait accès du côté du Sud-ouest et qui venait du Forum. On avait d'abord à sa gauche le temple de Pallas et, en continuant sa route toujours du même côté, un temple dont la nature et la destination ne nous ont point été révélées par les textes. Sous son portique ou sur la *platea* ménagée en avant de l'entrée du temple se dressaient des statues parmi lesquelles celle de Septime Sévère. C'est dans ce même quartier que se trouvait probablement la maison de l'illustre famille des *Fonteius*, puisque nous y avons constaté l'existence de leur caveau funéraire. On arrivait ainsi au Nord-est du Forum.

Si le visiteur sortait du Capitole en prenant la voie du Nord-ouest qui avait à peu près la direction de notre rue Damrémont actuelle, il rencontrait bientôt les grands monuments bâtis au nord du Forum, l'un par un préfet *jure dicundo* de la colonie de Rusicade dont on vient de retrouver de grandioses substructions, et l'autre par un édile quinquennal de Cirta, ainsi que les statues qui se dressaient près d'eux.

En se dirigeant alors vers le Sud, on pénétrait au Forum entouré au Nord-est par le temple de la Sittienne dont nous avons exhumé en 1893 les vastes substructions et quelques magnifiques colonnes ; au Nord et à l'Ouest, par les grands édifices qui occupaient l'emplacement du Crédit foncier, de la maison Azoulay et de la Banque ; au Sud par ceux qui s'élevaient à la place de la maison Moreau et de la Cathédrale. Dans l'espace environné de la double ceinture de colonnes que formaient les portiques de ces monuments, s'élevaient les statues de *Septimius Geta*, père de Septime Sévère ; de sa première femme, *Paccia Marciana* ; de la Fortune de cet empereur et de ses deux fils ; de la Fortune qui avait ramené ce même prince ; de l'usurpateur *Domitius Alexander* abattue sans doute par Maxence ; de l'augure, prêtre de la ville, *M. Fabius Fronto* ; du consulaire *Ceionus Italicu* et d'un grand nombre d'autres.

En prenant la direction du Nord-ouest, on s'engageait dans la belle voie de *Fonteius Frontinianus,* entre deux rangées de statues, et on passait sous le grand arc de *Caecilius Natalis,* surmonté de son édicule tétrastyle qui encadrait la statue d'airain érigée à la bonté de l'empereur Marc Aurèle Antonin (Caracalla). Ce beau monument était encore orné de deux statues d'airain, élevées, l'une à la sécurité du siècle et l'autre à la vertu de l'empereur. A la gauche de ce monument, on voyait s'ériger au IVe siècle le grand tétrapyle d'*Avitianus* et l'opulente basilique de Constance qui lui faisait suite.

Entre deux grands temples dont l'un fut orné, au Nord, du Portique de Gratien bâti vers la même époque que le tétrapyle d'Avitianus et la basilique de Constance, et dont l'autre était de forme circulaire, on pénétrait sur un second Forum, où l'on pouvait voir, outre les beaux édifices dont nous venons de parler, un autre temple sur l'emplacement de l'*Hôtel de Paris,* un oratoire à Vénus, un temple à Junon, plusieurs monuments tétrastyles et une assemblée de statues dont vingt-cinq ont laissé des traces dans notre épigraphie.

De cette place superbe, si admirablement ornée des décors de la vie publique et religieuse, où Cirta avait entassé les souvenirs des grands personnages qui l'avaient honorée et embellie, on pouvait voir à quelques cents mètres devant soi, dans la direction du Nord-ouest, le portique qui entourait la *cavea* d'un grand amphithéâtre, en regard de la profonde et vaste plaine où s'engage l'Ampsaga. A l'ouest, la vaste nécropole du Coudiat étalait en éventail ses stèles et ses monuments funéraires. Vers le sud s'étendait le faubourg de Mugae et, dans la dépression du terrain qui se creuse jusqu'au fleuve de l'Ampsaga, se dressaient les énormes constructions des réservoirs qui devaient alimenter d'eau potable cette partie de la banlieue cirtéenne.

Si du point où l'on était arrivé, on reprenait sa marche dans la direction de l'Est, on repassait sous le tétrapyle d'Avitianus ou, avant sa construction, devant le monument du Génie des colonies cirtéennes, et on ne tardait pas à se trouver en face des temples de Saturne et de Julie, dont les portiques étaient ornés de statues.

En obliquant ensuite vers le Sud-est pour prendre la voie qui descendait au Pont d'Antonin, on arrivait près de l'emplacement du premier amphithéâtre de Cirta qui devait être déjà en partie enfoui sous une *platea* ou sous de nouvelles constructions, et on rencontrait bientôt le temple de Bacchus. C'est là que devait sans doute s'amorcer la voie qui, traversant notre quartier arabe d'aujourd'hui, allait franchir le Rhumel sur le pont dont on voit encore les piles inférieures sur les bords du gouffre. Elle conduisait au théâtre d'*Aufidius* et à l'Hippodrome et passait devant le Panthéon dont nous avons retrouvé, dans les matériaux de la mosquée, les statues, les dédicaces et les colonnes des oratoires consacrés à Vénus et à la Concorde des Colonies cirtéennes.

Du pont dont nous venons de parler, on voyait, sur sa gauche, deux lignes d'arches à trois étages qui servaient, la première à un grand aqueduc, et la seconde au magnifique Pont d'Antonin. Devant soi, le portique d'Aufidius, avec son arc de triomphe, précédait la *cavea* du grand théâtre et, vers le Sud-est, près de notre colline du Mansourah, l'Hippodrome allongeait en ellipse sa grande muraille d'enceinte.

Au-dessus de ces monuments où s'entassait, les jours de fête, le peuple Cirtéen, l'œil voyait s'étager en éventail les milliers de constructions surmontées d'élégantes terrasses dont les Romains avaient couvert les flancs de la montagne et qui formaient un des plus importants faubourgs de la cité. Au-delà des limites de ces quartiers suburbains, de riantes villas piquaient la verdure des pentes qui venaient y aboutir. C'est dans ces parages, mais sur l'autre versant du Mansourah, au lieu recouvert aujourd'hui par les aménagements de la Remonte, que se trouvait celle de *P. Pactumeius Clemens,* cet illustre légat d'Hadrien qui fut consul, puis proconsul en Grèce et enfin jurisconsulte d'Antonin et qui, ayant épousé la fille de *Rosianus Geminius,* proconsul d'Afrique, et donné de nombreuses marques d'intérêt à Cirta, fut décoré du titre de patron des IIII Colonies (1).

Le faubourg qui occupait tout le versant nord du Mansourah avait, dès l'établissement définitif du christianisme à Cirta, sa basilique construite à l'angle du mur d'enceinte du quartier de cavalerie du 3ᵉ chasseurs, à gauche de la porte d'entrée. On y a retrouvé les premières assises de l'abside et les mosaïques de deux chapelles latérales.

Lorsqu'on descendait de ce point dans la vallée du Rhumel, on ne tardait pas à voir l'horizon coupé par la longue ligne d'arcades qui soutenaient, au-dessus de cette vallée, l'aqueduc amenant aux citernes du Coudiat les eaux de la source du Bou-Mer-

---

(1) C. I. L., vol. VIII, nº 7060.

zoug, et dont le spectacle, avons-nous dit, devait être si grandiose.

Tel était, dans ses grands traits et comme à vol d'oiseau, l'aspect général de la vieille Cirta aux temps les plus prospères de l'occupation romaine.

Mais quel que soit l'intérêt de cette restitution que personne encore n'avait entrevue et que l'étude des fouilles et des textes exhumés depuis 40 ans nous a suggérée, nous ne pourrions nous flatter d'avoir rétabli l'antique physionomie de la cité romaine si nous ne retrouvions la vie qui circulait en elle.

Il nous faut donc essayer de faire jouer les ressorts de son organisation administrative et religieuse. En examinant les fonctions, le rôle et les honneurs des nombreux personnages dont l'épigraphie nous a conservé le nom, ainsi que les témoignages de la reconnaissance publique et privée dont ils furent l'objet, nous allons ranimer l'antique milieu que nous venons de restaurer et, pour ainsi dire, voir à l'œuvre les citoyens de la colonie romaine.

Les pouvoirs administratifs, dans une cité romaine de l'importance de Cirta, peuvent se diviser en deux groupes :

1° *Fonctions impériales* ou *sénatoriales,* selon que le territoire de la ville faisait partie d'une province du domaine de l'Empereur ou de celui du Sénat. Elles comprenaient tous les emplois par lesquels l'Empereur ou le Sénat faisait gouverner, pour son compte, au chef-lieu, la province tout entière et chacun des municipes qui la constituaient : c'étaient les magistratures de commandement, les magistratures judiciaires et les magistratures fiscales ;

2° *Fonctions municipales.* Ceux qui les exerçaient

remplissaient les charges de duumvirs, édiles, questeurs, décurions et étaient revêtus de toutes les dignités auxquelles on arrivait par le cens ou par l'élection de l'*Ordo*.

On peut distinguer un troisième groupe : celui des *fonctions sacerdotales*. Mais les unes étaient d'ordre impérial et la plupart des autres étaient municipales. Elles rentraient, par conséquent, dans l'un ou l'autre des deux groupes précédents.

Bien que les charges de ces deux grands ordres fussent très nettement distinctes, les fonctionnaires qui en étaient investis avaient naturellement de très nombreux rapports entre eux, de telle sorte qu'il est très difficile, en parlant des uns, de ne point faire allusion aux autres et d'en faire des études complètement séparées.

Il est pourtant nécessaire de l'essayer. Nous traiterons donc d'abord de l'organisation municipale, administrative, judiciaire et religieuse de la cité, en faisant revivre sous nos yeux tous les personnages de l'édilité cirtéenne dont l'épigraphie nous a conservé de si nombreuses mentions.

ORGANISATION MUNICIPALE

XXXVIII
Fondation de la Colonia Julia Cirta

Nous avons vu plus haut (1) que l'existence de la colonie romaine de Cirta remontait à Jules César et qu'elle reçut des circonstances toutes particulières de sa fondation une organisation spéciale. Il importe de marquer ici les caractères constitutifs de la différence qui existait entre elle et la plupart des autres.

On sait que la fondation et l'organisation des colonies, sous la République, dépendait d'un vote populaire émis sur la proposition d'un consul ou d'un tribun et par lequel était ratifié un sénatus consulte indiquant le nombre des colons, les terres assignées à la nouvelle colonie et la nature de l'autorité donnée aux chefs de l'émigration sur les futurs colons. C'était la Constitution, la Loi de la colonie projetée *(Lex colonica)*. Le peuple procédait, en outre, dans ses comices par tribus, à l'élection des magistrats chargés de la *deductio*. Ils étaient ordinairement au nombre de trois et portaient pour cela le titre de *triumvirs* de la colonie à établir et de la répartition des terres *(triumviri coloniae deducendae agroque dividundo)*. On les appelait encore triumvirs agraires *(triumviri agrarii)* et curateurs *(curatores)*. Mais cette commission pouvait comprendre cinq, sept, dix, quinze et même vingt membres. Elle se composait de citoyens notables et souvent de personnages consulaires. Elle

---

(1) *Rec. de Const.*, vol. XXVIII, pp. 6 et 7.

avait, comme prérogatives conférées par la loi de son institution, le droit de décider quelles terres pouvaient constituer le domaine de chaque colon *(ager privatus)* et quelles devaient former le domaine public *(ager publicus)*. Cette même loi fixait les dépenses, à la charge de l'Etat, auxquelles ils avaient droit. C'était *l'ornatio*. Ces frais consistaient en argent, vêtements, dépenses d'entretien, moyens de transport et gens de suite. Parmi ces derniers, étaient : 1° les *pullarii* qui avaient la garde des poulets sacrés et qui permettaient ainsi aux augures de prendre les présages d'après la manière dont ces poulets prenaient ou refusaient la nourriture ; 2° les *apparitores* ou gens de service attachés aux triumvirs ; 3° les *praecones* ou crieurs publics ; 4° les *scribae* ou secrétaires ; 5° les *librarii* ou copistes ; 6° les *architecti* ou architectes chargés de la surveillance des constructions ; 7° les *finitores* ou arpenteurs destinés à délimiter les terres attribuées aux colons.

Le système de l'installation de ces derniers n'ayant jamais changé, même sous l'empire, nous allons l'indiquer une fois pour toutes.

Avant leur arrivée, le sol destiné à l'établissement de la colonie avait été mesuré, après la prise des augures, de la manière suivante : on traçait à la charrue deux grandes lignes qui coupaient le territoire du nord au sud et de l'est à l'ouest. Un large carré ou parallélogramme ménagé autour du point où se rencontraient ces deux lignes était destiné à l'établissement du Forum. La ligne tirée du nord au sud s'appelait le *cardo maximus,* celle tirée de l'est à l'ouest le *decumanus maximus*. Ces lignes partageaient ainsi le territoire en quatre secteurs désignés par les expressions *dextra* et *sinistra decumanum* (à droite et à gauche du decumanus), *citra* et *ultra cardinem* (en-deçà et au-delà du *cardo*. A une distance déterminée par l'étendue des diverses assignations, on traçait parallèlement à celles-ci d'autres lignes appelées *cardines* et *decumani*, selon qu'elles suivaient la direction des premières. On les nommait encore *limites* ou limites. Elles partageaient ainsi le sol tout entier en carrés égaux qui portaient le nom de centuries *(centuriae)*. Aux angles de chacune de ces centuries, les *finitores* plaçaient des bornes en pierre ou des poteaux qui portaient le numéro du *cardo* et du *decumanus*, à compter du point central. Ce numéro désignait ainsi la centurie. Si une borne portait, par exemple, l'inscription : $\frac{D D I}{V K I}$, il fallait lire : *dextra decumanum primum, ultra cardinem primum*, c'est-à-dire à droite du premier decumanus et au-delà du premier cardo. Si, au contraire, on trouvait la mention : $\frac{S D I}{C K I}$, on devait lire : *sinistra decumanum primum, citra cardinem primum*, c'est-à-dire à gauche du premier décumanus, en-deçà du premier cardo, et ainsi de suite avec des numéros différents. Chaque cinquième ligne ou *limes* formait une division principale sous le nom d'*actuarius* ou *quintarius*, tandis que les autres s'appelaient *limites linearii*. Toutes ces lignes avaient une certaine largeur et étaient autant de chemins tracés sur le territoire de la colonie. D'après Siculus Flaccus et selon la constitution coloniale d'Auguste, le *decumanus maximus* était large de 40 pieds ; le *cardo maximus* de 20 ; l'*actuarius* de 12 et le *limes linearius* de 8 (1).

---

(1) Sic. Flacc., dans les *Gromat.*, éd. Lachm., t. I, pp. 153, 158.

C'étaient là les dispositions ordinaires, mais, pour de nombreuses raisons, elles n'étaient pas toujours exactement observées.

D'abord, une division aussi géométrique des lots ne pouvait se faire que lorsqu'on fondait une colonie nouvelle dans un pays de plaine dont les terres étaient de même qualité. Lorsque celles-ci, ce qui arrivait fort souvent, étaient de valeur inégale, l'allotissement ne pouvait avoir la même surface pour chacun des colons. De plus, ceux-ci étaient traités selon leur importance dans la nouvelle colonie. En outre, une partie des terres était réservée tantôt comme domaine public *(ager publicus)*, tantôt comme biens affectés à l'entretien des temples et aux besoins du culte. Enfin, on fondait le plus souvent des colonies, comme cela arriva pour Cirta, dans des villes déjà existantes.

Dans ce dernier cas, comme on laissait aux anciens propriétaires du sol, moyennant certaines redevances d'ailleurs très lourdes, tout ou partie de leurs biens, on plaçait en dehors, sur un point arbitraire, le centre de la nouvelle division des terres. L'emplacement du Forum n'était pas non plus choisi d'après la théorie qui précède, mais, pour ces deux opérations, on s'en rapprochait le plus possible. On a vu plus haut, au § VI, si notre attribution est juste, comment cette méthode fut pratiquée pour le Forum de Cirta.

Les terres ayant été mesurées dans la nouvelle colonie selon les principes que nous venons d'établir et qui continuèrent à être en vigueur sous l'empire, les colons venaient s'installer. La loi qui instituait cette colonie avait déterminé leur nombre et leurs personnes. Dans les premiers temps, leur choix s'opérait tantôt sur demandes volontaires, tantôt, lorsqu'il n'y avait pas de demandes, au moyen d'une levée militaire. Plus tard, surtout en Afrique, les colonies, étant établies comme postes d'observation et de défense du territoire, étaient affectées à des vétérans. Alors les fonctions jadis dévolues à des *triumviri* nommés par le peuple étaient confiées à un fonctionnaire impérial, muni de pleins pouvoirs, qu'on appelait *curator* et qui dirigeait toute l'administration jusqu'à l'entrée en charge des magistrats municipaux.

Les colons étaient amenés en ordre militaire et enseignes déployées, sous la conduite des magistrats nommés à cet effet.

Lorsque la ville n'était pas encore construite, « on procédait, dit Marquardt qui cite de nombreuses sources, à la fondation de la colonie de la manière suivante : le magistrat *(III vir)* chargé d'y veiller, sans doute avec le *cinctus Gabinus* (1), traçait un sillon au moyen d'une charrue, attelée à droite d'un taureau, à gauche d'une vache, et délimitait ainsi l'enceinte de la ville nouvelle. Les mottes de terre arrachées par la charrue devaient tomber en dedans. Aux endroits où devaient s'élever plus tard les portes de la ville, on soulevait la charrue ; quant au mur lui-même, on l'édifiait sur le sillon. » (2).

Comme bien on pense, la colonie romaine de Cirta ne débuta pas ainsi.

---

(1) Ce terme désigne une manière particulière de porter la toge : on en jetait un pan sur la tête et on passait l'autre par derrière autour des reins, de manière à former pour l'œil comme une ceinture. (Antony Rich, *Dict. des antiq. rom. et grecq.*, au mot *cinctus Gabinus*).

(2) J. Marquardt, *Organis. de l'emp. rom.*, t. 1 de la traduct. A. Weiss et P.-L. Lucas, p. 168.

Disons tout d'abord qu'elle ne fut pas établie en vertu d'une loi spéciale, comme les anciennes colonies de la République. On sait, en effet, que César, son fondateur, avait fait porter une loi agraire dite *Mamilia Roscia Peducaea Alliena Fabia* du nom des cinq commissaires qu'il avait chargés de l'élaborer, et qui réglait, une fois pour toutes, les questions relatives aux colonies que le dictateur se réservait de créer. Il ne pouvait donc y avoir pour la *Colonia Julia Cirta* une *lex Colonica* distincte présentée au peuple par voie de *rogatio*, à la suite d'un sénatus-consulte délibéré à cet effet.

De plus, la *deductio* des colons n'eut pas lieu par les magistrats civils élus dans les comices et dont nous avons parlé plus haut. La loi agraire que nous venons de rappeler confiait cette mission à un *legatus* ou lieutenant de l'*Imperator*. Nous connaissons par Cicéron l'un de ces chefs des colonies Juliennes. C'est son correspondant *Q. Valerius Orca* (1) qu'il désigne sous le titre de *legatus pro praetore* (lieutenant pro préteur). Celui qui installa la *Colonia Julia Cirta* fut *P. Sittius Nucerinus*.

Mais ce dernier n'était pas, pour César, le simple lieutenant ordinaire d'un *Imperator* en expédition. C'était le partisan étroitement lié à sa fortune qui avait conquis au dictateur et, par suite, arraché à l'influence de son puissant rival, Pompée, un grand royaume allié des Romains qui s'était déclaré pour ce dernier. C'était un service signalé que César ne pouvait trop payer. Aussi récompensa-t-il Sittius d'une manière inusitée. C'est là la raison de l'organisation toute particulière de la colonie cirtéenne.

---

(1) Cic. *Ad famil.*, XIII, 4, 5, 7, 8.

En effet, en vertu de son *imperium,* César érigea d'abord en Province romaine le royaume de Juba conquis par Sittius. Il nomma ensuite pour gouverner cette province, en qualité de proconsul, l'historien Salluste (1), son ami, qui avait fait avec lui la campagne d'Afrique. Mais ce dernier eut sans doute sa résidence à l'Est de Cirta, car, pour récompenser Sittius, il lui confia, avec le titre de *legatus pro praetore* qu'il lui donna probablement à vie, la *deductio* et le gouvernement comme *curator* de la colonie romaine qu'il fonda dans cette ville. Pour bien montrer qu'il voulait surtout, par cette fondation, payer les services des partisans qui lui avaient été si utiles dans cette campagne, il décida que le corps de troupes de Sittius serait seul admis à l'assignation des terres de la nouvelle colonie. De plus, soit que ce corps de troupes fût beaucoup plus nombreux que ne le comportait une *deductio* ordinaire, soit que le Dictateur voulût donner à chacun une part plus importante dans l'assignation, il attribua à la nouvelle colonie un territoire d'une étendue inusitée où se trouvaient déjà sans doute, dans ce pays si habité de la Numidie, d'autres centres importants. De cette manière, le sénat ou conseil des décurions de la nouvelle colonie devait avoir à gouverner par ses magistrats non-seulement l'ancienne capitale des rois numides, mais encore les villes de Milev, de Chullu et de Rusicade et tous les *pagi* qu'elles comprenaient. C'est là l'origine et la principale raison de la Confédération des IIII colonies.

---

(1) Voir pour cette nomination *De bell. afric.*, 97 ; Dion Cass., XLIII, 9 ; App. *De bell. civ.*, II, 100 ; le Pseudo-Cicér., VII, 19, et Pallu de Lessert, qui cite ces sources dans les *Fastes de la Numidie*, publiées au XXVe vol. du *Rec. de la Soc. arch. de Const.*, p. 2.

XXXIX

Organisation de la Confédération

La création d'une colonie romaine à Cirta était donc avant tout une attribution territoriale faite à un chef d'armée et à ses soldats dont on payait ainsi les services avant de les licencier. On comprend alors que ce chef, bien que nominalement légat de l'*Imperator* qui avait décrété l'existence de cette colonie, dût l'administrer de son vivant, pour son propre compte, comme un petit souverain. Mais à sa mort survenue peu de temps après, comme nous l'avons vu au § Ier de cette étude, la colonie dut rentrer sous le régime ordinaire des créations de ce genre et fut soumise aux prescriptions de la loi agraire de César, maintenues plus tard par Auguste et ses successeurs. La mort de Sittius mit donc fin aux pouvoirs extraordinaires dont il avait été investi comme *legatus,* et la colonie dut s'organiser comme toutes les autres, avec cette seule différence qu'elle commandait à un immense territoire.

C'est à ce moment sans doute que furent instituées les magistratures municipales ordinaires que la reconnaissance des anciens compagnons de Sittius confia d'abord aux membres de sa famille.

Ces magistrats furent à l'origine, comme partout, au nombre de deux ; mais l'importance de la colonie dut en exiger bientôt un troisième. L'épigraphie confirme pleinement cette hypothèse. C'est ainsi qu'elle nous a conservé le nom d'un des *duumviri* des premiers temps de la colonie, celui de *P. Sittius Dento*, édile, *duumvir*, questeur pour la seconde fois, flamine, quinquennal (1).

---

(1) C. I. L., VIII, n° 7117.

Mais bientôt les *triumviri* apparaissent, puisqu'un autre membre de la même famille est investi de cette charge. C'est *P. Sittius Velox,* édile, *triumvir* (1), qui fut aussi *magister pagi* de Sigus, l'un des *pagi* de Cirta (2).

L'institution des *triumviri* doit être contemporaine de la création des colonies de Milev, de Rusicade et de Chullu, qui eut lieu, sans doute, peu de temps après la mort de Sittius, en raison du développement qu'avait pris la colonisation romaine, et dont les pouvoirs administratifs furent rattachés à ceux de Cirta, devenue chef-lieu de la Confédération.

C'est alors, en effet, que se produisit, probablement sous Auguste, ce fait anormal et unique dans l'empire romain de quatre colonies gouvernées par le conseil des décurions et les magistrats suprêmes de l'une d'elles. Bien qu'aucun historien ou aucun texte épigraphique et juridique analogue, par exemple, à la *Lex coloniae Juliae Genetivae* découverte à Osuna, l'ancienne *Urso,* à la fin de 1870 et dans l'automne de 1875, ne nous explique cette organisation, il est aisé pourtant de s'en rendre compte.

Le territoire concédé primitivement à la *Colonia Julia Juvenalis Honoris et Virtutis Cirta* (3) était, com-

---

(1) C. I. L., n° 7118.

(2) Ibid., n° 10860.

(3) Nous nous sommes souvent demandé pourquoi ce titre si complexe et si long. Voici la raison qui s'est offerte à nous. D'abord, les mots de *Colonia Julia.... Cirta* devaient rappeler que Cirta était une colonie de Jules César. Toutes les colonies qu'il fonda portèrent, en effet, son nom, selon une coutume qui s'est perpétuée sous l'empire, où les colonies fondées par les empereurs portent leurs noms : *Colonia Augusta, Colonia Flavia, Colonia Ulpia Trajana,* etc. Le mot *Juvenalis* est plus difficile à expliquer, mais il nous semble que sa signification est très précise et qu'il désigne expressément cette particularité que la colonie n'avait pas été réservée à des vétérans, comme c'était l'usage, mais à des troupes jeunes encore, telles que devait être le corps de partisans recrutés par Sittius. On pourra peut-être objecter que l'adjectif ayant cette signification n'aurait pas cette forme et qu'il s'écrirait plutôt *juvenilis.* Ce serait oublier que dès le

me nous le savons, démesurément étendu et assez analogue à celui d'un petit état. Il comprenait, au moment de la première assignation des terres, un grand nombre de centres dont quelques-uns étaient déjà sans doute des villes assez importantes, comme Rusicade et Chullu, ports jadis fondés par les Phéniciens, et Milev qui devint une des grandes cités de la Numidie. De nombreux citoyens romains s'étaient donc probablement établis dans ces villes, mais, malgré l'importance de leur lieu de résidence, ils ne pouvaient y exercer les droits civiques que leur conférait la qualité de citoyens romains. Ces grands centres, en effet, n'étaient organisés qu'en *pagi cirtenses* et la vie municipale y était à peine ébauchée. Ils demandèrent alors, sans doute, une vie propre, l'institution d'un *ordo decurionum* et toute une organisation municipale dont ils pouvaient aisément fournir les éléments. Il est probable que les raisons qu'ils alléguèrent étaient irréfutables et que le gouvernement impérial en fut touché. Mais d'un autre côté, pour leur donner satisfaction, il eût fallu réviser, dans le sens d'une importante réduction de territoire, la loi coloniale que César avait octroyée à la colonie des Sittiens. C'eût été impolitique de la part d'Auguste, car, par là, il eût retiré, trop tôt après sa concession, une récompense, donnée par son oncle, pour des services qui, en

---

temps d'Auguste et, par conséquent, aussi de César, cet adjectif a la même signification sous la forme où nous le trouvons ici. C'est ainsi qu'on lit dans Virgile : « *Juvenali in corpore vires* ». (Aen., v, 475). Pline, pour parler d'une renommée précoce, l'appelle *juvenalis fama*. On disait aussi *juvenalis pubertas*. Le jour de la fête de la jeunesse, ajouté par Caligula aux Saturnales, s'appela *juvenalis dies*, etc. Enfin, les mots *Honoris et Virtutis* nous paraissent signifier que la colonie a été le prix de l'honneur et du courage de cette jeune troupe. On pourrait donc traduire ainsi ce long titre : *Colonie julienne de jeunes hommes, prix de l'honneur et du courage, fondée à Cirta*.

contribuant à asseoir la suprématie de ce dernier, avaient nécessairement aidé à l'établissement de l'Empire. Bien plus, Auguste n'avait pu oublier lui-même que les Sittiens s'étaient prononcés en sa faveur contre Antoine et qu'ils avaient, pour cette raison, soutenu victorieusement le siège que *D. Lœlius*, questeur de *Cornificius*, gouverneur de la Proconsulaire pour le compte d'Antoine, avait mis devant Cirta (1).

C'est pourquoi le gouvernement impérial eut recours à une mesure qui, sans diminuer l'importance de la colonia Julia Cirta, donna satisfaction aux justes aspirations des cités de Milev, de Chullu et de Rusicade. Il décréta leur érection en colonies romaines, mais ne détacha pas leur territoire de celui de Cirta. Il réunit, au contraire, ces colonies à cette dernière dans une confédération où elle conserva la suprématie, de telle sorte qu'en outre de leur *ordo decurionum* particulier, elles nommèrent des représentants au Conseil des décurions de Cirta, qui forma ainsi une sorte de Conseil général de la Confédération, en même temps qu'il gérait les intérêts propres de cette colonie. La vie municipale, ainsi qu'ils l'avaient désiré, put donc se déployer à l'aise dans chacun des centres importants du territoire de la colonia Julia Cirta, mais sans avoir une autonomie complète. Nous avons vu, au début de cette étude, qu'elle subissait le contrôle d'un délégué des hauts magistrats de Cirta qui portait le titre de *praefectus jure dicundo*.

Nous examinerons plus loin par qui et dans quelles conditions s'exerçait cette fonction.

---

(1) Pallu de Lessert, *Fastes de la Numidie*, dans le xxv° vol. du *Rec. de la Soc. arch. de Const.*, p. 6. — App. *De bell. civ.*, IV, 53. sq.

XL
Le Conseil des décurions de Cirta

On sait que le pouvoir administratif municipal était exercé dans toute colonie par des magistrats assistés d'une assemblée de notables appelée *ordo decurionum* ou Conseil des décurions, assez analogue, sauf par le nombre et le mode de recrutement, à nos Conseils municipaux d'aujourd'hui. Avant de signaler les particularités qui distinguaient l'*ordo* de Cirta, en vertu de la Confédération des quatre colonies, nous devons dire quelques mots de la manière dont ce Conseil était constitué dans chaque municipe.

Toute commune avait pour éléments principaux deux catégories d'habitants, les *cives* et les *incolae*, c'est-à-dire les citoyens et les étrangers à la commune, mais qui y étaient domiciliés.

La première classe était formée : 1° des citoyens d'origine, descendants de citoyens ; 2° de ceux qui avaient reçu le droit de cité par une faveur appelée *allectio inter cives*, accordée par l'autorité municipale à des esclaves que des citoyens avaient affranchis, et enfin, 3° des étrangers que des citoyens avaient adoptés.

La seconde classe n'avait d'autre origine que l'arrivée des étrangers et leur établissement définitif *(laris collocatio)* dans le municipe. N'en faisaient point partie ceux qui n'y étaient qu'en séjour temporaire, pour leurs études, leur commerce ou leur art. C'étaient les *adventores* ou les *hospites*, c'est-à-dire les arrivants ou les hôtes. Ils restaient citoyens de leur municipe d'origine.

De tout temps les *cives* et, dès l'établissement de

l'Empire, les *incolae* participèrent aux charges publiques *(munera)* et, comme tels, furent tenus de remplir des fonctions municipales, obligation très lourde, puisque non-seulement ces fonctions n'étaient pas rétribuées, mais encore nécessitaient de leur part le versement de sommes importantes au trésor du municipe et de nombreuses largesses en jeux publics et érections de monuments. A Cirta et dans les quatre colonies, chaque fonction municipale coûtait au titulaire 20,000 sesterces, c'est-à-dire environ cinq mille francs.

Les *incolae* n'étaient même pas dispensés de satisfaire à ces obligations dans leur municipe d'origine qu'ils avaient pourtant abandonné.

Outre cette dure nécessité de payer les honneurs quand ils les recevaient, les *cives* et les *incolæ* étaient tenus de satisfaire à d'autres charges communales dont celles surtout résultant de la propriété étaient très onéreuses. Elles consistaient en réquisitions. Ils devaient par exemple, selon leur fortune, recevoir les magistrats romains en tournée, fournir le logement et les vivres aux soldats, organiser des relais et entretenir des chevaux de poste sur leurs terres, pourvoir, par les prestations de leurs gens, au bon état des routes et surtout acquitter leur part des lourds impôts exigés des communes par l'Etat. Ces contributions, réparties par les soins des agents de l'édilité et sous le contrôle du gouverneur de la province, sur les habitants de la cité, constituaient les charges personnelles *(munera personalia)*. La Curie ou municipalité était responsable de leur perception intégrale vis-à-vis de l'Etat. Elles consistaient en levées d'hommes et de chevaux, transports du matériel de guerre et entretien des gîtes d'étape *(mansiones)* pour les fonctionnaires en voyage. D'autres charges étaient imposées dans l'intérêt de la ville même. Celle-ci devait subvenir aux frais de missions envoyées au Sénat, à l'Empereur, au gouverneur ou aux personnages de haut rang que le municipe s'était donnés pour patrons. Elle supportait les dépenses des temples, des achats de blé, de l'entretien des rues, des aqueducs, des bains et de tous les édifices publics.

Tous les citoyens qui supportaient leur part de ces charges jouissaient de leurs droits politiques. Pour les exercer, ils étaient, surtout en Afrique, partagés en *curies* au nombre de dix dans chaque municipe. Lorsqu'ils étaient convoqués en comices par curies *(comitia curiata)* ils constituaient l'assemblée populaire qui élisait, jusqu'au IIe siècle, les principaux magistrats de la commune, sur la présentation *(nominatio)* de leurs prédécesseurs. Cette assemblée était convoquée et présidée par le plus âgé des duumvirs et, à Cirta, des triumvirs. Plus tard, cette élection fut faite par le Conseil des décurions. Mais nous reviendrons plus loin sur la nomination des magistrats.

Tous les cinq ans, à l'époque du recensement général des citoyens et de leurs fortunes, ainsi que de la révision des impôts, les premiers magistrats de la cité, et, ici, les triumvirs, qui portaient, pour cette raison, pendant l'année de leur charge, le titre de quinquennaux *(quinquennales)* (1) et remplissaient, en cette qualité, dans leur municipe, les fonctions des censeurs de Rome, dressaient une liste des dix citoyens les plus notables de chaque curie dont l'en-

---

(1) C. I. L., VIII, n°s 6711, 7094, 7095, 7096, 7097, 7098, 6958, 7105 6950, 7100, 7115, 7123, 7986, 8210.

semble devait former, pour une nouvelle période de cinq ans, le Conseil des décurions *(ordo decurionum)*. A cette liste s'ajoutaient les noms de ceux qui avaient auparavant exercé les hautes magistratures municipales. Cette opération s'appelait la *lectio* c'est-à-dire le choix des membres de l'*ordo*. Ne pouvaient faire partie de cette assemblée que les hommes libres *(ingenui)*, n'ayant subi aucune condamnation pour crime, n'exerçant aucune profession déshonorante, ayant au minimum trente ans, et plus tard, vingt-cinq, et enfin, justifiant d'une certaine fortune variant suivant l'importance du municipe et la loi de son institution.

On voit par là que le décurionat était à vie, si le titulaire continuait à remplir les conditions de son admission dans l'assemblée.

Le nombre des décurions s'élevait ordinairement à cent, mais pouvait être dépassé ou ne pas être atteint. A Cirta il devait être bien plus grand.

Il se composait d'abord de tous les décurions qui subsistaient de la *lectio* de la dernière période quinquennale, moins ceux qu'une incapacité avait atteints, ou que la mort avait enlevés ; de tous les hauts magistrats élus en dehors de l'ancien ordo et enfin de tous les *municipes* nouveaux que le dernier recensement de leur fortune rendait capables d'entrer dans cette assemblée.

Mais la circonstance qui contribuait le plus à leur nombre était, à Cirta, la Confédération des quatre colonies. Puisque leur territoire n'avait pas été séparé de celui de Cirta, il est certain que chacune d'elles devait avoir une représentation dans l'*ordo* de la métropole. Bien qu'aucun texte ne nous ait fait connaître à quel chiffre elle s'élevait, il est probable qu'il devait être assez important pour chacune, puisque ses intérêts les plus généraux étaient engagés dans l'administration de Cirta. L'*ordo* de cette ville était donc ainsi comme une sorte de Conseil général des quatre colonies. Les membres de cette assemblée qui représentaient spécialement les colonies confédérés portaient même le titre de *décurions des IIII colonies*. C'est le cas de deux représentants de Rusicade : *L. Cornelius Fronto Probianus* qui fut flamine perpétuel d'Antonin (1) et *C. Annius Qu(intus)* ou *Qu(adratus)* (2) qui fut pontife. Dans les inscriptions où sont mentionnées leurs largesses, ils se distinguent ainsi des décurions locaux. Nous trouvons un troisième exemple de cette particularité dans la dédicace d'une statue élevée à Thibili par *P. Clodius Quadratus* à sa cousine germaine *Clodia Vitosa* qui était flaminique des IIII colonies. Il se qualifie dans ce texte de *décurion des IIII colonies* (3). Cette épigraphe nous fournit, d'ailleurs, un autre renseignement fort précieux : c'est qu'avant d'être dotée par Constance Chlore d'une organisation municipale, ainsi que nous l'avons démontré dans le XXVIIe volume du *Recueil* de la Société archéologique de Constantine, à l'aide des nouvelles inscriptions que nous venions de découvrir à Announa (4), la ville de Thibili appartenait à la Confédération des

---

(1) C. I. L., VIII, 7963.

(2) Ibid., 7983.

(3) *Rec. de Const*, vol. XXVI. Cette inscription, sur un magnifique dé d'autel en marbre, a été découverte dans la basilique d'Announa, en 1889, par notre excellent ami, M. l'administrateur Bernelle.

(4) *Rec. de Const.*, vol. XXVII, p. 187. C'est encore M. Berneelle qui, faisant des fouilles pour le compte de la Société archéologique, dans un bâtiment à arcades que nous lui avions signalé près du Forum, y découvrit ces textes précieux.

IIII colonies et envoyait des représentants à Cirta. Un autre personnage de Thibili, *L. Sittius Rufinus*, chevalier romain, fit partie de cette délégation (1).

Les triumvirs quinquennaux de Cirta devaient donc aussi choisir dans les curies des colonies de Milev, de Chullu et de Rusicade, et même dans les *pagi*, un certain nombre de citoyens notables, comme membres de l'*ordo* cirtéen.

Lorsque leur liste était dressée, les quinquennaux proclamaient les noms des citoyens qui devaient faire partie, pendant cinq ans, de l'assemblée des décurions *(recitatio)* et les faisaient inscrire sur une plaque de marbre ou de bronze *(album)* ordinairement placée au forum. Ils figuraient sur ce document dans l'ordre de préséance qui était celui où ils exprimaient leur vote. Nous avons retrouvé quelques-unes de ces listes dont les deux plus importantes sont celles de Canusium dans l'ancienne Apulie et de la colonie trajane de Thamugadi, en Numidie même. Cette dernière, découverte en 1875 par notre distingué confrère M. Masqueray (2), nous servira de premier exemple de la composition d'un *ordo decurionum* en Afrique, vers la fin du ive siècle. Nous trouverons un complément d'informations dans celle de Canusium qui lui est antérieure d'un siècle et demi.

En tête de la liste étaient ordinairement mentionnés les quinquennaux qui l'avaient dressée Cette particularité manque à l'album de Thamugadi, mais se trouve sur celui de Canusium. La raison en est qu'à

---

(1) C. I. L., viii, 5534.

(2) *Rec. de Const*, 1875, xviie vol., p. 441, sq. — Au moment de mettre sous presse nous apprenons avec le plus vif regret sa mort prématurée à Rouen.

l'époque de la rédaction de l'album de Thamugadi, les quinquennaux n'existaient plus et avaient été remplacés par un *curator*.

Puis venaient les patrons de la colonie, grands personnages, ordinairement d'ordre sénatorial ou équestre *(clarissimi viri* ou *equites romani)* qui résidaient le plus souvent à Rome et pouvaient défendre les intérêts de leur ville auprès du gouvernement. L'album de Thamugadi contient cinq noms de patrons clarissimes.

A leur suite viennent cinq autres noms de personnages clarissimes, mais non patrons.

Après eux, la liste contient deux noms de *perfectissimes (viri perfectissimi)*. C'était un titre porté sous les derniers empereurs, notamment par le gouverneur de la Numidie *(praeses)*. L'un de ces perfectissimes était flamine perpétuel.

La seconde catégorie des décurions de Thamugadi est celle des anciens présidents du Conseil général de la province de Numidie qui étaient des prêtres du culte de l'Empereur et qui, après avoir joui de cet honneur, portaient le titre de *sacerdotales*. L'album de Thamugadi en mentionne deux.

Le nom suivant est celui du *curateur* du municipe, fonctionnaire impérial permanent dans la colonie qui, dans le Bas-empire, lorsque l'autonomie des villes eut commencé à déchoir et que toutes les ressources financières furent accaparées par le gouvernement, présidait à la gestion des revenus municipaux et remplissait, pour le compte de l'Empereur, les fonctions principales des anciens quinquennaux. Il était, comme on le voit, un des principaux personnages de l'*ordo*.

Viennent ensuite tous les noms, au nombre de trente-deux, des anciens duumvirs. Ils étaient tous flamines perpétuels, ce qui veut dire qu'ils avaient exercé le flaminat pendant un an et qu'au sortir de leur charge, ils avaient, comme c'était la coutume, conservé le titre de *flamines*. On verra plus loin que le flaminat était la plus haute charge sacerdotale du municipe. Elle consistait surtout à rendre le culte à l'Empereur. Deux d'entre eux remplissaient les fonctions d'*exactores*, c'est-à-dire de percepteurs des impôts du municipe.

La catégorie suivante de décurions était celle des *pontifes*, c'est-à-dire des magistrats sacerdotaux qui avaient pour mission de veiller au respect scrupuleux des rites dans toutes les cérémonies du culte. Ils sont au nombre de quatorze dans l'album.

Les derniers membres de l'*ordo* ayant rempli des fonctions sacerdotales, toujours mentionnées avant les autres, sont les *augures*, sorte de prêtres qui prenaient les auspices avant toute manifestation importante de la vie publique et religieuse, pour s'assurer qu'elle était opportune et agréable à la divinité. Ils sont au nombre de trois.

La liste continue par les édiles. Ce sont les magistrats qui, sous l'autorité des duumvirs et, à Cirta, des triumvirs, sont investis des fonctions administratives de la colonie. Ils veillent à l'entretien des bâtiments municipaux et des voies *(cura viarum)*, à l'exploitation des bains publics, à l'achat des blés destinés à l'approvisionnement de la cité *(cura annonae)*, à l'organisation des jeux *(cura ludorum)* : ils font la police des marchés, contrôlent les poids et mesures, et ont le droit, dans l'exercice de ces diverses fonctions, d'infliger des peines corporelles et des amendes. Leur fonction est annuelle. Deux d'entre eux (c'était le nombre ordinaire) sont inscrits dans l'album de Thamugadi.

Le troisième rang dans les fonctions municipales qui donnaient à ceux qui les avaient remplies le droit de briguer l'édilité est occupé par les *questeurs*. Ce sont les magistrats qui gèrent la caisse municipale et en ont la garde. L'album de Thamugadi n'en mentionne qu'un seul qui aurait pu ne pas appartenir auparavant à l'*ordo* et en faire dorénavant partie comme ayant été appelé à cette fonction.

Enfin, la liste se termine par douze noms de *duoviralicii*, c'est-à-dire de personnages ayant exercé jadis les fonctions de duumvirs et qui appartenaient déjà à l'*ordo* avant la rédaction du dernier album.

Telle était la composition de l'*ordo* de Thamugadi vers la fin du IV° siècle. On comprend que celui de Cirta, ville beaucoup plus importante, contenait un bien plus grand nombre d'éléments à cette même époque, quoique la dissolution de la Confédération des IIII colonies eût été déjà opérée. A plus forte raison était-il beaucoup plus élevé pendant l'existence de cette Confédération. Pour en avoir une idée, examinons quels autres éléments comprenait celui de la grande ville de Canusium au commencement du III° siècle et qui comptait 164 membres.

Nous voyons d'abord les *allecti*. C'étaient des personnages qui, sans être désignés par le cens, mais en raison de services importants rendus au municipe, étaient appelés, sur un vote émis par l'*ordo* lui-même, à siéger dans la Curie, soit parmi les décurions inférieurs *(allectus in ordinem* ou *decurio allectus)*, soit parmi les principaux anciens magistrats *(allectus inter quinquennalicios, quaestorios)*. Nous en avons des exemples, sinon à Cirta, du moins en Afrique : à *Sufes*, dans la Byzacène (1), à *Vaga*, dans la Proconsulaire (2), à *Hippone*, en Numidie (3), à *Sitifi* et à *Tupusuctu*, dans la Mauritanie Sétifienne (4), et enfin, à *Rusucurru*, dans la Mauritanie Césarienne (5).

Il y avait encore des *quinquennalicii*, des *duoviralicii*, des *aedilicii*, des *quaestoricii*, c'est-à-dire d'anciens magistrats ayant rempli les fonctions désignées par ces noms; des *pedani*, c'est-à-dire des décurions n'ayant jamais exercé de magistratures.

Enfin, on trouve dans la liste de l'*ordo* de Canusium des *praetextati*. Ce sont les fils des décurions. Ils sont désignés chacun sur l'*album* par le mot *IVV(enis)* et mentionnés, selon la dignité de leurs pères, parmi les *quinquennalicii*, les *duoviralicii* ou les simples *pedani*. Ils sont inscrits sur l'*album* parcequ'ils ont fait des libéralités à la ville, sont revêtus des insignes extérieurs des décurions et jouissent de leurs prérogatives dans les cérémonies publiques ; mais ils ne peuvent voter avant l'âge légal qui les fait comprendre dans le cens.

L'*ordo* accordait parfois à des personnes qui ne remplissaient pas les conditions voulues pour entrer dans son sein, mais qui s'étaient distinguées par d'importants services, les attributs extérieurs de ses membres *(ornamenta)*. Si c'étaient des affranchis, ils avaient les *ornamenta decurionalia*. S'ils étaient d'un

---

(1) C. I. L., viii, 262.
(2) Ibid., 1224.
(3) Ibid., 5278.
(4) Ibid., 8494 et 8840.
(5) Ibid., 8995.

ordre plus élevé dans la hiérarchie sociale, ils recevaient les *ornamenta quinquennalicia, duoviralicia, aedilicia, quaestoricia,* mais ces prérogatives étaient tout extérieures : leurs bénéficiaires n'avaient pas accès dans la Curie. Nous savons par une inscription que cet usage existait à Thamugadi (1). Dans l'une des quatre colonies cirtéennes, à Rusicade, nous voyons quelque chose qui y ressemble : le bénéficiaire de cet honneur appartenait déjà à l'*ordo*, mais n'ayant pas été quinquennal, il en reçut les attributs extérieurs (2).

Par tous ces rapprochements, nous pouvons nous faire une idée de l'*ordo* de Cirta dont nous ne possédons malheureusement aucun *album*.

Quelles étaient les prérogatives des membres de cette assemblée ?

Outre le droit de discuter et de voter sur les questions de leur compétence que nous allons énumérer, ils avaient une place à part dans les cérémonies publiques et en particulier au théâtre, où ils siégeaient à l'orchestre ; ils portaient, comme les sénateurs romains, la toge laticlave, c'est-à-dire ornée, sur les bords, d'une bande de pourpre, et étaient appelés ordinairement à exercer le pouvoir exécutif municipal comme quinquennaux, triumvirs, édiles, questeurs, flamines, pontifes et augures. Enfin, ils faisaient à vie partie de l'*ordo*, à moins de s'en rendre indignes par un crime ou de perdre la fortune qui les y avait fait entrer.

Comment siégeait l'*ordo* et sur quelles questions délibérait-il ?

---

(1) C. I. L., viii, 2350.
(2) Ibid., 7986.

Nous trouvons toutes sortes de renseignements sur ce sujet dans les trois lois municipales que l'épigraphie a conservées *(lex col. Genetivae, lex Malacitana, lex Salpensana)* (1) et dans la loi municipale de César *(lex Julia municipalis)*.

C'était le *duovir* et, par suite, à Cirta, le *triumvir* ayant la préséance, qui convoquait l'assemblée et la présidait. Il faisait des propositions et demandait à chacun son vote suivant l'ordre des préséances établi par *l'album*. Lorsque le vote était oral, chacun pouvait motiver son avis. Si tout le conseil ou la majorité adoptait l'opinion du premier qui votait, les motifs qu'il avait donnés passaient dans le décret. Mais on votait souvent au scrutin secret, par bulletins *(per tabellas)*. Pour qu'un décret fût valable, il était nécessaire qu'un certain nombre de décurions eût assisté à la séance. Dans certains municipes, il fallait la majorité ; dans d'autres, les deux tiers ; dans d'autres encore, la moitié suffisait. Dans quelques municipes même, une minorité de présents justifiait la légitimité d'une décision. Chaque commune avait sa règle.

Le conseil des décurions était appelé à délibérer et à prendre les résolutions suivantes :

1° Il nommait, à partir du second siècle, sur la présentation des *quinquennales* ou des *III viri*, les magistrats municipaux, triumvirs édiles, questeurs, *praefecti jure dicundo* des IIII colonies, qui auparavant étaient élus par l'assemblée populaire *(comitia curiata)*.

2° Il conférait la dignité de *patrons* à des citoyens

---

(1) Ces trois lois municipales ont été découvertes, sur tables de bronze, dans trois municipes de l'ancienne Bétique, la première en 1870 et 1875 et les deux autres en 1851.

illustres et puissants qui résidaient presque toujours à Rome;

3° Il désignait les envoyés publics destinés à porter au gouvernement les doléances de la colonie, lorsqu'elle avait à se plaindre des fonctionnaires de l'Etat, ou à remplir toute autre mission dans l'intérêt public;

4° Il nommait les *magistri fani*, sorte de présidents des collèges de prêtres des divinités étrangères, qui avaient pour mission de pourvoir à tous les besoins leur culte et d'administrer leurs temples;

5° Il délibérait sur le contingent armé pris parmi les citoyens, lorsque le territoire de la colonie était menacé par un soulèvement des tribus indigènes soumises et que les troupes régulières n'avaient pas encore eu le temps d'intervenir;

6° Il fixait les contributions nécessitées par les sacrifices ou les besoins religieux;

7° Il déterminait la quotité des prestations en nature que devait tout citoyen;

8° Il se prononçait aussi sur les voies et moyens d'assurer au budget de la ville et à la *forma censualis* (tableau général des impôts) une publicité convenable.

9° Il examinait et approuvait les comptes des affaires qu'il avait confiées à certaines personnes;

10° Il nommait les commissions chargées d'examiner la comptabilité de la commune;

11° Il accordait les autorisations nécessaires pour construire ou démolir des immeubles et concédait des emplacements à ceux qui s'engageaient à élever des monuments publics et à ériger des statues;

12° Il décidait la poursuite, devant les autorités judiciaires, des débiteurs de la ville;

13° Il déterminait les jours de fêtes annuelles ;

14° Il décrétait des jeux publics et nommait les magistrats temporaires chargés d'en surveiller l'exécution ;

15° Il se prononçait en dernier ressort sur la régularité de l'affranchissement des esclaves et examinait les appels dirigés contre les amendes infligées par les triumvirs et les édiles ;

16° Enfin, il assistait, probablement avec un certain droit d'interpellation, les triumvirs, les édiles et le questeur dans l'administration de la cité.

Qu'on étende cette compétence autant que devait le comporter le gouvernement d'un territoire aussi vaste que celui des quatre colonies, et on aura une certaine idée de l'importance et de la dignité de décurion à Cirta, tant que dura la Confédération.

Quand celle-ci fut dissoute, probablement vers la fin du IIIe siècle, tout contribua à rendre moins importante et, pourtant, plus onéreuse, cette dignité.

Moins importante d'abord, car, avec la centralisation excessive exercée par le gouvernement, les libertés municipales et l'autonomie administrative des communes disparurent. Sous l'autorité des fonctionnaires impériaux qui administrèrent, surtout pour le compte de l'État, les ressources financières des communes, les décurions ne formèrent plus qu'un conseil destiné à approuver toutes les exigences du fisc impérial et n'ayant plus, ni lui, ni les magistrats qu'il nommait, aucune initiative.

A cette restriction des pouvoirs municipaux de la Curie cirtéenne, il faut ajouter le démembrement du territoire qu'elle administrait jadis, pour comprendre la déchéance qu'elle dut subir, réduite à une ombre de gouvernement sur la cité et quelques *pagi*.

Plus onéreuse ensuite, car la diminution forcée des notables provenant de ce démembrement et la dépopulation amenée par le malheur des temps qui suivirent, firent peser sur un plus petit nombre les charges considérables de l'accession à la Curie et aux fonctions municipales.

Ces charges, nous l'avons vu, étaient fort lourdes, puisque les titulaires du décurionat devenaient, par cette dignité, aptes à occuper les trois grandes magistratures municipales de la Confédération : édilité, triumvirat et quinquennalité qui leur coûtaient chacune 20,000 sesterces (1), sans compter les libéralités auxquelles ils étaient tenus et qui aggravaient de plus du double les frais de ces obligations.

Telles sont, autant que nous pouvons les soupçonner, en l'absence de textes précis, d'après les rapprochements auxquels nous avons dû nous livrer, les attributions et l'organisation de la Curie cirtéenne.

Nous n'avons aucune inscription mentionnant et nommant à part des décurions. Il n'y a pas lieu de s'en étonner, car la plupart des personnages revêtus de cette dignité occupèrent ensuite des magistratures, et les textes qui nous les rappellent ne relatent que ces dernières. Nous les retrouverons donc quand nous examinerons les diverses fonctions municipales.

Mais si des décurions ne sont pas souvent nommés à part, il est quelquefois question de l'*ordo*. Notre étude sur la Curie cirtéenne ne serait pas complète si nous ne rappelions dans quelles circonstances il en est fait mention.

---

(1) C. I. L., VIII, 7094-95-96-97-98.

Le texte suivant trouvé par Cherbonneau, en 1860, sur un piédestal transformé en cuvette, lors de la construction de la mosquée de Sidi Abderrhamman el-Menatki, nous montre même que l'assemblée populaire se réunissait encore, vers la fin du deuxième siècle, pour confirmer les décrets de l'*ordo*. Nous y lisons, en effet, que *l'ordo et le peuple* accordèrent à *Flavius Titianus*, qui en faisait don, l'autorisation d'élever une statue à Jupiter Vainqueur qui avait, avons-nous dit, un grand temple et une statue d'argent au Capitole (1) : *Victoris [Jovis]....... statuam Flavio Titiano v(iro) p(erfectissimo) d(onante sibi) concessam ordo et populus s(tatuerunt)* (2). L'époque assignée à ce texte ne saurait être douteuse, puisque la sœur de notre personnage, fut la femme de l'empereur Pertinax.

L'*ordo* cirtéen portait le titre de *splendidissimus*, ainsi, d'ailleurs, que dans toute colonie. Nous trouvons cette appellation dans un fragment de texte trouvé aussi par Cherbonneau, en 1860, au Coudiat-Ati, et où il est question d'un prêtre de 1re classe *(loci primi)* (3) à qui un monument avait été élevé par décret de l'*ordo splendidissimus* : « ..... *loci primi ex decreto ordinis splendidissimi.* » (4). Mais l'assemblée municipale se contentait le plus souvent d'une désignation plus modeste. Témoin le texte de la grande dédicace qu'elle consacra, sous Alexandre Sévère, à

---

(1) Voir 1re partie, § V.

(2) *Rec. de Const.*, vol. v, p. 142 ; — C. I. L., viii, 7045.

(3) Voir *Rec. de Const.*, xxviiie vol., l'inscription n° 72 que nous avons trouvée nous-même au cours des fouilles faites en 1893, derrière le Cercle militaire, pour la construction des nouveaux bureaux du Recrutement. Elle mentionne un prêtre de seonde classe *(sacerdos loci secundi)*.

(4) *Rec. de Const.*, ve vol. (1860-61), p. 142. — C. I. L., viii, 7045.

P. Julius Junianus Martialianus dont nous avons parlé plus haut (1) et qui obtint le consulat après avoir rempli les plus hautes fonctions dans l'empire, notamment celle de légat de la IIIe légion en Numidie. Cette dédicace lui avait été décernée comme *patron* par la Confédération des Cirtensiens *(respublica Cirtensium)*, en vertu d'un décret de l'*ordo* *(ex decreto ordinis)* (2).

Nous trouvons une autre mention de l'*ordo*, avec le titre de très heureux *(felicissimus)*, dans la dédicace d'une statue élevée, entre les années 340-350, sous les empereurs Constance et Constans, à *Ceionus Italicus*, en souvenir de ses bienfaits et de ses vertus, par l'*ordo felicissimus coloniae Constantinae*. Ce texte a été également trouvé par Cherbonneau (3).

La Curie de Cirta n'est que rarement appelée *ordo* dans les inscriptions. Il y est le plus souvent fait allusion à propos des délibérations prises par les décurions qui la composaient. Ces délibérations portaient le titre de *décrets des décurions*. Voici les principales résolutions que l'épigraphie nous ait conservées et qui furent sanctionnées par décret des décurions *(D(ecreto) D(ecurionum)* :

La plus ancienne est celle qui consiste dans le don d'un emplacement pour une statue élevée, par ses amis, à *P. Sittius Velox*, fils de Publius, de la tribu Quirina, qui fut édile et l'un des premiers triumvirs de Cirta (4).

A une époque plus récente, mais peu éloignée

---

(1) V. *supra*, § V.
(2) *Rec. de Const.*, 1ᵉʳ vol. (1853), p. 39 ; — C. I. L., VIII, 7049.
(3) Ibid., v^e vol., p. 136 ; — C. I. L., VIII, 7012.
(4) C. I. L., VIII, 7118.

pourtant de la précédente, le Conseil des décurions, après avoir pris l'avis de l'assemblée populaire qui se réunissait encore *(ex consen(su po)puli)*, décréta l'érection d'une statue à une grande dame de la même famille, *Sittia Calpurnia Extricata, flaminica* perpétuelle, après lui avoir fait remise, comme hommage à ses vertus et à ses services, de la somme honoraire du flaminicat (1).

Sous l'empereur Trajan, l'assemblée municipale érigea aussi, par décret, une statue sur notre place de la Brèche à un grand personnage dont le nom a disparu, mais qui était *sodalis* augustal, c'est-à-dire membre de ce collège de prêtres recruté à Rome parmi les plus grands personnages de l'empire pour organiser le culte des empereurs divinisés. Cet honneur lui fut rendu en qualité de patron des IIII colonies (2).

Un peu plus tard, en l'an 138, sous le règne d'Antonin, les décurions érigèrent au Capitole, aux frais du trésor de la Confédération, une statue à l'illustre *P. Pactumeius Clemens,* dont nous avons énuméré plus haut (3) les hautes fonctions conférées par Hadrien et l'empereur régnant. Comme il avait été proconsul en Afrique, l'*ordo* cirtéen l'avait nommé patron des IIII colonies (4).

A la même époque, le beau-père de notre personnage, *P. Julius Geminius Marcianus,* qui fut consul, obtint le même honneur sur notre place de la Brèche. Voici son *cursus honorum,* dans l'ordre inverse, tel

---

(1) *Rec. de Const.*, vol. 1er, p. 45 ; — C. I. L., VIII, 7119.
(2) C. I. L., VIII, 7069.
(3) Page 28.
(4) *Rec. de Const.*, vol. 1er, p. 41 ; — C. I. L., VIII, 7059.

que le décret d'érection le fit graver sur le piédestal de sa statue :

Consul ;

Sodalis Titius, c'est-à-dire membre d'un vieux collège de prêtres dont l'institution remonte à Tatius, le dernier roi d'Albe ;

Proconsul de la province de Macédoine ;

Légat propréteur des deux Augustes (Marc-Aurèle et Verus) dans la province d'Arabie ;

Légat des mêmes, au commandement des *vexillationes* en Cappadoce, c'est-à-dire des corps de vétérans qui opéraient dans ce royaume pendant l'expédition dirigée contre lui ;

Légat d'Antonin, au commandement de la X⁰ légion *Gemina* ;

Légat propréteur de la province d'Afrique ;

Préteur ;

Tribun du peuple ;

Questeur ;

Tribun laticlave, c'est-à-dire portant la toge sénatoriale, de la X⁰ légion *Fretensis* et de la IV⁰ légion *Scythique* ;

Triumvir capitalis, c'est-à-dire l'un des 3 vigintivirs spécialement chargés à Rome de la surveillance des prisons et de la présidence des exécutions capitales.

Les frais de l'érection de cette statue avaient été payés par *Durmius Felix,* écuyer du légat en Arabie, et l'*ordo* de Cirta en avait concédé l'emplacement pour honorer un illustre compatriote (1). La même assemblée avait décrété, pour se conformer à ses dernières volontés, le transfert à Cirta des deux statues que

---

(1) *Rec. de Const.,* vol. 1ᵉʳ, p. 68 ; — C. I. L., VIII, 7050.

lui avait élevées, sur son Forum, la ville de Patra, pendant sa légation en Arabie (1).

C'est encore vers ce même temps que fut décrétée par l'*ordo* de Cirta une statue au Capitole, en l'honneur d'un autre célèbre patron des IIII colonies, *T. Caesernius Statius Quintius Statianus Memmius Macrinus,* qui fut consul et dont nous avons rappelé plus haut les hautes fonctions (2).

Nous savons encore que sous Marc-Aurèle, le Conseil des décurions de Cirta accorda un emplacement, sur notre place de la Brèche, pour la statue que *L. Antonius Cassianus,* affranchi d'*Antonia Saturnina,* épouse d'*Antonius Pacatus* et mère du célèbre *C. Arrius Antoninus,* consul de cet empereur, fit élever à sa maîtresse (3).

Au commencement du IIIe siècle, l'*ordo* autorisa par décret *C. Sittius Flavianus,* qui avait été édile et était devenu triumvir et préfet des IIII colonies, à élever au Forum un autel consacré à la Fortune pour avoir heureusement ramené Septime Sévère et assuré la conservation de ses deux fils et de leur mère, *Julia Domna*. Le texte mentionnant le décret rappelle que ce magistrat donna des jeux publics au théâtre en l'honneur de son triumvirat, outre la somme de 20,000 sesterces qu'il avait versée au trésor de la Confédération (4).

C'est aussi à cette époque que la République des IIII colonies cirtéennes fit élever au Forum, sur dé-

---

(1) *Rec. de Const.*, pl. 4, n° 7, et pl. 15 *bis*; — C. I. L.; VIII, n° 7051, 7052.

(2) Voir p. 26; — Ibid., vol. 1er, 50; — C. I. L., VIII, 7036.

(3) C. I. L., VIII, 7032.

(4) *Rec. de Const.*, vol. 1er, p. 63; — C. I. L., VIII, 6944.

cret des décurions, la statue du père de Septime Sévère, P. *Septimius Geta,* dont on a retrouvé, en 1886, la dédicace sur l'emplacement occupé aujourd'hui par les bureaux du Crédit foncier et agricole d'Algérie (1).

Un autre décret du même temps ordonna, sur la même place, aux frais du trésor public, l'érection d'une autre statue à la première femme de Septime Sévère, *Paccia Marciana,* dont on ignorait le nom avant la découverte, en 1886, de cette dédicace sur l'emplacement de la maison située en face de la Cathédrale, à l'angle de la rue d'Orléans et de la rue Caraman (2).

Un emplacement sur la place actuelle de la Brèche fut aussi donné, par décret des décurions, à un affranchi faisant partie des bureaux de *M. Claudius Restitutus,* procurateur de l'empereur pour le territoire compris entre Hadrumète et Theveste et ayant la procuratèle du *jeu matinal* (3), à l'effet d'élever une statue à ce dernier (4).

C'est aussi par un décret du temps de Septime Sévère que le Conseil des décurions accorda un emplacement, au Capitole, pour la statue que *Florus,* fils de *Labaeon, princeps* de la *gens* des Saboïdes, c'est-à-dire chargé de la surveillance et du gouvernement de cette tribu de numides cantonnée à Cirta, fit dresser à son ami *M. Coculnius Quintillianus.* Ce dernier avait été élevé à la dignité de sénateur romain par décret de Septime Sévère et était arrivé à la questure à Rome, après avoir occupé le flaminicat et joui de

---

(1) *Rec. de Const.*, vol. XXIV, p. 177.
(2) Ibid., p. 178.
(3) Voir p. 46, en quoi consistait cette charge.
(4) *Rec. de Const.*, vol. XIII, p. 690 ; — C. I. L., VIII, 7089.

tous les honneurs dans la *Colonia Julia Cirta,* sa patrie (1).

Une belle épigraphe trouvée en 1874, en creusant les fondations du marché aux légumes, et publiée par M. Poulle, nous apprend encore que sous le règne de Caracalla, le Conseil des décurions de Cirta autorisa, par décret, l'érection, sur la place actuelle de la Brèche, d'une statue à cet empereur. Le personnage qui en faisait don, *M. Seius Maximus,* nous donne des détails précis sur la libéralité avec laquelle il accueillit les honneurs du triumvirat. Il versa d'abord 20,000 sesterces, outre les 20,000 qu'il avait déjà donnés pour l'édilité, fit élever un tétrastyle avec statue de l'empereur et donna des jeux publics au théâtre où il fit jeter une profusion de pièces d'argent au peuple (2).

En l'année 224, sous le règne d'Alexandre Sévère, un décret de la Curie autorisa *C. Julius Barbarus* qui avait été questeur et remplissait les fonctions d'édile à ériger, dans le temple de la Concorde des Colonies cirtéennes, situé, comme nous l'avons dit (3), sur l'emplacement de la grande mosquée de la rue Nationale, une satue et un autel à cette divinité (4).

Tels sont les décrets à peu près datés du Conseil des décurions de Cirta. Nous en possédons une foule d'autres dont l'époque est inconnue et que nous allons passer en revue :

L'un d'eux accorde un emplacement à une statue élevée au Génie du peuple (cirtéen) par *C. Pontius Sa-*

---

(1) *Rec. de Const ,* vol. 1er, p. 40 ; C. I. L., VIII, 7041.
(2) Ibid., vol. XVII, p. 354 ; — C. I. L., VIII, 7000.
(3) Voir p. 87.
(4) *Rec. de Const.,* vol. 1er, p. 52, et vol. XIII, p. 675 ; — C. I. L., VIII, 6942.

turninus, en l'honneur de son édilité. A l'occasion de sa dédicace il donna des jeux publics au théâtre avec distribution de vivres et d'argent au peuple (1).

Une autre statue au Génie du peuple fut élevée dans les mêmes conditions au Capitole, par *M. Roccius Felix,* honoré d'un cheval public, triumvir, prêtre de la ville (2), flamine d'Antonin, en l'honneur de son triumvirat et qui lui coûta six mille sesterces. En la dédiant il donna à chaque citoyen porté sur la matrice publique une sportule d'une valeur d'un denier (0 fr. 96) et fit célébrer des jeux publics au théâtre (3), où on jeta, en son honneur, à la foule de grandes sommes d'argent.

C'est par décret des décurions que *P. Paçonius Cerialis,* édile, puis triumvir, et un autre *P. Paconius* dont l'agnomen se termine par.... *onus,* probablement son parent et chevalier romain, furent autorisés à élever un autel à Jupiter Silvain et une statue d'airain à Mercure dans le temple de Saturne *Frugifer* (4).

Une autre inscription, de provenance inconnue, nous avait appris que le même personnage avait élevé quelque part un temple à la Fortune Céleste, pour s'acquitter d'un vœu qu'il avait fait à cette divinité (5). C'est encore lui qui fut autorisé par décret des décurions à élever une statue au Capitole à son ami *L. Maecilius Nepos,* flamine perpétuel, honoré d'un cheval public et qui avait rempli toutes les charges municipales dans la République des IIII Colonies (6).

---

(1) *Rec. de Const.,* vol. 1ᵉʳ, p. 58 ; — C. I. L., VIII, 6947.
(2) C'était le titre donné au triumvir qui présidait le collège des prêtres attachés au culte des divinités locales.
(3) *Rec. de Const.,* vol. 1ᵉʳ, pl. 4 ; — C. I. L., VIII, 6948.
(4) *Ibid.,* p. 68 ; — C. I. L., VIII, 6962.
(5) C. I. L., VIII, 6943.
(6) *Rec. de Const.,* vol. 1ᵉʳ, p. 40 ; — C. I. L., VIII, 7112.

l. Maecilius Nepos nous est lui-même signalé par l'épigraphie comme ayant élevé une statue, au Forum, de concert avec ses fils *Proculus* et *Martialis* à *Porcia Maxima Optata*, fille de *P. Porcius Optatus*, clarissime.

Nous avons vu que cette statue de jeune fille ayant été dérobée, un certain *Annœus Matutinus* la fit rétablir à ses frais.

Nous avons dit plus haut (1) que, sur l'emplacement de l'*Hôtel d'Orient* qui était un des côtés de ce qu'on pourrait appeler le second Forum de Cirta, *L. Julius Martialis*, d'abord questeur, puis édile et enfin triumvir avait élevé, au nom de son père, une chapelle à Vénus, avec une statue d'airain de cette déesse, entourée d'Amours. C'est par décret des décurions qu'il fut autorisé à ériger ce monument (2).

Une modeste inscription nous apprend que la Curie de Cirta avait aussi autorisé un esclave d'une maison inconnue, *Publicius Renatus*, à élever sur la même place un autel au Génie du lieu (3).

C'est toujours par décret des décurions que *Seia Gœtula*, femme de *Nœvius Censitus*, mère de *Marciana* et *Nœvilla Nœvia* et grand-mère de *Sabinia Celsina* qui avaient épousé d'anciens préteurs, s'était fait élever une statue sur notre place de la Brèche (4). Deux autres décrets l'avaient aussi autorisée à y dresser des statues à son fils *Nœvius Seianus* (5) et à sa fille *Nœvia Nœvilla*, épouse de l'ancien préteur *Fulvius Faustinus* (6).

---

(1) Voir p. 144.
(2) *Rec. de Const.*, vol. xiii, p. 685; — C. I. L., viii, 6965.
(3) C. I. L., viii, 6974.
(4) *Rec. de Const.*, vol. xiii, p. 092; — C. I. L., viii, 7054.
(5) C. I. L., viii, 7055.
(6) *Rec. de Const.*, vol. 1ᵉʳ, p. 59; — C. I. L., viii, 7056.

Un décret de la Curie permit à *C. Grattius Victor*, le Jeune, client d'un personnage dont le nom a disparu, d'élever, sur la place de la Brèche, une statue à son patron qu'il qualifie d'excellent dans sa dédicace (1).

Un autre décret des décurions autorisa *P. Julius Theodorus*, ancien centurion en congé, à décerner le même honneur, sur cette place, à sa femme *Veratia Frontonilla*, flaminique des IIII Colonies cirtéennes (2).

Nous avons vu (3) comment la belle statue de Bacchus et le temple de ce dieu avaient été élevés près du plus ancien amphithéâtre de Cirta, avec l'aurisation des décurions, par *Q. Quadratus Quintulus*, investi de l'édilité et remplissant, par délégation des triumvirs, les fonctions de préfet des IIII Colonies cirtéennes (4).

Enfin, nous trouvons encore un décret des décurions assignant un emplacement sur le second Forum à une statue dont le bénéficiaire est resté inconnu (5).

Comme on le voit, tous les décrets connus de la Curie cirtéenne concernent des monuments élevés dans la cité. Un grand nombre d'autres que nous ne rappelons pas s'appliquent à des embellissements analogues effectués dans les trois autres Colonies. Est-ce à dire que le Conseil des décurions ne délibérait que sur ces questions ? Il serait puéril de l'affirmer. Si nous ne possédons que les décrets dont nous venons de parler, c'est qu'ils étaient mentionnés sur

---

(1) C. I. L., VIII, 7107.
(2) *Rec. de Const.*, vol. XVII, p. 352 ; — C. I. L., VIII, 7080.
(3) Vol. XXVIII, § XXI, pp. 81, 82 et 83.
(4) *Rec. de Const.*, vol. XV, p. 408, et vol. XIX, p. 317 ; — C. I. L., VIII, *add.* 10867.
(5) *Rec. de Const.*, vol. XIII, p. 684 ; — C. I. L., VIII, 7144.

les monuments eux-mêmes dont le temps a respecté les nombreux vestiges. Les autres, d'une tout autre nature, étaient conservés dans les archives qui ont nécessairement disparu sans laisser aucune trace. Mais on a pu s'en faire une idée par la compétence de tout Conseil des décurions, telle que nous avons essayé de l'établir, d'après les trois lois municipales de la *Colonia Genetiva,* de la *Colonia Malacitana* et de la *Colonia Salpensana* (1).

XLI

Magistratures municipales de Cirta. — 1° Les Triumvirs

Les magistrats qui gouvernaient la Confédération sous le contrôle du Conseil des décurions étaient de quatre sortes : les triumvirs, les édiles, les questeurs et les préfets *jure dicundo* des IIII Colonies ; mais ces deux dernières fonctions ne formaient pas un ordre à part dans la hiérarchie administrative qui ne comportait que trois degrés : la quinquennalité, le triumvirat et l'édilité. Ils n'avaient qu'une *praefectura,* c'est-à-dire une délégation des triumvirs ou des édiles quand ils n'étaient pas eux-mêmes investis de cette magistrature.

Ce n'est qu'à Cirta, peut-être, dans tout l'empire romain, qu'on voit à la tête du pouvoir exécutif municipal un collège de trois membres ou triumvirat. Partout ailleurs, dans les municipes de plein exercice ou dans les colonies, on ne trouve que des *duumvirs* ou des *quatuorvirs ;* mais cette dernière particularité ne se remarque que dans les villes où la

---

(1) Voir plus haut, p. 155.

loi municipale a associé les deux édiles aux duumvirs comme collègues de moindre importance *(collegae minores)* dans un même collège. Partout ailleurs, lorsque ces derniers forment un collège distinct, ils administrent sous l'autorité des duumvirs qui ont toute la juridiction.

Nous ne nous attarderons pas à rappeler que le pouvoir des duumvirs était analogue, dans les municipes, à celui des consuls à Rome, de même que l'*ordo decurionum* y jouissait d'attributions assez semblables à celles du Sénat. Il en était de même pour les édiles et les questeurs qui formaient avec les premiers l'ensemble des hauts magistrats municipaux.

Nous avons vu que la *Colonia Julia Cirta* avait été à l'origine, dès le meurtre de Sittius, gouvernée par des duumvirs. Il est probable, avons-nous dit aussi, que leur collège s'augmenta d'un membre lorsque la Confédération des IIII Colonies eut été organisée.

Les triumvirs de Cirta eurent donc, dans le gouvernement de la Confédération, les mêmes attributions que les duumvirs dans tous les autres municipes.

Comment obtenaient-ils cette magistrature ?

Tout d'abord, elle était annuelle. Les triumvirs, comme les autres magistrats municipaux, étaient nommés à l'origine et même très tard en Afrique par l'assemblée populaire (1).

Les élections avaient lieu ordinairement le 1er juillet. Le plus âgé des triumvirs sortants présidait les

---

(1) On trouve, en effet, cet usage consacré en Afrique par une constitution du Code Théodosien de l'an 326 où il est parlé de la nomination ordinaire des candidats aux magistratures municipales par les suffrages du peuple : *nominatio (candidatorum) populi suffragiis* (Cod. Théod., XII, 5).

comices convoqués à cet effet. Quelque temps avant la réunion de cette assemblée, les candidats aux diverses magistratures devaient se faire connaître par une sorte de profession de foi *(professio),* comme cela avait lieu à Pompéi où on a retrouvé, sur les murs, des *graffiti* énonçant les noms et qualités des candidats et les recommandant aux suffrages des électeurs. Nul ne pouvait être nommé triumvir s'il n'avait été édile, ni édile s'il n'avait rempli la charge de questeur. Avant le jour du vote, le triumvir sortant qui avait la présidence de l'élection examinait les titres des candidats et lorsqu'ils lui avaient paru réguliers, il en informait le corps électoral par voie d'affiche *(proscriptio)* où il donnait les noms de tous ceux qui aspiraient aux diverses magistratures. S'il n'y avait pas assez de candidats aux différentes fonctions, il en présentait lui-même autant qu'il en manquait *(nominatio).* On comprend que ce cas devait parfois se réaliser, puisque les candidats devaient s'engager à verser pour chaque fonction 20,000 sesterces et à se livrer à d'autres libéralités. Cette circonstance diminuait forcément la brigue. Les candidats désignés ainsi d'office avaient, d'ailleurs, le droit d'en désigner d'autres à leur place qui, de leur côté, pouvaient en faire autant. Le triumvir sortant affichait alors tous ces noms et nul ne pouvait ensuite se désister s'il était élu.

Le jour du vote arrivé, les électeurs étaient réunis par *Curies* dans des enceintes déterminées sur un emplacement assez vaste pour les contenir toutes. A Cirta, ce ne pouvait être le Forum dont les dimensions eussent peut-être été trop restreintes. Nous ne voyons dans notre cité que la grande place de la

Brèche, moins étendue pourtant qu'aujourd'hui, pour se prêter à cet usage. A l'une de ces Curies, désignée par le sort, venaient se joindre les *incolae* ou étrangers qui, lorsqu'ils étaient citoyens romains, participaient aux obligations comme aux droits des citoyens locaux.

Dans chaque Curie était une urne *(cista)* gardée par trois citoyens d'une autre Curie qui étaient ensuite employés comme scrutateurs *(diribitores)*. Les électeurs venaient déposer leur vote *(tabella)*. Les candidats pouvaient avoir aussi des surveillants *(custodes)* auprès de chaque urne.

Lorsque le scrutin était terminé pour chaque magistrature, les *diribitores* comptaient les suffrages et écrivaient le résultat sur un tableau *(tabula)*. Les résultats de chacune des Curies étaient ensuite portés au triumvir président. Il les collationnait. Etaient élus les candidats ayant obtenu la majorité relative dans chaque Curie et la majorité absolue des Curies. S'il y avait égalité entre des candidats, c'étaient les hommes mariés qui l'emportaient sur les célibataires et, s'ils appartenaient tous à la première catégorie, c'était le sort qui décidait. Ces règles observées, le triumvir proclamait magistrats les candidats élus *(renuntiatio)*.

L'élection commençait d'abord par les triumvirs, continuait par les édiles et s'achevait par le questeur.

Plus tard, mais assez avant dans l'empire, pour l'Afrique où la vie municipale resta plus longtemps active que dans les autres provinces et conserva ses privilèges, l'élection des magistrats passa au Conseil des décurions.

On vient de voir, en effet, que les diverses fonctions imposant de lourdes charges à leurs titulaires, la brigue pour les obtenir dut se ralentir à tel point que le triumvir sortant qui présidait l'élection avait le droit de désigner d'office des candidats. Leur élection ne devint alors qu'une pure formalité : elle était assurée par la *nominatio*. Or, comme pour faire cette désignation, le premier magistrat sortant réunissait toujours l'*Ordo*, il en résulta nécessairement que la nomination des nouveaux magistrats se trouva tout entière entre les mains de leurs prédécesseurs et du Conseil des décurions et que la réunion des comices devint inutile.

On ne saurait nier que tous ces détails empruntés à la loi municipale de la colonie de *Malaca* ne s'appliquent à Cirta, car nous savons que les mêmes règles présidaient toujours à l'organisation des Colonies.

Mais, dira-t-on, comment les trois autres colonies qui devaient participer au gouvernement de la Confédération pouvaient-elles s'associer à la désignation de ses magistrats ? Il nous semble qu'il est aisé de le conjecturer en s'inspirant des principes de l'organisation qui précède.

Il était en effet facile au triumvir qui présidait l'élection de faire connaître, dans les délais voulus, aux colonies confédérées, la liste des candidats volontaires ou d'office aux diverses fonctions et de faire procéder à leur élection par le *praefectus jure dicundo* dans ces colonies où pouvaient être pris, d'ailleurs, quelques-uns de ces candidats eux-mêmes. Les résultats qu'on y consignait devaient être rapidement transmis à Cirta et s'ajouter à ceux de la métropole. La *renuntiatio* définitive ou proclamation des élus n'avait lieu alors qu'au bout de quelques jours.

Plus tard, c'était encore plus aisé, puisque l'*Ordo* où se trouvaient des représentants des IIII Colonies désignait lui-même les futurs magistrats de la Confédération.

Nous avons vu que chacune des magistratures était annuelle. Nous devons ajouter qu'elle était renouvelable, mais seulement après un intervalle de cinq ans. Les titulaires alors n'étaient plus tenus de verser une nouvelle somme honoraire, excepté, à Cirta, pour le triumvirat dont on pouvait être investi à nouveau avec le titre de quinquennal. Nous ne possédons, en effet, dans aucune des IIII Colonies, de textes mentionnant ce renouvellement pour les magistrats et les édiles. Nous savons aussi que, seuls, des préfets *jure dicundo*, nommés directement par les triumvirs, ont exercé cette charge, l'un deux fois à Milev (1), un autre deux fois à Rusicade (2) et un troisième quatre fois dans cette localité (3). Peut-être évitait-on ce renouvellement pour les magistratures autres que le triumvirat, parce que l'accession de nouvelles personnalités aux honneurs municipaux rapportait toujours au trésor, pour chacune d'elles, vingt mille sesterces.

Quels étaient les pouvoirs et les honneurs des triumvirs ?

Ils étaient anciennement investis de l'*imperium*, c'est-à-dire du pouvoir de commander les milices constituées pour la défense du territoire de la cité, et de la *jurisdictio*, ou du pouvoir de juger souverainement, soit par eux-mêmes, soit par leurs

---

(1) C. I. L., VIII, 7210.
(2) Ibid., 7124.
(3) Ibid., 7986.

délégués, tous les délits criminels ou autres. En un mot, c'était sous leur autorité et en leur nom que s'accomplissaient tous les actes de l'administration. Mais l'*imperium* leur fut promptement retiré pour passer aux mains des légats impériaux et, plus tard, des gouverneurs de la province. Il en fut de même pour la juridiction criminelle et ils ne conservèrent que la juridiction civile qui finit, elle aussi, par passer, sous le Bas-Empire, aux mains du *curator*, fonctionnaire qui administrait, au nom de l'Empereur, les municipes et les colonies.

Ils étaient éponymes, c'est-à-dire que leurs noms désignaient l'année de leur magistrature.

Ils présidaient, nous l'avons vu, les comices et proclamaient et installaient les magistrats élus.

Ils convoquaient et présidaient aussi le Conseil des décurions auquel ils soumettaient tous les projets de décrets.

Ils ne possédaient plus aucune juridiction criminelle et n'avaient, à cet égard, qu'une sorte d'autorité de police pour faire arrêter les malfaiteurs et instruire leurs affaires.

Ils ne jugeaient, soit par eux-mêmes, soit par leurs délégués, que dans les inculpations pouvant donner lieu à des amendes. Dans ce cas, un tribunal dont les membres pouvaient être récusés était institué par le sort et rendait la justice en leur nom. On pouvait en appeler à eux-mêmes de ses décisions et ils prononçaient alors souverainement.

Au civil, ils exerçaient la juridiction contentieuse et la juridiction gracieuse.

La juridiction contentieuse des triumvirs de Cirta devait d'abord être assez étendue, à cause de leur importance comme premiers magistrats de la grande Confédération, puisque nous savons que dans de petits municipes de la Gaule Narbonnaise, la compétence des duumvirs allait jusqu'à 15,000 sesterces, avec droit d'exécution. D'ailleurs, la *lex Julia Municipalis* et la *lex Coloniæ Genetivæ* ne fixaient aucune limite à la compétence des premiers magistrats municipaux en matière civile. Mais il est fort probable qu'à la suite des usurpations successives du pouvoir impérial sur l'autorité municipale, elle fut de plus en plus restreinte et se réduisit bientôt aux affaires peu importantes. Les grands procès étaient réservés à la justice des gouverneurs de la province qui l'exerçaient, en premier ressort, par les tribunaux qui siégeaient sous leur autorité et, en dernier ressort, par eux-mêmes.

La juridiction gracieuse leur fut plus longtemps conservée. Elle alla même en augmentant d'importance entre leurs mains. Ils avaient le droit d'affranchissement des esclaves *(manumissio)*, de l'envoi en possession et de la désignation des tuteurs aux orphelins. Ce dernier pouvoir qui se bornait d'abord à désigner des candidats à l'autorité impériale aboutit bientôt, dès le temps de Domitien, à la *datio tutoris* que nous voyons attribuer, par des lois coloniales plus récentes, aux premiers magistrats des municipes.

Nous avons vu que tous les cinq ans, à l'époque du recensement, les premiers magistrats d'une colonie portaient le titre de *Quinquennales*. Il en était de même pour les triumvirs de Cirta qui, en cette qualité, présidaient à la révision des finances municipales et à la confection de la liste du nouveau Conseil des décurions. Ils nommaient à cet effet des censeurs qui examinaient à nouveau et modifiaient, selon les besoins, les ressources communales constituées : 1° par les revenus de l'*ager publicus* ou biens communaux qu'on affermait soit à temps, soit à toujours ; 2° par ceux des donations faites à la commune ; 3° par les contributions imposées aux citoyens et habitants ; 4° par les amendes encourues soit par les fonctionnaires, soit par les particuliers. Les censeurs dressaient, en même temps que ces prévisions de recettes, celles des dépenses nécessitées par les constructions de toutes sortes et les prestations imposées par l'Etat aux communes.

L'épigraphie des IIII Colonies cirtéennes est assez riche en mentions de triumvirs quinquennaux. Nous ne les rappellerons pas ici puisque nous les retrouverons dans l'énumération des triumvirs à laquelle nous procèderons plus loin.

Quelles étaient maintenant les prérogatives honorifiques de ces magistrats suprêmes ?

D'abord ils ne paraissaient en public qu'avec la *prætexta* ou grande toge sénatoriale ornée d'une large bande de pourpre, et étaient toujours précédés de deux licteurs portant les faisceaux. Ces faisceaux, d'ailleurs, se distinguaient essentiellement de ceux des consuls romains en ce sens qu'ils n'étaient pas surmontés d'une hache, pour montrer que les triumvirs n'avaient pas l'imperium. Ces faisceaux étaient d'une autre forme ou plutôt d'un assemblage différent qui les faisait appeler *virgæ* ou *bacilli*, verges ou baguettes.

Dans la nuit, ils avaient le droit de se faire éclairer avec des torches, comme les hauts dignitaires de Rome, et partout où ils siégeaint, au conseil des décurions comme dans les cérémonies publiques, solennités religieuses ou représentations au théâtre, ils occupaient la *sella curulis* ou chaise curule, sorte de pliant à pieds recourbés, ornés de moulures et d'incrustations d'ivoire, qu'on plaçait sur une plateforme élevée où le triumvir était aperçu de tous les points de l'enceinte. Au théâtre, ces sièges étaient placés au milieu du parterre.

Outre les offices, c'est-à-dire les bureaux de leur charge et les divers magistrats et fonctionnaires placés sous leur dépendance, les triumvirs avaient un nombreux personnel de service qui consistait en deux licteurs portant les faisceaux, un *accensus*, sorte d'officier civil qui convoquait, au nom du triumvirat, le peuple aux assemblées, citait les parties engagées dans les procès et maintenait l'ordre dans les réunions présidées par le triumvir ; deux *scribœ* ou secrétaires et greffiers chargés de prendre note des décisions intervenues dans les assemblées que présidait ce magistrat ; deux *viatores* ou messagers pour porter ses ordres ou ses convocations, un *librarius* ou copiste pour expédier ses décisions, un *prœco* ou crieur public pour les notifier à haute voix, un *haruspex* pour proclamer, d'après l'examen des entrailles des victimes ou l'interprétation des phénomènes naturels, que la solennité où intervenait le triumvir agréait aux dieux ; enfin un *tibicen* ou joueur de flûte, pour signaler son passage à la foule et lui attirer les marques de respect que chacun s'empressait de lui témoigner à ce signal.

On voit, à tous ces détails que nous empruntons à la loi municipale de la *Colonia Genetiva*, combien étaient honorés les premiers magistrats de la cité et quelle haute importance ils revêtaient aux yeux de leurs concitoyens, à la belle époque des institutions municipales de l'Empire, c'est-à-dire du Ier au IIIe siècle.

Il nous reste maintenant à rappeler ce que nous apprend l'épigraphie au sujet des personnages qui occupèrent à Cirta les hautes fonctions du triumvirat. On va voir que ces magistrats furent des personnalités de la plus haute distinction et d'un rang souvent fort élevé dans la société romaine. Nous les mentionnerons dans l'ordre où nous les avons notés, sans tenir compte de la chronologie impossible à rétablir, en l'absence de date sur la plupart des inscriptions.

Dans le petit minucipe de Tiddi, patrie des Lollius, qui fut longtemps un *pagus* de Cirta et dont le voisinage avec la grande métropole (24 kilomètres au Nord, sur la rive droite du Rhumel) en a fait comme la banlieue recherchée des grandes familles de Cirta qui l'ont rempli d'inscriptions, on a trouvé plusieurs textes se rapportant à des triumvirs de Cirta. Sur l'un d'eux on trouve mentionné, comme triumvir de la Confédération, un descendant des Sittius, *A. Sittius Faustus*. Il fut flamime perpétuel et successivement édile, préfet *jure dicundo* des Colonies de Chullu, de Rusicade et de Milev, puis triumvir ordinaire et enfin triumvir quinquennal. Il remplit ces diverses fonctions sous Septime Sévère et Caracalla. C'est sous le premier empereur qu'il obtint une première magistrature, et sous le second qu'il fut inscrit sur l'Album des décurions de Cirta. Tous ces titres sont rappelés sur un monument élevé à Tiddi, par décret des décurions, à sa veuve *Apronia*. Cette attention laisse croire que l'ancien magistrat et son épouse s'étaient montrés très généreux envers le *pagus* et que leur fortune était à la hauteur des sacrifices qu'ils s'étaient imposés pour lui (1).

Dans la même localité nous trouvons la dédicace d'une statue élevée au fils du précédent et qui s'appelait, comme son père, *A. Sittius Faustus*. Comme lui aussi, il remplit les fonctions d'édile, de préfet *juredicundo* des Colonies de Chullu, de Milev et de Rusicade et enfin de triumvir. Il est probable que cette grande famille dont les membres se succédaient ainsi dans les honneurs municipaux de la Confédération des IIII Colonies, était originaire de Tiddi (2).

Le triumvir qui vient à leur suite dans notre liste jouissait d'une bien plus grande notoriété et se signala par de fastueuses libéralités envers sa patrie et ses concitoyens des IIII Colonies. Il se nommait *M. Cæcilius Natalis*. Il avait acquis une réputation de lettré et de philosophe qui avait franchi la mer et s'était si bien établie à Rome qu'un des meilleurs apologistes chrétiens, *Minutius Félix*, l'avait choisi comme interlocuteur dans son beau dialogue *Octavius*. C'est lui qui argumente avec beaucoup de force et de goût contre le christianisme. Il s'agit si bien de notre personnage que son adversaire, en parlant de lui, l'appelle « notre Cirtéen », et lui dit à lui-même dans un autre passage : « ton compatriote *Fronton* » (3). On sait en effet que l'illustre maître de Marc-Aurèle était de Cirta.

M. Cæcilius Natalis qui vivait sous Caracalla obtint à Cirta d'abord la questure, puis l'édilité, ensuite la

---

(1) *Rec. de Const*, vol. 1ᵉʳ, p. 86 ; — C. I. L., viii, 6711.
(2) Ibid. ; — Ibid., 6710.
(3) Minut. Fel., *Octav.*, cc. 9 et 31.

préfecture *jure dicundo* des Colonies de Milev, de Chullu et de Rusicade et enfin deux fois le triumvirat, la dernière même avec la qualité de quinquennal qui qui en doublait le prix. Nous possédons six grandes inscriptions énumérant les grandioses libéralités auxquelles il se livra en recevant ces honneurs.

Il versa d'abord au trésor de la Confédération la somme de 60,000 sesterces, conformément à la loi municipale ; il fit élever ensuite à ses frais : 1° une statue d'airain à la *Sécurité du Siècle* ; 2° un édicule tétrastyle avec une autre statue d'airain à la *Bonté* de l'Empereur, ces deux premières libéralités, en exécution de la promesse qu'il avait faite lorsqu'il briguait l'édilité et le triumvirat ; 3° pendant l'année de son second triumvirat auquel s'ajoutait la qualité de quinquennal, il fit ériger, toujours à ses frais, sur la voie déjà ornée de statues par *D. Fonteius*, l'ancien légat de Marc-Aurèle, et qui reliait le Forum avec son annexe de la place de la Brèche, un grand arc de triomphe qui subsistait encore presque en entier en 1842 et qui était surmonté d'une statue d'airain à la *Vertu* de l'Empereur ; 4° enfin il fit donner au peuple, pendant sept jours, dans chacune des IIII Colonies, des jeux scéniques accompagnés de distributions en argent et en vivres (1).

Quelles richesses inépuisables ne fallait-il pas pour satisfaire à de pareilles libéralités qui devaient pourtant n'en consommer que le superflu ! De quel grand nombre d'opulentes familles des honneurs si couteux et dont les bénéficiaires se renouvelaient chaque année ne nous font-ils pas soupçonner l'exis-

---

(1) *Rec. de Const.*, voll. 1ᵉʳ, p. 56 ; III, p. 147 ; IV, pp. 125 et 127, et XIII, p. 695 ; — C. I. L., VIII, 6996, 7094, 7095, 7096, 7097 et 7098.

tence à Cirta ! Quelle brillante société devait donc y répandre son luxe et animer la ville de la prospérité qu'y faisaient naître la satisfaction de ses besoins, la recherche de ses plaisirs et la profusion de ses largesses !

Nous trouvons sur le socle mutilé de la statue de *Pallas*, le souvenir de deux autres opulents citoyens de Cirta dont l'un exerça la souveraine magistrature de triumvir quinquennal, après avoir obtenu successivement la questure, l'édilité, la préfecture *juredicundo* des Colonies de Milev, de Rusicade et de Chullu et enfin, une première fois, le triumvirat ; et dont l'autre, son frère, ancien centurion de légion commanda probablement les milices urbaines qui eurent à réprimer un soulèvement des Gétules, pendant le triumvirat quinquennal du premier (1).

Ce triumvir est *(... Qua)dratus Baebianus (Vin)dex*. Il éleva, à ses frais, un autel avec statue à Pallas, outre une journée de Jeux Floraux qu'il avait déjà donnée au peuple, en l'honneur de son triumvirat quinquennal. Cette libéralité n'aurait rien d'excessif, surtout après celles dont nous venons d'évoquer le souvenir, s'il ne s'y en ajoutait une autre qui témoigne de quelles

---

(1) Tel est le sens qu'un examen approfondi du texte en question nous suggère aujourd'hui, alors que nous avons déclaré dans notre première partie (§ xxvii, p. 70) sur laquelle nous ne pouvons plus revenir, qu'il était impossible, à cause de la mutilation du texte, de rattacher le fait du soulèvement des Gétules à l'érection d'un temple et d'une statue à Pallas. Cette libéralité des deux frères, en l'honneur de la déesse de la Guerre se comprend, au contraire, fort bien si, comme nous sommes amené à le penser, il s'est produit, ainsi que le dit l'inscription, un *tumulte*, c'est-à-dire une levée inopinée de citoyens décrétée par l'*ordo* et organisée par les triumvirs, à l'occasion d'une sédition des Gétules. Le triumvir en charge qui est ici notre personnage avait dû mettre à la tête des milices son frère, ex-centurion de légion qui a réprimé la révolte, et c'est en l'honneur de ce succès qu'ils ont élevé tous les deux le temple et la statue de Pallas. Toutefois, il paraît qu'il y eut là plutôt une réfection *(opus novum)*.

amples ressources pouvait disposer cette famille pour payer ses honneurs. Le texte semble nous dire en effet que, pour se conformer à la volonté de son frère, notre personnage fit reconstruire à nouveau le temple de Pallas, ce qui lui couta 100,000 sesterces (1).

Une autre fastueuse libéralité faite à Cirta par un triumvir quinquennal est celle de *Q. Fulvius Faustus* qui débuta dans les magistratures municipales par les fonctions de questeur, fut ensuite édile, puis préfet *jure dicundo* des IIII Colonies, plus tard triumvir et enfin triumvir quinquennal. En outre des sommes honoraires versées au trésor et d'autres largesses à ses concitoyens, il fit jeter, en l'honneur de son édilité, sur la voie qui pénétrait au Capitole, un grand arc-de-triomphe dont il restait encore des restes importants au moment de la conquête (2).

Un texte mutilé, inscrit au *Corpus* sans indication de provenance, et qui devait appartenir à la dédicace d'un monument dont nous ignorons la nature, rappelle les libéralités de *Q. Jul(ius) Hono(ratus)* qui fut augure et successivement appelé à siéger dans le conseil des décurions *(adlectus in quinque decurias)*, à remplir les fonctions d'édile avec le pouvoir de questeur, à exercer la préfecture *jure dicundo* de la Colonie de Milev et enfin à la charge de triumvir quinquennal (3).

Le nom d'un triumvir quinquennal, *M. Dupidius*, a été trouvé inscrit en grands caractères sur une base d'un beau style, dans les décombres d'anciens monuments qui occupaient l'emplacement de l'Hôtel de

---

(1) *Rec. de Const.*, vol. ii, p. 166; — C. I. L., viii, **6958**.
(2) C. I. L., viii, **7105**.
(3) Ibid., **6950**.

Paris. Il est probable que c'était le piédestal d'une statue élevée aux frais du trésor public et par décret des décurions, à ce magistrat, pour services signalés dans l'année où il remplit sa charge (1).

Près du texte précédent, fut découvert en 1868, le souvenir d'une libéralité faite par un certain *Julius Fabianus*, gratifié d'un cheval public, pontife chargé de la vice-présidence du collège et qui fut successivement édile, préfet *jure dicundo* des Colonies de Rusicade et de Chullu, triumvir et enfin triumvir quinquennal. Il avait donné à la ville deux statues de Satyres en l'honneur de cette dernière charge, une journée de jeux scéniques et fait des distributions en vivres et en argent (2).

Comme on vient de le voir dans l'inscription de *Dupidius*, la munificence des magistrats de Cirta leur valait, de la part de leurs administrés, des témoignages éclatants de reconnaissance. C'est ainsi que le conseil des décurions de Cirta, après un vote de l'assemblée populaire *(ex consensu civium)*, avait fait dresser au Forum la statue de *M. Fabius Fronto*, un parent de l'illustre maître de Marc-Aurèle. Il était *prêtre de la ville*, c'est-à-dire président du collège des prêtres du culte municipal et président du collège des augures. Il avait été édile, préfet *jure dicundo* des Colonies de Milev, de Rusicade et de Chullu et enfin triumvir. En souvenir de ses libéralités il avait, en outre, reçu un char à deux chevaux, aux frais du trésor (3).

Ces magistrats de la Confédération des colonies

---

(1) *Rec. de Const.*, vol. xiii, p. 684; — C. I. L., viii, 7100.
(2) Ibid , ibid, p. 681 ; — C. I. L., viii, 7123.
(3) Ibid., voll. iv, p. 117, et v, p. 144; — Ibid., 7103.

cirtéennes étaient, comme on le voit, apparentés aux plus illustres familles de l'Empire. En voici un autre exemple. Il s'agit de *Q. Austumius Lappianus* qui habita sans doute Rusicade où il éleva, avec l'autorisation du conseil des décurions, une statue à sa femme *Claudia Gallita*. Il avait été préfet des Colonies de Milev, de Rusicade et de Chullu, édile, triumvir et s'était vu gratifier d'un cheval public. La dédicace de la statue qui rappelle ses titres en mentionne un autre qui est impérial. Il était *ducenarius*, c'est-à-dire avait une charge de procurateur impérial, avec des appointements de 200,000 sesterces (environ 50,000 francs). Son épouse à laquelle il éleva la statue dont nous parlons était la sœur d'un très haut personnage, *Claudius Claudianus* qui fut légat des trois Augustes (Septime Sevère et ses fils) pour les provinces et les armées des deux Pannonies, commandant des Vexillations Daciques, légat de la XIIIe Légion *Gemina* et de la Ve *Macedonique pia*, clarissime et consulaire, candidat au consulat des mêmes empereurs. Il occupait, en outre, plusieurs sacerdoces confiés seulement aux plus hautes illustrations de l'Empire (1).

On ne saurait donc se faire une trop haute idée de l'opulence, du brillant crédit et de l'importance de nos magistrats de Cirta.

Nous avons vu plus haut qu'un beau monument avait été élevé à la Fortune, sur le Forum, avec l'autorisation du conseil des décurions, en l'honneur de l'heureux retour de Septime Sévère et pour la conservation de ses fils, de son épouse et de toute sa *divine* maison. C'était l'effet d'une largesse d'un des-

---

(1) *Rec. de Const.*, vol. XVI, p. 465 ; — C. I. L., VIII, 7978.

cendant du fondateur de la colonie, *C. Sittius Flavianus* qui avait été triumvir, après avoir rempli les charges d'édile et de préfet des IIII Colonies. Il avait déjà versé, dit-il dans la dédicace, au trésor public, vingt mille sesterces pour chacune d'elles, et c'est en l'honneur de la dernière qu'il éleva ce monument. Il ne se contenta pas de cette libéralité : en dédiant l'autel et la statue d'une si grande divinité *(tanti numinis)*, il donna encore des jeux publics au théâtre (1).

Les grands personnages qui occupaient les premières magistratures de Cirta avec cette large prodigalité de leur fortune ne se contentaient pas d'embellir ainsi de monuments la cité qu'ils administraient. Ils étendaient même leurs libéralités à d'autres villes de la Numidie. C'est ainsi qu'on voit *P. Horatius* qui avait été édile, puis préfet *jure dicundo* des IIII Colonies et qui venait d'être nommé triumvir *(triumvir designatus)*, élever un autel avec statue au Génie de la patrie, au Forum de *Verecunda*, petit municipe près de Lambèse, d'où il était peut être originaire (2).

Un autre triumvir d'une haute notoriété, puisqu'il était flamine d'Antonin et qu'il fut celui des trois triumvirs qui présida le collège des prêtres du culte municipal, fit aussi preuve de grandes largesses. Ce fut *M. Roccius Felix* qui éleva au Capitole une statue au Génie du peuple, en l'honneur de son triumvirat. Nous savons même le prix que ce don lui coûta : six mille sesterces. Mais il y ajouta une autre libéralité : il fit distribuer à tous les citoyens inscrits sur la matrice publique des sportules ou cadeaux d'une valeur de 0 fr. 96 *(denarios)*, donna des

---

(1) C. I. L., VIII, 6944.
(2) Ibid., 4191.

jeux publics au théâtre et fit jeter dans la salle une profusion de pièces d'argent (1).

Un autre triumvir, ancien édile, *P. Paconius Cerialis*, éleva un autel à Jupiter Silvain et une statue d'airain à Mercure, dans le temple de Saturne *Frugifer* (2).

Nous avons vu quel quel gracieux et élégant monument L. *Julius Martialis,* questeur, puis édile et enfin triumvir, fit élever à Vénus sur un des côtés de notre place actuelle de la Brèche. Il y avait placé une statue d'airain de la déesse escortée d'Amours (3). Il était déjà connu par d'autres coûteuses libéralités. C'est ainsi qu'il avait acquitté, en qualité de co-héritier de *Marcius Verus,* ancien édile qui était mort, sans doute, avant d'avoir pu la remplir, la promesse que celui-ci avait faite, lors de son élection à l'édilité, d'élever une statue à Commode au Capitole.

Une autre statue d'empereur fut élevée dans des circonstances dignes de remarque par un triumvir du nom de *L. Scantius Julianus.* Le texte qui rappelle ce fait signale, en effet, cette particularité curieuse que lorsqu'un magistrat donnait des jeux au peuple à ses frais, certaines places pourtant lui étaient payées, sans doute par les citoyens riches, pour diminuer les charges d'une si coûteuse libéralité. Or, notre personnage ne voulut même pas profiter de cet avantage et, sur le produit des places de l'amphithéâtre (*ex reditibus locorum amphitheatri*), le jour des jeux qu'il donna en l'honneur de son triumvirat (*die muneris quem de liberalitate sua ob honorem III viratus*

---

(1) *Rec. de Const.*, vol. Iᵉʳ, pl. 4 ; — C. I. L., VIII, **6948**.
(2) Ibid., p. 68 ; — Ibid,. **6962**.
(3) Ibid., vol. XIII, p. 685 ; — Ibid., **6965**.

edidit), il éleva une statue à l'empereur Pertinax sur la place de la Brèche (1).

Si nous faisons une attribution exacte de l'édifice dont M. Famelart, architecte, vient de dégager une partie des magnifiques et colossales substructions dans une fouille qu'il a fait exécuter au n° 10 de la rue Leblanc, pour la construction d'une maison (août 1894), nous nous trouverions là en présence d'une fastueuse libéralité due à un triumvir dont le nom a disparu sur une monumentale inscription trouvée dans cette même rue en 1859. Ce serait un énorme édifice construit aux frais de ce magistrat qui joignait aux titres de questeur, d'édile et de triumvir, celui de pontife et de flamine perpétuel (2).

Les hauts magistrats de Cirta allaient même, nous l'avons vu, jusqu'à embellir les villes voisines, indépendantes de la Confédération, d'édifices construits à leurs frais. A plus forte raison ne négligeaient-ils pas les Colonies confédérées et les faisaient-ils participer à leurs opulentes libéralités. C'est ainsi que nous avons retrouvé à Rusicade, au milieu des ruines de l'ancienne basilique, construite jadis, sur l'ancien emplacement du Forum, deux piedestaux de statues consacrées à des *dextri* qui semblent avoir été des Génies, par *Sex. Otacilius Restitutus* qui était augure et avait rempli les charges de questeur, d'édile et de triumvir de la Confédération. Outre l'érection de ces deux statues, il mentionne dans leur dédicace les nombreuses libéralités auxquelles il se livra. C'est ainsi qu'il versa au trésor 20,000 sesterces en l'honneur de l'édilité,

---

(1) *Rec. de Const.*, vol. 1ᵉʳ, p. 58 ; — C. I. L., VIII, 6995.
(2) Ibid., vol. IV, p. 118 ; — Ibid., VIII, 7102.

6,000 pour une journée de jeux, 34,000 pour l'honneur de l'augurat et 4,000 pour réjouissances diverses, en tout 64,000 sesterces, sans compter, sans doute, les 20,000 qu'il avait dû verser pour le triumvirat et dont il n'est pas fait mention (1).

Voici un fragment qui rappelle la construction, au Forum de Rusicade, d'une tribune aux harangues et d'une enceinte pour les auditeurs, aux frais d'un des premiers magistrats de la Confédération. Ce généreux citoyen était *C. Cæcilius Gallus* qui devint quinquennal, après avoir obtenu les honneurs suivants : il avait été préfet *jure dicundo* de Rusicade et mis ensuite au rang des décurions, avait reçu les honneurs de la quinquennalité avant d'en avoir exercé la charge, avait été préfet des IIII colonies, édile ayant la juridiction de questeur et, enfin, gratifié d'un cheval public. C'était en son nom et au nom de sa femme et de ses enfants qu'il avait fait cette libéralité à la colonie qu'il administrait pour les triumvirs de Cirta (2).

Une dédicace à un triumvir du nom de *Cn. Ca... Soricio* rappelle que, dans l'année de sa magistrature, les murs et les portes de la ville de Rusicade furent en entier reconstruits. Le texte mutilé ne dit pas, mais c'est un fait probable, que cette restauration eut lieu à ses frais, ce qui suppose une libéralité et une opulence vraiment royales (3).

Rusicade, la plus importante des trois colonies rattachées à Cirta, n'est pas la seule qui ait été l'objet de largesses de la part des triumvirs ou de ses préfets *jure dicundo* qui en étaient, sans doute, origi-

---

(1) C. I. L., VIII, 7990 et 7991.
(2) Ibid., 7986.
(3) Ibid., 7985.

naires. La *Colonia Minervia Chullu* n'était pas oubliée : parmi les rares textes épigraphiques retrouvés à Collo, il en est un qui faisait partie du fronton d'un monument important, jadis élevé par un préfet *jure dicundo* dont il ne reste plus que l'*agnomen* : *Honoratus* (1).

Il en était de même à Milev. Mais quelle que soit la grande quantité d'épigraphes relevées dans les ruines de cette ancienne cité, aucune d'entre elles n'a conservé le souvenir de ces largesses, alors que plusieurs monuments y ont été dédiés par des fonctionnaires impériaux. Mais il s'y est trouvé un texte de la plus haute importance qui nous parle de la dissolution de la Confédération. Malheureusement, il n'est pas daté. C'est la dédicace d'un monument funéraire élevé par sa fille à un magistrat dont il ne reste que les deux premières lettres du nom *Co*...(*mmodus*), sans prénom ni surnom. Il avait fait partie du dernier triumvirat de la Confédération qui fut dissoute pendant qu'il remplissait cette charge (*soluta contributione a Cirtensibus*). Il conserva ce titre de triumvir dans sa ville natale, Milev, lorsqu'on y institua des magistratures autonomes dont la première dut être pourtant le duumvirat. Il y devint aussi quinquennal et augure. Il était si estimé de ses concitoyens qu'ils lui accordèrent cette dernière dignité en le dispensant d'en fournir la somme honoraire (2).

Il nous reste à passer en revue quelques épigraphes dont la mutilation a diminué l'intérêt, mais qui mentionnent d'autres libéralités dues à des triumvirs.

Un fragment d'inscription tombé du haut de notre

---

(1) C. I. L., VIII, 8195.
(2) Ibid., VIII, 8210.

ville près du tombeau de *Præcilius* devait appartenir à un édifice construit aux frais d'un certain *Pomponius* qui fut préfet *jure dicundo* des colonies de Milev, de Chullu et de Rusicade, édile, triumvir ordinaire et triumvir quinquennal (1).

Un autre fragment trouvé dans les ruines de la basilique de Constantin, au Capitole, rappelle le souvenir d'un triumvir dont le nom n'est pas resté. Il avait été édile, deux fois préfet *jure dicundo* de Rusicade, pontife et flamine perpétuel (2).

Sur l'emplacement de cette même basilique avait dû se trouver, avons-nous dit au début de cette étude, un temple dont la *cella* était couronnée d'une frise architravée et qui devait avoir, de distance en distance, des avants-corps formés soit par des colonnes détachées, soit par des têtes de murs en saillie. Les faces de ces avant-corps et la frise architravée étaient couvertes de magnifiques inscriptions dont Ravoisié a vu lui-même marteler, avec une sauvagerie qu'il déplore, plus de 150 morceaux. On a pu en conserver quelques-uns dont la réunion mentionne un temple avec chapelle et *area*, construit par un triumvir qui fut en même temps pontife et qui avait occupé à Cirta toutes les charges municipales. C'était en l'honneur de son pontificat qu'il avait érigé ce somptueux édifice (3).

Le dernier souvenir d'un triumvir que nous ayons à signaler est la dédicace d'une statue élevée par ses amis à *P. Sittius Velox* qui fut, probablement, l'un des premiers citoyens investis de cette charge, à l'origine de l'organisation fédérale.

---

(1) *Rec. de Const.*, vol. IV, p. 118 ; — C. I. L., VIII, 7115.
(2) C. I. L., VIII, 7124.
(3) Ibid., VIII, 7130.

Celle-ci prit fin, nous venons de le voir, à un moment donné. Vers quelle époque ? Il est assez difficile de le dire. Mais il est probable qu'elle n'existait plus dès le commencement du IVe siècle. A ce moment, et déjà même assez longtemps auparavant, l'Empire, de plus en plus pressé de besoins d'argent, commençait à puiser à pleines mains dans les caisses municipales : plus étaient nombreux les municipes, plus l'étaient aussi pour l'État les moyens de se procurer des ressources. C'est alors qu'on vit dans tout l'Empire, et particulièrement en Afrique, pays dont la richesse semblait inépuisable, cette abondante floraison de municipes auparavant rattachés aux grandes villes. Tous les anciens *pagi* de quelque importance reçurent alors *l'ordo* et un bien plus grand nombre de *possessores* furent appelés aux magistratures pour lesquelles ils versaient des sommes honoraires dont la plus grosse partie désormais fut absorbée par le gouvernement. Cette autonomie devint même si onéreuse pour ces derniers qu'ils essayèrent par tous les moyens de se soustraire aux honneurs qu'elle leur procurait ; mais le gouvernement qui avait le plus grand intérêt à la maintenir fit alors cette série de décrets et de rescrits sévères dont sont remplis les Codes *Justinien* et *Théodosien* pour obliger les citoyens riches et même simplement aisés à accepter les charges municipales, sous peine d'amendes, de confiscations, voire même de prison.

Ce système de gouvernement fut le signal du démembrement de la Confédération des IIII colonies qui réunissait un immense territoire et un grand nombre de centres importants sous une administration municipale unique. La République des IIII Colonies se résolut donc, non pas même en quatre ou cinq grandes communes, mais en une foule de petits municipes autonomes ayant leur *ordo* et toute la série des magistratures soumises, pour leurs titulaires, à l'obligation des sommes honoraires.

Mais si, d'une part, le gouvernement impérial organisait un bien plus grand nombre de municipes, d'autre part, il restreignait de plus en plus leurs libertés. Les magistrats municipaux n'avaient plus qu'une autorité nominale et honorifique. Il semble même qu'ils aient disparu de tout l'ancien territoire des IIII colonies cirtéennes. Les inscriptions ne mentionnent plus, en effet, ni duumvirs qui auraient remplacé, à la tête de chaque municipe, les anciens triumvirs de Cirta, ni édiles, ni questeurs. Il n'est pas probable pourtant que ces magistrats n'y fussent point établis, puisque nous les voyons subsister partout ailleurs ; mais, comme ils étaient alors de bien moindres personnages que les anciens administrateurs de la Confédération, ils bornèrent leurs libéralités aux sommes honoraires et n'édifièrent plus de monuments qui nous eussent conservé le souvenir de leurs noms et de leurs fonctions. Voilà, sans doute, pourquoi nous sommes privés d'épigraphes les concernant.

L'Empire laissa donc subsister les anciennes magistratures municipales ainsi que l'*ordo* ; mais c'était surtout pour les sommes honoraires que leurs titulaires étaient tenus de verser et dont l'État s'attribuait la plus grosse part. Ceux-ci n'eurent plus désormais que des honneurs. Tout le pouvoir administratif et surtout toute l'autonomie financière passèrent aux mains des *curateurs*, fonctionnaires impériaux permanents qui étaient à la tête des municipes et faisaient, de droit, partie de l'*ordo* qu'ils présidaient même probablement. Quant au pouvoir judiciaire, ce furent les légats et les gouverneurs des provinces qui en demeurèrent souverainement investis et les exercèrent, par leurs agents, dans chaque municipe.

Ces curateurs de municipes, les inscriptions de Cirta n'en ont pas conservé le souvenir, à moins qu'il ne s'agisse de cette fonction dans la dédicace à Neptune, sur un autel élevé à ce Dieu par *M. Licinius Januarius* qualifié dans l'épigraphe de *curator elonic...* et que Rénier lit, avec quelque vraisemblance, malgré les dénégations du *Corpus: curator (t)eloni c(irtensis)*, ce qui voudrait dire intendant de la recette municipale de Cirta. Mais nous pensons que si la lecture de Renier peut être reçue, il ne saurait être ici question du curateur impérial du municipe. L'existence de ce magistrat, dans les municipes de l'ancien territoire de la Confédération, ne nous est attestée que par un passage de S¹-Augustin (1) qui parle d'un *curator reipublicæ* à Rusicade, en 303 ; par un acte de la même année, inséré dans l'ouvrage de S¹-Optat de Milev, sur le schisme des donatistes (2), et où l'on voit qu'un certain *Felix, flamen perpetus, curator reipublicæ*, confisqua à Cirta les livres religieux des chrétiens ; et enfin, par une inscription que nous avons découverte nous-même, il y a à peine deux mois (13 mai 1894) à Announa, l'ancienne *Thibili* qui faisait partie, comme nous le disons plus haut, du territoire de la Confédération. Il est question dans ce texte d'un Portique avec arche centrale construit entre 375 et 378 par *Cœlius Censorinus,*

---

(1) Augustin., *Contr. Cresc.*, 3, 30.
(2) Optat, *De schism. donat.*, lib. VII.

consulaire à six faisceaux de la Numidie, et dont l'exécution avait été surveillée par un certain *Filippus, curator reipublicœ.*

XLII
2° Les Édiles

Au-dessous des triumvirs, mais avec une autorité propre et bien définie, dans l'exercice d'une magistrature distincte et, pour ainsi dire, indépendante, se trouvent les édiles investis directement de leur pouvoir par l'élection et la nomination.

Comme celle des triumvirs, leur magistrature est annuelle. Ils correspondent, dans les municipes, aux édiles curules de Rome. Nous ne connaissons leurs attributions que par quelques indications de la *Lex Coloniæ Genetivæ* où nous voyons qu'ils devaient surveiller l'entretien des bâtiments publics, assurer la propreté des rues *(cura viarum)*, contrôler, dans l'intérêt du trésor, l'exploitation des bains publics, assurer l'approvisionnement de la ville en céréales *(cura annonæ)*, veiller aux préparatifs des jeux donnés aux frais du municipe *(cura ludorum)*, exercer la police des marchés et le contrôle des poids et mesures qui y sont employés. Enfin, comme magistrats, ils ont aussi une certaine autorité judiciaire par laquelle ils sanctionnent les mesures qu'ils ont le droit d'édicter dans l'exercice de leur charge. C'est ainsi qu'ils peuvent infliger des peines corporelles et des amendes aux contrevenants.

Ils ont droit à des honneurs, mais moins solennels que ceux des triumvirs, et à un personnel de service analogue, mais peut-être plus nombreux. Ils portent, comme tous les magistrats et décurions, la robe prétexte.

Ils forment un collège de deux membres ayant un égal pouvoir, mais des attributions diverses, selon le partage entre eux des fonctions de l'édilité.

Ils étaient tenus, dans la Confédération des IIII colonies cirtéennes, de verser au trésor une somme honoraire de 20,000 sesterces, sans compter les libéralités volontaires.

Nous n'énumèrerons pas ici les nombreux édiles de Cirta dont l'épigraphie nous a conservé le souvenir et qui sont arrivés au triumvirat. Nous les connaissons déjà ; mais il en reste un certain nombre qui n'ont pas occupé cette haute magistrature, soit que la mort les ait surpris, ainsi que nous le constaterons pour l'un d'eux, avant qu'ils aient parcouru la carrière des honneurs municipaux, soit pour tout autre motif que nous ignorons. En voici la liste :

Q. Sittius Urbanus qui fut d'abord questeur, puis édile revêtu de la puissance questorienne. Il avait été inhumé à Tiddi où il possédait quelque maison de campagne et dont il était probablement originaire (1) ;

C. Julius Barbarus qui fut aussi questeur avant d'être édile et qui, en l'honneur de cette charge, éleva un autel à la Concorde des IIII colonies cirtéennes, en 224, dans le Panthéon que nous avons signalé sur l'emplacement de la grande mosquée (2) ;

C. Pontius Saturninus qui fit élever une statue au Génie du peuple, en l'honneur de son édilité et qui, à l'occasion de sa dédicace, donna des jeux scéniques au théâtre. Pendant les entr'actes de la repré-

---

(1) *Rec. de Const.*, vol. ii, p. 133 ; — C. I. L., viii, 6712.
(2) Ibid., voll. 1er et xiii ; — Ibid., 6942.

sentation, il fit jeter au peuple des pièces d'argent (1) ;

... *Marcius Verus* qui fut édile en 197. Il avait promis d'élever au Capitole une statue à Commode et de donner des jeux à cette occasion ; mais la mort dut le surprendre avant l'accomplissement de sa promesse, puisque ses héritiers, *L. Julius Martialis* et *M. Sempronius Rusticinus,* s'en acquittèrent (2) ;

C. Julius Victor, édile, préfet pour les triumvirs qui érigea à Arsacal, petit municipe à quelques kilomètres au N.-O. de Cirta, une statue à la Victoire qu'il avait promise au nom de ses six enfants, *Julius Tertullus, Julius Martialis, Julius Quadratus, Julius Julianus, Julius Victor* et *Julia Honorata,* et qui donna des jeux scéniques le jour de sa dédicace (3) ;

Un certain *M. Calv.........* qui fut édile et préfet *jure dicundo* et qui avait probablement des propriétés à Sigus dont il était peut-être même originaire. Il nous est connu par la statue que lui élevèrent, dans ce municipe dont il était patron, ses affranchis et ses esclaves des champs *(familia rustica)* et que dédièrent ses fils (4) ;

Un autre édile dont le nom a disparu, mais dont l'épigraphie a conservé quelque souvenir de sa libéralité ; il avait élevé une statue avec tétrastyle, on ne sait plus à quelle divinité ou quel empereur (5) ;

P. Gavius...... qui fut gratifié d'un cheval public, fut édile et éleva sur la place Nemours, près du sanctuaire de Junon Céleste, un autel à la Paix (6) ;

---

(1) *Rec. de Const.*, vol. Ier, p. 58 ; — C. I. L., VIII, 6947.
(2) Ibid., p. 48 ; — ibid., 6994.
(3) Ibid., vol. VI ; — ibid , 6046.
(4) C. I. L., VIII, 5704.
(5) Ibid , 7126.
(6) Ibid., 6957.

Il nous reste encore deux édiles à signaler d'après l'épigraphie ; mais les inscriptions mutilées n'ont point conservé leur nom et se bornent à nous rappeler qu'ils se sont livrés à de grandes libéralités consistant en érection de monuments et en jeux publics avec émission de pièces d'argent au peuple (4).

XLIII

3° Le Questeur

La questure était le premier degré par lequel on s'élevait ordinairement aux honneurs municipaux ; mais il n'en était pas ainsi partout et nous aurons à nous demander, pour Cirta notamment, si cette fonction fut un honneur *(honos)* ou un emploi *(munus)*.

Le questeur était le trésorier du municipe. Il avait l'intendance des revenus et impôts publics afférents à la ville. C'était lui qui les percevait et en faisait recette, comme aussi il soldait les dépenses ordonnancées par les édiles. Peut-être même était-il chargé de cet ordonnancement. Le questeur était beaucoup plus que notre receveur municipal actuel, car sa fonction était tantôt une véritable magistrature (et on sait ce que signifie ce mot en droit romain), tantôt un service dont il était le chef presque souverain.

Il avait sous ses ordres un nombreux office qui dirigeait lui-même tous les agents chargés de la répartition et de la perception des impôts, suivant les tableaux du recensement quinquennal. En un mot, il était le chef de toute l'administration financière de la cité.

La mention de cette importante charge est relati-

---

(4) C. I. L., VIII, 7121 et 7122.

vement rare dans la riche épigraphie de Cirta. Sur plus de 50 inscrisptions de magistrats municipaux ayant eu tous les honneurs *(omnibus honoribus functi)*, c'est à peine si nous trouvons 7 ou 8 fois le titre de questeur dans l'énumération des dignités.

Il y a donc de fortes raisons de croire qu'à Cirta, ainsi que dans beaucoup d'autres municipes, cette charge a été remplie par un autre magistrat. Nous la trouvons, en effet, entre les mains d'un *duumvir* à Pompéi, Fundi et Formiæ (1) et d'un édile à Arpinum (2).

Cette dernière organisation était souvent celle de Cirta. Nous voyons, en effet, à Rusicade, un édile de la Confédération, *C. Cæcilius Gallus,* qui fut ensuite préfet *jure dicundo,* être qualifié d'édile ayant la juridiction de questeur *(ædilis habens jurisdictionem quæstoris)* (3) ; dans la même colonie, *Sex. Otacilius Restitutus,* qui devint triumvir de la Confédération, est désigné comme ancien édile ayant eu les pouvoirs de questeur, *ædilis quæstoriæ potestatis* (4). A Cirta, *Q. Julius Honoratus* qui était augure et était devenu triumvir avait été édile revêtu de la puissance questorienne (5). Il en est de même de *Q. Fulvius Faustus,* le donateur de l'arc de triomphe du Capitole (6) ; d'un autre ancien édile dont on a relevé un fragment d'épigraphe dans la rue Caraman, aux premiers jours de la conquête (7), et de *Sittius Urbanus* qui, après

---

(1) C. I. L., x, i, p. 93, col. 1.
(2) Ibid., 5679, 5682 ; — Cpr. Cic., Ad Att., xv, 111.
(3) Ibid., viii, 7986.
(4) Ibid., 7990-91.
(5) Ibid., 6950.
(6) Ibid., 7105.
(7) Ibid., 7125.

avoir été véritablement questeur, devint édile *quæstoriæ potestatis* (1).

Ce ne sont pas seulement des édiles qui remplissent les fonctions de questeur. Nous avons un exemple de triumvir qui en fut chargé, ainsi que des fonctions d'édile *(triumvir ædilicia et quæstoria potestate).* C'est *L. Julius Martialis* qui éleva le gracieux sanctuaire de Vénus (2). Mais ce cas est unique.

A côté de ces exemples, nous en trouvons d'autres qui les contredisent et qui mentionnent à part la questure dans la liste des honneurs municipaux. C'est ainsi que *C. Julius Barbarus* qui éleva l'autel à la Concorde des colonies cirtéennes, en l'honneur de son édilité, en 224, avait auparavant été questeur (3). Il en avait été de même de.... *Quadratus Bæbianus Vindex,* le donateur du temple et de la statue de Pallas (4) ; de *Cæcilius Natalis* qui avait élevé le grand arc de triomphe de Caracalla, sur la voie ornée de statues qui conduisait au Forum ; de.... *Fabius Felix* dont on a retrouvé l'épitaphe (5), et du magistrat qui avait eu tous les honneurs à Cirta et avait bâti, croyons-nous, le grand monument dont nous venons de retrouver une partie du magnifique soubassement (6) dans les fouilles de M. Famelart, rue Leblanc.

Que devons-nous conclure de cette contradiction ?

Que la questure n'était pas un honneur municipal, car alors même qu'elle est mentionnée avec les autres, elle en diffère essentiellement. En effet, elle ne donne jamais lieu au versement d'une somme

---

(1) C. I. L., viii, 6712.
(2) Ibid., 6965.
(3) Ibid., 6942.
(4) Ibid., 6958.
(5) Ibid., 7101.
(6) Ibid., 7102.

honoraire. Les inscriptions ne le disent jamais : les épigraphes de *Cœcilius Natalis* qui énumèrent les magistratures pour chacune desquelles il versa 20,000 sesterces ne parlent pas de la questure qu'il avait pourtant remplie, mais seulement de l'édilité, du triumvirat et de la quinquennalité.

Une autre considération vient à l'appui de cette conclusion. Si la questure eut été une magistrature, un honneur municipal à Cirta, elle aurait un rang invariable, c'est-à-dire devrait avoir été remplie toujours après telle charge et avant telle autre. Or, nous voyons, au contraire, dans toutes nos inscriptions, des variantes à cet égard. C'est ainsi d'abord que nous ne rencontrons la questure que deux fois avant l'édilité pour *L. Julius Martialis* et *C. Julius Barbarus*. Encore faut-il exclure le cas du premier qui ne fut pas à proprement parler questeur, mais, par extraordinaire, triumvir chargé de l'édilité et de la questure. Dans d'autres textes, elle se place entre l'édilité et le triumvirat. C'est ce qui s'est passé pour.... *Quadratus Bæbianus*, pour.... *Fabius Felix*, pour le magistrat donateur du grand monument de la rue Leblanc et pour celui dont un fragment d'épigraphe a été trouvé rue Caraman, dans les premiers temps de la conquête. Enfin, nous la voyons même après le triumvirat, pour *M. Cœcilius Natalis* et pour *P. Sittius Dento*, un des duumvirs des premiers temps.

La questure qui exigeait des aptitudes particulières, à cause de son importance dans la Confédération, était donc plutôt un haut emploi confié souvent à d'anciens magistrats, à des magistrats ou à de futurs candidats aux magistratures. A cause même de la spécialité de la fonction, elle n'était pas un honneur par lequel il aurait fallu nécessairement passer, afin qu'on ne fût pas obligé de la confier à tous ceux que souvent leur fortune, plutôt que leur mérite rendait aptes aux magistratures.

Dans ces conditions, il est probable que les questeurs n'étaient pas désignés par l'élection, mais par la nomination des triumvirs qui déléguaient, à cet effet, un édile prenant alors le titre de *aedilis quaestoriae potestatis*, ou faisaient remplir la fonction par une personnalité dont les aptitudes étaient connues, soit un magistrat sorti de charge, soit un décurion non encore arrivé aux honneurs.

XLIV

4° Les Præfecti jure dicundo des IIII Colonies

Une autre importante fonction municipale de la Confédération des IIII colonies est celle des *praefecti jure dicundo*.

Nous avons dit plus haut (1) que le *praefectus ure dicundo* dans les colonies cirtéennes était, comme les triumvirs à Cirta, à la tête de toute la juridiction. L'*ordo* et les édiles locaux dont la compétence se restreignait à des détails tout particuliers de l'administration de la colonie, en dehors de ses grands intérêts qui étaient réglés par l'*ordo* et les magistrats des IIII colonies, leur étaient absolument subordonnés. Leurs attributions sont donc bien définies par là même et il n'est pas besoin de revenir sur la théorie que nous en avons faite.

Ce qui est beaucoup moins facile à établir, c'est le

---

(1) Page 10.

nombre et la qualité des personnes qui remplissent cette fonction. Nous allons, pourtant, essayer de résoudre ce problème.

D'abord, y a-t-il un *praefectus jure dicundo* dans chaque colonie ou un seul *praefectus* administre-t-il à la fois les trois colonies confédérées ?

Il semble qu'il serait assez naturel de répondre par l'affirmative à la première partie de la question et, par suite, de ne pas se poser la seconde. On est porté, en effet, à admettre auprès de chaque groupe de la Confédération un représentant direct du pouvoir central que la réunion de ces groupes met à sa tête.

Il n'en serait, pourtant, pas ainsi, à première vue, d'après l'épigraphie. De la collation des textes, il résulterait, au contraire, qu'un seul *praefectus* gouverne à la fois les trois colonies confédérées à Cirta. En effet, *Q. Austurnus Lappianus* et *C. Sittius Flavianus* sont désignés, l'un comme *préfet des trois colonies*, l'autre comme *préfet des colonies*, sans distinction entre elles (1). Le plus souvent, il est vrai, l'énumération des colonies est faite, mais celles-ci sont indiquées comme étant toutes sous l'administration d'un même préfet. C'est ainsi que *C. Sittius Faustus*, ... *Quadratus Bœbianus, M. Cœcilius Natalis, M. Fabius Fronto*, un magistrat du nom de *Pomponius*, un autre dont tous les nom, prénom et *agnomen* ont disparu (1), sont donnés comme préfets des colonies de Milev, de Rusicade et de Chullu.

S'il en était ainsi, qui serait ce préfet des colonies cirtéennes ? Il nous semble que personne n'est mieux

---

(1) C. I. L, vIII, 7978 et 6944.

indiqué qu'un des triumvirs eux-mêmes. Nous avons dit, en effet, plus haut, que la présence d'un collège de trois membres à Cirta pour diriger toute l'administration des IIII colonies se comprenait fort bien. En effet, d'après l'organisation municipale des Romains, deux magistrats ou duumvirs étaient nécessaires pour la cité. Un troisième magistrat supérieur avait donc été ajouté pour être mis à la tête des autres colonies de la Confédération. Ce qui confirmerait cette opinion, c'est que, tandis que ces colonies ont un *ordo* inférieur et même des édiles, elles ne possèdent pas de duumvirs. Bien plus, dans toutes les inscriptions où se trouve mentionnée cette charge de *praefectus jure dicundo,* elle est toujours associée à celle de triumvir, de sorte qu'au lieu de dire de chacun de nos personnages qu'il a été triumvir, puis préfet *jure dicundo* des colonies de Milev, de Chullu et de Rusicade, il faudrait le désigner comme ayant exercé, sous ces titres, une fonction unique, celle de *triumvir, préfet des trois colonies.*

Mais cette hypothèse qui nous paraît si bien établie se heurte, pourtant, à des objections inéluctables.

D'abord, le personnage qui avait ainsi la juridiction suprême dans les colonies porte le titre de *praefectus* et on sait ce qu'entendaient les Romains par ce mot de *praefectura.* C'était une délégation. Or, un triumvir qui avait à Cirta, en vertu de sa magistrature, la juridiction suprême dans la Confédération, n'aurait pas eu besoin d'une délégation de ses collègues. Il pouvait donner la *praefectura,* mais non la

---

(1) C. I. L., viii, 6710, 6958, 7094-98, 7103, 7115, 7125.

recevoir. La qualité de *præfectus* eût donc été incompatible avec celle de triumvir. D'ailleurs, quelques inscriptions nous donnent très nettement cette préfecture comme une délégation des triumvirs. C'est ainsi que nous trouvons, dans une inscription de Chullu, la mention d'un personnage dont l'agnomen *Honoratus* nous a été seul conservé et qui a été *præfectus jure dicundo pro triumviris* (1). A Arsacal qui était un *pagus* de Cirta, le donateur d'une statue à la Victoire se désigne aussi, dans la dédicace, comme *præfectus pro triumviris* (2). Il en est de même pour *C. Cæcilius Gallus* à Rusicade (3), et peut-être pour *Q. Fulvius Faustus*, ce généreux édile qui fit élever l'arc de triomphe du Capitole. On lit, en effet, dans l'épigraphe mutilée qui le mentionne, qu'il fut préfet *jure dicundo*; mais il existe une lacune à la suite de ces mots, et on a interprété les caractères qui la terminent comme indiquant le titre de triumvir; il est donc fort possible qu'il faille lire : *præfectus jure dicundo pro triumviris* (4).

Ainsi, le préfet *jure dicundo* n'était pas un triumvir de Cirta, bien que ce titre accompagne toujours la mention du triumvirat.

De plus, en dépit des textes précédents, nous avons tout lieu de croire qu'il n'y avait pas un seul *præfectus* pour les trois colonies, mais bien un *præfectus* dans chacune d'elles. En effet, *Co(mmodus)*, ce membre du

---

(1) C. I. L., VIII, 8195.

(2) Ibid., 6046. — Cet exemple, d'ailleurs, pourrait bien n'être pas très concluant, car *C. Julius Victor* n'est pas désigné comme *præfectus jure dicundo coloniarum*. Il était édile et pouvait bien avoir été détaché à Arsacal pour y remplir une mission quelconque donnée par les triumvirs.

(3) Ibid., 7986.

(4) Ibid., 7094-98.

dernier triumvirat de la Confédération dont les fonctions municipales sont énumérées dans une inscription de Milev, a été préfet *jure dicundo* dans la colonie de Rusicade, dans la colonie de Chullu et deux fois dans celle de Milev *(præfectus jure dicundo in colonia Rusicadensi et in colonia Chullitana et bis in colonia Milevitana)* (1). Il ne pouvait donc pas être *præfectus* des trois colonies à la fois. Un préfet l'a été seulement à Rusicade et à Chullu : c'est ..... *Fabianus,* le donateur des statues de Satyres dont nous parlons plus haut (2) ; un autre dont le nom a disparu l'a été deux fois à Rusicade seulement (3). Enfin, *C. Cæcilius Gallus* n'a été préfet qu'à Rusicade.

Si d'autres inscriptions nous parlent de préfets des colonies, il faut donc comprendre qu'ils l'ont été successivement dans les trois, ce qui, d'ailleurs, était l'usage. En effet, les épigraphes ont soin de mentionner les colonies l'une après l'autre, ce qui eut été parfaitement inutile si le *præfectus* avait eu pour mission, en vertu même de son titre, de gouverner, pour les triumvirs de Cirta, toutes les colonies cirtéennes à la fois. C'est ce qui a lieu pour *Q. Sittius Faustus* qui est indiqué formellement dans une inscription comme ayant été préfet à Rusicade, préfet à Milev et préfet à Chullu (4) et, dans une autre, comme ayant exercé la préfecture à Rusicade, à Milev et à Chullu. Il en est exactement de même pour .... *Quadratus Bæbianus* (5), pour *M. Cæcilius Natalis* (6), pour *M. Fabius Fronto,* pour .... *Pomponius*

---

(1) C I. L., VIII, 8210.
(2) Ibid., 7123.
(3) Ibid., 7124.
(4) Ibid., 6711.
(5) Ibid., 6958.
(6) Ibid., 7094-98.

et pour le magistrat qui avait probablement construit l'édifice de la rue Leblanc, découvert par M. Famelart (1).

Il y avait donc un préfet *jure dicundo* dans chaque colonie. Il tenait sa préfecture des triumvirs en charge, après avoir rempli lui-même cette haute magistrature, et l'exerçait successivement dans les trois colonies. Voilà ce qui explique pourquoi cette préfecture est toujours mentionnée comme ayant suivi le triumvirat. Il n'y a, d'ailleurs, dans cette délégation de l'autorité suprême, après l'avoir exercée soi-même, aucune anomalie avec la succession des fonctions dans l'administration romaine. On sait, en effet, et nous l'avons déjà dit, que les duumvirs dans les municipes et les triumvirs dans la Confédération cirtéenne étaient investis d'une sorte de pouvoir souverain comme les consuls à Rome. On sait aussi que ces derniers, en sortant de charge, recevaient de leurs successeurs la délégation de leur autorité dans les provinces, en qualité de proconsuls. Il pouvait donc en être de même des *praefecti*. Ils étaient en dehors de Cirta, *pro triumviris* après y avoir été eux-mêmes *triumviri*.

Telle est, croyons-nous, l'interprétation la plus naturelle de cette fonction.

Nous n'avons plus besoin, il nous semble, après les longs détails qui précèdent, d'examiner ici les *praefecti jure dicundo* dont l'épigraphie nous a conservé le souvenir. Cette nomenclature serait inutile, puisque nous l'avons déjà faite pour les triumvirs et que nos préfets ont tous passé par cette dernière charge.

---

(1) C. I. L., VIII, 7125.

Nous avons achevé notre étude sur l'organisation et le fonctionnement des pouvoirs municipaux, au point de vue législatif et exécutif. Avant d'aborder celle du culte qui occupe une place non moins importante dans le système des magistratures municipales, nous devons entrer dans quelques détails sur l'organisation des divers services placés sous l'autorité des magistrats municipaux.

XLV

Les Agents inférieurs de l'Administration municipale

L'épigraphie cirtéenne ne nous a conservé le souvenir que de deux agents subalternes de l'administration. Le premier était *tabularius*, c'est-à-dire commis d'un bureau de finances municipales ou impériales : il se nommait *Publicius Namphamo* (1) ; et le second, *adjutor tabularius* ou adjoint au titulaire d'une fonction semblable. Mais ce dernier appartenait à un bureau impérial, puisqu'il était affranchi de l'Empereur (2).

Cette absence de textes n'a rien qui doive nous surprendre, car les emplois dont nous allons parler n'ayant rien d'honorifique, on ne décerna jamais de dédicaces à leurs titulaires et on éprouva bien rarement le besoin de mentionner, après leur mort, sur leurs tombes, des fonctions dont ils n'avaient pas tiré vanité de leur vivant.

Il est pourtant nécessaire, pour compléter notre étude sur l'administration des IIII colonies cirtéen-

---

(1) *Rec. de Const.*, vol. XVII, p. 344 ; — C. I. L., VIII, 7077.
(2) C. I. L., VIII, 7075.

nes, de rechercher à l'aide de quels auxiliaires les hauts magistrats de la Confédération remplissaient leurs importantes fonctions.

Si les inscriptions sont muettes à cet égard, nous pouvons puiser nos renseignements à diverses autres sources. Pour cela, nous n'avons qu'à examiner comment étaient organisés à Rome les bureaux des magistrats urbains dont ceux des municipes et des colonies ont la plupart des attributions et à corriger, par ce que nous ont appris les lois municipales récemment découvertes de quelques-uns de ces derniers centres, ce que les premières données auraient de trop spécial à la capitale du monde romain. La *lex coloniæ Genetivæ*, en particulier, nous fournira de précieux détails sur la manière dont pouvaient être organisés à Cirta les divers services de l'administration municipale.

Tout d'abord, il y avait dans chaque municipe, comme à Rome, des *servi publici* ou esclaves publics qu'on employait, selon leurs aptitudes, à tous les besoins du service municipal. C'étaient aussi bien des manœuvres ou des ouvriers d'art que des gens capables d'être employés à des écritures ou à d'autres travaux intellectuels. Une inscription de Sigus, petit *pagus* de Cirta, nous a conservé le souvenir de l'un d'entre eux, *Crescens* (1). Un autre petit centre dont le nom antique est inconnu et que nous appelons aujourd'hui Guelâat-bou-Sba, près de Guelma (l'ancienne *Calama),* possédait aussi des esclaves publics, puisque l'un d'eux, *Macedo,* fit élever un autel à une divinité indigène, *Baldir,* pour s'acquitter d'un vœu (2).

---

(1) C. I. L., VIII, 5711.
(2) Ibid., 5279.

C'était envers ces esclaves communaux que les premiers magistrats du municipe exerçaient une partie importante de leur juridiction gracieuse. Ils avaient le droit de les affranchir *(manumissio)*, lorsqu'ils jugeaient que par leurs services et par leur zèle ils avaient mérité la liberté. Mais il semble que ces affranchissements furent fort rares sous l'Empire.

Les esclaves publics des municipes se recrutaient de plusieurs manières :

Par voie de génération d'abord, car ils avaient un certain droit de contracter mariage ;

Par voie de donation ensuite, car les magistrats qui employaient leurs propres esclaves comme auxiliaires dans l'exercice de certaines de leurs fonctions les laissaient souvent ensuite, par libéralité, au service du municipe ;

Et enfin, probablement, par voie d'achat dans les marchés d'esclaves.

Le municipe auquel ils appartenaient leur assurait le logement. Ceux qui étaient occupés comme gardiens ou gens de service *(œditui)* dans les édifices publics en habitaient nécessairement soit les combles, soit ce que nous appellerions aujourd'hui les communs. Les autres recevaient une partie de l'*ager publicus* ou communal, pour y établir leur demeure.

Quant à leur nourriture et à leur entretien, ils y pourvoyaient au moyen de certaines subventions *(cibaria)* qui leur étaient octroyées sur la caisse municipale. Ils se distinguaient des autres esclaves appartenant aux particuliers par une sorte de tablier *(limus)* qui allait de la taille aux pieds et qui faisait appeler les *publici : limo cincti.*

Mais ces esclaves étaient plutôt employés aux services généraux et permanents du municipe qu'à celui des magistrats dans l'exercice de leurs fonctions. Ils ne faisaient généralement point partie du personnel de leur office, excepté pour les magistratures sacerdotales. Nous pouvons aisément en indiquer les raisons.

La première est que les magistratures civiles étant annuelles et que leurs titulaires voulant avoir auprès d'eux un personnel dont ils connaissaient parfaitement les aptitudes et le zèle pour la bonne marche de leur administration, auraient trouvé un très grand inconvénient à se servir d'un personnel servile organisé autrement qu'ils ne le désiraient. Ce personnel, d'ailleurs, ne connaissant pas ses nouveaux maîtres, ou regrettant les anciens, ou encore les sachant éphémères, à cause de la courte durée légale de leurs fonctions, ne leur aurait pas prêté, peut-être, tout le concours que ceux-ci en attendaient. Que faisaient alors les magistrats ? Ils employaient à leur service personnel et à celui de leur administration, pendant la durée de leur mandat, leur propre *familia* d'esclaves. On se rappelle quelle était à Cirta l'opulence des administrateurs de la cité. Leur personnel servile étant en proportion de leur fortune, pouvait facilement suffire aux besoins peu durables des nouveaux titulaires des hautes magistratures. Il remplissait donc tous les emplois subalternes de leurs bureaux et rendait tous les services de domesticité que réclamaient les magistratures de ses maîtres.

La seconde raison pour laquelle les magistrats n'employaient pas aux multiples besognes de leurs bureaux et aux nombreuses fonctions de leur suite les esclaves publics était qu'ayant souvent à accomplir, par l'intermédiaire de leur personnel, des actes qui mettaient ce dernier en relation avec des citoyens, ils ne pouvaient en charger des esclaves publics ou autres. Il fallait donc auprès d'eux, quelles que fussent l'intelligence et les capacités de certains *servi publici,* des personnes libres qu'ils plaçaient, dans leurs bureaux ou dans leur suite, en contact avec leurs administrés de droit romain. Nous verrons plus loin quelles étaient les personnes qui remplissaient ces emplois sous le nom d'*apparitores.*

Nous avons dit plus haut qu'il fallait faire exception, en ce qui concerne le culte, à cette règle de ne point employer d'une manière permanente les *servi publici* au service des magistrats. C'est qu'ici la durée des magistratures n'ayant d'autres limites que celles de la vie de leurs titulaires, ceux-ci pouvaient se former un personnel à leur convenance et aux fonctions permanentes. Une autre raison qui permettait aux prêtres de se contenter d'esclaves publics dans l'accomplissement de leurs fonctions est qu'ils n'avaient jamais à donner d'ordres aux citoyens et ne pouvaient, par conséquent, porter atteinte à la dignité de ces derniers en employant des esclaves à leur service.

Pourtant, il était une catégorie de magistrats, les édiles, dans les attributions desquels entraient certains services auxquels ne pouvait être employé qu'un personnel dressé de longue main aux fonctions qu'ils exigeaient. Les édiles, avons-nous dit, devaient surveiller l'entretien et la construction des bâtiments publics, assurer la propreté des rues, faire exploiter les bains, assurer l'approvisionnement de la ville en céréales, faire la police des marchés, etc., etc.

Ils avaient donc besoin d'abord d'ouvriers habiles

dans tous les genres de travaux de construction. Or comme toute la main-d'œuvre dans l'antiquité était abandonnée aux esclaves, ils devaient avoir recours aux *familiae publicae*. S'ils y ajoutaient leurs propres esclaves, ceux-ci ne pouvaient être qu'un faible surcroît.

Pour assurer la propreté des rues, ils devaient avoir recours à des équipes de balayeurs qui faisaient nécessairement partie aussi des *servi publici*.

Pour parer aux sinistres qui venaient à éclater, comme les incendies ou les inondations, ils avaient à leur disposition des esclaves publics dressés, équipés et organisés dans ce but. En vue des incendies surtout, de véritables corps de pompiers recrutés parmi les esclaves publics étaient, dit Paul, un des auteurs du *Digeste*, postés auprès des portes et des murailles, d'où on les appelait, en cas de besoin (1), sur l'ordre des édiles. Il est vrai qu'on trouvait aussi des *vigiles* composés d'hommes libres, organisés militairement en cohortes et qui dirigeaient les opérations.

Il en était de même pour le service des eaux. Les édiles disposaient encore d'esclaves publics dressés aux travaux qu'il nécessitait.

Chacune de ces catégories de travailleurs serviles était sous les ordres de l'un ou de plusieurs d'entre eux qui portaient alors le titre de *magistri publicorum a.....*, c'est-à-dire maîtres des esclaves publics employés à telle besogne déterminée. C'est ainsi qu'on trouve des *magistri publicorum ab aquis, ab incendiis, a viis*, etc.

Des esclaves publics étaient encore employés aux

---

(1) Paul, *Dig.*, 1, 13, 1.

châtiments que devaient subir les esclaves condamnés ; car les magistrats, nous l'avons vu, n'exerçaient qu'une très faible juridiction criminelle sur les hommes libres. C'étaient des tortionnaires *(tortores)* et des bourreaux *(carnifices)*.

Mais les *esclaves publics* ou les *familiæ* privées ne pouvaient être chargés par les magistrats que d'affaires d'ordre inférieur. Il y avait donc, pour assurer la bonne marche des affaires municipales d'un ordre plus élevé, de véritables fonctionnaires recrutés parmi les hommes libres. C'étaient les *apparitores* ou *officiales* qui recevaient, non pas des indemnités de vivres *(cibaria)*, comme les esclaves, ou une solde *(stipendium)*, comme les compagnons des magistrats impériaux envoyés en province, mais un véritable salaire *(merces)*.

Ces fonctionnaires n'étaient pas, à l'origine, à poste fixe. Nommés par le magistrat en fonctions, ils pouvaient être et étaient d'ordinaire remplacés par son successeur qui était toujours maître de constituer ses bureaux et sa suite par un personnel de son choix, pendant l'année de sa magistrature. Mais les magistrats, pour éviter le souci de la reconstitution de leurs offices, ne tardèrent pas à préférer le maintien de la plupart des anciens *apparitores* déjà rompus à leur besogne et pouvant même les guider dans l'exercice d'une charge qu'ils remplissaient d'ordinaire pour la première fois. La coutume s'en établit de bonne heure et la nomination des *apparitores* devint rapidement une nomination à vie, à moins de manquements graves à leurs obligations. Bien plus, ces fonctionnaires en étaient arrivés, lorsqu'ils voulaient se retirer, à avoir le droit de présenter un successeur qui devait être agréé. De là à la transmission de leur emploi à leurs héritiers ou à la vénalité de leur place, il n'y avait qu'un pas qui fut rapidement franchi. Toutefois, quelques-uns de ces *apparitores* restèrent toujours au libre choix du magistrat en fonctions, parce qu'ils étaient, pour ainsi dire, attachés à sa personne, comme les *accensi* et les *lictores* et, comme le sont aujourd'hui, par exemple, les chefs de cabinets des ministres et des hauts magistrats ou fonctionnaires. La durée de leurs fonctions était égale à celle de la magistrature exercée par celui qui les avait choisis.

Les appariteurs formaient des associations appelées *decuriæ* qui avaient le droit de posséder des esclaves, de les affranchir et de recueillir des successions. Le comité qui les dirigeait portait le titre d'*ordo*.

Les appariteurs en fonctions auprès des magistrats civils municipaux se subdivisaient en scribes *(scribæ)*, licteurs *(lictores)*, licteurs sans faisceaux *(accensi)*, employés auprès des magistrats qui n'ont pas droit aux faisceaux *(nomenclatores)*, messagers et huissiers *(viatores)*, crieurs publics et convocateurs *(præcones)*, joueurs de flûte escortant le magistrat quand il paraissait en public *(tibicines)*, interprètes des présages *(haruspices)*, médecins *(medici)*, architectes *(architecti)*.

Nous allons essayer de fixer leur rôle et leurs attributions.

Les *scribæ* sont les employés qui viennent en première ligne. Ils sont chargés de toutes les écritures des différents offices de magistrats et principalement de la rédaction des pièces comptables et de la conservation des archives. Ce sont les chefs du personnel de chacun des bureaux des magistrats. Il ne faut pas confondre avec eux les nombreux employés qui avaient le travail matériel des écritures du bureau et qui n'étaient que de simples copistes *(librarii)*, la plupart du temps de condition servile, soit qu'ils appartinssent aux *servi publici*, soit qu'ils fissent partie de la propre *familia* du magistrat aux bureaux duquel ils étaient attachés.

Les *scribæ* étaient des hommes compétents, au courant de toutes les questions de droit civil et administratif et initiés à toutes les difficultés de la gestion financière, car c'était surtout dans les bureaux de la questure qu'ils exerçaient leur emploi. Lorsqu'ils faisaient partie du personnel des autorités judiciaires, par exemple des triumvirs dans l'exercice de la juridiction, ils rédigeaient les notes d'audience. Quand, au contraire, ces magistrats remplissaient des fonctions administratives, les *scribæ* préparaient leurs décrets ou ceux du Conseil des décurions, en tenaient registre et les conservaient aux archives.

On trouvait des *scribæ* dans les *officia* de tous les autres magistrats où ils dirigeaient le personnel plus ou moins nombreux de *librarii* ou de *publici* qui dépendait de leur administration.

Les *scribæ* n'étaient pas de rang infime dans la société romaine. A Rome, ils prétendaient être classés dans l'ordre équestre auquel, d'ailleurs, ils appartenaient individuellement la plupart. Dans la suite des gouverneurs de provinces, ils prenaient rang immédiatement après les officiers d'état-major de l'ordre équestre. Dans les municipes, ils arrivaient parfois au décurionat. Une inscription africaine, la seule, d'ailleurs, où il soit question de ces employés, nous montre en quelle estime ils étaient tenus. Un riche décurion d'*Auzia* (Aumale) qui avait fait inscrire son testament sur son tombeau met, en effet, ses deux scribes au même rang que ses anciens collègues, dans les libéralités qu'il ordonne à ses héritiers de faire à ces derniers (1).

La seconde classe des employés municipaux est celle des licteurs *(lictores)*. Ils portaient les faisceaux devant les triumvirs de Cirta qui y avaient droit à tour de rôle. Ceux à qui on ne rendait pas cet honneur étaient précédés d'*accensi*, c'est-à-dire de licteurs sans faisceaux. C'étaient d'ordinaire des affranchis personnels du magistrat.

Venaient ensuite les *viatores* ou messagers qui avaient à peu près les mêmes attributions que les licteurs, en ce sens qu'ils accompagnaient toujours le magistrat lorsqu'il se montrait en public ; mais tandis que les premiers servaient à écarter la foule, à arrêter les accusés qui devaient passer en jugement devant eux ou à exécuter les jugements qui devaient l'être en leur présence, les seconds étaient employés à convoquer la Curie, à faire des citations judiciaires, à contraindre les récalcitrants à comparaître et à faire des saisies. Ils tenaient lieu de licteurs aux magistrats qui n'avaient pas droit aux faisceaux. Les questeurs se servaient des leurs, uniquement comme messagers et garçons de caisse.

Les *viatores* étaient d'ordinaire des affranchis ou des gens de condition inférieure, mais libre.

Outre les crieurs publics qui exerçaient dans la ville une industrie privée, il y avait des *præcones* offi-

---

(1) C. I. L., viii, 9052.

ciels attachés à chaque magistrat. Ils étaient chargés, sur son ordre, de transmettre au public ses commandements ou ses déclarations. Ils convoquaient les assemblées populaires, y imposaient silence, publiaient les résultats du vote ou les propositions de décrets qui y étaient émises. Sur l'ordre des triumvirs, ils convoquaient à la Curie les membres du Conseil des décurions. Au tribunal, ils appelaient les parties, les avocats, les témoins. Ils annonçaient les fêtes publiques, introduisaient les personnes qui sollicitaient des audiences du magistrat et répétaient le chiffre des enchères dans les ventes publiques.

C'étaient des employés d'une condition si inférieure que malgré leur condition d'hommes libres, il leur était interdit spécialement, par la loi municipale de César, de remplir aucune magistrature locale.

Dans le cortège qui précédait partout les magistrats en exercice et qui était plus ou moins nombreux selon leur rang, on trouvait encore un *tibicen* ou joueur de flûte pour avertir la foule de leur passage, un *haruspex* pour interpréter les présages qui pouvaient se produire et même un médecin *(medicus)*.

Cette organisation si complexe du personnel subalterne attaché aux bureaux et à la personne des magistrats de la cité romaine et cette pompe qui les accompagnait nous montrent une fois de plus combien étaient importantes leurs fonctions, quel respect et quelle considération elles attiraient à ceux qui les remplissaient et quelle ambition légitime d'y arriver elles devaient allumer dans l'esprit de tous ceux que la fortune favorisait. Elles nous expliquent aussi ces extraordinaires libéralités envers leurs concitoyens et envers leur ville que la reconnaissance pour tant d'honneurs suggérait à leurs titulaires et dont nous avons donné plus haut de si éclatants exemples.

XLVI

Les fonctions sacerdotales de la Confédération. — 1° Les Flamines

Au-dessous du triumvirat et à côté de l'édilité et de la questure, il y avait à Cirta, comme dans tous les municipes, des magistratures sacerdotales. Si elles n'octroyaient pas à leurs titulaires plus d'autorité que les magistratures civiles, elles étaient peut-être plus honorées, puisque les sacerdoces sont toujours mentionnés à Rome après le consulat et avant toutes les autres dignités et, dans les municipes, après le duumvirat, et, également, avant les autres magistratures. Elles donnaient, en outre, droit aux mêmes honneurs ou à des honneurs analogues. De plus, elles avaient, sur les magistratures civiles, l'avantage d'être conférées à vie.

L'épigraphie cirtéenne mentionne très fréquemment des sacerdoces. Elle nous permettra donc d'étudier ces magistratures en détail et avec de nombreuses pièces justificatives.

Les magistrats municipaux du culte se divisaient en plusieurs collèges qu'on peut énumérer ainsi suivant leur importance : 1° les flamines *(flamines)* ; 2° les pontifes *(pontifices)* ; 3° les augures *(augures)* ; 4° les prêtres proprement dits des diverses divinités *(sacerdotes)*.

Les flamines étaient, à l'origine, de simples prêtres sacrificateurs. On en comptait autant que de divinités auxquelles ils étaient attachés en cette qualité. Ils ne formaient donc point de collège spécial mais faisaient partie du collège des prêtres de chaque divinité. Les grands collèges, comme ceux des pontifes, des frères Arvales, et des *sodales augustales* de la République, en comptaient plusieurs parmi leurs membres. Celui des pontifes en particulier qui était, avant l'Empire, le plus important de tous, en possédait quinze. Dans cette illustre association, on distinguait des grands et des petits flamines *(flamines majores, flamines minores)*. Les premiers étaient au nombre de trois, le flamine de Jupiter *(flamen Dialis)*, le flamine de Mars *(flamen Martialis)* et le flamine du peuple romain ou des Quirites *(flamen Quirinalis)*. Ils étaient patriciens. Les douze autres flamines qui étaient plébéiens finirent par disparaître, eux et le souvenir des dieux qu'ils représentaient dans le collège des pontifes. Aussi, sont-ils mal connus.

Mais il n'en est pas de même des grands flamines du collège des pontifes. Nous sommes, au contraire, très bien renseignés sur leurs obligations et leurs attributions. Pline l'Ancien, Plutarque, Servius, Festus, Macrobe et surtout Aulu-Gelle dans ses originales *Nuits Attiques*, ont mis une certaine recherche à nous en signaler les curieuses particularités. Bien qu'elles n'entrent point dans notre sujet, puisque nous n'avons à parler ici que de flamines municipaux ou provinciaux, nos lecteurs nous sauront gré de les leur rappeler en quelques lignes. Il est d'ailleurs nécessaire de les connaître pour se rendre compte des transformations qu'elles durent subir avant de s'appliquer aux flamines des municipes.

Le *flamen Dialis* appartient tout entier, lui et sa

famille à Jupiter. Sa personne, sa femme, ses enfants, sa maison sont consacrés à son dieu. Tout est religieux en lui et chez lui : ses actes domestiques même ont ce caractère. Le feu de son foyer est sacré et ne peut servir qu'à des actes religieux. Il doit être marié, mais seulement selon les rites religieux de la *confarreatio*. Son union avec son épouse est toute religieuse. Celle-ci, d'ailleurs, le complète dans son sacerdoce, de sorte que si elle vient à mourir, il n'est plus flamine. Il n'a donc pas le droit de divorcer. Ses enfants eux-mêmes l'aident dans l'accomplissement des cérémonies religieuses. S'il n'en a pas, il en prend à son service, mais il faut qu'ils soient issus de familles nobles et de parents encore vivants, unis aussi par *confarreatio* : ce sont les *Camilli* et *Camillae*. Comme il est essentiellement sacré et appartient au dieu, il est émancipé de la puissance paternelle à laquelle pourtant restent soumis même les Consuls. Il doit s'abstenir de tout ce qui n'a pas le caractère essentiellement religieux ou est impur. Il ne doit point voir une armée, ni un mort, ni un tombeau. Il ne doit point toucher les fèves, parce qu'elles sont consacrées aux dieux infernaux, ni les chèvres, parce qu'elles sont atteintes du mal caduc, ni les chevaux, parce que leur fiel est un poison, ni les chiens, ni la farine fermentée, ni la viande crue. Il est essentiellement libre de toute obligation purement civile et représente, dans sa personne et dans son costume, la liberté. Aussi, il ne doit avoir aucune chaîne sur lui et ne pas même en voir. Il ne faut pas qu'il y ait de nœuds à ses habits, mais seulement des agrafes (*fibulæ*) ; son anneau même doit être brisé. C'est pour cette raison qu'il ne doit pas toucher le lierre, ni se trouver sous une treille ayant de longs provins. Si un homme enchaîné pénètre dans sa maison, il doit être délié sur-le-champ et ses chaînes sont, de l'intérieur de l'atrium, jetées dans la rue par dessus le toit. Un condamné à mort qui embrasse ses genoux ne doit pas être exécuté dans la journée, lors même qu'il marcherait au supplice. Un homme libre seul peut lui couper les cheveux et la barbe et, encore, ne doit-il se servir que d'un instrument de cuivre, pour ne point employer le métal dont on fait les chaînes. Le flamine de Jupiter était tellement voué à son dieu que, même en dormant, il accomplissait un acte religieux ; s'il se réveillait pendant la nuit, il devait lui faire des sacrifices. Il avait près de son lit, pour cet usage, un vase avec des dons sacrés. Chaque instant de sa vie appartenait au culte. Il portait toujours, en public, les insignes de sa charge, c'est-à-dire la *lœna*, sorte d'épaisse toge de cérémonie faite avec de la laine tissée par sa femme, et, sur la tête, l'*apex*, bonnet élevé au bout duquel étaient fixés un rameau d'olivier et un fil de laine. Il tenait à la main le *secespita* ou couteau sacré pour les sacrifices et un bâton *(commetaculum)* dont il pouvait se servir pour écarter la foule sur son passage, quand il allait sacrifier. Mais ce n'était qu'un ornement, car il employait à cet usage le licteur dont il se faisait précéder. Un héraut même avertissait les gens, devant lesquels il allait passer, d'avoir à suspendre leurs occupations, car le *flamen Dialis* ne devait pas voir travailler, le travail étant une œuvre servile.

De même qu'il était flamine de Jupiter, sa femme était flaminique *(flaminica)* de Junon, l'épouse du maître des dieux. Elle ne sortait non plus jamais sans ses vêtements sacerdotaux. Ses cheveux étaient tressés au moyen d'une bande de laine pourpre, en forme de pyramide, du sommet de laquelle pendait un voile rouge qui lui cachait le visage et auquel on attachait un rameau d'arbre de bon augure. Son vêtement très long devait être tissé et cousu avec de la laine. Elle ne devait jamais s'élever sur des gradins, de peur de se découvrir les pieds. Comme son mari, elle portait aussi le couteau sacré.

Les deux autres grands flamines du collège des pontifes étaient soumis à des obligations analogues et aussi rigoureuses. Mais ce qui gênait surtout ces patriciens, c'était moins ces minutieuses et ridicules observances que l'obligation où ils étaient de renoncer aux affaires publiques et aux fonctions politiques. Il y avait incompatibilité entre elles et leur sacerdoce. Aussi en arriva-t-on à manquer promptement de candidats pour remplir ce dernier et fut-on obligé de supprimer cette incompatibilité, tout au moins pour les fonctions urbaines que les flamines purent accepter. C'est ce qui nous ramène aux flamines dont nous avons à parler et qui étaient surtout des personnages politiques.

On sait qu'à Rome, après la mort d'Auguste, et, de son vivant même, en Asie ainsi qu'en Afrique principalement, on lui rendit des honneurs divins. Ce culte se perpétua ensuite dans le monde romain pour les empereurs et les membres de leur famille. Quoiqu'on en ait pu dire, il était moins une marque de servilité qu'une manifestation de l'esprit national qui resserrait, dans une sorte de culte à la majesté romaine représentée par les maîtres du monde, toutes les parties de l'Empire (1).

---

(1) Cette opinion très juste a été soutenue, avec de très beaux développements, par M. Gaston Boissier, dans sa magnifique étude sur la *Religion romaine*, t. 1, *passim* et, principalement pp. 168 et suiv.

Pour ce culte, on trouve dans les municipes des flamines qui en étaient spécialement chargés. C'étaient de véritables magistrats municipaux nommés pour un an, d'abord par l'assemblée populaire, et ensuite par le Conseil des décurions, sur la présentation des duumvirs ou, à Cirta, des triumvirs.

Le flamine du culte impérial conservait sa dignité après l'exercice de sa charge. Il était dit perpétuel *(flamen perpetuus)* et faisait partie de plein droit du Conseil des décurions, lorsqu'il n'y avait pas été déjà appelé. Tous les anciens flamines vivants étaient mentionnés avec ce titre, immédiatement après les duumvirs, dans l'album du municipe dressé par les soins des quinquennaux.

En présence du grand nombre de flamines perpétuels de l'album de Thamugadi qui en énumère 37, on s'est demandé s'il n'y avait pas, dans chaque municipe, autant de flamines que d'empereurs divinisés.

Il est aisé de voir qu'une telle hypothèse ne saurait être admise.

En effet, l'album de Thamugadi fut dressé entre les années 367 et 375 ; or, à cette époque, il y avait, d'après le catalogue très sûr de M. R. Mowat (1), soixante-huit *divi*, en y comprenant les femmes. Si on élimine ces dernières dont le culte était confié à des *flaminicæ,* leur nombre est de cinquante-deux et dépasse de quinze celui des flamines de Thamugadi. Les empereurs divinisés n'avaient donc pas chacun leur flamine.

Quel était le nombre de flamines en exercice

---

(1) Voir *Bulletin épigraphique,* septembre-octobre, novembre-décembre 1885 et janvier-février 1886.

dans une colonie ? La liste des anciens flamines de Thamugadi, à l'époque où fut dressé l'album, ne peut nous laisser croire qu'il n'y en eût qu'un, parce qu'elle représenterait, comme vivant encore, des personnages ayant exercé cette fonction plus de 30 ans auparavant, ce qui est assez inadmissible. Bien plus, il faudrait admettre, ce qui est encore plus improbable, qu'aucun décès d'ancien flamine ne s'était produit pendant trente-six ans.

Il faut donc admettre que plusieurs de ces prêtres étaient nommés chaque année, deux au moins et probablement trois. Ils auraient alors formé un collège et rempli à tour de rôle les fonctions de leur charge, dans les occasions fréquentes que le grand nombre des *divi* à honorer leur présentait. On sait, en effet, que les honneurs du culte des empereurs divinisés étaient rendus chaque année, le jour anniversaire de la consécration de chacun d'eux qui était, pour ainsi dire, celui de leur naissance à la vie divine *(natalis dies)*.

En quoi consistaient ces honneurs ? Il est probable que le flamine qui en était chargé faisait un sacrifice sur l'autel du *divus*, dressé le plus souvent au Forum, ou sur les degrés du temple ou de l'oratoire qui lui avait été élevé. Entouré de ses enfants ou des jeunes gens qu'il avait choisis à cet effet et qui portaient les vases à parfums et les instruments du culte ; assisté de ses appariteurs, parmi lesquels figuraient des licteurs municipaux et un *tibicen* qui jouait de la flûte, pour empêcher que n'arrivassent à ses oreilles des bruits ou des paroles peu en rapport avec la cérémonie et qui en auraient entaché la régularité ; tenant d'une main le rouleau où étaient inscrites les formules consacrées ; environné des magistrats de la cité et d'une foule respectueuse qui gardait le plus profond silence, il jetait sur le feu de l'autel des parfums et des dons, prononçait à haute voix les paroles consacrées et se prosternait devant l'autel ou l'embrassait en récitant des prières pour le salut de l'Empire et du municipe. Après avoir fait ensuite des vœux à cet effet, il laissait approcher les citoyens qui voulaient offrir aussi au *divus* qu'on honorait ce jour-là des sacrifices personnels et la cérémonie continuait, sous sa présidence, avec l'aide des sacrificateurs subalternes qui l'avaient assisté.

Souvent, cette solennité se continuait, dans la même journée, par des jeux publics au théâtre, à l'amphithéâtre ou à l'hippodrome.

Quelques princesses de diverses familles impériales, au nombre de seize, furent aussi l'objet d'apothéoses. Leur culte, pratiqué également dans tout l'empire, était confié à des *flaminicæ* qui n'étaient autres que les femmes des flamines en fonctions. Mais nous verrons qu'à Cirta, une grande dame semble avoir été investie directement de cette charge, sans être épouse de flamine. Nous discuterons ce texte et nous concluerons qu'il rentre néanmoins dans la règle commune. Les flamines augustales accomplissaient leurs fonctions dans les mêmes conditions que leurs époux.

Les flamines étaient pris parmi les principaux citoyens de la colonie. Ceux de Cirta occupèrent les plus hautes charges. De même que les autres magistrats, ils étaient investis de leurs fonctions par l'assemblée populaire ou le Conseil des décurions de la Confédération : ils étaient flamines des IIII Colonies, bien que les inscriptions ne leur donnent pas toujours ce titre. Voici ceux dont l'épigraphie de Cirta nous a conservé le souvenir :

L. Mœcilius Nepos. Nous avons vu plus haut qu'il reçut un cheval public et remplit, dit le texte qui le mentionne, toutes les magistratures des IIII Colonies. Son ami, *P. Paconius Cerialis,* donateur de deux autels à la Fortune et à Silvain, lui éleva une statue (1). C'est ce même *Mœcilius Nepos* qui, de concert avec ses fils *Proculus* et *Martialis,* avait érigé cette statue de jeune fille trouvée si belle, paraît-il, qu'elle fut volée la nuit en plein Forum (2). La jeune personne dont elle reproduisait les traits était *Porcia Maxima Optata,* sœur de *P. Porcius Optatus Flamma* qui avait également au Forum sa statue élevée par *C. Volumnius Marcellus Cœcilianus* (3). Ces deux jeunes gens étaient sans doute l'objet d'un si grand honneur parce qu'ils étaient élevés à Cirta, pendant que leur père, originaire de cette ville, occupait les plus hautes charges de l'Empire. Nous voyons, en effet, que *P. Porcius Optatus Flamma* qui était de rang sénatorial avait été nommé par Septime Sévère membre de ce collège de prêtres augustaux chargés à Rome du culte des Flaviens divinisés, Vespasien et Titus ; qu'il avait été préteur et élevé au rang de tribun militaire ; qu'il avait rempli la charge de questeur de la province de Rhétie et peut-être, d'après une autre inscription très mutilée (4), celle de légat propréteur de cette même province. Le Sénat l'avait mis à la tête de deux missions chargées de porter

---

(1) *Rec. de Const.,* vol. 1ᵉʳ, p. 40 ; — C. I. L., vIII, 7112.
(2) C. I. L., vIII, 7063.
(3) Ibid., 7062.
(4) Ibid., 7066.

ses félicitations à Septime Sévère, pendant qu'il opérait en Germanie, et à son fils Caracalla, avant son élévation à l'empire, pendant la guerre de Pannonie.

On voit que notre flamine avait les plus hautes relations.

Le suivant n'est pas moins distingué. C'est *M. Coculnius Quintilianus.* Il avait été revêtu de la toge sénatoriale, c'est-à-dire élevé à la dignité de sénateur de l'Empire par Septime Sévère et désigné comme questeur urbain à Rome, après avoir été flamine et rempli toutes les magistratures honorifiques dans la *Colonia Julia Cirta,* sa ville natale. Une statue lui avait été érigée au Capitole par les soins et aux frais de *Florus, princeps* de la *gens* des Saboïdes cantonnée à Cirta et qui avait été auparavant chef d'une des onze Curies de cette population indigène (1).

Les flamines qui avaient exercé leur charge à Cirta portaient ensuite le titre de *flamines perpétuels* des IIII Colonies cirtéennes. Celui dont nous allons parler est de Cuiculum, cette ville importante dont il reste de si belles ruines entre Saint-Arnaud et Fedj-M'zala et qui fit ensuite partie de la Confédération des colonies cirtéennes. Il imita ces grands magistrats dont nous avons parlé qui embellissaient libéralement leur colonie natale. Il fit bâtir à ses frais à Cuiculum, en qualité d'ancien flamine des empereurs, la grande basilique dédiée au culte de la *gens Julia* dont on retrouve au-delà du Forum, avec l'enceinte de la *cella,* les soubassements du magnifique portique. Il y avait placé, en 169, les statues de Marc-Aurèle et de Lucius Verus qui lui coûtèrent six mille

---

(1) *Rec. de Const.,* vol. 1er, p. 40 ; — C. I. L., VIII, 7041.

sesterces. Cet opulent magistrat se nommait *C. Julius Crescens Didius Crescentianus.* Il avait été élevé à l'ordre équestre par l'empereur, avait rempli toutes les charges dans les cinq colonies et était pontife de sa ville natale (1).

L'examen des textes qui rappellent le souvenir de ses honneurs et de ses libéralités nous suggère la solution d'un problème qui n'avait pas été encore envisagé. Il s'agit de la date à laquelle la colonie de Cuiculum entra dans la Confédération cirtéenne. Les deux épigraphes que nous avons sous les yeux ne laissent, à notre avis, aucun doute à cet égard. Il y est dit, en effet, que notre personnage est flamine perpétuel des IIII Colonies, c'est-à-dire ancien flamine de la Confédération, alors qu'elle ne se composait encore que de quatre colonies. Les inscriptions ajoutent qu'au moment où il est pontife de Cuiculum, en 169, il a déjà occupé tous les honneurs dans les V Colonies. C'est donc que la cinquième, Cuiculum, venait d'entrer dans la Confédération, dès les premières années de la seconde moitié du IIe siècle, sous Marc-Aurèle.

Ce point ainsi résolu, une difficulté pourtant subsiste : comment se fait-il que d'autres textes, évidemment postérieurs à cette date, comme ceux de *M. Cæcilius Natalis,* par exemple, ne parlent que des IIII Colonies de Cirta, de Milev, de Rusicade et de Chullu ? Il n'y a que deux réponses à faire :

Ou bien la colonie de Cuicul ne resta que peu de temps dans la Confédération, ou bien on conserva l'habitude de ne mentionner dans les inscriptions

---

(1) C. I. L., VIII, 8318 et 8319.

que les IIII colonies primitivement confédérées. La première alternative me paraît la plus plausible. Cuiculum qui n'avait pas de liens très étroits avec Cirta, à cause de son éloignement et du manque de traditions communes, dut promptement réclamer et obtenir son indépendance.

C'est pour cette raison que nous ne retiendrons pas, comme flamines perpétuels de la Confédération, ceux que mentionnent les autres textes de Cuiculum, car il y est question en même temps de la *Respublica Cuiculitanorum* qui, sans doute, n'était pas encore ou n'était plus confédérée et dont ces personnages avaient été les propres flamines municipaux.

Il n'en était pas de même, évidemment, de ceux que nous trouvons à Rusicade et à Milev, ainsi que dans certains *pagi* de Cirta, Tiddi et Saddar.

Les flamines perpétuels mentionnés à Rusicade n'ont malheureusement plus leurs noms sur les épigraphes mutilées qui nous restent des monuments jadis élevés par eux.

L'un d'eux avait érigé au théâtre, en 219 ou en 221, un autel à la Fortune pour la santé d'Elagabale ou d'Alexandre Sévère. Outre la somme honoraire qu'il avait versée à la caisse de la Confédération pour l'honneur du flaminicat, il avait promis ce monument à sa ville natale (1).

Un autre, qualifié du titre de *vir primarius* qu'on donnait, à partir de Constantin, aux notables des municipes, avait élevé à Rusicade un monument considérable, si on en juge par l'épigraphe du fronton dont les lettres étaient hautes de 22 centimètres. (2).

---

(1) C. I. L, VIII, 7964.
(2) Ibid., 7976.

Un autre monument dont les lettres de la dédicace avaient à peu près la même hauteur, 20 centimètres, avait été construit, dans la même colonie, par un flamine perpétuel également inconnu (1).

La colonie de Milev nous a conservé la mention d'un flamine perpétuel. Mais ce personnnage étant désigné, nous l'avons vu, comme le premier triumvir de sa colonie après la dissolution de la Confédération cirtéenne, il est probable qu'il ne fut pas flamine perpétuel des IIII Colonies, mais flamine perpétuel municipal de Milev (2).

A Cirta, le grand monument dont M. Famelart vient de découvrir les gigantesques substructions dans la rue Leblanc avait été élevé par un flamine perpétuel qui fut pontife et occupa toutes les magistratures municipales de la Confédération (3).

Un autre flamine perpétuel qui avait parcouru la même carrière dans les honneurs municipaux avait érigé un autel ou une statue au Capitole (4).

Une épigraphe mutilée contenait la dédicace d'un monument élevé, près de l'arc de triomphe de *Caecilius Natalis* par un flamine perpétuel qui, outre les honneurs précédents, avait reçu celui de préfet *jure dicundo* des IIII Colonies (5).

Dans le petit *pagus* cirtéen de Tiddi, les amis de *Q. Sittius Faustus*, flamine perpétuel, et qui avait rempli toutes les charges municipales de la Confédération, obtinrent l'autorisation d'élever une statue à son épouse, *Apronia* (6).

---

(1) C. I. L., VIII, 7992.
(2) Ibid., 8210.
(3) *Rec. de Const*, vol. IV, p. 118 ; — C. I. L., VIII, 7102.
(4) C. I. L., VIII, 7124.
(5) Ibid., 7125.
(6) *Rec. de Const.*, vol. Ier, p. 86 ; — C. I. L., VIII, 6711.

Enfin, une autre statue fut érigée, dans le municipe de Saddar dépendant de Cirta, à un flamine perpétuel de la Confédération dont le nom s'est perdu, et qui avait été auparavant décurion de cette localité dont il était originaire (1).

Nous avons dit qu'un certain nombre de princesses des diverses maisons impériales avaient été aussi divinisées. Leur culte était célébré dans les mêmes conditions que celui des *divi* par l'épouse du flamine en charge qui portait alors le titre de *flaminica*. Celle du flamine de la Confédération s'appelait aussi *flaminica IIII Coloniarum*. Comme son époux, elle devenait aussi *perpetua,* après être sortie de charge.

Nous possédons le nom de trois de ces flamines augustales.

La première est *Cælia Ururia Potita* qui fit élever, de concert avec le consul *Q. Marcius Barea*, un autel dans le temple de Julie qui se trouvait en bordure sur la voie ornée de statues par où on descendait du Forum sur la place Nemours (2).

La seconde est *Veratia Frontonilla* qui porte expressément le titre de *Flaminica IIII Coloniarum Cirtensium* (3). L'inscription qui la mentionne et qui est gravée sur le piedestal de sa statue jadis élevée sur la place Nemours, soulève une petite difficulté que nous devons essayer de résoudre.

Nous avons dit, et cette assertion repose sur des données absolument certaines, que la flamine augustale était l'épouse du flamine en exercice. Or, il se trouve que notre prêtresse n'est pas unie à un per-

---

(2) *Rec. de Const.*, vol. vi, p. 30 ; — C. I. L., viii, 5939.
(1) Ibid , vol. xvi, p. 463 ; — Ibid., 6987.
(3) Ibid., vol. xvii, p. 352.

sonnage ayant été revêtu de cette fonction. Son mari, P. *Julius Theodorus* qui lui élève cette statue, n'a évidemment jamais occupé cette charge municipale, car il ne manquerait pas de s'en flatter. Il se dit simplement ancien centurion en retraite *(ex centurione legionario honesta missione missus)*. Comment expliquer cette anomalie ?

Il n'y a, à notre avis qu'une solution plausible, c'est que notre flamine augutale était veuve d'un ancien flamine, lorsqu'elle épousa *P. Julius Theodorus*. Elle n'aurait pu, en effet, remplir cette charge saccerdotale dont elle devait régulièrement conserver le titre dans la suite, si elle n'avait jamais été unie qu'à ce dernier.

La troisième flamine augustale de la Confédération dont nous ayons gardé le souvenir est *Sittia Calpurnia Extricata* à qui on avait élevé, par souscription, une statue au Capitole pour sa munificence et qui, faisant remise de cette souscription, voulut elle-même en solder les frais (1). On voit par là quelle estime elle s'était attirée de la part de ses concitoyens. Elle n'était pas moins aimée de son entourage, puisque nous avons vu sa *familia*, c'est-à-dire ses serviteurs, lui élever une autre statue dans l'atrium de sa demeure qui devait se trouver dans notre rue du 3ᵉ Bataillon d'Afrique (2).

Le culte des *divi* et de l'Empereur régnant n'était pas seulement municipal ; il était aussi provincial et confié à un flamine élu par l'assemblée de la province.

---

(1) Tel est le sens que nous paraît définitivement avoir cette épigraphe dont nous avons donné plus haut une autre explication. — Cf. *Rec. de Const.*, vol. 1ᵉʳ, p. 45, et C. I. L., VIII, 7119.

(2) Ibid., vol. V, p. 163 ; — Ibid., 7120.

Nous examinerons ses attributions lorsque nous étudierons l'organisation de Cirta considérée comme chef-lieu de la province de Numidie.

XLVII
2° Les Pontifes

Les pontifes formaient, à l'origine, le premier collège sacerdotal, car il avait, par son président, le souverain pontife *(pontifex maximus)*, la haute surveillance sur tout le culte romain. Mais cette suprématie du collège et de son président avait nécessairement passé au prêtre du culte impérial. En effet, l'empereur étant devenu le souverain pontife, son représentant religieux dans les municipes, le flamine, se trouva par là même au sommet de toute la hiérarchie sacerdotale. Le président du collège des pontifes n'est donc plus qu'un simple *magister pontificum*, ainsi que nous l'apprennent deux inscriptions de Cirta que nous rappellerons plus loin.

Mais si l'autorité du président du collège s'était amoindrie, elle n'en restait pas moins très grande encore. Il assumait tout le pouvoir pontifical qu'il déléguait aux autres pontifes, selon les nécessités et les besoins. Seul, il en avait l'exercice. Les autres membres du collège n'étaient que ses auxiliaires et formaient son Conseil. Il était nommé à vie, comme ses collaborateurs.

Les pontifes et leur président n'étaient pas, comme on le voit, les prêtres de cultes spéciaux. Ils intervenaient dans la direction et l'organisation de toutes les cérémonies du culte, autre que celui de l'empereur. Toutefois, ils accomplissaient certains sacrifices particuliers.

Nous allons d'abord énumérer ces derniers et nous verrons ensuite quels étaient les divers actes religieux auxquels ils intervenaient pour leur donner leur valeur.

Comme sacrificateurs, ils avaient pour insignes le bonnet sacré ou *apex* dont se couvraient aussi les flamines, le *simpulum* ou vase à libations, la *secespita* ou long couteau à sacrifices, la *dolabra* ou aspersoir et le *culullus*, petite coupe. Ils avaient pour aides les *fictores* qui faisaient les gâteaux sacrés offerts en sacrifice *(liba)* et les *strufertarii* qui portaient les vases sacrés.

Les sacrifices dont ils étaient chargés comme pontifes de leur municipe et, à Cirta, de la Confédération, étaient les suivants :

1° Aux dieux lares publics dans les pénates municipaux *(Lares publici, penates publici)*. Toute agglomération romaine, *castellum, pagus, municipium, colonia*, était considérée comme une même famille ayant ses pénates et ses dieux lares. De même que les pénates publics de la ligue latine étaient à Lavinium, de même ceux de la Confédération des IIII Colonies étaient à Cirta, dans le temple où se réunissaient les décurions et qu'on appelait la Curie. C'était là que le pontife désigné par le président du collège, et qui avait seul le droit de pénétrer dans le *pœnus*, sorte de sanctuaire où étaient l'autel des *Lares* et les insignes sacrés qui y avaient été enfermés depuis la fondation de la colonie, venait offrir chaque jour un sacrifice pour attirer sur la cité la bienveillance de ses lares protecteurs ;

2° En outre de ce culte des lares municipaux, les pontifes avaient encore à pourvoir à celui de la plupart des divinités du peuple romain ayant des temples dans la colonie. Ces divinités, en effet, n'avaient pas, pour la plupart, de prêtres spéciaux attachés à chacun de leurs temples. Ces édifices, d'ailleurs, n'étaient point affectés à un culte permanent. On n'y célébrait de cérémonies qu'une ou plusieurs fois par an. Pendant l'intervalle, ils restaient fermés et leur surveillance, ainsi que leur entretien, étaient confiés à un *œdituus*, sorte d'intendant de condition libre, mais peu élevée, qui avait, sous ses ordres, une petite équipe d'esclaves publics chargée de maintenir l'édifice en bon état. Il était logé dans le temple même avec ces derniers. Le jour où on devait honorer le dieu, un pontife venait y offrir le sacrifice sur un autel placé sous le portique. Les portes de la *cella* s'ouvraient alors pour que le dieu qui était placé à l'intérieur fût témoin des hommages qui lui étaient rendus et perçût l'odeur des sacrifices. La foule qui ne pénétrait jamais dans l'enceinte du temple, parce qu'elle était exclusivement réservée à la demeure du dieu, se massait sur l'*area* ou petite place ménagée en avant des degrés qui y donnaient accès et, contemplant les banderolles de diverses couleurs ou autres ornements dont on avait décoré l'extérieur de l'édifice, témoignait par son attitude respectueuse et recueillie qu'elle s'associait aux offrandes et aux prières que le pontife adressait pour elle à la divinité.

On est peu renseigné sur les divinités auxquelles les pontifes et certains prêtres spéciaux attachés à leur collège rendaient directement un culte ; car ces divinités qui n'étaient autres que les dieux indigètes (*dii indigetes*), dont la personnalité était très fugitive, disparurent sous l'invasion de la riche mythologie grecque.

On sait seulement que les pontifes conduisaient les *ambarvalia*, sortes de processions qui accompagnaient une victime parcourant les champs *(ambire arva)*; qu'ils immolaient chaque année à la Terre *(Tellus)* une vache pleine *(fordicidium)*; qu'ils présidaient le repas sacré au Capitole *(epulum Jovis)*; qu'ils immolaient tous les mois *(idus)*, devant le temple de Jupiter, une brebis blanche *(ovis idulis alba)*; qu'ils offraient tous les ans, depuis Auguste, des sacrifices à l'autel de la Fortune qui l'avait ramené *(ara Fortunæ reducis)*, à l'autel de la Paix Auguste *(ara Pacis Augustæ)* et à celui de l'Empereur *(ara Augusti)*. On se souvient que nous avons retrouvé sur le Forum de Cirta et sur son annexe, notre place Nemours actuelle, des restes d'autels de cette nature, érigés en l'honneur de Septime Sévère et de sa famille.

Mais cette incertitude sur les sacrifices accomplis directement par les pontifes ne saurait nous surprendre. Ils étaient, en effet, moins des prêtres proprement dits que des théologiens chargés de perpétuer la tradition religieuse, d'expliquer et de faire respecter les rites et d'assurer la validité des cérémonies du culte, en tenant la main à l'observance des pratiques et des formules consacrées. Leur rôle, dans les actes du culte était éminemment celui de *maîtres des cérémonies*. Les vrais prêtres, dans les actes officiels du culte, qui s'adressait aux dieux du peuple romain, étaient les magistrats civils qui les accomplissaient au nom des citoyens *(sacra pro populo)*. Les pontifes se bornaient à les assister pour le côté technique. Cette assistance était surtout requise pour les sacrifices expiatoires, les vœux et la consécration (1).

---

(1) Voir, pour la théorie complète de ce rôle des pontifes, J. Marquardt : *Le Culte chez les Romains*, t. 1, pp. 306 à 384.

Il arrivait souvent que que les dieux étaient irrités contre l'Etat ou la Colonie, constituée à son image, pour des fautes commises par les magistrats, soit dans le rituel des cérémonies religieuses prescrites, soit contre les règles du droit divin, soit contre la divinité elle-même qu'ils avaient offensée à dessein ou sans le vouloir. Il fallait donc, lorsqu'elle était possible, c'est-à-dire quand le magistrat n'était coupable que d'inadvertance, obtenir une réconciliation avec la divinité. On y arrivait au moyen d'une expiation. Cette expiation devait avoir lieu, même pour l'Etat ou la Colonie, lorsque le magistrat était personnellement inexpiable. C'étaient les pontifes qui avaient à examiner en quoi devait consister l'expiation pour le magistrat ou la cité, et de quelle manière il fallait l'accomplir. Le *pontifex maximus,* ou l'un des membres du collège, assistait alors et guidait le magistrat qui offrait le sacrifice expiatoire et lui dictait la formule qu'il devait prononcer.

Quelquefois on ignorait qu'une faute à expier avait été commise par un magistrat ; mais la colère des dieux en avertissait le peuple par des *prodiges.* Le Conseil des décurions les faisait constater par les pontifes et, s'ils étaient bien établis, il demandait à ce collège quelle en était la cause, quelle était la divinité offensée et en quoi devait consister l'expiation. Cette cérémonie devait avoir lieu ensuite avec leur assistance. Le prodige le plus fréquent était la chute de la foudre qui, en s'éteignant dans le sol, était comme un cas de mort et demandait pour expiation l'érection d'un tombeau et un sacrifice. Le tombeau de la foudre consistait dans un cercueil sans fond, maçonné sur les côtés et surmonté de quatre murs en forme de tuyau de cheminée remontant jusqu'à la surface du sol. Il ressemblait tellement à un puits qu'on lui donnait le nom de *puteal*. C'était désormais un *locus religiosus* dont on devait scrupuleusement s'écarter et qu'il n'était pas même permis de regarder. Le sacrifice expiatoire consistait à jeter sur le feu de l'autel des oignons, des cheveux et des sardines.

Lorsqu'un fléau sévissait (peste, épidémie, sécheresse, inondation) ou qu'un grand danger menaçait la cité, on faisait des vœux à une divinité que l'on supposait les avoir déchaînés ou pouvoir les conjurer. On en faisait encore pour demander à un dieu, qui en était le dispensateur, une prospérité future, ou pour l'engager à maintenir les bienfaits qu'on tenait de lui. On les rédigeait par écrit, avec l'aide des pontifes, en fixant, par avance, à une certaine somme, la valeur des offrandes, des sacrifices ou des jeux qui étaient promis. C'était la formule du vœu. Le jour où il devait être prononcé devant l'autel du dieu qui en était bénéficiaire, le chef du collège des pontifes récitait la formule en présence du magistrat officiant. Celui-ci la répétait alors publiquement et elle était insérée, mot pour mot, dans les actes publics, par devant témoins, pour être suivie scrupuleusement lors de l'accomplissement du vœu.

Il nous est resté de ces vœux publics faits à Cirta, avec le concours des pontifes, un souvenir précieux ; c'est un autel élevé au Génie de l'Empereur Julien, en exécution d'un vœu public, puisque nous lisons sur un des côtés les mots *vota publica* (1).

Ces vœux publics qui devaient être assez fréquents

---

(1) C. I. L., VIII, 6946.

se faisaient parfois à intervalles réguliers. Certains avaient lieu tous les ans, d'autres tous les cinq ans, d'autres, enfin, tous les dix ans. Nous possédons en Afrique des épigraphes qui les rappellent. C'est ainsi qu'à Altava, où est aujourd'hui notre village de Lamoricière, dans la province d'Oran, et qui était une petite ville de la Mauritanie Césarienne ayant eu pour origine le camp de la II⁰ cohorte des Sardes, nous voyons que *Fannius Julianus*, préfet de cette cohorte éleva, en accomplissement d'un vœu annuel, un autel à *Diane, déesse des forêts et compagne victorieuse des bêtes féroces* (1). Nous trouvons aussi à Sétif une grande dédicace à l'empereur Constantin, de l'an 315, où on prononça les vœux décennaux et vicennaux pour la conservation de ce prince (2).

Un autre acte religieux, très fréquent à cette époque si fertile en érection de temples, d'autels, de statues et de monuments publics, est celui de la consécration de ces édifices construits avec l'autorisation du Conseil ces décurions. Un magistrat, ordinairement celui qui avait fait don du monument et l'avait construit à ses frais, le remettait d'abord au représentant de la divinité, le pontife *(dedicatio)*. Celui-ci le recevait et le consacrait, c'est-à-dire le déclarait chose sacrée *(res sacra)*. Il devenait ainsi la propriété du dieu.

Voici comment avait lieu cette consécration qui rentrait spécialement dans les attributions des pontifes.

Ils délibéraient d'abord, préalablement à l'autorisation du Conseil des décurions, sur la validité de la dédicace.

Ensuite, ils dressaient l'acte de la fondation dans

---

(1) C. I. L., VIII, 9831.
(2) Ibid., 8477 et 8478.

lequel étaient indiqués l'étendue du sol affecté au monument et à ses dépendances, les droits dont ce monument était investi, comme, par exemple, celui d'asile, les revenus dont il pouvait disposer et leur administration, et, si c'était un temple ou un autel, les rites des sacrifices qu'on devait y accomplir.

Enfin, lorsque l'édifice était achevé et pourvu de tout le matériel nécessaire à l'usage auquel il était destiné, le magistrat qui devait en faire la dédicace requérait le collège des pontifes de procéder à sa consécration. Le président ou l'un des membres délégués à cet effet se présentait, la tête voilée, et prononçait, sans s'interrompre, la formule de la dédicace *(solemnia verba)*, en tenant avec les mains les montants de la porte du nouvel édifice ; le magistrat dédicant répétait à son tour cette formule dans la même posture ; puis le pontife accomplissait le premier sacrifice.

Le jour de cette dédicace était célébré comme l'anniversaire de la fondation du temple ou de l'autel *(natalis dies)*. Il était inscrit comme fête au calendrier local par les pontifes.

La confection du calendrier était une des principales obligations du collège des pontifes, mais il est peu probable que cette œuvre se soit jamais accomplie, en dehors de Rome, par les soins des pontifes municipaux. Il en serait résulté une trop grande variété et, par suite, une extrême confusion par tout l'Empire, dans la computation et la mesure du temps. Les pontifes des villes provinciales devaient recevoir en temps utile, par les soins des gouverneurs, le calendrier dressé par le collège de Rome, et ils n'avaient plus qu'à l'adapter aux besoins locaux, en y inscrivant les fêtes propres à leur municipe.

Les collèges de pontifes conservaient des archives contenant les pièces suivantes :

1° L'*album* du collège, c'est-à-dire la liste chronologique de ses membres ;

2° Les procès-verbaux de leurs actes ;

3° Les formulaires de prières que le pontife devait réciter avant le magistrat, pour que celui-ci pût les prononcer sans erreur, ce qui eût nécessité une *expiatio* ;

4° Les prescriptions du rituel auxquelles il fallait absolument se conformer pour que l'acte religieux fût légitime, et qui indiquaient la posture que devait prendre celui qui priait ou sacrifiait et la victime ou offrande nécessaire à chaque culte ;

5° Un recueil des décisions du collège et des réponses qu'il avait données, lorsqu'on lui avait demandé son avis sur des questions religieuses ;

6° Le calendrier de chaque année dont le dernier restait exposé publiquement dans le temple où se réunissait la Curie, et dans la demeure du président du collège où se trouvaient aussi toutes les autres archives.

Les pontifes avaient, enfin, des attributions juridico-religieuses.

Ils présidaient aux mariages et avaient à résoudre toutes les questions de droit qui y étaient relatives. C'est devant le pontife, après l'accomplissement du sacrifice préalable, et en présence de témoins, que se prononçaient les paroles sacramentelles *(solemnia verba)* qui liaient les époux. Le collège avait encore à connaître des empêchements au mariage. Il examinait les degrés de parenté et décidait, dans les cas difficiles, ceux auxquels le mariage était ou non permis.

Ils intervenaient dans les adoptions pour décider en quels cas elles devaient être permises. Ils avaient à examiner si l'adoptant était assez âgé pour ne plus espérer avoir d'enfants ; s'il ne voulait pas uniquement s'emparer du patrimoine de l'adopté qui passait, en effet, entre ses mains ; si le culte de famille (les *sacra* de l'adopté) n'était pas compromis par son adoption dans une autre famille.

Ils exerçaient le droit des Mânes *(jus Manium)*, c'est-à-dire veillaient à l'accomplissement des prescriptions attachées aux cérémonies religieuses des funérailles. Ils décidaient si le défunt avait droit à une sépulture, dans quel lieu et comment il fallait la lui donner. Le supplicié, le suicidé, l'homme frappé de la foudre ne devaient pas être ensevelis. Ils étaient jetés *(abjiciebantur)* en pâture aux oiseaux de proie ou aux bêtes féroces. C'était encore par décret des pontifes qu'il était interdit de placer des tombeaux dans des lieux publics ou sacrés, à moins d'une autorisation spéciale dont nous ne voyons à Cirta qu'un exemple, celui de *D. Fonteius*. C'est pourquoi toutes les fois qu'il s'agissait de construire un tombeau, de le restaurer, de le changer de place, de transférer les cendres, il fallait en obtenir la permission des pontifes.

Les pontifes réglaient tout le rituel des funérailles et des cérémonies qui se faisaient à leur suite. Voici en quoi elles consistaient dans les grandes familles :

Les parents, réunis autour du défunt, lui ferment d'abord les yeux et exhalent leur douleur en lamentations. C'est la *conclamatio*, dans le but de réveiller le trépassé si sa mort n'est qu'apparente. Le corps est ensuite lavé à l'eau chaude pour la même raison, parfumé d'aromates et habillé des plus beaux vêtements de sa garde-robe. Si le défunt a reçu des honneurs et occupé des fonctions publiques, il est revêtu des insignes de sa charge. On le porte ensuite sur un lit de parade dressé dans l'atrium de sa demeure et préalablement recouvert d'étoffes précieuses. On lui tourne les pieds vers la porte d'entrée et on le pare de bijoux. Autour de lui brûlent des parfums dans des cassolettes. Pour signifier que la maison est en deuil, afin qu'aucun pontife ne soit souillé en y entrant par mégarde, on décore le vestibule de sapin rouge ou de cyprès.

Si le mort a rendu des services à la cité par ses libéralités et les charges qu'il a remplies, on lui fait des funérailles solennelles aux frais du trésor. Dans ce cas, le questeur traite à forfait avec un entrepreneur et règle le détail du service. Le crieur public parcourt la ville pour inviter la foule à prendre part aux obsèques et un *accensus* ordonne le cortège.

En tête marche un corps de musique funèbre jouant de *tubæ* ou grandes trompettes aux notes graves et de *tibiæ* ou grandes flûtes, ainsi que de *cornua* ou espèces de cors. Dans les grands cortèges funèbres, on voyait des chanteuses entonnant la *nænia,* sorte de psalmodie traînante, composée pour la circonstance, en l'honneur du défunt, ainsi que des danseurs et des mimes exécutant des danses funèbres.

Venait ensuite le cortège des portraits de famille *(imagines).* C'étaient des gens gagés s'appliquant sur le visage des masques de cire qui représentaient les ancêtres. Ils étaient revêtus des costumes des magistratures que ceux-ci avaient remplies et placés sur des chars élevés avec leurs insignes officiels, sous l'escorte de licteurs. Les ancêtres apparaissaient ainsi pour conduire leur descendant aux enfers. Aussi précédaient-ils le corps du défunt.

Celui-ci venait ensuite, sur un lit de parade et tout à fait à découvert, à moins qu'il ne fût debout sur le char, dans l'attitude et le costume qu'il avait de son vivant. Ce n'était pas lui, comme bien on pense, mais son image *(effigies)* qu'on obtenait au moyen d'un mannequin en bois, à masque de cire, habillé des vêtements et des insignes du mort. Quant à ce dernier, il était couché dans un cercueil dissimulé dans les flancs du char funèbre. Il était entouré, sur le char, des esclaves affranchis par son testament et qui, la tête rasée et couverte du *pileus*, pour témoigner de leur récente liberté, se pressaient autour de leur maître dans ce suprême voyage, comme pour lui rendre leurs derniers devoirs de serviteurs fidèles.

Derrière le char funèbre, marchent les parents et les amis du défunt, ainsi que la foule des assistants. Ses fils s'avancent la tête voilée, sa femme et ses filles, les cheveux épars et le visage découvert. Les magistrats n'ont ni insignes, ni anneau d'or, ni licteurs. Les femmes n'ont ni bijoux, ni pourpre : tous sont vêtus de noir.

C'est dans cet ordre que le cortège arrive au Forum. Les ancêtres vont s'asseoir sur des chaises curules et les assistants font cercle autour d'eux. Le lit de parade ou le cercueil est placé en face de la tribune où monte un fils, ou un parent du défunt, ou bien un orateur désigné par la Curie pour faire l'éloge funèbre du défunt *(laudatio funebris)*. L'orateur ne doit s'adresser ni au mort, ni à ses parents, mais aux citoyens assemblés.

Le discours achevé, le cortège reprend sa marche pour se rendre à l'*ustrina*. C'est l'enceinte réservée à l'incinération des morts qui ont un sépulcre de famille. Les autres sont brûlés sur leur tombe même, et leurs ossements, placés dans une urne, sont inhumés au milieu des cendres qui remplissent la cavité creusée pour les recevoir.

Dans l'ustrina est dressé un bûcher en forme d'autel, quelquefois décoré de peintures, et entouré de cyprès. On y place le mort, soit sur son lit de parade même, soit dans son cercueil. On l'entoure des objets qu'il a employés durant sa vie, vêtements, parures, vaisselles, armes et même les animaux qu'il a le plus aimés, chiens, chevaux, oiseaux. Les assistants eux-mêmes entassent sur le bûcher des vêtements, des tapis, des aromates, des gâteaux et toutes sortes d'offrandes. Puis les plus proches parents approchent un flambeau du bûcher, en détournant le visage. Lorsque tout est consumé, on éteint les braises en y versant de l'eau et même du vin, et le cortège se sépare en jetant un dernier adieu au mort : *salve, vale, have !* Les plus proches parents seuls sont restés. Ils réunissent les ossements dans un linge sauf *l'os resectum* qui doit être inhumé (1), font la lustration prescrite et laissent sécher les cendres au grand air. Ils vont ensuite faire le repas funèbre et se séparent à leur tour.

Au bout de quelques jours ils viennent, nu-pieds et sans ceinture, recueillir les os calcinés, les enfermer dans une urne d'argile, de marbre, d'albâtre, de bronze

---

(1) On appelait ainsi un membre préalablement coupé sur le cadavre et qui servait de preuve que la famille avait bien rempli toutes les obligations envers le mort.

ou de métal précieux, et vont les déposer dans le monument qui se trouvait, à Cirta, sur l'une des voies qui rayonnaient autour de la ville : voies de Cirta à Théveste, à Lambœsis, à Sitifis par Arsacal, au Sud-Est, et celle de Cirta à Rusicade et de Cirta à Sitifis par Milev, au Nord-Ouest de la Cité.

Mais on ne brûlait pas toujours les corps. Dans ce cas, le cortège funéraire, en sortant du Forum descendait par la voie de *D. Fonteius,* passait sous l'arc de triomphe de *Cœcilius Natalis* et arrivait sur la place de la Brèche. Si le tombeau de famille était situé sur les voies qui entraient dans la ville par le Sud-Est, la pompe funèbre s'avançait le long de l'ancien théâtre, du temple de Bacchus et du Panthéon et prenait soit la direction du Pont d'Antonin, soit celle du pont qui aboutissait au théâtre d'Aufidius. Si, au contraire, le monument funèbre bordait l'une des voies du Nord-Ouest, le cortège traversait la place de la Brèche dans cette direction.

Quand on avait atteint le tombeau, on descendait le corps dans un caveau que l'on murait ensuite, mais après l'avoir préalablement rempli de tout ce qui était nécessaire pour que le défunt continuât, sous terre, une vie analogue à celle qu'il venait de quitter. C'étaient des vêtements, de l'or, des parures, un ameublement, des vivres, de la vaisselle à boire et à manger. Le guerrier conservait ses armes, la femme, ses ustensiles de toilette, peignes, aiguilles, couteaux, agrafes, vases à parfums et nécessaires complets ; l'enfant gardait ses jouets. C'est de ces caveaux funéraires que viennent la plupart des objets de la vie domestique dont nos musées se sont enrichis.

On quittait ensuite le mort avec le même cérémonial que plus haut.

Tous ces détails étaient prescrits par le rituel des pontifes, sans qu'eux-mêmes pussent prendre part aux obsèques, à moins de souillure.

Ce collège réglait aussi le culte des Mânes qui était à la fois public et privé. Le culte public comprenait les *parentalia* et les *feralia,* fêtes qui duraient huit jours, du 13 au 21 février. Pendant ces jours de deuil, tous les temples étaient fermés, les mariages défendus et les magistrats privés des insignes et des honneurs de leur charge.

Le culte privé des Mânes consistait en des cérémonies particulières, célébrées par les chefs de famille, et les collèges funéraires, sur les tombes de leurs défunts, soit à l'époque dont nous venons de parler, soit aux jours anniversaires de leur mort ou de leurs obsèques.

Mais il y avait encore d'autres fêtes privées des morts : les *rosalia* qu'on célébrait au mois de mai ou de juin et qui consistaient en un banquet funèbre où l'on distribuait des roses aux convives et où l'on en jetait sur les tombeaux ; les *solemnia mortis* qu'on célébrait tous les deux mois *(alternis mensibus).* A toutes ces fêtes, on présentait des offrandes funèbres aux Mânes. On versait sur la tombe, pour apaiser leur soif, de l'eau, du vin, du lait chaud, du miel, de l'huile et le sang des victimes de couleur noire qu'on immolait, telles que brebis, porcs et bœufs. On leur apportait aussi des onguents et de l'encens. Souvent on leur offrait des mets, tels que des fèves, des œufs, des lentilles, du sel, du pain et du vin. On décorait l'extérieur des monuments funèbres de fleurs et de couronnes et, à l'intérieur, dans la chambre réservée aux réunions des parents et des amis, on allumait des lampes et on se livrait à des agapes funèbres.

Mais les pontifes n'avaient pas seulement des attributions religieuses : ils en avaient aussi de juridiques. Ce n'est pas, qu'étant chargés de faire expier les irrégularités commises à l'encontre du rituel, ils aient eu le droit de prononcer des peines contre ceux qui s'en rendaient coupables. Les délits religieux rendaient nécessaire l'expiation, mais le coupable devait l'accomplir spontanément, sans pouvoir y être contraint, s'il n'avait porté atteinte ni à la cité, ni aux citoyens. Dans le cas contraire, c'étaient les triumvirs, après un décret de *l'ordo,* qui prononçaient la peine, et non les pontifes.

La juridiction de ces derniers consistait seulement en un pouvoir disciplinaire dont ils étaient investis sur les prêtres qui leur étaient subordonnés. Ces derniers, en effet, étaient, par le fait de leur consécration accomplie par les pontifes, avec l'assistance des augures, soustraits à la puissance paternelle dont les magistrats étaient investis sur les autres citoyens. Ils étaient donc soumis à l'autorité des dieux et, par suite, à celle des pontifes qui en étaient les représentants.

Enfin, on entendait surtout par juridiction des pontifes le pouvoir qu'ils avaient d'émettre des décrets ayant force de loi sur ce qui concernait les affaires du culte. Mais comme toutes les lois avaient, dans le monde romain, une origine religieuse, la compétence des pontifes était nécessairement assez étendue. Ils avaient donc une juridiction, puisqu'ils disaient le droit *(jurisdictio).*

On voit, par cette longue étude des attributions

des pontifes, quel rôle important ils jouaient dans la cité. On comprend qu'ils devaient être des citoyens d'élite et qu'on leur accordât tous les honneurs. Ceux de Cirta, on va le voir, les ont tous reçus. Nous n'en ferons qu'une brève énumération, puisque nous les avons déjà nommés à propos de leurs magistratures civiles.

Voici d'abord deux chefs du collège :

Le premier est un certain *Pomponius* qui avait construit un édifice dans le haut de la ville, près des pentes du Nord-Est, puisque la pierre monumentale du fronton où il en est fait mention avait roulé près du tombeau de Præcilius. Il avait été édile, triumvir, préfet *jure dicundo*, triumvir quinquennal et *magister pontificum*, c'est-à-dire président du collège des pontifes (1).

Le second est un certain *Julius Fabianus* qui avait rempli exactement les mêmes charges et qui avait élevé, dans le grand temple circulaire de la place Nemours, deux statues de Satyres, promises pour l'honneur de la quinquennalité. Il avait ajouté à cette libéralité une journée de jeux scéniques et jeté des pièces d'argent au peuple (2).

Les divers membres du collège dont l'épigraphie nous a conservé le souvenir sont les suivants :

C. Aufidius Maximus, le généreux donateur du portique qui précédait le théâtre situé, avons-nous dit, au-delà du pont qui traversait le fleuve, non loin du Panthéon. L'épigraphe qui mentionne cette générosité est une des plus belles qui aient été encore trouvées en Afrique. Ce personnage, par extraordinaire, ne rem-

---

(1) *Rec de Const*, vol. IV, p. 118 ; — C. I. L., VIII, 7115.
(2) Ibid., vol. XIII, p. 681 ; — Ibid., 7123.

plit aucune charge municipale. Cela tient à ce qu'il ne revint à Cirta, où il était né, qu'après une longue carrière militaire, en qualité de préfet de la IVᵉ cohorte des Bracares en Judée et de tribun militaire de la XIIᵉ légion *Fulminata* en Kappadoce. Cette inscription nous apprend encore que la somme honoraire du pontificat était, à Cirta, de 10,000 sesterces. La belle construction dont nous avons parlé au paragraphe XXVI, d'après Peyssonnel, suppose une extrême opulence chez celui qui l'éleva (1).

Un autre pontife, non moins opulent, est celui qui fit construire le grandiose monument dont les substructions ont été découvertes cette année par M. Famelart, dans la rue Leblanc. Son nom ne nous a pas été conservé. Il avait été édile, questeur, triumvir, pontife et était devenu flamine perpétuel (2).

Un troisième, dont le nom est également inconnu, devait avoir fait élever une statue au Capitole. Il avait été édile, triumvir, deux fois préfet *jure dicundo* de la colonie de Rusicade, pontife et, enfin, flamine perpétuel (3).

Des fragments de frise architravée ayant servi à couronner la Cella des temples sur l'emplacement desquels fut élevée la basilique de Constantin au Capitole, et de grandes pierres carrées scellées dans les murs de cette basilique, contenaient une immense inscription dont il ne reste plus que des débris, semblant attribuer à un pontife, en l'honneur de son pontificat, la construction d'un de ces temples. Ce personnage avait aussi rempli toutes les charges

---

(1) *Rec. de Const*, vol. xi, p. 358 ; — C. I. L., viii, 7079.
(2) Ibid., vol. iii, p. 118 ; — ibid., 7102.
(3) C. I. L., viii, 7124.

municipales de la Confédération et avait reçu le pontificat (1).

Un autre fragment d'un piedestal de statue, élevée aussi au Capitole, attribue à un pontife dont le nom à également disparu, l'érection de ce monument. Mais il n'y est question d'aucune autre magistrature (2).

Nous sommes plus heureux pour les noms des pontifes qui ont fait des libéralités à Rusicade. Ils sont notés sur les épigraphes.

L'un d'eux, *C. Annius*, est ce personnage de Rusicade qui fut un des représentants de la colonie dans l'*ordo* cirtéen et qui nous a servi de preuve que cette assemblée comprenait, en effet, des délégations de ce genre. Il était aussi pontife. Il devait posséder d'immenses richesses pour se montrer, envers sa patrie, aussi généreux qu'il se plait à le dire. Nous voyons, en effet, qu'il versa 20,000 sesterces pour l'honneur du décurionat des IIII colonies et 55,000 sesterces pour celui du pontificat ; qu'il fit élever, en outre, deux statues d'airain, qu'il fit réparer l'amphithéâtre et construire un tétrastyle, en consacrant à ces ouvrages 33,000 sesterces. Il donna donc 108,000 sesterces à sa ville natale (3).

Le second grand personnage de Rusicade qui fut élevé au pontificat, d'après nos inscriptions, est *M. Otacilius Restitutus*, dont le frère qui occupa les charges municipales de la Confédération et fut lui-même augure, donna 30,000 sesterces à la colonie et éleva deux statues de *dextri* (4).

---

(1) C. I. L., VIII, 7127-7130.
(2) Ibid., 7133.
(3) Ibid., 7983.
(4) Ibid., 7990-7991.

XLVIII

3° Les Augures

De même que les pontifes veillaient à la conservation des rites et assuraient ainsi, contre tout vice de forme, la légitimité de tous les actes religieux accomplis par les magistrats, de même les *augures* procuraient à ces mêmes actes la faveur des dieux, en recherchant si, par les signes qu'ils donnaient préalablement, ceux-ci les agréaient. Ces signes étaient les *auspices*. Il fallait, pour les comprendre et les interpréter, une science particulière que seuls, les augures possédaient et qui s'appelait la science augurale. Il ne faut pas confondre cette science avec la divination que pratiquaient, avec toutes sortes de jongleries, les *haruspices*, espèces de sorciers et de diseurs de bonne aventure, qui rendaient leurs oracles auprès des particuliers, mais qui n'intervenaient jamais, ou du moins que très rarement, dans l'accomplissement des actes publics.

La science augurale était toute traditionnelle et se bornait à l'interprétation d'un fort petit nombre de signes. Elle était consignée dans des écrits conservés par le collège et qui étaient : 1° les *livres auguraux* contenant l'énumération des divers signes et les principes de leur interprétation ; 2° les *commentaires auguraux* ou recueil des avis et des décisions du collège, surtout quand il y avait eu irrégularité dans la prise des auspices par les magistrats, lors d'un acte administratif ; et enfin, 3° les livres cachés aux profanes (*libri reconditi*) et dont les auteurs ne nous ont rien dit. Ces documents formaient les archives du collège avec la liste de ses membres ou fastes, et les procès-verbaux de ses actes.

Les augures formaient donc, comme les pontifes, un collège d'experts assistant les magistrats dans l'accomplissement des cérémonies officielles.

La différence de leur rôle consistait en ce que les premiers veillaient à ce que les rites fussent parfaitement observés, sous peine de nullité de l'acte, tandis que les seconds déclaraient que cet acte pouvait ou non s'accomplir, selon qu'ils avaient observé des signes de la faveur ou de la colère des dieux. Leur intervention était donc indispensable dans les actes solennels de l'administration publique. Voilà pourquoi ils avaient, dans les municipes comme à Rome, une si grande importance, et pourquoi leurs fonctions étaient de véritables magistratures.

Les augures assistaient les magistrats dans les réunions de l'assemblée du peuple, au moment d'une élection, dans l'inauguration des monuments et dans toutes les solennités religieuses.

Ils intervenaient aussi auprès des pontifes dans la consécration des prêtres.

Lorsqu'on devait procéder à un de ces actes, le magistrat qui en était chargé requérait, la veille, du président du collège, l'assistance d'un augure pour prendre et interpréter les auspices et pour savoir si cet acte aurait la faveur du dieu qui les envoie, c'est-à-dire de Jupiter.

L'augure et le magistrat se rendaient ensuite, à minuit, sur le lieu où ils devaient faire l'observation. Avec un bâton recourbé par le haut *(lituus)*, le premier traçait une ligne du Nord au Sud *(cardo)*, puis une autre de l'Est à l'Ouest *(decumanus)*. Cette opération partageait ainsi le lieu où on se trouvait, et la partie visible du ciel, en quatre régions. Nos deux personnages se plaçaient à l'intersection des deux lignes et, leur menant du regard deux lignes parallèles, ils déterminaient ainsi un carré qui s'appelait le *templum,* c'est-à-dire l'espace dans lequel devaient s'observer les auspices. Le point qu'ils occupaient était le *tabernaculum.* Ils faisaient face au Sud. La partie du *templum* qu'ils avaient alors devant eux s'appelait *antica ;* la partie postérieure, *postica.* Quelquefois, ils s'orientaient autrement : lors de l'inauguration des personnes, l'augure se tournait vers l'Est. De même, lorsqu'il inaugurait un sanctuaire dont la façade était du côté de l'Est ou de l'Ouest.

Dans cette position, l'augure demande aux dieux si la solennité à laquelle on doit procéder, dans la journée qui suivra, leur sera agréable et il les prie de lui envoyer, comme réponses, certains signes, puis il attend. Ces signes consistent dans le vol de certains oiseaux. Pour qu'ils pussent avoir une signification certaine, il fallait le calme absolu de la nature, la sérénité du ciel et une parfaite tranquillité de l'air. Le moindre murmure, le moindre bruit, comme la chute d'un objet, le heurt du pied, le grignotement d'un rat, étaient une cause de trouble ou des signes de terreur *(diræ).* Le magistrat demandait alors à l'augure : « Dis-moi s'il te paraît y avoir silence *(Dicito si silentium esse videbitur).* » — « Il me paraît y avoir silence, répondait celui-ci *(Silentium esse videtur).* » — « Dis-moi si les présages sont favorables *(Dicito si addicunt).* » — « Les oiseaux sont favorables, répondait encore l'augure *(Aves addicunt),* » ou, si les signes étaient défavorables : « *Alio die,* à un autre jour. »

Ce n'était pas seulement la direction du vol des oiseaux, c'est-à-dire à gauche ou à droite *(aves sinistræ* ou *dextræ)*, que l'augure observait pour avoir des présages, mais encore leur manière de voler, haut ou bas, leur cri ou leur espèce, et qui constituaient certains signes favorables ou défavorables.

Quand les signes avaient été jugés favorables par cette observation, et ils l'étaient toujours quand il y avait bonne volonté de part et d'autre et entente entre les observateurs, ou bien nécessité, la solennité projetée pouvait avoir lieu.

Mais ce n'étaient pas là les seuls auspices que prenaient les augures, ni le seul moment où ils accomplissaient cet acte de leur ministère.

Au moment d'une cérémonie à laquelle ils intervenaient, ils pouvaient encore observer les auspices célestes *(cœlestia auspicia)*, les auspices tirés de l'appétit des poulets *(auspicia pullaria)* et ceux tirés des mouvements des quadrupèdes ou des reptiles *(pedestria auspicia)*.

Les deux principaux auspices célestes sont les éclairs et le tonnerre. L'éclair, par un ciel serein, est l'auspice par excellence. S'il est dirigé de gauche à droite, il est favorable, parce que la gauche de l'observateur correspond à la droite de Jupiter. Dans le cas contraire, il est défavorable et la cérémonie doit être remise à un autre jour. Un coup de tonnerre par un ciel serein, au moment où se tient l'assemblée populaire, est un signe très défavorable et la dissout immédiatement.

Les auspices tirés de l'appétit des poulets étaient des plus faciles à observer et devinrent d'un usage presque exclusif pour avoir des présages. Il était, en effet, fort aisé de tracer le *templum* d'observation : un simple carré sur le sol suffisait. Les *pullarii* y ouvraient la cage des volatiles et on leur jetait leur pâture. Le signe le plus favorable était ce qu'on appelait le *tripudium solistimum*. Il se produisait quand les poulets, en mangeant avidement, laissaient, par trop de hâte, retomber de leur bec une partie de la nourriture qu'ils avaient saisie. Il était facile d'obtenir ce résultat en faisant jeûner auparavant les volatiles et en leur présentant, au moment de la prise des auspices, une nourriture très friable.

Les auspices pédestres, ainsi appelés parce qu'ils se produisaient sur le sol qu'on foule aux pieds, étaient tirés de l'observation des mouvements et des attitudes des reptiles. Ces auspices, qui cessèrent de bonne heure d'être usités, avaient complètement disparu sous l'Empire ; aussi, n'en ferons-nous aucune autre mention.

Outre les auspices qu'on attendait, il s'en produisait parfois de fortuits qui étaient toujours défavorables et, par suite, suspensifs de l'auspication ou de l'acte pour lequel on s'y livrait. On les appelait *diræ*, c'est-à-dire signes de la colère du dieu *(dei iræ)*. Nous en avons déjà signalé quelques-uns. Ajoutons-y le coup de vent qui éteint subitement la lanterne dont se munissait l'augure quand il prenait, de nuit, les auspices, et la production d'une crise d'épilepsie pendant les comices. Ces signes défavorables et qui étaient par là même suspensifs auraient pu, comme cela arriva parfois, arrêter bien souvent l'accomplissement des actes solennels de la vie publique et administrative ; mais le droit augural parait au danger. Les *diræ* n'avaient de valeur qu'autant que l'augure déclarait les avoir observés.

Un des actes des plus importants de la fonction d'augure consistait à intervenir dans la consécration des prêtres et des temples.

Lorsqu'un prêtre avait été nommé en remplacement d'un prédécesseur décédé, démissionnaire ou déchu, il ne pouvait entrer en fonctions que s'il avait été inauguré. Le grand pontife ou le président du collège dans lequel avait lieu la nouvelle admission, n'y procédait qu'avec l'assistance d'un augure. La cérémonie consistait à demander au dieu qu'il devait desservir, ou d'une manière générale à Jupiter, pour les flamines, les pontifes et les augures, si le nouveau membre d'un des collèges sacerdotaux lui agréait. Pour cela, on prenait les auspices et, s'ils étaient favorables, le grand pontife investissait le récipiendaire de sa charge, au moyen d'une consécration. La cérémonie prenait fin dans un grand repas offert à son collège par le membre nouvellement admis.

Il arrivait aussi qu'un membre d'un collège sacerdotal se démettait ou était déposé de sa charge. On procédait alors, avec les mêmes assistants, à la cérémonie de l'*exauguration* qui annulait les effets de l'inauguration.

Les temples étaient aussi inaugurés, puis consacrés par le pontife, ainsi que nous l'avons vu plus haut. La ville, elle-même, lors de sa fondation, était un *templum* dont les limites et les divisions ne pouvaient être tracés par les premiers magistrats qu'avec l'intervention des augures.

Les augures ne prenaient presque aucune part aux solennités religieuses qui, célébrées en l'honneur des dieux, ne pouvaient être mal accueillis de ces derniers. Il n'était donc nul besoin de prendre les auspices. Leur rôle dans cet ordre de choses n'eût pu consister que dans la détermination des jours favorables pour la fixation des fêtes mobiles; mais nous avons vu que cette fixation était de la compétence du collège des pontifes.

La fonction d'augure était donc plus politique que religieuse. Aussi, les membres du collège furent-ils presque toujours investis des hauts magistratures.

Le nombre des membres du collège était, à l'origine, de trois à Rome. Plus tard il s'éleva, mais en restant toujours un multiple de trois. Au temps de Sylla, on arriva au chiffre de quinze membres, et César en ajouta un seizième d'une manière irrégulière. Ce nombre ne varia pas sous l'Empire, jusqu'au moment où le collège disparut au IVe siècle. Dans les municipes, il est probable que les augures furent toujours au nombre de trois, mais il n'y aurait rien d'étonnant que ce nombre se fût élevé à six dans la Confédération cirtéenne, car la présence d'un augure dans chacune des IIII colonies devait être journellement nécessaire. Une inscription même nous donne le nombre de sept (1).

Les augures, n'étant point des prêtres proprement dits, n'avaient point, pour insignes, dans l'accomplissement de leur charge, les instruments du sacrifice. Ils portaient uniquement le bâton sans nœuds, recourbé en forme de trompe, avec lequel ils traçaient le templum pour prendre les auspices *(lituus)*. Ils étaient revêtus, comme les autres prêtres, de la *prœtexta* sacerdotale et se voilaient dans l'accomplissement de leurs fonctions.

---

(1) *Rec. de Const.*, vol. IV, p. 117, et V, p. 144 ; — C. I. L., VIII, 7103.

Telles étaient les attributions importantes des membres de ce collège. On voit qu'ils tenaient presque en leurs mains toute la vie administrative et politique, puisqu'ils pouvaient, à leur gré, en arrêter ou en permettre toutes les manifestations solennelles. Toutefois ce pouvoir était plus limité qu'on ne serait tenté de le croire. L'augure, en effet, ne peut déclarer les auspices en dehors de la demande des magistrats, et sa décision, d'ailleurs, n'est valable que si elle est approuvée par le collège tout entier.

On a soutenu que le collège des augures n'avait ordinairement pas de président et que les membres étant classés par rang d'âge, c'était le plus âgé qui présidait leurs réunions avec le titre d'*augur maximus* (1). Nous voyons qu'il en était autrement à Cirta, puis que nous y trouvons un *magister augurum*. C'est *M. Fabius Fronto*, de l'illustre famille du maître de Marc-Aurèle. Il fut prêtre de la ville, c'est-à-dire l'un des triumvirs qui présida le collège des divinités locales, président des sept augures *(magister augurum septem)*, édile, préfet *jure dicundo* des colonies de Milev, Rusicade et Chullu. Ses concitoyens s'étaient cotisés *(ære conlato)* pour lui offrir, à cause de ses nombreux actes de munificence *(ob munificentias ejus)*, un char à deux chevaux et une statue au Forum (2).

L'épigraphie cirtéenne et celle des colonies de Rusicade et de Milev nous ont conservé le nom et le souvenir des libéralités d'un certain nombre d'augures.

Le premier est *Q. Julius Honoratus*. Il avait succes-

---

(1) J. Marquard. *Manuel des Ant. rom.*, vol. XIII, p. 110.
(2) *Rec. de Const*, vol. IV, p. 117, et V p. 144; — C. I. L., VIII, 7103.

sivement rempli les fonctions suivantes : édile chargé des fonctions de questeur, triumvir, triumvir quinquennal, préfet *jure dicundo* des colonies de Milev, Rusicade et Chullu. Ce citoyen avait dû s'élever aux honneurs par son propre mérite, car il n'appartenait pas, par sa naissance, à la catégorie des *honorati*. Il fallut un décret des décurions pour l'y faire entrer *(adlectus in quinque decurias)*. L'épigraphe qui le mentionne ne nous indique pas la libéralité à laquelle il se livra (1).

L'augure qui vient ensuite dans notre liste est d'une haute antiquité, puisqu'il porte le titre de *duumvir*. Il exerçait donc sa charge avant l'organisation de la Confédération. Un certain *L. Sattius* lui avait élevé une statue au Forum (2). Il se nommait *L. Domitius Tiro* (3).

Le dernier membre du collège des augures dont nous parlent les inscriptions de Cirta ne nous est connu que par son agnomen, *Junior*, et les charges qu'il a remplies. Il fut édile et augure. Il ne semble pas qu'il ait joui d'autres honneurs. L'épigraphe mutilée par le haut, et dont la moitié droite n'existe plus, parlait des libéralités qu'il avait faites en l'honneur de ces deux charges. L'une d'elles seule est mentionnée d'une manière complète : il donna des jeux scéniques pendant l'année de son édilité, outre la somme honoraire qu'il avait versée pour l'augurat (4).

---

(1) C. I. L., VIII, 6950.
(2) Nous avons dit, par erreur, sur la foi de Rénier, au § II, que l'inscription appartenait à un sarcophage. Les deux lettres qui la terminent, H. C. (*h(onoris) c(ausa)*), ne peuvent autoriser cette opinion. Ce qui a induit Rénier en erreur, c'est que la pierre est encastrée tout entière dans un mur de la Casbah et qu'il n'a pu en voir la forme.
(3) C. I. L., VIII, 7099.
(4) Ibid., 7123.

Les textes de Rusicade sont plus explicites. Voici un piédestal de statue, jadis élevée au Forum à une divinité ou à un personnage dont le nom n'a pas été gravé sur la pierre. Il évoque de nouveau le souvenir d'un président du collège des sept augures de la Confédération et de nombreux actes de munificence dont nous avons vu que ses concitoyens de Cirta se montrèrent, avec tant de raison, fort reconnaissants. Il y est dit, en effet, que ce grand personnage avait donné à la colonie de Rusicade, où il avait rempli les fonctions de préfet *jure dicundo,* la statue en question avec des jeux scéniques au peuple, en outre de la somme de mille deniers, pour les réparations du théâtre, qu'il avait déjà offerte au nom de son fils *Senecion.* L'épigraphe est datée d'une manière très précise. Il avait promis le monument dont il s'agit le 3 des nones de janvier, sous le consulat de *Fuscus* et de *Dexter,* en 225, pendant le règne d'Alexandre Sévère, et il le dédia la veille des calendes d'avril de la même année (1).

Ce même personnage ne s'était pas contenté de la part qu'il avait prise aux frais de réparations du théâtre de Rusicade, il y avait encore élevé une statue à l'Empereur régnant, en l'honneur de la préfecture qu'il gérait dans cette colonie, après avoir occupé le triumvirat de la Confédération (2).

Deux autres piédestaux de statues, élevées aussi au Forum de Rusicade, nous rappellent également les nombreux actes de munificence d'un autre augure, *Sex. Otacilius Restitutus,* qui fut investi des hautes charges de la Confédération : l'édilité avec les fonc-

---

(1) C I. L., viii, 7988.
(2) Ibid., 7989.

tions de questeur et le triumvirat. En l'honneur de de l'édilité et du triumvirat, il avait donné 40,000 sesterces et 6,000 pour une journée de jeux ; il en donna 34,000 pour l'augurat auxquels il en ajouta encore 4,000 pour une fête populaire. Il avait donc versé au trésor 84,000 sesterces (21,000 fr. environ) pour payer ses honneurs, et il fit élever, en outre, au Forum les deux statues de *dextri* dont les piédestaux contiennent l'énumération de ces libéralités (1).

Enfin, nous trouvons une dernière mention d'augure dans la colonie de Milev. Il s'agit de la célèbre inscription de Commodus qui fut, avons-nous dit, membre du dernier triumvirat de la Confédération. Nous avons vu qu'il fut aussi flamine perpétuel et le premier triumvir de la colonie de Milev, devenue indépendante. Une autre particularité de la carrière des honneurs qu'il parcourut est mentionnée sur le monument funéraire que sa fille *Turannia* lui fit élever. Il obtint, sans verser la somme honoraire, le flaminat, des suffrages de ses concitoyens *(suffragio oblatum est)*, en récompense de l'estime et de l'affection qu'il s'était acquises, aussi bien parmi ses collègues de l'*ordo* que dans le peuple *(pro adfectionum in ordine atque in populo meritis)*.

XLIX

Les Prêtres des différentes divinités

Les membres des collèges dont nous venons de parler n'étaient pas des prêtres proprement dits. Ils intervenaient dans le culte, plutôt pour en prescrire les formes et en assurer la validité ainsi que l'oppor-

---

(1) C. I. L., VIII, 7990 et 7991.

tunité, que pour en accomplir eux-mêmes les actes ; cela tient à ce que les divinités n'avaient pas en général de prêtres spéciaux. Le sacerdoce appartenait en réalité au père de famille pour le culte privé et aux magistrats pour le culte public. Eux seuls avaient les *sacra*, c'est-à-dire le droit et le devoir de prier et de sacrifier, les uns au nom de la *gens* et de la famille, les autres au nom de l'Etat et du peuple.

Il n'entre pas dans notre sujet, puisque nous n'y sommes sollicité par aucune inscription, d'examiner ici comment et dans quelles conditions se rendaient le culte domestique et le culte gentilice à Cirta.

Quant au culte public, il y a une distinction à faire tout d'abord. Les dieux, avons-nous dit, n'avaient pas de prêtres spéciaux ; mais cela n'est vrai que pour les divinités d'origine romaine auxquelles l'Etat ou la Cité faisait des oblations et des sacrifices par ses magistrats, à certains jours et dans certaines circonstances données. La cité romaine, en effet, était, pourrait-on dire, la cité de Dieu. Fondée avec toutes les cérémonies de l'inauguration, par Romulus et Rémus qui étaient augures et, par suite, sur l'ordre et avec l'agrément de Jupiter, ses magistrats étaient les véritables ministres de la divinité. Inaugurés eux-mêmes, à leur entrée en charge, ils jouissaient donc d'une autorité aussi sacerdotale que politique. Ils avaient les *sacra publica* et c'était à eux que revenaient la charge et l'honneur de rendre le culte aux dieux romains, selon les rites conservés par les pontifes *(ritus patrius)*. De là l'absence de prêtres spéciaux.

Mais les dieux, purement romains, ne restèrent pas longtemps seuls en faveur. Les populations italiques, bientôt absorbées dans la nationalité romaine, confinaient, par le Sud, à celles de la Grande Grèce. Des échanges et des relations de toutes sortes s'étaient vite établis entre elles et les peuples helléniques. De bonne heure les idées grecques suivirent le chemin de l'exportation active des villes méridionales de la péninsule et pénétrèrent à Rome par cette voie. C'est de là que vinrent les *Livres sibyllins* dont l'adoption par Tarquin fut le premier acte de la reconnaissance officielle, par les Romains, des divinités grecques. Leur culte se répandit rapidement dans le monde romain tout préparé à le recevoir, par suite du peu d'intérêt que présentaient à l'imagination, les dieux des *indigitamenta* qui, exprimant de vagues abstractions, avaient à peine un nom, sans personnalité et sans histoire. Parmi ces dieux grecs, tous ceux qui purent se substituer aux dieux romains par la ressemblance de leur rôle et de leurs attributions, prirent leur place et furent honorés selon le *ritus patrius*, c'est-à-dire par les magistrats de la cité. Ils n'eurent pas besoin de prêtres. Mais une foule d'autres constituèrent des personnalités sans rapport direct avec la constitution de l'Etat romain. Les magistrats n'étaient pas investis de leurs *sacra*, c'est-à-dire du devoir et du droit d'oblation envers eux. Ces dieux eurent donc des prêtres particuliers chargés de leur rendre le culte. Ce sont ces prêtres dont il nous reste à parler et auxquels il faut ajouter ceux des divinités orientales qui s'introduisirent avec tant de facilité, sous l'Empire, dans tout le monde romain.

Bien que ces prêtres ne fussent pas des magistrats, comme les membres des collèges dont nous venons d'étudier les pouvoirs, bien que leur institution ne fût pas liée à l'organisation de la Cité, ils n'en étaient pas pour cela indépendants. Ils devaient leur qualité sacerdotale et leurs pouvoirs de ministres des dieux à l'inauguration et à la consécration des augures et des pontifes. Ils étaient soumis disciplinairement au collège des pontifes et, dans l'accomplissement des actes religieux, à l'autorisation des augures. Ils formaient, non pas des collèges, mais des associations *(sodalitates)* dont l'un des triumvirs en charge était le président et portait, en cette circonstance, le titre de prêtre de la ville *(sacerdos urbis)*.

Les inscriptions de Cirta nous ont conservé, ainsi que nous l'avons vu, deux mentions de ces prêtres de la ville. La première concerne *M. Roccius Felix* qui avait été élevé à l'ordre équestre, après avoir honorablement rempli les fonctions de triumvir *prêtre de la ville,* et de flamine d'Antonin. Il avait érigé au Capitole une statue avec un autel au Génie du peuple *(cirtéen)* qui lui coûta 6,000 sesterces, en l'honneur de son triumvirat, et donné, le jour de sa dédicace, des sportules d'un denier aux citoyens inscrits sur la matrice publique, ainsi que des jeux scéniques au peuple, avec distribution d'argent aux spectateurs (1).

La seconde inscription se rapporte à *M. Fabius Fronto* dont nous venons de rappeler les grandes libéralités en faveur de Rusicade, et auquel ses concitoyens avaient offert, par souscription, un char à deux chevaux ainsi qu'une statue élevée au Forum de Cirta. Il était augure et président du collège. Il avait rempli dans la Confédération les charges d'édile, de triumvir *prêtre de la ville* et de préfet *jure dicundo* des colonies de Milev, Rusicade et Chullu (2).

---

(1) *Rec. de Const.*, vol. 1ᵉʳ, p. 4 ; — C. I. L., VIII, 6948.
(2) *Ibid.*, vol. IV, p. 117, et v. p. 144 ; — *Ibid.*, 7101.

Les caractères distinctifs de ces différents collèges de prêtres n'offriraient aucun intérêt à être présentés à part. Il faut les rattacher aux divinités que ces collèges honoraient et au culte qu'ils leur rendaient. Nous allons donc énumérer d'après les textes épigraphiques et les fouilles, les divinités qui avaient des temples ou des autels à Cirta, et rappeler ce que nous savons de leur culte ainsi que des attributions de leurs prêtres respectifs, lorsqu'elles en avaient.

L

Les divinités honorées à Cirta. — Leur culte et leurs temples

1° Jupiter

Le premier et le principal dieu honoré dans l'Empire romain était Jupiter. Il avait, dans chaque municipe, un temple qui constituait à lui seul le Capitole ou en était le principal édifice, ainsi que nous l'avons vu pour Cirta. Aussi, portait-il souvent le nom de *Jupiter Capitolinus*. C'est sous ce nom même qu'il est parfois désigné en Afrique (1). Il était le protecteur de Rome et de l'Empire et n'était autre que Janus à l'origine. C'était un des principaux dieux des *indigitamenta*, c'est-à-dire de ceux qu'avait conçus la pensée italique primitive. Il était le maître de la nature. C'est par lui que se produisaient tous ses phénomènes et que toutes ses forces entraient en jeu. C'est pourquoi il était la source de tous les auspices. L'augure, nous l'avons vu, s'adressait particulièrement à lui pour les obtenir. Il manifestait surtout sa volonté par les éclairs et le tonnerre qui étaient les

---

(1) A Sétif, par exemple, C. I. L., VIII, 8434.

principaux d'entre eux. Aussi, dans les premiers âges, à l'époque où les dieux romains n'avaient pas encore la forme humaine, était-il représenté par le silex d'où jaillit l'étincelle. On sait que les premières statues des dieux datent de Tarquin l'Ancien et que ce roi consacra au Capitole la première représentation humaine de Jupiter. A ces époques reculées, où les dieux n'étaient encore que les modes d'activité de l'âme du monde, Jupiter remplissait des fonctions innombrables sous les noms les plus divers.

Plus tard, à la suite de la propagation de la mythologie grecque à travers l'Italie centrale, il fut identifié au *Zeus* grec dont il avait la puissance et les attributions. Malgré cette transformation il resta le dieu romain par excellence et continua à être honoré selon le *ritus patrius,* par les magistrats, comme patron de Rome et du peuple romain. Il n'eut donc pas besoin de prêtres spéciaux.

Son culte remplissait une grande partie de la vie religieuse des Romains.

Nous avons vu plus haut qu'il était invoqué spécialement dans toutes les inaugurations et exaugurations de prêtres, de temples, de magistrats et de cités même. On comprend, dès lors, qu'il fût la principale divinité de toutes les cités, et, ainsi que nous allons le dire pour Cirta, celle qui était le plus richement dotée.

C'est à lui qu'on attribuait la punition des plus grands crimes, après celui du parricide qui était l'objet de la poursuite des dieux domestiques. Le crime de trahison, notamment du patron envers son client ou du client envers son patron, lui était particulièrement voué. Celui qui s'en était rendu coupable était déclaré son *sacer,* c'est-à-dire que le pontife le lui dévouait comme une victime désignée à sa vengeance.

Les magistrats, en lui offrant des sacrifices, le priaient pour la prospérité publique et le salut de l'Empire ; c'est à lui que s'adressaient les pontifes, lorsqu'ils conduisaient la procession de *l'aquœlicium* par laquelle on demandait la fin de la sécheresse. A Rome ils portaient, du temple de Mars à la porte Capène, une pierre cylindrique appelée, à cause de la pluie qu'on obtenait ainsi, la *pierre qui coule (lapis manalis)*. Ils étaient suivis par les matrones marchant nu-pieds et par les magistrats sans leurs insignes. Cette *obsecratio* avait certainement passé en usage dans les municipes.

C'était à lui qu'étaient consacrées les ides de chaque mois, c'est-à-dire le quinze des mois de Mars, Mai, Juillet et Octobre, et le treize des autres mois. Le pontife lui sacrifiait, ce jour-là, dans son temple du Capitole, une brebis blanche appelée pour cette raison *ovis idulis alba.*

C'est en son honneur qu'on célébrait deux fois par an les *vinalia* ou fêtes du vin : la première fois, le 23 Avril, pour goûter le vin de l'année précédente et en faire des libations à Jupiter ; la seconde fois, le 19 Août, pour obtenir de lui de bonnes vendanges.

Les fêtes de Jupiter s'échelonnaient en grand nombre dans le courant de l'année. Rappelons les principales :

Les *Nundinœ,* ou jours de marché, qui se renouvelaient chaque semaine et pendant lesquels on se livrait à ses affaires, tout en participant à des réjouissances de famille.

L'*epulum Jovis* ou repas de Jupiter qu'on lui faisait prendre avec les autres divinités honorées en même temps que lui au Capitole, c'est-à-dire Junon et Minerve. Ce repas avait lieu deux fois par an : le 13 septembre et le 13 novembre. On frisait alors, on oignait et on fardait avec du minium les statues des trois dieux ; on plaçait Jupiter sur un *lectus* ou lit de table, et Junon, ainsi que Minerve, sur un siège *(sella)*, et on les invitait à un festin auquel prenait part, à Rome, le Sénat tout entier, et, dans les municipes, le Conseil des décurions.

Le 1er août, en l'honneur de Jupiter, et le 7 octobre, en l'honneur de Jupiter-éclair *(Jupiter Fulgur)* associé à Junon, on célébrait des fêtes sur lesquelles nous n'avons aucun renseignement.

Le 13 octobre, on lui sacrifiait un cheval dit, pour cette raison, *cheval d'octobre*. La fête se célébrait par une course de chars attelés de deux chevaux. On immolait ensuite le cheval de droite du char vainqueur sur l'autel de Mars, et on portait la queue sanglante dans la *Regia* ou maison du président du collège des pontifes. Là, on faisait couler le sang goutte à goutte sur le foyer.

On donnait encore, en l'honneur de Jupiter, de nombreuses réjouissances au cirque ou au théâtre. C'étaient les *ludi* ou jeux publics qui étaient en même temps des cérémonies religieuses. Les plus importants de ces jeux en l'honneur de Jupiter auquel, depuis Auguste, on associa l'Empereur, étaient les *ludi romani* ou jeux romains. Ils avaient lieu au cirque.

Puisque Cirta avait un cirque dont on a retrouvé une partie des restes sur l'emplacement actuel de la gare des voyageurs et dont il subsiste probablement encore de nombreux vestiges sous les derniers ressauts des pentes du Mansourah, il est certain que ces jeux devaient y être célébrés avec une pompe analogue à celle qu'on déployait à Rome. Ce qui nous autorise à l'affirmer, c'est que l'organisation administrative des cités romaines, dans les provinces, était, nous l'avons vu, tout à fait à l'instar de celle de Rome, et que Cirta était une des grandes villes de l'Empire, comme on a pu s'en rendre compte par son immense périmètre et l'opulence de ses magistrats.

Nous allons donc, en adaptant à notre cité la description que nous a laissée *Denys d'Halicarnasse* des jeux romains au grand cirque de Rome, essayer de nous rendre compte de ce qui se passait à Cirta en cette occurrence.

Le vallon qui se creuse en face de la ville, entre les dernières pentes du Mansourah et la rive droite de l'Ampsaga, notre Rhumel actuel, était remarquablement disposé par sa forme allongée pour les courses de chars. Aussi, les cirtéens ne manquèrent pas d'y construire leur cirque qui s'y trouvait en communication avec la cité par le Pont d'Antonin d'une part, et par celui dont l'arche inférieure subsiste encore au-dessus du fleuve, en face du petit monticule où était bâti le grand théâtre auquel nous avons donné le nom d'*Aufidius*, à cause du portique dont l'orna ce pontife.

Le cirque était une longue construction de forme elliptique qui s'appuyait, dans sa partie Sud-Est-Nord-Ouest, sur les dernières pentes du Mansourah; dans sa partie Nord-Ouest, sur la colline du théâtre, et qui se fermait dans la partie opposée par un long portique donnant accès, par ses arcades, à des couloirs ouvrant sur l'arène du cirque ou à des remises pour les chars (*carceres*). Au-dessus de ces couloirs ou de ces remises, se trouvaient de nombreux gradins pour la foule des spectateurs et les loges des magistrats et des grandes familles de Cirta. Sur toutes les autres parties de la construction, s'étageaient aussi en ellipse des gradins semblables pouvant contenir environ 30 ou 40 mille personnes. Le sol ainsi circonscrit formait l'arène du cirque autour de laquelle courait une barrière qui la séparait des rangées inférieures de gradins, pour protéger les spectateurs des atteintes des chevaux ou des bêtes sauvages qu'on y faisait parfois combattre. Au milieu de l'arène, se trouvait une muraille peu élevée qui séparait les deux côtés de la piste.

Les *jeux romains* qui s'y donnaient en l'honneur de Jupiter débutaient par une *pompa*. C'était une sorte de procession triomphale menée par les magistrats éditeurs des jeux, soit qu'ils les donnassent à leurs frais, soit que le Conseil des décurions, pour célébrer une fête obligatoire, leur eût ouvert un crédit sur le trésor public.

La *pompa* était formée des éléments suivants :

D'abord, les jeunes gens des plus grandes familles de la cité, en groupes à pied et à cheval ; ensuite, les conducteurs de chars qui devaient prendre part aux jeux, portant les couleurs de leurs différents partis, ainsi que nous l'expliquerons plus loin ; puis des groupes de cavaliers et autres champions. Venaient à leur suite des troupes de danseurs armés, composées d'hommes, de jeunes gens et d'enfants et qui étaient suivies des groupes de danseurs comiques couverts, les uns de peaux de mouton, les autres de peaux de bouc, avec des surtouts bigarrés. Chacun de ces groupes était accompagné de chœurs de joueurs de flûte et de lyre. Après eux, marchaient les porteurs de vases d'encens et autres objets sacrés. Puis venaient les chars sacrés tirés de ce riche mobilier du Capitole, dont nous parlerons plus loin, et dont un fragment d'inventaire nous est resté à Cirta. Ces chars, traînés par quatre chevaux et roulant sur deux roues, portaient les statues de Jupiter, de Junon et de Minerve, les trois dieux du Capitole. Par un artifice de suspension, une Victoire tenant une couronne volait au-dessus d'eux. Les côtés du char étaient ornés d'aigles avec l'attribut de la foudre. Un autre char sacré portait la statue de l'Empereur dont on associait presque toujours le culte avec celui de Jupiter. Elle était aussi surmontée d'une Victoire ailée qui semblait vouloir ceindre sa tête d'une couronne, comme on peut le voir sur un grand nombre de monnaies. Ces chars étaient conduits par des jeunes enfants habillés de blanc, ayant encore leur père et leur mére *(patrimi et matrimi)* unis par le mariege de la *confarreatio*.

C'est dans cet ordre que le cortège s'était formé au Forum. Il partait de là pour se rendre par la voie de Fonteius, en passant sous l'arc de triomphe de Cæcilius Natalis, sur la place de la Brèche dont il faisait le tour, puis il suivait la grande voie qui cotoyait le vieil amphithéâtre, le temple de Bacchus et une foule d'autres monuments dont des fouilles ultérieures nous révéleront l'existence, et arrivait au Pont d'Antonin. Il traversait le fleuve sur ce pont et débouchait devant le portique du Cirque. Arrivé là, il s'engageait sous la grande arche du centre pour pénétrer dans l'arène et commençait à faire le tour du cirque. A son entrée, les spectateurs se levaient tous et accueillaient, par de longues acclamations et de vives salves d'applaudissements, le cortège triomphal. Cet enthousiasme durait tout le temps que la *pompa* faisait le tour de l'arène et, bien qu'il fût un peu factice puisque cette cérémonie était un retard apporté aux jeux impatiemment attendus, il ne cessait que lorsque le dernier char était sorti, pour laisser la place libre aux champions.

Les chars qui devaient prendre part à la course sortaient des remises où on les tenait prêts. Ils venaient se ranger à l'un des bouts de la petite muraille basse qui partageait l'arène en deux parties, à côté de l'obélisque qui y était élevé et qui faisait suite aux statues des dieux, aux Victoires et aux colonnes dont cette petite muraille était surmontée. Lorsqu'ils étaient rangés, au nombre de quatre pour chaque course, en une ligne parfaitement horizontale sur la largeur de la piste, le magistrat éditeur des jeux jetait dans l'arène, du haut de sa loge située au-dessus des remises, une petite toile blanche *mappa*. C'était le signal du départ. Les quatre chars se précipitaient le long de la partie étroite de la piste. Arrivés à l'autre bout de l'ellipse auprès d'un obélisque isolé de la muraille qui en formait le grand axe, ils en faisaient le tour et remontaient, par la gauche de la piste, jusqu'au premier obélisque d'où ils étaient partis, et continuaient ensuite, par le même chemin, jusqu'à ce qu'ils eussent accompli le nombre de tours exigés par la course. Ce nombre de tours de l'hippodrome était, en général, de sept. Le vainqueur était celui qui, après les avoir accomplis, atteignait le premier une ligne, tracée sur le sol avec de la craie, près de l'entrée, et au bout de laquelle était placée la personne qui distribuait les prix. Pour que les spectateurs pussent à tout instant se rendre compte du nombre de tours déjà effectués, on avait construit sur la petite muraille du milieu de l'arène une table de pierre soutenue par quatre colonnes et où se trouvaient placées sept boules coniques en forme d'œuf. A chaque tour, on en enlevait une, ou bien on en plaçait une sur cette même table où il ne s'en trouvait aucune au commencement de la course C'était exactement ce qui se passait sur l'hippodrome d'Aumale (l'ancienne Auzia), en Afrique. On y a trouvé, en effet, une inscription rappelant qu'un citoyen, *Dec(imus) Claudius Juvenalis Sardicus,* avait fait don à l'hippodrome des obélisques, de l'ovarium et du tribunal où se plaçaient les juges des courses (1).

Les chars étaient attelés de deux ou quatre chevaux de front. Les conducteurs, qui étaient ordinairement des esclaves dont le public demandait l'affranchissement, lorsqu'ils avaient remporté des victoires, étaient vêtus d'une courte tunique sans manches, étroitement serrée au haut du corps et coiffés d'un bonnet en forme de casque. Ils avaient le fouet à la main et portaient à leur ceinture un couteau bien affilé pour couper instantanément, en cas de collision ou de chute, les rênes des chevaux dont l'extrémité était enroulée autour de leur corps. Les tuniques, les chars, les harnais étaient de la couleur du parti qu'ils

---

(1) C. I. L., VIII, 9005.

représentaient. Ces partis étaient des associations de capitalistes et de grands propriétaires d'esclaves et de haras équipant les hommes et les chevaux qui se dispuaient les prix de la course. Ils occupaient un nombreux personnel qui, outre les cochers, comprenait des charrons, des selliers, des instructeurs dans l'art de conduire, des gens chargés du bon entretien de l'arène, etc. C'est ainsi qu'à Cirta nous avons l'épitaphe d'une jeune fille, *Ururia,* dont le père était *sartor arenarius magister,* c'est-à-dire chef d'une équipe de sarcleurs de l'arène. Les cochers recevaient, étant donnée la concurrence des partis et la faveur de la foule, des salaires fort élevés, outre les palmes et couronnes qu'ils remportaient.

Lorsqu'une course était achevée, on en commençait une autre dans les mêmes conditions. Il arrivait parfois qu'on organisait ainsi plus de vingt courses *(missus),* ce qui faisait durer le spectacle la plus grande partie de la journée.

Il y avait aussi, avec les courses de chars, des courses de chevaux. Les cavaliers en conduisaient deux et, en habiles écuyers, ils sautaient de l'un sur l'autre pendant la course.

On donnait aussi à l'hippodrome, et plus tard, dans des stades bâtis exprès, des jeux gymniques : courses à pied, pugilat et lutte à main plate.

Enfin de nombreux intermèdes étaient réservés aux mimes et aux danseurs, qui étaient les clowns de l'époque, et que nous avons vu figurer à la *pompa.*

Tels étaient les jeux, en l'honneur de Jupiter et de l'Empereur, qu'on célébrait dans l'hippodrome de Cirta dont il serait si desirable qu'on exhumât les restes enfouis derrière la gare des voyageurs et, sans doute aussi, des marchandises.

Nous avons dit plus haut que Jupiter, malgré sa transformation grecque, était resté le dieu protecteur de Rome, essentiellement lié à sa fortune ainsi qu'à son organisation. Son culte était une fonction administrative et les magistrats en étaient chargés, avec l'assistance des pontifes. Il n'avait donc point de prêtres spéciaux.

On l'honorait par des prières et des sacrifices accomplis sur ses autels. Comme il était le plus puissant des dieux célestes, ceux-ci étaient les plus élevés, tandis que les autels des puissances souterraines étaient très bas. On lui sacrifiait en général des taureaux et des brebis blanches. Voici comment on opérait :

On amenait près de l'autel la victime ornée de bandeaux et de rubans. Les taureaux avaient, en outre, les cornes dorées. Le magistrat qui offrait le sacrifice était assisté d'un pontife qui lui dictait les formules. Il se voilait, c'est-à-dire ramenait sur sa tête la partie flottante de sa toge, et répandait sur la victime la *mola salsa*. C'était de la farine salée d'épeautre torréfié et pilé, d'où le nom d'*immolation*. Il y versait ensuite une coupe de vin. Puis il coupait sur le front une touffe de poils et les jetait sur le feu de l'autel. Après cela, il donnait l'ordre au *victimarius* de mettre à mort la victime. Celui-ci lui abattait la tête à coups de hache, si c'était un taureau, ou l'égorgeait avec un couteau, si c'était une brebis. La victime une fois morte, les aides du *victimarius* la dépeçaient et en retiraient les *exta,* c'est-à-dire le foie, le fiel, les poumons, le cœur et la membrane qui environne les intestins. Un augure examinait alors ces viscères pour en tirer des auspices. S'ils étaient favorables, on faisait cuire les exta dans un vase rempli d'eau, ou on les rôtissait à la broche, suivant les règles de l'art. On les divisait ensuite et on en préparait un plat qu'on offrait au dieu. Le reste de l'animal était réservé pour les prêtres du temple ou, s'il n'y en avait pas, pour le repas fait ensuite par les sacrificateurs. Toutes ces cérémonies exigeaient beaucoup de temps. Il n'était pas rare qu'un sacrifice, commencé le matin, ne pût se terminer que le soir. Pendant les divers actes du sacrifice, le magisprononçait les formules sacrées que le joueur de flûte couvrait des sons de son instrument, pour que tout trouble ou tout incident provenant de la foule massée sur l'*area* du temple, ne fût pas entendu de l'officiant.

Mais on n'offrait pas toujours à Jupiter des sacrifices sanglants. L'oblation consistait aussi en produits de l'agriculture et de l'industrie domestique, en prémisses des fruits *(primitiæ, fruges)*, en aliments *(dapes)*, en gâteaux sacrés *(liba)*, en lait, en vin, en parfums. Quelquefois aussi on le faisait assister à un festin *(epulum Jovis)* que prenait, en sa compagnie, tout le Conseil des décurions. Nous avons vu plus haut en quoi consistait cette cérémonie.

D'autres fois on lui dressait, à lui-même, et aux déesses dont le culte était associé au sien au Capitole, Junon et Minerve, un véritable repas. C'était le *lectisterne*. On plaçait Jupiter sur un *lectus*, le bras gauche appuyé sur un coussin, dans la posture des gens à table. Les déesses, au-lieu d'être couchées étaient assises sur des sièges. Pour cela on se servait de mannequins articulés qu'on habillait comme les divinités devaient l'être, et on [plaçait sur leurs épaules une tête de marbre qui représentait chaque dieu, conformément à la tradition Ces têtes étaient fardées avec du minium et portaient, au-dessus du front, des perruques frisées. Les dieux ainsi placés, on leur offrait des mets sur une table, en plusieurs services qui se succédaient dans l'ordre des repas les plus luxueux.

Les magistrats ou les prêtres, avant d'offrir un sacrifice ou de faire des offrandes, étaient tenus de se purifier, la veille, par un bain dans l'eau courante, d'avoir expié, par des cérémonies préalables, toutes les souillures qu'ils auraient pu contracter volontairement ou non, comme celles d'avoir vu un mort, d'être allés à un tombeau, etc... Ils se purifiaient en se parfumant avec du soufre, du laurier ou en marchant dans le feu.

Pendant la prière, l'officiant se tenait debout, le visage tourné vers le temple du dieu, ou vers l'orient, s'il sacrifiait sur un simple autel. Il tenait celui-ci avec les mains et, quand il avait terminé, posait la main sur sa bouche. C'était le signe de l'*adoratio*. Puis, se tournant de gauche à droite, et parfois de droite à gauche, en faisant le tour de l'autel, il allait s'asseoir sur un siège. La prière consistait en des paroles consacrées et traditionnelles, absolument invariables et très anciennes, qu'on ne comprenait même plus depuis longtemps. Elle ressemblait quelque peu, à part l'obscurité, à nos litanies catholiques.

Il fallait, pour le culte de Jupiter, tout un mobilier particulièrement riche dans les temples de ce dieu et dont l'ensemble constituait le trésor de ces temples qui, d'ailleurs, avaient une somptueuse dotation en biens fonds, en offrandes des citoyens et en ex-voto. Il nous est resté, à Cirta, un fragment d'inventaire des objets sacrés du temple de Jupiter au Capitole. Nous y lisons que le dieu lui-même avait, dans la cella, une grande statue d'argent dont tous les ornements étaient aussi de ce précieux métal. En effet, sur sa tête, était placée une couronne de chêne en argent, formée de trente feuilles et de quinze glands. Dans sa main droite, projetée en avant, était un globe d'argent surmonté d'une Victoire également en argent. Celle-ci tenait à la main une palme d'argent contenant dix folioles et avait sur la tête une couronne d'argent composée de quarante feuilles. Enfin, le dieu s'appuyait, de la main gauche, sur une lance d'argent (1).

Par ces détails si précis et si complets nous apprenons, en premier lieu, que la personnalité de Jupiter honorée spécialement à Cirta était celle de *Jupiter Victor* ou Vainqueur, dont un temple avait été voué pour la première fois à Rome, deux siècles avant J.-C., par le Consul *Q. Fabius Maximus*, lorsqu'il remporta, contre les Gaulois, la bataille de Sentinum et dont l'anniversaire de la dédicace se célébrait le 13 avril, sept jours après la fête commémorative de la victoire remportée par César sur Juba, à Thapsus. Ces détails nous rappellent encore comment était représenté Jupiter Vainqueur.

Malheureusement, ce début d'un si riche inventaire est interrompu. Nous en possédons néanmoins un autre passage où nous trouvons l'énumération suivante :

En haut du Nymphœum du même temple de Jupiter, se trouvait une inscription en couronne, composée de quarante lettres d'or formant dix mots sé-

---

(1) C. I. L., VIII, 6981.

parés par autant de feuilles de lierre d'or. On trouvait aussi dans le temple, parmi les richesses du mobilier sacré, six coupes à libations incrustées d'or, six statues d'airain, un Cupidon de même métal, six statues de marbre, six silènes d'airain ou robinets de fontaines à tête de silènes, pour les ablutions, six serviettes pour s'essuyer ensuite et une urne d'or (1).

Quand on songe que cette dernière énumération ne s'applique qu'au mobilier du Nymphœum du temple, sorte de retraite où on venait chercher la fraîcheur, on se demande quelles richesses devait contenir le temple lui-même. La statue du dieu est bien faite pour nous en donner une haute idée.

Mais Jupiter avait d'autres sanctuaires à Cirta.

Nous savons, par une découverte de M. Marchand, en 1866, qu'il avait un autel dans les propriétés de Salluste (2), un deuxième dans un endroit indéterminé (3) et un sanctuaire qu'il partageait avec tous les dieux et toutes les déesses, selon une coutume assez répandue, sur un autre point ignoré (4).

Enfin, il est à croire qu'il avait un temple dans une des colonies de la Confédération cirtéenne, Rusicade, puisqu'on a trouvé, probablement sur l'ancien emplacement de ce temple, au sommet de la colline où a été bâti l'hôpital militaire de Philippeville, un grand cippe dédié à Jupiter très bon et très grand, conservateur des trois empereurs (?) (5). Il y était honoré sous le titre d'*Apenninus* qu'il devait à

---

(1) C. I. L., viii, 6982.
(2) *Rec. de Const.*, vol. x, p. 72 ; — C. I. L., viii, 6953.
(3) C. I. L., viii, 6954.
(4) Ibid., 6955.
(5) Ibid., 7965.

son temple d'Iguvium, dans les Apennins, où il rendait des oracles selon le mode italique, c'est-à-dire par le moyen des sorts *(sortes)*. L'impétrant posait au dieu une question, après lui avoir fait une offrande, et on lui faisait tirer au sort une réponse parmi des formules empruntées à des livres sacrés.

LI

2° Junon

Comme Jupiter, Junon est une des plus vieilles divinités des *indigitamenta*. Elle présidait surtout aux actes de la conception, de l'enfantement, du développement de l'enfance, et, à ce titre, portait les noms de *Fluonia*, parce qu'elle arrêtait le flux menstruel après la conception ; de *Lucinia*, parce qu'elle contribuait à la mise au jour *(lux)* de l'enfant ; d'*Iterduca*, parce qu'elle lui apprenait à marcher ; d'*Ossipago*, parce qu'elle fortifiait son ossature ; de *Domiduca*, parce qu'elle lui faisait retrouver le chemin de la maison quand il en était sorti, etc....

De même que Jupiter était Janus, au temps des dieux indigètes, de même Junon était Jana, c'est-à-dire la forme féminine de ce dieu. La foi populaire italique, en effet, reconnaissait deux principes associés dans toute divinité : un principe masculin et un principe féminin.

Dans ces conditions, lorsque le culte s'hellénisa, Janus étant devenu Jupiter, Jana devait aisément s'identifier avec Junon, son épouse. Ces deux divinités restèrent donc associées dans le culte qu'on rendait à la première. Aussi, les voyons-nous habiter le même temple. La plupart du temps, les édifices consacrés à Jupiter le sont également à Junon et à Minerve. Nous en avons d'innombrables exemples en Afrique. Junon n'avait donc pas de collèges particuliers de prêtres ou de prêtresses. Son culte était lié, comme celui de Jupiter, à la constitution romaine et était rendu par les magistrats, sauf les cas où elle était honorée comme protectrice des mères et des enfants. Alors, son culte appartenait à la famille, et c'étaient les femmes qui s'en acquittaient dans des fêtes domestiques.

Il ne faut pas oublier, pourtant, que sous la République et même du temps d'Auguste, elle avait une prêtresse pour son culte officiel. C'était l'épouse du *flamen dialis*, la *flaminica*. Mais, de même que ce sacerdoce particulier de Jupiter ne subsista pas dans les municipes, de même celui de Junon y disparut.

Comme épouse du protecteur de la puissance romaine, nous lui voyons recevoir les mêmes honneurs que Jupiter. C'est ainsi qu'elle participait à l'*epulum Jovis* dont nous avons parlé plus haut, ainsi qu'au lectisterne, et que sa statue faisait partie de la *pompa* des *ludi romani*.

Toutefois, elle avait ses fêtes et ses sacrifices propres et était honorée à part.

C'est ainsi que les *Calendes* (le premier jour de chaque mois) lui étaient spécialement consacrées. On lui sacrifiait alors une *porca* ou une *agna*, avec un cérémonial analogue à celui que nous avons décrit plus haut. Aux *ludi Terentini* ou jeux séculaires qu'on célébrait à Rome, au lieu appelé *Terentum*, sur les bords du Tibre, on lui sacrifiait une vache.

Ses fêtes publiques étaient :

Les *Lupercalia* qui étaient établies primitivement en

l'honneur de Pan Lycien, c'est-à-dire représenté en loup, devinrent facilement une fête de Junon. Cette transformation se fit pour deux raisons : la première est que Pan Lycien fut identifié à Jupiter et que Junon dut alors participer à son culte ; la seconde est que les *Luperques* ou prêtres de Pan Lycien, qui continuèrent à subsister en collège, après que leur dieu fût devenu Jupiter, avaient coutume, après avoir sacrifié un bouc, de parcourir la ville en frappant sur le dos, avec une lanière de cuir de bouc, toutes les femmes qu'ils rencontraient, et que cette atteinte passait pour rendre fécondes celles qui étaient stériles. Junon étant la déesse protectrice des mères, ne pouvait être étrangère à cette transformation. Aussi, comme épouse du dieu honoré ce jour-là et comme y exerçant sa propre puissance, elle fut bientôt elle-même la divinité qui reçut tous les hommages. On lui sacrifiait alors une chèvre, parce que la lanière dont se servaient les luperques portait le nom de *februa,* qui signifie aussi la fièvre dont la chèvre passait anciennement pour être toujours atteinte. Cette fête se célébrait le 15 du mois de février qui en tira son nom *(februarius),* non seulement à Rome, mais dans toutes les provinces, et dura jusqu'à la fin du Ve siècle où elle se transforma dans la fête chrétienne de la Purification de la Vierge.

Les *Matronalia*. C'était la fête des mères de famille. Elle était officielle, mais non publique : elle ne se célébrait que dans l'intérieur des demeures. On y faisait des offrandes à Junon Lucine, en la priant de bénir la mère de famille et ses enfants. Les maîtresses de maison donnaient un festin aux esclaves, comme les maîtres le faisaient lors des Saturnales.

Les époux offraient des présents à leurs femmes. Cette fête se célébrait le 1ᵉʳ Mars, jour anniversaire de la fondation du temple de Junon Lucine, en 375 av. J.-C., sur le mont Esquilin.

La fête de Junon *Moneta*, ainsi appelée parce que c'était dans son temple qu'on frappait la monnaie. Nous ne savons quels étaient les rites de cette solennité qui se célébrait le 1ᵉʳ Juin.

Enfin, la fête de Junon reine *(Junonis reginæ in Aventino)*, qui se célébrait, à Rome, avec une certaine pompe : les quindécemvirs, c'est-à-dire le collège des prêtres qui avait été institué pour veiller au culte des divinités étrangères, et qui remplissait, à l'égard de celles-ci, le rôle du collège des pontifes à l'égard des divinités d'origine purement romaine, conduisaient processionnellement deux vaches, ornées de bandelettes et les cornes dorées. Les deux vaches ouvraient la marche, traînant, dans un char, deux statues de Junon en bois de cyprès, puis venait un chœur de vingt-sept jeunes filles, habillées de longs vêtements, qui chantaient les louanges de la déesse. Les quindécemvirs fermaient le cortège, la tête ceinte d'une couronne de lauriers et revêtus de la toge prétexte. La procession se dirigeait ainsi sur l'Aventin où les quindécemvirs immolaient à Junon les deux vaches.

Il semble étrange de voir les quindécemvirs participer au culte d'une divinité purement romaine comme l'était Junon. Ce n'est qu'une apparente anomalie. Il s'agissait bien, en effet, de Junon, mais ce n'était pas la Junon romaine, c'était celle des Véiens dont le temple, d'ailleurs, était sur l'Aventin, dans le *pomœrium*. Les divinités véritablement romaines avaient au contraire leur temple dans l'intérieur de la ville.

Nous ne savons pas si cette fête avait lieu également dans les municipes, bien qu'elle figure au calendrier.

Ajoutons enfin que le jour anniversaire de la naissance des Empereurs, le flamine, dans les municipes, et les frères Arvales, à Rome, faisaient une prière à Junon Lucine qui avait favorisé cet heureux évènement.

Junon envoyait des songes aux personnes qu'elle favorisait.

C'est ainsi que nous trouvons, sur le territoire de Sigus dépendant de Cirta, un autel dédié à Junon par *Cassia Rogatina* qui avait été avertie en songe par la déesse (1).

Le culte de Junon n'est mentionné à Cirta que d'une manière assez anormale. Les inscriptions, en effet, nomment deux prêtresses de cette divinité. Or, nous avons vu qu'elle n'avait pas pu donner lieu à l'institution d'un sacerdoce spécial. Comment résoudre cette difficulté ?

De la manière la plus simple. Comme épouse de Jupiter, le protecteur du monde romain, elle était honorée publiquement par les magistrats, assistés des pontifes et des augures ; mais cette divinité, nous l'avons vu, exerçait une influence particulière sur la vie de la femme et ses principaux évènements. Cette attribution donnait lieu à un culte absolument différent du culte officiel et qui était rendu par des prêtresses spéciales. Ce sont ces prêtresses qui ont laissé des traces dans l'épigraphie cirtéenne.

La première est *Bœbia*, fille de Fulvius, qui est

---

(1) *Rec de Const.*, vol. XIX, p. 361 ; — C. I. L., VIII, 10856.

qualifiée, dans son épitaphe, de chaste prêtresse de Junon et qui vécut 54 ans (1).

La seconde est *Julia Postuma*. Il y a évidemment erreur dans le chiffre exprimant l'âge où elle est morte, car il n'est formé que de deux barres verticales. Le lapicide a voulu, sans doute, graver les lettres LI qui donneraient cinquante et un ans, au lieu de deux.

Ce sont là les seuls souvenirs qui aient subsisté du culte de Junon à Cirta et dans les IIII Colonies. Il n'y est resté aucune trace d'autel ou de temple.

LII

4° Minerve-Pallas ; — 5° Vénus

Bien que nos textes soient muets sur le culte de la Minerve proprement dite dans la Confédération, il ne devait pas moins y être fort en honneur, puisqu'une des IIII Colonies même portait le nom de cette divinité : *Colonia Minervia Chullu*.

De plus, nous savons qu'elle avait, sous le nom de Pallas, un grand temple à Cirta, dans notre rue du 26e Ligne.

Nous sommes donc autorisés à essayer de nous rendre compte de ce que devait être son culte.

Minerve était, comme les précédentes, une des divinités des *indigitamenta*, ou plutôt elle n'était que la personnification d'une des multiples fonctions de la double divinité primitive, Janus-Jana, qui consistait à présider au développement de la mémoire chez l'enfant. A la suite de l'introduction, à Rome, des Livres sibyllins, la déesse de la Mémoire, s'identifia

---

(1) *Rec. de Const.*, vol. XI, p. 367 ; — Ibid., 7093.

facilement avec celle de la Sagesse, issue du cerveau du Jupiter grec. Comme Junon, qui tenait de si près au même dieu, elle participa à son culte et reçut les honneurs qui lui étaient rendus dans sa demeure, c'est-à-dire dans son temple.

Nous avons vu, en effet, qu'elle participait à l'*epulum Jovis* ou lectisterne et à la *pompa* des *ludi romani* où son image était à coté de celles de Jupiter et de Junon.

Comme à cette dernière divinité, les magistrats, assistés des pontifes et des augures, et avec le cérémonial que nous avons décrit plus haut, lui sacrifiaient, en avant du Capitole, un taureau ou une génisse.

Elle n'avait donc pas de prêtres spéciaux, mais elle était la patronne, c'est-à-dire la divinité protectrice d'un grand nombre de corporations *(collegia)* dont le lieu de réunion portait, pour cette raison, le nom d'*atrium* de Minerve *(atrium Minervæ)*. Ces corporations étaient celles des musiciens *(tibicines)*, des comédiens *(histriones)*, des tisserands, des teinturiers, des cordonniers, des foulons, des scribes, des médecins, etc....

Les offrandes qu'on lui apportait consistaient toujours en objets d'argent. On ne pouvait les lui présenter qu'après avoir fait des ablutions à l'un des silènes ou fontaines du *Nymphæum* dont nous avons constaté l'existence à Cirta, dans le Capitole même.

Le magistrat qui officiait aux sacrifices en son honneur devait, au moment de la prière qu'il lui adressait, prendre l'attitude du suppliant, monter les degrés du temple pour aller se prosterner devant sa statue et lui embrasser les genoux, les mains et les pieds.

Son culte était très ancien à Rome, si on en juge par le chant des frères Arvales qui contenait des vers en son honneur *(Minervii versus)*. Le chef du collège l'invoquait aussi dans tous les vœux faits pour le peuple, le 3 janvier, après quoi il lui vouait deux vaches, comme à Junon.

Minerve était honorée chez le peuple romain, ainsi qu'en Grèce, comme la protectrice de la culture des olives.

Elle avait trois fêtes publiques par an :

La première était celle du *Quinquatrus*, c'est-à-dire du cinquième jour après les ides de mars. Elle durait cinq jours. Bien qu'elle eut lieu en l'honneur de Mars, le premier jour était consacré à Minerve, parce qu'il était l'anniversaire de la fondation de son temple sur le *Cœlius*. Cette fête, à laquelle prenaient part surtout les corporations dont nous avons parlé, était célébrée, le premier jour, par le sacrifice d'une vache fait au nom de la ville, ainsi que par des jeux de gladiateurs et des réjouissances publiques au cirque et au théâtre, pendant les quatre autres journées.

La seconde fête avait lieu le 8 juin, en souvenir de la dédicace à Rome, dans le Capitole, du temple consacré à *Mens,* nom sous lequel Minerve était primitivement honorée.

La troisième se célébrait quelques jours après, le 19 juin. C'était l'anniversaire de la dédicace de son temple de l'Aventin où elle portait le nom de Pallas. Sous ce nom, elle était considérée comme la déesse de la Guerre, d'abord parce qu'elle fut l'épouse de Mars et aussi parce qu'elle le vainquit dans la lutte où elle eut à défendre contre lui sa virginité.

C'est sous cette invocation qu'elle eut à Cirta,

dans la rue du 26ᵉ de Ligne, un temple où devait se célébrer cette dernière solennité. Nous avons vu qu'il lui avait été élevé par deux frères dont l'un, ancien centurion de légion, avait, à la tête des milices urbaines, victorieusement repoussé une agression des Gétules révoltés, sous le triumvirat quinquennal de son frère, *Quadratus Bæbianus Vindex* (1).

Vénus. — Nous savons par quelques inscriptions que nous rappellerons plus loin, et par le nom même de Rusicade *(Colonia Veneria Rusicade)*, que le culte de Vénus était fort pratiqué dans la Confédération et que cette divinité possédait à Cirta, sur la place actuelle de la Brèche, un élégant sanctuaire.

Vénus n'est pas, comme les précédentes, une divinité indigète, mais son culte fut un des premiers introduits à Rome par les Livres sibyllins. Elle fut donc considérée comme une *dea patria,* c'est-à-dire qu'elle eut un culte officiel rendu par les magistrats et qu'elle n'eut pas besoin de prêtres spéciaux.

Elle ne fut autre chose que l'Aphrodite grecque dont on fit l'épouse du Mars Latin, mais ses attributions se confondirent avec celles de la Flora Sabine. Voilà pourquoi elle eut la protection des jardins et, en général des plantes en fleurs, d'abord sous le nom de *dea Murcia* (c'est-à-dire déesse de la terre *douce* aux vivants et aux morts : de *mulcere adoucir*) ; puis sous celui de *Venus Myrtea* ou déesse des myrtes.

Elle était adorée sous plusieurs autres invocations :

Sous celle de *Venus Cœlestis,* on l'honorait à Carthage par un taurobole, c'est-à-dire par le sacrifice

---

(1) *Rec. de Const*, vol. ıı, p. 166 ; — C. I. L., vııı, 6958.

d'un taureau immolé sur une claire-voie, au-dessus d'une fosse où était, au préalable, descendu celui qui offrait le sacrifice et se purifiait en recevant, sur tout son corps, le sang chaud de la victime ;

Sous celle de *Venus Erycine,* elle avait eu primitivement un temple sur le mont Eryx, en Sicile. De là, son culte fut transporté à Rome où on lui dédia un sanctuaire devant la porte Colline. Elle y avait des esclaves attachés à son entretien et portant le nom de *Venerii*. Elle y rendait des oracles par sortilèges, c'est-à-dire qu'on y faisait tirer au sort le consultant dans un recueil de sentences ;

Sous celle de *Venus Genetrix,* elle était la protectrice de la *gens Julia*. C'est en cette qualité que César lui bâtit un temple et lui éleva un autel au Capitole. Auguste lui décerna des jeux et une fête officielle. C'est sous ce nom surtout qu'elle devait avoir un culte solennel à Cirta qui était une colonie Julienne ;

Sous celle de *Venus Verticordia,* une statue et un autel lui avaient été voués par la matrone *Sulpicia,* au IIIe siècle avant notre ère, à la suite d'un triple inceste des Vestales et d'un prodige qui en demandait l'expiation. La déesse qu'on invoqua alors prit le nom de *Verticordia* (qui tourne les cœurs), parce qu'on la pria de tourner de la débauche à la pudeur (*a libidine ad pudicitiam*) l'âme des vierges et des femmes.

Enfin, on l'invoquait encore sous le nom de *Venus Victrix.*

Elle avait un grand nombre de fêtes dans l'année :

1° Le 1er avril. Ce mois, d'ailleurs, porte son nom, puis qu'il dérive d'*Aphrodite* (1). Cette fête était parti-

---

(1) Cette étymologie a été contestée par Varro et Macrobe.

culière aux femmes qui invoquaient alors la déesse, sous les noms de *Fortuna Virilis* et de *Venus Verticordia*. Ce jour-là, les matrones lui demandaient, une vie sage et honorée, et les femmes du peuple se baignaient en se couronnant de myrte ;

2° Le 23 avril. C'était une fête de Jupiter dont nous avons déjà parlé et qui consistait à goûter le vin de l'année et à en faire des libations à ce dieu. On invoquait, en même temps, Vénus, comme déesse de la nature végétale;

3° La fête des jeux de la victoire de César à la bataille de Pharsale. Avant la bataille, le dictateur les avait promis à la patronne de sa famille, *Venus Genetrix*, et il les célébra, la première fois, lors de la dédicace du temple qu'il lui fit construire, en 46. Auguste les fit ensuite célébrer dans tout l'Empire, par les magistrats, avec grand éclat. Il se perpétuèrent jusqu'au ive siècle. Ces jeux duraient onze jours, du 20 au 30 juillet. Les sept premiers jours, on donnait des représentations scéniques au théâtre, et les quatre derniers des courses à l'hippodrome ;

4° Le 12 août. Cette fête était en l'honneur de *Venus Victrix*. On donnait aussi, en cette occasion, des représentations scéniques;

5° Le 26 septembre. C'était celle de *Venus Genetrix* qui avait d'abord eu lieu à cette date, mais qu'Auguste transporta au 20 juillet, en augmentant sa durée de 10 jours, ainsi que nous venons de le voir.

6° Le 9 octobre. Cette fête consistait en cérémonies purement religieuses qui avaient lieu au Capitole, en l'honneur du Génie public, de la Félicité et de *Venus Victrix*.

Comme il y a tout lieu de le croire, en raison de

l'origine de la colonie de Sittius, le culte de Vénus, patronne de la gens *Julia,* devait être très en honneur à Cirta. Cette divinité devait y avoir de nombreux autels et sanctuaires. Parmi ceux-ci nous avons conservé le souvenir du gracieux édifice que lui avait élevé un opulent triumvir de Cirta, *L. Julius Martialis,* sur la partie orientale de la place de la Brèche. Nous avons même retrouvé le piedestal en forme de feuille de trèfle où s'élevait la statue d'airain de cette déesse entourée d'Amours.

L. Julius Martialis rapporte, dans sa dédicace, qu'il fit cette libéralité au nom de son père qui l'avait promise et à laquelle la mort l'avait sans doute empêché de se livrer. Il ajoute qu'il éleva, dans les mêmes conditions. pour son frère *Victor,* un monument à Rome éternelle (1).

On a vu encore que Vénus avait, à Cirta, un autre sanctuaire dans le panthéon qui occupait l'emplacement de la grande mosquée actuelle. Il lui avait été élevé par un légat du temps d'Hadrien (2).

Enfin, elle avait des autels dans les petits municipes dépendant de la confédération. L'un d'eux a été retrouvé au milieu des ruines de Sigus, avec une inscription en belles lettres d'une décoration soignée. Il lui avait été élevé, en exécution d'un vœu, par *L. Julius Cerialis* (3).

LIII
6° Apollon ; 7° Neptune

Apollon est un dieu purement grec ; on chercherait en vain son nom dans la liste des *indigitamenta.*

---

(1) *Rec. de Const.*, vol. XIII, p. 685 ; — C. I. L., VIII, 6965.
(2) C. I. L., VIII, 6964.
(3) *Rec. de Const.*, vol. XIX, p. 361 ; — C. I. L., VIII, 10858.

Son culte, pourtant, est très ancien à Rome. Il y fut, un des premiers, introduit par les Livres sibyllins. C'est qu'il était l'élément essentiel de la nouvelle religion et que son culte avait spécialement inspiré les auteurs de ces livres sacrés. Ces derniers, d'ailleurs, n'étaient autres que les prêtres de son temple de Gergis d'où les Livres sibyllins furent, dit-on, tirés. Aussi Apollon prit-il une place importante dans le culte d'Etat, et c'est à sa suite que pénétrèrent à Rome tous les grands dieux de la Grèce. D'abord, il n'eut de temple, comme les autres divinités étrangères, qu'en dehors du *Pomœrium*, l'enceinte sacrée de la ville, au Champ de Mars ; mais, depuis la fondation des jeux Apollinaires, son culte devint rapidement le plus populaire et le plus pratiqué. C'est que le dieu avait de nombreuses attributions. Il prédisait l'avenir en rendant des oracles que l'Etat romain fit souvent consulter, depuis Tarquin. Il guérissait les maladies par ses prêtres qui furent, dans l'antiquité, les premiers médecins. Aussi les Vestales elles-mêmes l'invoquaient-elles sous le nom d'*Apollo medicus*. Il était le dieu de la lumière dont il envoyait les rayons comme des flèches et, par suite, celui de l'été et des moissons que la chaleur fait mûrir. Il était aussi le dieu de la poésie et de la musique, parce qu'il rendait ses oracles en vers et qu'on les récitait en s'accompagnant probablement de la lyre. Son culte, comme tous ceux qui venaient de la Grèce, rentrait dans les attributions des *XV viri s(acris) f(aciundis)* qui remplissaient à l'égard des cultes étrangers le même rôle que les pontifes à l'égard du culte purement romain.

Dans les sacrifices qu'on lui offrait, on immolait surtout un taureau.

Sa fête annuelle avait lieu le 9 Octobre, en commémoration de la dédicace du temple que lui avait voué Auguste sur le Palatin.

Mais on l'honorait surtout, en qualité de dieu des Beaux-Arts, par des réjouissances artistiques telles que les jeux Séculaires et les jeux Apollinaires.

Les jeux Séculaires qu'on appelait jeux du *Terentum* (*ludi Terentini*), parce qu'ils tiraient leur origine d'une cérémonie privée que la *gens Valeria* accomplissait près d'une crevasse volcanique *(Terentum),* au Champ de Mars, étaient, depuis Auguste, célébrés en l'honneur d'Apollon, auquel on associait Diane et Latone, et avaient lieu à intervalles d'environ un siècle.

La fête durait trois jours et trois nuits pendant lesquels on immolait des victimes. A Rome, pendant la première nuit, l'empereur, assisté des *XV viri* sacrifiait trois béliers sur trois autels différents, élevés au *Terentum,* sur les bords du Tibre. Ces victimes étaient alors entièrement brûlées pendant que le peuple, allumant des torches, chantait un hymne de circonstance. Les autres nuits, on immolait à la Terre *(Tellus)* un porc noir et un cochon de lait noir, et à Dis et Proserpine des victimes également noires, bœufs et génisses. Le premier jour de fête, on sacrifiait au Capitole des taureaux blancs en l'honneur de Jupiter, une génisse blanche en l'honneur de Junon, et on donnait des jeux scéniques au théâtre en l'honneur d'Apollon. Le second jour, les matrones venaient prier Junon au Capitole. Le troisième jour, des chœurs de vingt-sept jeunes garçons et d'autant de jeunes filles exécutaient, au temple d'Apollon, le Chant séculaire *(Carmen sœculare)* en langue latine et en langue grecque, après quoi on immolait, sur la *platea* du même temple, des taureaux blancs.

Il est probable que de pareilles cérémonies s'accomplissaient en même temps dans les municipes, sous la présidence des premiers magistrats assistés des pontifes qui y étaient investis des pouvoirs des *XV viri* de Rome. C'est, en effet, à cette fête que se rapporte la dédicace d'un autel « à Jupiter très bon et très grand, aux dieux et aux déesses, à la mère des dieux, la grande mère Idéenne, à Apollon..... », trouvée au Capitole de Cirta par le capitaine d'artillerie Delamare, dans les premières années de la conquête. Il est bien regrettable que cette importante épigraphe soit complètement mutilée (1).

Neptune. — Comme Apollon, Neptune est d'importation étrangère à Rome. C'est le Poseidôn des Grecs. Mais il date de la première transformation de la religion romaine. Son culte est contemporain de la découverte des Livres sibyllins et nous trouvons ce dieu dans les premiers lectisternes. Comme aux grandes divinités, on lui immolait un taureau. Le rituel du sacrifice et des offrandes était un peu modifié pour lui. Lorsqu'il le priait, le prêtre, au lieu de tenir l'autel embrassé, tendait les bras vers la mer.

Bien que ce dieu eût sa place dans le culte officiel du peuple romain, il avait pourtant des prêtres particuliers, distincts des quindécemvirs de Rome et des pontifes des municipes. C'est ce que nous constatons, notamment en Afrique, où ces prêtres de Neptune jouissaient de l'éligibilité aux magistratures munici-

---

(1) C. I. L., VIII, 6954.

pales. Nous lisons, en effet, sur une épigraphe de *Calama* (Guelma), qu'un prêtre de Neptune, L. *Flavius Anicius Privatus*, qui avait été édile, duumvir et duumvir quinqnennal de cette localité, y avait élevé un oratoire à ce dieu, avec tous ses ornements (1). Un autre prêtre de Neptune, décurion du même municipe, *Q. Nicius Annianus*, avait ordonné, par testament, de prélever sur sa succession cinq mille sesterces pour faire placer sur le Forum neuf une statue de ce dieu. Ses héritiers, *Restitutus*, *Honoratus* et *Maximus Nicanius*, fils de sa sœur, ainsi que son frère, *C. Nicius Agrippinus*, exécutèrent cette clause de son testament, en dépensant cinq mille six cent quarante sesterces (2).

Ce collège de prêtres particuliers de Neptune devait aussi exister dans la République des Cirtéens, puisque nous trouvons à Sigus, *pagus* de Cirta, un prêtre de Neptune qui vécut jusqu'à l'âge de quatrevingts ans (3).

Le culte de Neptune semble avoir été assez répandu en Numidie et, en particulier, dans les IIII Colonies. C'est que le dieu auquel il était rendu veillait à un grand nombre d'intérêts divers. Il présidait aux cours des rivières et à leurs diverses vicissitudes, à la conservation des murailles et aux tremblements de terre qui semblent avoir été fréquents dans cette partie de l'Afrique. Les pêcheurs et les cuisiniers l'honoraient à cause des poissons faisant partie de son empire.

Comme dieu des eaux, il avait toujours un autel dans les thermes publics.

---

(1) C. I. L., VIII, 5297.
(2) Ibid., 5299.
(3) Ibid., 5709.

Aussi nous voyons qu'à Cirta un magistrat qui porte le titre inusité de *Curateur du trésor Cirtéen* et qui était probablement questeur, lui dédia un autel, l'année de sa magistrature *(anno suo)* et fit, en cette occasion, des présents *(sportulas)* à ses collègues du Conseil des décurions. C'est **M.** *Licinius Januarius* (1).

A Chullu il avait un temple dont on a retrouvé une partie de fronton portant son nom (2).

A Sigus, pagus de Cirta, une colonie de cultivateurs, probablement originaire de Capraria, municipe du pays des Sellaoua qui n'en était pas très éloigné, avaient, en élevant un autel à Neptune, accompli un vœu envers cette divinité (3). Nous ne pouvons accepter, à propos de cette inscription, la savante, mais improbable hypothèse de M. Poulle, d'après laquelle les cultivateurs en question seraient venus de la Libye où Neptune était en grand honneur pour avoir aimé la fille de Cassiopée et d'Epaphus qui fut la première souveraine de cette contrée (4). L'épithète *Cararienses* appliquée à nos cultivateurs est évidemment et naturellement mise ici pour *Caprarienses*.

Neptune avait trois fêtes annuelles :

Le 26 juillet on célébrait des jeux en son honneur appelés *Neptunalia* ou *ludi Neptunales* ; on lui immolait nn taureau le 23 septembre, en commémoration de la dédicace de son premier temple à Rome, et on lui faisait des sacrifices le 1er décembre, en souvenir de l'érection d'un autel qui lui était consacré au cirque Flaminius.

---

(1) C I. L., vIII, 6956.
(2) Ibid., 8194.
(3) Ibid , 10857 ; — *Rec. de Const.*, vol. xIx, p 362.
(4) Poulle, *Rec. de Const.*, loc. cit.

LIV

8° Saturne ; 9° Mercure

Saturne est un dieu indigète des Latins. C'est dire l'antiquité de son culte à Rome. Il était, à l'origine, le dieu des semailles, et c'est en cette qualité qu'on lui avait consacré, dès les temps les plus anciens, la fête des *Saturnales* dont nous parlerons plus loin. C'était comme dieu tellurique qu'on lui reconnaissait le pouvoir d'envoyer la fièvre ou d'en préserver. Les fièvres quartes *(quartanae)* étaient ses filles et on les conjurait par des souillures *(pollutiones)* qui consistaient, pour les malades, à se nourrir de la chair d'animaux défendus, à boire du sang et à se mettre en contact avec des matières dégoûtantes *(menstrua mulieris)*. Saturne était, avec *Ops,* son épouse, une des divinités protectrices du peuple romain qu'on honorait secrètement, en cette qualité, sous des désignations contenues dans les *indigitamenta*, afin que les ennemis ne pussent se les rendre favorables par des évocations. Pour que ces dieux, d'ailleurs, n'abandonnassent point le peuple qu'ils protégeaient, leurs statues étaient enchaînées au Capitole.

Le culte de Saturne, comme celui des anciens dieux, fut en partie modifié par la religion grecque. Le dieu fut identifié à Οὐρανός, époux de Γῆ qui n'eut pas de peine, elle-même, à se confondre avec Ops. Mais il resta essentiellement romain.

Toutefois, il eut en Afrique un caractère spécial. Les Romains l'y trouvèrent particulièrement honoré par les populations indigènes qui l'avaient elles-mêmes reçu de Carthage où il n'était autre que Moloch. Sous cette forme il conserva un culte sauvage et même sanguinaire. On sait, en effet, qu'on lui immolait des enfants en Afrique, et qu'il fallut un édit de Tibère pour interdire ces sacrifices. Ce monarque, pour les faire cesser, poussa même la rigueur jusqu'à faire mettre en croix les prêtres de ce dieu.

Mais ce n'est là qu'une des phases, relativement peu durables, de ce culte en Afrique. Il subit une transformation qui se perpétua jusqu'après que le Christianisme eût complètement remplacé l'ancienne religion. Saturne se substitua à toutes les autres divinités et devint, dans les campagnes, le dieu unique des populations agricoles autochtones.

C'est par centaines que nous trouvons, hors des centres importants, des stèles vulgaires et frustes en l'honneur de ce dieu. Il avait un grand nombre d'oratoires dans des endroits écartés où les populations des campagnes venaient apporter des offrandes et qu'elles remplissaient d'ex-voto (1). Il avait même fini par absorber en lui, aux yeux de ces populations indigènes, toute la puissance divine et était presque devenu leur seul dieu. Il y aurait une étude fort curieuse à entreprendre sur ce monothéisme des races africaines septentrionales en faveur de Saturne. Les textes ne manqueraient pas pour en établir l'existence et en présenter, sinon les rites, du moins les usages les plus généraux.

Mais nous devons nous en tenir au culte que les Romains établis dans ce pays continuaient à lui rendre. Ils lui faisaient, au Capitole où il avait sa statue, comme dieu protecteur de la puissance romaine, des

---

(1) Voir, dans les *Mélanges de l'Académie de Rome*, les fouilles entreprises en 1892 au sommet du Djebel Bou el Korneïn, en Tunisie, notre par confrère M. Toutain.

expiations *(postiliones)*, en même temps qu'à Jupiter, Junon et Minerve.

On ne connaît à Saturne qu'une fête populaire, les *Saturnales*, qui avait lieu du 17 au 18 décembre, sous la République et, depuis Caligula, du 17 au 21 du même mois. Voici en quoi consistait cette fête qui était une des plus anciennes de Rome :

Tout d'abord, elle avait été instituée en commémoration de la dédicace du temple de Saturne au Forum, soit par Tullus Hostilius ou Tarquin le superbe, soit sous la dictature de T. Lartius, en 253 de Rome (501 av. J.-C.). Les cérémonies grecques de la fête dataient des prescriptions des Livres sibyllins.

La fête publique consistait, d'après ces prescriptions, en sacrifices devant le temple du dieu, et en un repas où l'on conviait les esclaves publics et auquel prenaient part les sénateurs et les chevaliers. Ceux-ci y déposaient la toge et s'étendaient sur les lits en *synthesis*, sorte de tunique légère qui laissait le haut du corps libre, tandis que la partie inférieure restait recouverte d'une draperie. On se séparait, ensuite, au cri de *Io saturnalia !* pour aller assister à des combats de gladiateurs.

Mais la fête était surtout domestique et c'était dans l'intérieur des demeures qu'elle présentait son plus haut caractère d'originalité. On s'y livrait à toutes sortes d'amusements et, pour permettre à tous d'y prendre part, la vie publique était suspendue. Les tribunaux et les écoles chômaient, la guerre cessait, et il n'était pas même permis de punir, ce jour-là, les criminels.

On se préparait à la fête par un bain pris à l'aube, pour avoir toute sa journée libre. Le premier acte de la solennité était le sacrifice d'un cochon de lait de deux mois *(porcus bimenstris)* (1), puis on se présentait des cadeaux. Ceux-ci étaient ordinairement, au dire de Martial et de Macrobe, des flambeaux de cire *(cerei)* et des poupées *(sigillaria)*. Les *cerei* signifiaient la lumière qui reparaît après la brume, car les Saturnales semblent avoir été une fête solstitiale. Les poupées étaient des jouets d'enfants, fabriqués avec de la farine, sous forme de gâteaux.

Cette distribution de cadeaux n'était pas la circonstance la plus remarquable de la fête. Ce qu'il y avait de plus original, c'était la liberté qu'on laissait, ce jour là, aux esclaves et les hommages qu'on leur rendait. La fête était tout entière en leur honneur et ils prenaient, pendant sa durée, la revanche de leur servitude. On les servait les premiers à table, comme s'ils eussent été les véritables chefs de la famille, et ce qu'ils commandaient devait être exécuté sur le champ par les maîtres de la maison. La critique plaisante de l'autorité ordinaire, à laquelle ils se livraient ainsi, devait donner lieu aux incidents les plus comiques, et la franche gaieté qui en résultait faisait souhaiter à tous, maîtres et esclaves le renouvellement de cet anniversaire. Les amusements de toutes sortes figuraient dans le programme. On jouait aux dés et à d'autres jeux de hasard où on mettait de l'argent comme enjeu. Enfin, on choisissait, par la voie du sort, parmi les esclaves, un roi de la fête qui avait la haute main sur toutes les réjouissances et dont l'autorité éphémère donnait lieu à toutes sortes de plaisanteries.

De nombreux souvenirs épigraphiques du culte de

---

(1) Horat. *Od.* 3, 17, 14.

Saturne ont été retrouvés à Cirta et sur le territoire des *IIII Colonies.*

Ils nous apprennent d'abord que, malgré l'origine latine du dieu et sa qualité de protecteur du peuple romain, qui plaçaient son culte sous l'autorité des pontifes, il avait, en Afrique, des prêtres spéciaux. C'est la preuve du caractère particulier que nous avons reconnu à son culte dans nos contrées. Ce caractère, il l'avait même revêtu dans les villes de population romaine. C'est ainsi que nous trouvons, à Cirta, l'épitaphe d'un prêtre de Saturne du nom de *C. Gargilius Felix*, qui mourut à l'âge de 95 ans et dont le nom est celui d'une illustre famille du pays (1), ce qui prouve que ces prêtres se recrutaient, parfois du moins, dans les hautes sphères de la société. Ce texte contient une particularité assez curieuse. Après avoir désigné l'âge auquel parvint ce prêtre de Saturne et avant la mention qu'il gît sous la pierre funéraire, il contient la formule d'un vœu fait par le défunt à la divinité qu'il desservait. Il nous semble que c'est une erreur du lapicide provenant d'une coutume bien connue. On sait, en effet, que les prêtres de Saturne élevaient fréquemment des stèles à leur dieu, pour rappeler des vœux qu'ils lui avaient adressés et pour le remercier de les avoir exaucés. Il est probable que le lapicide, après avoir écrit, le nom d'un de ces prêtres, aura, en vertu d'une association d'idées conforme à cette habitude, écrit par distraction la formule usitée d'un vœu et, ne pouvant plus corriger, gravé à la suite l'*hic situs est* que réclamait l'épitaphe.

Un cippe funéraire trouvé au Camp des Oliviers,

---

(1) C. I. L., VIII, 7104.

dans le voisinage de la ville, mentionne un second prêtre de Saturne, qui mourut à l'âge de 55 ans. C'est *C. Pompeius Quintus*. Il est probable qu'on l'avait placé à côté d'un autre cippe portant le nom de sa femme décédée avant lui, parce qu'on lit sur notre texte, après la désignation de ses fonctions sacerdotales, qu'il en était le mari *(maritus)* (1).

Une autre mention de prêtres de Saturne s'est trouvée, à Cirta, dans la petite mosquée de la rue Caraman, que nous avons signalée au § XX, comme ayant occupé l'emplacement d'un ancien temple de ce dieu. C'est un fragment qui nous rappelle qu'une statue promise à ses prêtres y avait été élevée par *Saturninus*, *Domitius* et *Primianus* (2).

Ce temple n'était pas le seul lieu consacré au culte de Saturne, à Cirta. Le musée du Louvre possède les restes d'un autel, découverts on ne sait où, dans notre ville, par Delamare, et où se lit le nom du dieu au-dessous d'un cadre où sont représentés, dans un édicule, une femme et un homme debout (3).

Le culte de Saturne était encore très répandu sur le territoire de la colonie cirtéenne. C'est ainsi qu'à Aïn-Foua, qui a conservé son nom romain de *Phua*, et où était situé un pagus assez important de Cirta, on a retrouvé un autel de ce dieu, probablement placé au forum de ce pagus où ont été exhumées les belles dédicaces de marbre à Septime Sévère, à Julia Domna, son épouse, et à ses fils Caracalla et Geta. Il avait été élevé par un certain *L. Julius Urbanus*, en exécution d'un vœu (4).

---

(1) *Rec. de Const.*, vol. II, p. 168 ; — C. I. L., VIII, 7114.
(2) C. I. L., VIII, 6961.
(3) C. I. L., VIII, 6959.
(4) *Rec. de Const.*, vol. II, p. 75 ; — C. I. L., VIII, 6304.

Au village de Rouffach, qui est à 21 kilomètres au Nord-Ouest de Constantine, et qui occupe l'emplacement de *Mastar,* un autre pagus de Cirta, on peut lire sur un cippe de près d'un mètre de largeur que, sur l'ordre de Saturne, dont il était sans doute prêtre, un autel avait été élevé à Jupiter tout puissant, conservateur des Augustes, par *M. Fortunatus,* fils de *Rogatus* et petit-fils de *Novellus* (1).

Dans la partie montagneuse et couverte de magnifiques forêts qui s'étend au Sud de Collo, l'ancienne Chullu, qui fut quelque temps une des colonies cirtéennes et, par conséquent, sur le territoire de la Confédération, M. Crouzet, alors capitaine du Génie, trouva, en 1874, au lieu dit d'Andelot, à 75 kilomètres de Constantine, une curieuse stèle de Saturne où le dieu était figuré debout, tenant un mouton de la main gauche et un emblème de la main droite. Tout autour, courait une inscription rappelant qu'un prêtre de cette divinité rustique, *Vibius Martialis* lui avait élevé un autel pour s'acquitter d'un vœu (2).

Une autre stèle représentant un sacrifice à Saturne a été trouvée, en 1892, par M. le capitaine d'Etat-Major, Lebreton, dans cette même région et apportée par lui au Musée de Constantine. Elle provient du mamelon du Bou-Korina, près du col de Fedoulès, à environ 95 kilomètres de Constantine. Elle est anépigraphe. On y voit un homme et une femme debout, la main droite de l'un et la main gauche de l'autre se rejoignant au dessus d'un petit hôtel où elles semblent tenir un mouton déjà immolé. Dans un registre supérieur, on voit le dieu assis, entouré de deux lions.

---

(1) *Rec. de Const.,* vol. XVIII, p. 512 ; — C. I. L., VIII, **6353**.
(2) Ibid., vol. XVII, p. 375 ; — Ibid., **8199**.

Toute cette région, d'ailleurs, semble avoir été pénétrée d'une grande dévotion à Saturne. C'est ainsi qu'à Kherbet-Madjouba, près de Mons, non loin de l'ancienne *Cuiculum*, on a pu découvrir, au milieu des ruines d'un assez grand centre romain que M. Poulle croit avoir été l'ancienne *Novalicia* (1), huit belles stèles à Saturne où l'on voit le dieu lui-même représenté dans diverses attitudes et rappelant que ses prêtres, nombreux en cet endroit, lui ont élevé divers sanctuaires ou autels pour s'acquitter de leurs vœux. Nous ne les mentionnerons pas puisque nous ne sommes déjà plus sur le territoire des IIII Colonies et que nous venons de franchir la frontière de la Maurétanie sétifienne. Mais il était intéressant de noter la prédilection des habitants d'une contrée si fertile pour le dieu de l'agriculture.

Mercure. — Tandis que Saturne était une vieille divinité indigète qui, malgré son identification avec Οὐρανός, était restée essentiellement la Terre, Mercure, au contraire, était uniquement grec et avait englobé, avec cette qualité originelle, une indigitation qu'il est difficile de préciser. C'est pourquoi dans l'exégèse du culte romain on arrive à distinguer jusqu'à cinq Mercures différents. Toutefois, on peut dire que Mercure est généralement honoré comme dieu du commerce et des marchands. Mais, le commerce italique ayant eu surtout pour objet les grains et les produits agricoles, on associa de bonne heure Mercure à Cérès. Il avait, pour l'honorer dans ses temples, un collège ou sodalité de marchands *(conlegium mercatorum)* qu'on appelait *mercuriales*. L'animal qu'on lui sacrifiait de

---

(1) Ibid., vol. XIX, p. 402, sq; — Cf. C. I. L., VIII, 10909-10915.

préférence était le bouc. A partir des Antonins, lorsque les divinités syriennes et persanes commencèrent à prendre le pas sur celles de la religion romaine et à les englober, Mercure fut absorbé par Mithra, le dieu persan du Soleil. Il jouait un rôle assez curieux dans les combats de gladiateurs. C'est lui qui était censé prendre possession de ceux qui y perdaient la vie. A mesure que ces derniers expiraient dans l'arène, des hommes, la tête recouverte du masque de ce dieu et costumés comme lui, venaient retirer les cadavres.

On sait que Mercure était représenté armé du caducée. L'origine de cet attribut se trouve, parait-il, dans le bâton entrelacé de verveine que les fétiaux faisaient porter devant eux, lorsqu'ils allaient négocier des traités avec l'ennemi, et qui était ainsi un signe de paix. On le donna à Mercure, pour témoigner que la paix est nécessaire au développement du commerce.

Lorsque Auguste appuya son pouvoir sur la restauration de la religion romaine, il consacra les dons importants qui lui étaient apportés par les citoyens, le premier jour de l'année, à l'érection des statues des dieux dans les divers carrefours de Rome. Dans l'un, il consacra un Apollon, dans un autre un Jupiter, dans un troisième un Vulcain. En l'an 18 av. J.-C., il éleva un Mercure dont on a retrouvé récemment le socle reposant encore sur le dallage antique, depuis 1900 ans, et portant cette inscription :

« *Auguste étant revêtu de la puissance tribunitienne pour
« la quatorzième fois* (10 av. J.-C.) *l'a consacré à Mercure avec la somme que le peuple romain lui avait offerte,
« en son absence, aux calendes de Janvier.* » La municipalité de Rome a décidé de laisser à découvert ce

monument qu'elle a entouré d'une grille, de façon à montrer, dans son état antique, ce *sacellum* de carrefour.

La fête de Mercure se célébrait le 15 mai au *Circus Maximus* et on lui associait Jupiter et Maia. C'était le jour où le temple du divin protecteur du commerce lui avait été consacré, en 495 av. J.-C. Cette fête était celle des marchands.

Ce dieu était honoré à Cirta mais sans qu'il soit fait nulle part mention de son collège spécial de prêtres, bien qu'il dût en avoir un, en sa qualité de divinité d'origine grecque.

Nous ne possédons à Cirta, même qu'une seule allusion au culte de Mercure. C'est la mention d'une statue d'airain de ce dieu qui aurait été élevée par *P. Paconius Cerialis* édile, puis triumvir de la Confédération et son frère, *P. Paconius..conus,* chevalier romain, dans le temple d'une divinité syrienne *Ærecura,* qui n'est autre que la *Mater magna* dont nous parlons plus loin (1). Cette particularité confirme, pour Cirta, la remarque faite plus haut pour tout l'Empire, de l'absorption des divinités romaines par les dieux asiatiques. Ce P. Paconius Cerialis, nous est connu par d'autres preuves de sa libéralité. C'est ainsi qu'il éleva un autel à la Fortune Céleste (2) et une statue à son ami, *L. Mœcilius Nepos*, qui avait été flamine perpétuel, avait obtenu la dignité équestre et reçu tous les honneurs dans les IIII Colonies (3). On se rappelle que ce dernier lui-même avait érigé au Forum, à la fille de *Porcius Optatus*, cette statue dont l'épigraphie nous rapporte le rapt si curieux (4).

---

(1) *Rec. de Const*, vol. 1ᵉʳ, p. 68 ; — C. I. L., VIII, 6962.
(2) C. I. L., VIII, 6943.
(3) Ibid., 7112.
(4) Ibid., 7063.

Mais le culte de Mercure a laissé quelques souvenirs sur le territoire des IIII Colonies. C'est ainsi qu'à Arsacal *(Castellum Arsacalitanum), pagus* assez important de Cirta, entre Mastar et Tiddi, dont les ruines s'étendent sur un monticule appelé El-Gouli'a, se trouve un autel consacré à ce dieu par un certain *L. Julius Peregrins Sardilianus* (1).

A Rusicade, *Seius Thesmus* et son épouse, *Seia Syntiche,* dédièrent ensemble un double autel à cette divinité, en exécution d'un vœu (2).

Enfin, au-delà de la frontière occidentale de la Confédération, près de Cuiculum, sur le territoire de la Mauritanie Sétifienne, dans le municipe où nous avons noté plus haut un si grand nombre de stèles à Saturne, nous trouvons un autre autel à Mercure, élevé par un certain *Datus,* averti en songe par cette divinité, pendant qu'il dormait dans son temple (3).

LV
10° Bacchus ; 11° Cérès

Bacchus est aussi un dieu grec, venu à Rome de l'Italie méridionale. Il s'identifia rapidement au *Liber* des *indigitamenta* dont il prit même le nom, perdant celui de *Dionysos* de langue hellénique. Mais si cette divinité pénétra à Rome sous le manteau grec, elle n'appartient pas aux populations primitives de la Hellade qui la connaissaient à peine. Son origine est tout orientale et dérive du culte védique de *Soma* qui personnifiait le jus d'une plante acide appelée *Asclepias acida* ou *sarcostemma viminalis* dont on se servait

---

(1) *Rec. de Const*, vol. II, p. 87 ; — C. I. L., VIII, 6044.
(2) C. I. L., VIII, 7962.
(3) *Rec. de Cons.*, vol. XIX, p. 404 ; — C. I. L., VIII, 10908.

pour faire aux dieux des libations. *Agni-Soma* était sorti de la cuisse d'*Indra* et se tenait habituellement dans les montagnes. Il était appelé « *Taureau* », qualification symbolique de force et de puissance, et était adoré en même temps comme divinité infernale des morts et de la nuit.

Nous retrouvons tous ces caractères dans les *Dionysos* des Grecs. Comme Soma, il naquit deux fois. Sa mère, Sémélé, ayant voulu voir Jupiter dans tout l'éclat de sa puissance, fut atteinte par la foudre qui environnait le dieu. Celui-ci retira de son sein le fœtus qu'elle portait et le logea dans sa cuisse pour achever sa gestation. De là, les noms de Dionysos : διθύραμβος, διμήτωρ qui signifient une double naissance. On le qualifie aussi d'ὄρειος, pour bien marquer que les montagnes sont ses lieux de séjour préférés. Enfin, les Grecs appliquèrent au jus de la vigne les propriétés du soma indien et firent du dieu qu'ils recevaient ainsi de l'Extrême-Orient, celui du vin. De là le caractère orgiastique de son culte. Ce caractère ne pouvait se manifester sans une pompe triomphale. Aussi les Grecs, remarquant que le dieu était honoré dans toute l'Asie d'où il était venu avec la civilisation hellénique que leur avaient envoyée les grandes cités de l'Asie mineure, le considérèrent-ils comme ayant subjugué les âmes du monde entier et le traitèrent-ils en dieu conquérant dont il fallait célébrer les triomphes. C'est de cette idée que s'inspirent surtout les bacchanales.

Nous ne pouvons nous attarder à suivre toutes les les phases très diverses de ce culte à travers le monde hellénique, à montrer, par exemple, comment il passe de la Thrace mythique en Eubée, dans les Cyclades si fertiles en vins exquis, en Attique, avec l'introduction de la culture de la vigne, dans tout le Péloponèse et particulièrement à Argos, et de là en Sicile et dans la grande Grèce, d'où il pénètra chez les peuples latins. Nous devons nous borner ici à expliquer la double conception de Bacchus dont la belle statue trouvée à Constantine et qui constitue une des pièces les plus remarquables de notre Musée, réalise la plus récente et la plus populaire représentation chez les Romains.

On peut distinguer dans l'antiquité deux Bacchus bien distincts. L'un est un conquérant qui mène partout son cortège triomphal. Il a subjugué toutes les puissances terrestres et divines qui se sont opposées à sa marche. Il a même pénétré victorieusement aux Enfers. Conformément à cette légende, il est représenté sous les traits d'un chef énergique et vigoureux, armé d'un thyrse, et le bas du visage couvert d'une longue barbe. Vêtu d'une peau de panthère, la tête ceinte de pourpre et une coupe à la main, il conduit son thyase ou cortège dansant de bacchants et de bacchantes.

Mais cette représentation ne rendait pas compte d'un autre caractère attribué à ce dieu. Tout en étant le dieu du vin, de la gaité et des orgies qu'Euripide nous fait connaître dans ses *Bacchantes,* il est surtout celui de la vigne, du lierre et, en général, des plantes dont il active la floraison. Par extension, il est aussi le dieu de la fécondité terrestre, de l'humidité qui en est la condition essentielle et, par suite, de l'eau, principe féminin de la nature. Aussi, dépouille-t-il les formes heurtées et violentes de la virilité, pour apparaître comme un éphèbe gracieux, à peine sorti de l'enfance et modelé dans les contours arrondis du corps féminin. Cet aspect est celui qu'adopta surtout le monde romain. C'est celui qu'a exactement rendu l'artiste cirtéen auquel s'était adressé *Q. Quadratus Quintulus*. D'ailleurs, tout était gracieux dans le petit sanctuaire que l'édile dont nous parlons avait élevé, avec tant de goût, à l'aimable divinité. Le sol était formé d'une mosaïque et la plinthe des murs était faite d'un lambrissage de plaques de différentes couleurs, s'élevant à un mètre de hauteur. Au-dessus, s'étageaient de petites niches contenant toute une assemblée d'élégantes statuettes de marbre. Au milieu, sur un socle de plus de deux mètres et demi d'élévation, orné de moulures en saillie et d'une exécution fort soignée, se dressait la grande statue de Bacchus, en marbre blanc, d'un aspect assez esthétique. Le jeune dieu est debout, accoudé du bras gauche sur un tronc d'arbre enlacé d'un pampre d'où pendent des grappes de raisin. Il porte à la main gauche une coupe à deux anses et le bras droit s'allonge sur un thyrse enrubanné. La tête, fort soignée, est couronnée de pampre, de raisins et de feuilles de lierre. A ses pieds se tient un petit faon, son animal favori. Son corps aux contours féminins n'accuse son sexe que par l'organe de la virilité.

Le culte du Bacchus indien ne semble pas avoir été très en honneur à Cirta, non plus, d'ailleurs, que dans le reste de l'Afrique. On sait, en effet, que les Bacchanales, sa principale manifestation, furent proscrites à Rome et dans toute l'étendue du monde romain par un sénatus-consulte de l'an 186 avant J.-C., à cause de la licence effrénée qui s'y donnait carrière. Tite-Live nous a conservé le récit des dé-

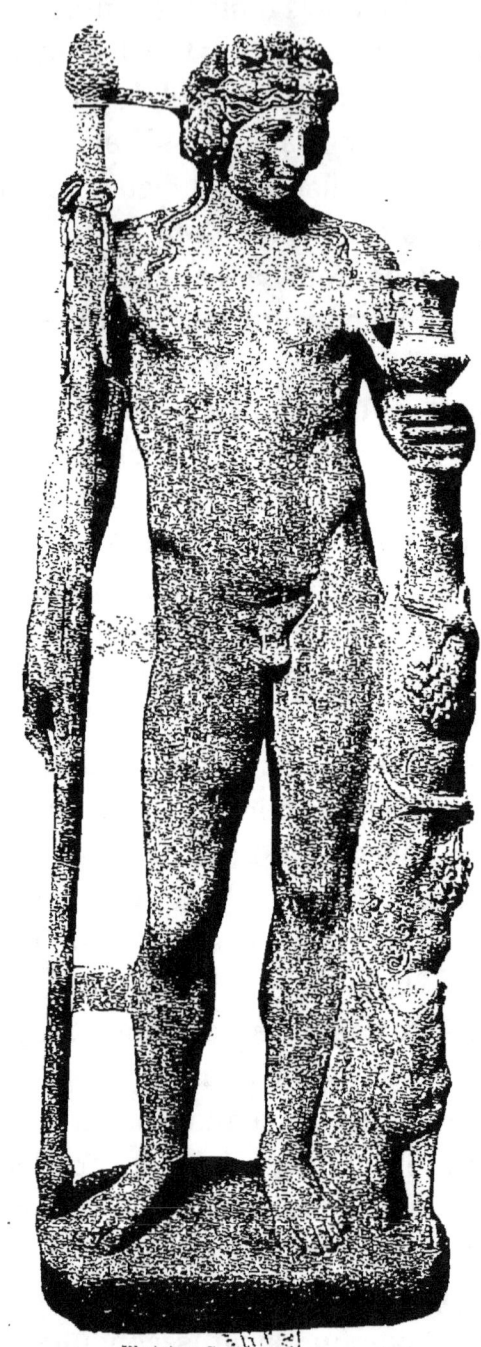

Statue de Liber-Bacchus
trouvée dans le sous-sol de la rue Nationale en 1871

sordres que ce culte souleva à Rome et dont la dénonciation, par la prêtresse même qui l'y avait introduit, fut cause de cette interdiction.

Mais l'existence à Cirta du sanctuaire si élégant et de la belle statue dont nous venons de parler nous montre que, sous l'invocation de *Liber*, ce dieu était particulièrement honoré dans la colonie des Sittiens. C'était assez naturel, d'ailleurs, puisque César, son fondateur, était un fidèle de ce dieu dont il avait même réorganisé le culte à Rome et que, d'autre part, *Liber* tenait une assez grande place dans les solennités de la vie romaine. C'est ainsi, par exemple, que le 17 mars, pendant la fête des *Liberalia* qui lui était consacrée, les jeunes gens qui devaient prendre la robe prétexte se réunissaient, avec leurs parents, devant son autel, pour lui faire des libations et lui immoler un bouc. Il était aussi particulièrement honoré dans les jeux publics donnés au théâtre, car il passait pour protéger spécialement les représentations scéniques qu'on supposait être nées de son culte même. C'est pourquoi il avait toujours, sur la scène, un autel placé à droite qui faisait pendant à celui de la divinité en l'honneur de laquelle on célébrait les jeux. Qui nous dit que ce n'est pas en raison de cette circonstance que le sanctuaire voué à ce dieu, à Cirta, par *Quadratus Quintulus*, avait été précisément adossé au vieil amphithéâtre qui lui était peut-être consacré ? On sait, en effet, qu'à Athènes, l'antique théâtre de marbre qu'on y admire encore s'appelait le théâtre de Bacchus.

Mais *Liber* avait encore d'autres raisons d'être particulièrement honoré dans une colonie romaine comme Cirta. C'était, comme nous l'avons vu, une divinité rustique, protectrice de la végétation et, en particulier, de la vigne. Or, on sait que les Romains professaient un culte très ardent pour les dieux champêtres. Comme dieu de la vigne, les cirtéens lui faisaient, aux *Liberalia*, des libations de vin nouveau et lui sacrifiaient un bouc, parce que cet animal broute la vigne. Enfin, comme dieu rustique, il était associé, chez les Romains, à Cérès dont nous allons parler, et qui prenait alors le nom de *Libera*. L'époux de cette divinité partageait avec elle les honneurs des jeux de Cérès *(ludi Ceriales)*. C'était une fête qui se donnait à l'amphithéâtre et pendant laquelle on promenait les statues de ces deux divinités sur un char que les monnaies nous représentent attelé de dragons.

Cérès. — La déesse des moissons, était une vieille divinité italique dont le nom, au dire de Servius, le célèbre commentateur de Virgile, vient du vieux verbe latin *cereare* dont on a fait, dans la suite, *creare*, créer et peut-être aussi *crescere*, croître. Elle présidait donc à la genèse de toutes les plantes qui servaient à l'alimentation, mais elle avait, surtout, pour fonction de favoriser la culture des blés, d'où leur nom de *céréales*. C'est dans l'exercice de cette attribution que les vieux Romains l'appelaient *Patellana*, car ils l'honoraient quand les folioles du blé s'ouvrent *(patescunt)* pour laisser passer l'épi. Mais elle perdit bientôt son caractère latin pour s'identifier avec la Déméter grecque, sans en prendre, pourtant, le nom. Le culte de cette dernière vint à Rome, de la Sicile où elle avait, dans la ville d'Enna, un sanctuaire très vénéré. C'est de là aussi que les Romains tirèrent la légende de

Proserpine, chantée par le grand poète de Syracuse, Théocrite.

Le culte de Cérès fut toujours très populaire chez les Romains, depuis le jour où, sur l'ordre des Livres sibyllins, le dictateur *A. Postumius* lui eut dédié un temple, décoré par des artistes grecs, en 493 av. J.-C. On l'honora alors avec *Liber*, et on institua, en leur honneur, les jeux de Cérès *(ludi Cereris)* qui avaient lieu du 12 au 19 avril. Ces jeux consistaient en une *théorie* ou procession, dans laquelle on promenait solennellement les statues des deux divinités et on jetait des noix et des bonbons. Puis, on se rendait à l'hippodrome où on donnait des courses de chevaux et où on faisait la chasse à des renards traînant à la queue des torches enflammées. C'était, parait-il, pour conjurer la rouille des blés *(robigo)*.

Une autre fête de la déesse était célébrée par les femmes romaines, au mois d'août. C'était le *sacrum anniversarium Cereris,* qui durait neuf jours, pendant lesquels les femmes devaient s'imposer des jeûnes et se préserver de tout contact viril. La continence qu'elles avaient à observer était si rigoureuse que la loi même interdisait aux pontifes de célébrer des mariages pendant la durée de la fête. C'était en souvenir de la douleur que ressentait Cérès de l'enlèvement de sa fille, Proserpine, et qui lui faisait maudire le jour où elle l'avait conçue. Pendant ces neuf jours, les femmes, vêtues de blanc, couleur du deuil, offraient à la déesse les premiers fruits de la terre. On sait que cette légende de l'enlèvement de Proserpine par Pluton et de son retour périodique auprès de sa mère était le symbole de la tristesse de la nature, à l'époque où on confie à la terre la semence des blés qui doit y séjourner longtemps avant de germer en pleine lumière. Ce *sacrum* était une cérémonie si officielle que les prêtresses grecques de Cérès qui en avaient la direction étaient nommées par l'Etat et recevaient de lui le rituel qu'elles devaient observer, sous la surveillance des quindécemvirs ou pontifes des cultes grecs et, spécialement, de Cérès.

Les temples de Cérès, son culte et ses prêtresses, qui n'avaient pas de dotation, étaient entretenus au moyen des dons *(stipes)* qu'on lui faisait du produit de la moitié de l'amende dont étaient frappés les divorces et des amendes qu'infligeaient les édiles dans l'exercice de leur charge. D'ailleurs, ces magistrats, eux-mêmes, tirent, paraît-il, leur nom de ce qu'à l'origine leur office se tenait près du temple de Cérès *(œdes)*. C'étaient eux, d'ailleurs, qui étaient chargés de l'organisation des jeux de cette divinité.

D'autres cérémonies avaient encore lieu en l'honneur de Cérès. Telle était celle des *Sementivœ* ou fêtes des semailles qui était mobile et qui se célébrait après les semailles d'hiver, à deux jours de marchés consécutifs. Elle était fixée par les pontifes et avait lieu sous leur direction, car elle ne présentait aucun caractère grec. C'était la divinité purement italique qu'on honorait alors. On lui sacrifiait une truie pleine. La fête avait lieu en Janvier, puisqu'on semait le froment et l'orge en Novembre et les fèves en Décembre.

Les sementivæ se célébraient dans les villes. A la campagne, dans les *pagi*, on fêtait les *paganalia* qui consistaient également en une procession des cultivateurs à travers les champs du *pagus*, à l'issue de laquelle on immolait une truie pleine à Cérès ou à Tellus qui se substitua à cette déesse. Il y avait repos ce jour-là et les réjouissances villageoises consistaient en luttes et en représentations scéniques.

D'autres processions, en l'honneur de Cérès et de Tellus, avaient également lieu dans les bourgs ruraux. L'une avait lieu au printemps. Elle était dirigée par le *magister pagi*, qui administrait le village pour le compte des duumvirs du municipe auquel il se rattachait. Cette procession portait le nom de *lustratio pagi*, parce que le cortège suivait exactement les limites du *pagus*. Elle avait lieu pour demander de belles récoltes à Cérès ou à Tellus et se terminait par un sacrifice et des réjouissances. Les moissons s'ouvraient aussi par une solennité religieuse du même genre et prenaient également fin au milieu des actions de grâces et des réjouissances.

L'origine grecque des rites de Cérès, le souvenir de la légende sicilienne et symbolique de l'enlèvement de Proserpine et des recherches de sa mère en deuil, ainsi que l'introduction dans le monde romain, par Claude et par Hadrien, des mythes de la Déméter d'Eleusis, donnèrent au culte de cette déesse, à côté de sa forme populaire, un caractère secret et connu seulement des initiées. La déesse était honorée dans des mystères auxquels les femmes seules pouvaient prendre part, et dont nous ne connaissons que peu de choses. C'est pour satisfaire aux exigences de ce mysticisme qu'elle avait des prêtresses particulières, gardiennes des rites secrets.

Il ne nous est resté à Cirta aucune trace du culte public et populaire de Cérès ; mais il est certain qu'il devait y être en grand honneur, car notre ville était le chef-lieu d'un pays très fertile en céréales. L'absence de textes relatifs à ce culte est donc une circonstance purement fortuite et il est probable que des fouilles ultérieures en mettront au jour. Mais il existe sur le territoire même de l'ancienne colonie, à l'ancien castellum d'Arsacal, à quelques kilomètres de Constantine, un bel autel à Cérès, élevé avec l'autorisation de l'*ordo (ex consensu ordinis),* par une certaine *Julia Mussiosa,* d'une ville voisine (1).

La petite ville d'Arsacal était proche de deux autres municipes dépendant de Cirta, Mastar à gauche et Tiddi à droite, où nous trouvons des souvenirs, non plus du culte public de Cérès, mais de son culte mystique. Ce sont deux stèles funéraires mentionnant, la première, à Mastar, une prêtresse de première classe *(loci primi)* de Cérès, *Julia Credula,* qui atteignit l'âge de soixante-quinze ans (2); la dernière, à Tiddi, où il s'agit d'une autre prêtresse de Cérès, *Rutilia Novela* (3). Il y avait donc, dans ces deux municipes cirtéens, des associations de dames initiées aux mystères de la déesse. Il ne pouvait, par conséquent, en être autrement à Cirta. D'ailleurs, le titre de prêtresse de première classe que porte *Julia Credula* doit nous faire supposer qu'elle exerçait plutôt son ministère à Cirta où se trouvaient nécessairement les prêtresses qui étaient à la tête de la hiérarchie. Si sa stèle funéraire se trouve à Mastar, c'est, sans doute, parce qu'elle a été inhumée dans ce municipe dont elle était originaire, plutôt qu'elle n'y remplit la charge sacerdotale qui la mettait à la tête des prêtresses de Cérès.

Outre les fêtes dont nous venons de parler, Cérès

---

(1) *Rec. de Const.,* vol. ıı, p. 81 ; — C. I. L., vııı, 6041.
(2) Manuscrits de Cherbonneau ; — Ibid., 6359.
(3) C. I. L., vııı, 6708.

en avait d'autres. C'est ainsi qu'on l'honorait particulièrement le 10 août, parce que ce jour-là, en l'an 7 ap. J.-C., sous le consulat de Creticus et de Longus, deux autels avaient été consacrés solennellement à elle et à sa mère, *Ops Augusta*. Une autre fête, qui ne nous est connue que par le témoignage de Macrobe, avait lieu le 21 décembre en son honneur et en celui d'Hercule. Enfin, on sait que le mois de septembre où se faisait la moisson, lui était consacré.

LVI
12° Hercule ; 13° Castor et Pollux

Hercule que nous venons de voir associé à Cérès, sans doute dans une fête agricole et, par suite, latine, est une vieille divinité italique, puisqu'à Rome même, au dire de Strabon et de Plutarque, on faisait remonter jusqu'à Romulus l'organisation de son culte. Mais son caractère autochtone se modifia rapidement sous l'influence de la légende de l'Heraklès grec dont le culte fut établi à Rome, sous Tarquin, sur l'ordre des Livres Sibyllins. Mais le dieu étranger ne réussit pas à dépouiller entièrement la divinité Sabine de ses attributs propres. Hercule, en effet, chez les Romains, n'était pas toujours honoré comme un dieu lutteur et victorieux et comme ayant purgé la terre de ses monstres et de ses géants : on lui reconnaissait souvent des attributs plus pacifiques. C'est ainsi qu'il était un dieu domestique, ayant sa place parmi les lares de la maison. On l'invoquait alors sous le nom d'*Hercules domesticus*. Il était le dieu du travail à qui on offrait la dîme de ses biens pour l'intéresser à leur accroissement. Il était resté le dieu de la bonne foi *(Deus Fidius)* et c'est pourquoi, lorsqu'on faisait un serment ou qu'on certifiait quelque chose, on commençait toujours par l'invoquer *(Mehercle !)*. On ne voit pas comment il a pu, en conservant ce caractère, être identifié à l'Héraklès batailleur des Grecs. La légende de sa victoire sur Cacus, le fameux brigand de l'Aventin, que Virgile avait prise dans les traditions nationales et qu'il nous raconte dans un magnifique épisode de l'Enéide, n'est peut-être qu'une allégorie du succès remporté par le culte du dieu grec chez les peuples latins. Quoiqu'il en soit, ce culte date à Rome de l'an 399 av. J.-C., époque où les Livres Sibyllins ordonnèrent en son honneur, ainsi qu'en celui d'Apollon, de Latone, d'Artémis, d'Hermès et de Poséidon, un premier lectisterne. Il devint si populaire, qu'on lui consacra bientôt toute une série de fêtes annuelles.

C'est ainsi que le 1er février on l'honorait par le sacrifice d'une génisse, en souvenir de la dédicace de son premier temple. Le 4 juin, on célébrait de même la dédicace d'un autre de ses temples, sous l'invocation de *Magnus Custos* qu'on lui donnait comme divinité gardienne des serments et des contrats ; et le lendemain, c'était encore en son honneur, sous le nom de *Deus Fidius* ou dieu de la bonne foi, qu'on fêtait la consécration d'un temple bâti sous ce vocable au Quirinal. Il était si bien resté un dieu pacifique qu'on l'appelait encore l'Hercule des Muses *(Hercules Musarum)* et qu'on faisait, le 30 juin, la commémoration de la fondation du temple que *M. Fulvius Nobilior* lui avait bâti, en 186 av. J.-C., et qui fut reconstruit par *L. Marcius Philippus*, beau-frère d'Auguste. Le

12 août, on célébrait en son honneur, sous la forme de l'Héraclès grec, avec le titre d'*Hercule invincible,* des jeux dans le grand cirque et, le jour suivant, sous ce même vocable, on célébrait la dédicace de l'autel qu'on lui avait consacré à la Porte Trigemine. Enfin, reprenant son caractère de paix qu'il ne quittait ainsi qu'une fois dans les honneurs qu'on lui rendait, il était associé, comme nous venons de le voir, à Cérès, dans une fête rustique et agricole qui avait lieu le 21 décembre et où on immolait aux deux divinités, une truie pleine.

Nous ne connaissons pas à Hercule de prêtres particuliers. Il est probable, en effet, qu'il n'en avait pas, car son culte ayant été adopté par les Livres Sibyllins, d'une part, et ayant gardé en grande partie son caractère latin, d'autre part, était, par conséquent, un culte d'Etat rendu par les magistrats et les pontifes. Mais il avait, comme nous allons le constater, des associations de fidèles *(cultores)*.

Il n'est resté à Cirta aucun texte rappelant cette divinité ; son culte pourtant devait y être célébré puisqu'on en relève des traces dans le territoire de la Confédération.

C'est ainsi qu'on a trouvé un grand autel à Hercule, au sommet de l'emplacement de l'ancien municipe de Sigus qui appartenait à la colonie de Cirta. Il avait été élevé au Capitole de cette ville par décret des décurions et aux frais du Trésor (1).

A Thibili, qui fit aussi partie de la Confédération, on voit une association d'adorateurs d'Hercule *(cultores)* élever, par souscription, à ce dieu, un autel pour la santé d'Antonin (2).

---

(1) C. I. L., VIII, 5694.
(2) Ibid., 5523.

Le rôle attribué ici à cette divinité semble se rapporter au caractère pacifique qu'avaient continué à lui reconnaître les Romains et qui s'était maintenu sous l'Empire.

Mais ce caractère s'associait aussi parfois, dans la croyance populaire, ainsi que nous l'avons vu, aux attributs guerriers d'Héraclès. C'est ainsi que dans le même municipe, une grande dalle encastrée dans le mur de fondation de la porte orientale byzantine, et découverte par M. Bernelle, en 1890, porte, sur une de ses faces, la mention d'un vœu à Hercule, accompli par *Q. Furnius Crescentianus* (1), pour la santé et la victoire de Marc-Aurèle, et, sur l'autre face, sculpté en relief, le combat d'Hercule contre le lion de Némée. Cette pierre décore aujourd'hui une des allées du bel établissement thermal d'Hammam-Meskoutine, où notre excellent ami, M. Rouyer, son intelligent propriétaire, a eu le bon goût de réunir et de conserver un grand nombre de souvenirs archéologiques provenant des environs qui en sont si riches.

Ce culte de l'Hercule batailleur des Grecs semble, d'ailleurs, avoir eu de nombreux fidèles dans cette contrée. Nous venons de voir qu'à Thibili, une sorte de confrérie avait pris ce dieu pour patron, et qu'elle l'honorait, dans la circonstance que nous avons rapportée, selon la tradition latine. Mais il est probable que son dieu avait aussi les attributs grecs.

M. Poulle a découvert, en 1874, à deux kilomètres au Nord de l'établissement de la Compagnie Algérienne, à Aïn-Regada, une autre inscription mentionnant un vœu à Hercule. Ce texte est surmonté d'un

---

(1) *Rec. de Const.*, vol. XXVI, p. 336.

bas-relief représentant le dieu barbu, tenant, de la main droite levée, une massue et portant, sur le bras gauche étendu, la peau du lion de Némée. L'inscription et le bas-relief sont rupestres, c'est-à-dire sculptés sur une paroi de rocher formant le fond d'une grotte naturelle, dans un ravin sombre. Il y est question d'un vœu promis à Hercule *velu* par *Rogatus* (1). L'épithète donnée ici à ce dieu est sans précédent dans les inscriptions et dans l'exégèse de son culte. Pourtant, ainsi que le remarque judicieusement M. Poulle, elle lui a été reconnue par le poète Properce, dans le passage où il raconte l'arrivée d'Hercule auprès de l'asile de la *Bona dea,* après sa victoire sur Cacus. Son aspect hirsute effraye un groupe de jeunes filles qui s'y trouvent et qui prennent la fuite. Le dieu les supplie de ne pas s'effrayer, en leur rappelant que jadis, sous une robe de Sidon, une molle écharpe cachant sa poitrine, il a filé la laine sur une quenouille libyenne, auprès d'Omphale (2).

Une deuxième preuve que le culte d'Hercule était fort pratiqué dans la Confédération, aussi bien sous ses attributs latins qu'avec son caractère grec, est la présence, à Rusicade, d'un texte très mutilé mentionnant une statue d'Hercule *gardien* (de la bonne foi), dédiée par un personnage dont le nom est resté illisible et qui, à cette occasion, donna des jeux scéniques au théâtre, avec distribution d'argent au peuple : *statuam Herculis C(ustodis)* (3).

Castor et Pollux ou les Dioscures. — Les deux frères jumeaux, connus sous le nom grec de *Dioscu-*

---

(1) *Rec. de Const.*, vol. XVII, p. 387 ; — C. I L. VIII, 5667.
(2) Propert. *Eleg.*, lib. IV, 9.
(3) C. I. L., VIII, 7984.

res, étaient, d'après la tradition grecque, fils de Tyndare, roi de Sparte, d'où leur nom de *Tyndarides*. Mais ce nom de Tyndare n'était, à l'origine, qu'un surnom de Jupiter, oublié dans la suite, et dont la croyance populaire, en Laconie où la légende avait pris naissance, fit une personnalité royale du pays. Mais une preuve que les deux héros étaient issus du maître des dieux est dans la persistance de leur nom de Dioscures qui signifie : « enfants de Jupiter » (Διὸς κοῦροι).

Leur légende la plus accréditée, parmi celles qui eurent cours chez les Grecs, est la suivante : Léda, femme de Tyndare, roi de Sparte, qui était lui-même frère de Clytemnestre, la célèbre épouse d'Agamemnon, s'unit, dans la même nuit, à Jupiter métamorphosé en cygne et à son époux. Elle enfanta un œuf d'où sortirent Castor, Pollux et Hélène ; mais Castor, étant fils de Tyndare, resta mortel, tandis que son frère Pollux était immortel. Ils eurent, l'un pour l'autre, une affection si grande qu'ils ne se séparèrent jamais, même après la mort de Castor, comme nous allons le voir. Nés à une époque où la légende grecque place de puissants bandits, personnifications des différentes races qui se sont disputé le territoire, ils prirent part à une foule d'expéditions, pour la défense de leur pays et de leurs intérêts de famille menacés, ou pour redresser des torts. Nous ne pouvons les rappeler ici, tant à cause de leur multitude que de leurs variations, selon les divers points de la Grèce où le culte des Dioscures fut adopté. Toujours est-il que dans l'une d'elles, celui des deux qui était mortel, Castor, perdit la vie. Son frère, au désespoir, ne pouvant partager son sort et ne voulant pas le quitter, obtint de son père, Jupiter, la faveur de mourir et de partager le tombeau de Castor pendant six mois de l'année, à la condition de ressusciter avec lui et de vivre ensemble dans le ciel où ils forment la constellation des Gémeaux, pendant les six autres mois. Ce mythe qui a pris, dans la littérature grecque et romaine, une signification morale, représente l'alternance de la vie et de la mort, de la lumière et des ténèbres.

Le caractère des deux frères est donc surtout guerrier et c'est sous cet attribut qu'ils sont particulièrement honorés. On les représente toujours à cheval, galopant l'un près de l'autre, vêtus d'une chlamyde flottante, ou debout à côté d'une *protomè* de cheval. Leur tête est recouverte d'un casque conique qui représente, pour chacun, la moitié de l'œuf d'où ils sont sortis.

C'est sous ce double caractère de guerriers et de puissances sidérales qu'ils furent honorés par les Romains, lorsque le culte grec pénétra jusqu'à eux.

Nous avons dit que la légende des deux héros avait pris naissance en Laconie. Tarente, qui était une colonie de Sparte, fut une des premières villes de la Grande Grèce à l'accueillir et à la répandre dans la péninsule. La légende grecque y trouva bien, il faut le dire, chez les Etrusques, celle des dieux Cabires qui étaient aussi jumeaux. Mais ceux-ci étaient au nombre de trois. Cette différence, il est vrai, ne les empêcha pas de se confondre, car leurs attributions étaient sensiblement les mêmes. D'ailleurs, il est à peu près établi que les croyances étrusques ont la même origine que celles des peuples grecs primitifs.

Le point de départ de l'introduction à Rome du

culte des Dioscures est le vœu fait par le dictateur *Aulus Postumius,* en 257 de Rome, à la bataille du lac Régille, contre les peuples du Latium, d'élever un temple au Forum même, à ces deux divinités protectrices de Tusculum, la plus puissante des villes ennemies. C'est ce qui décida, paraît-il, du sort de la bataille. Cette promesse faite aux deux principales divinités de l'ennemi, selon une tactique favorite des généraux romains, les engagea à abandonner le peuple qu'ils protégaient. On raconte, en effet, qu'aussitôt après cette invocation, les deux Tyndarides apparurent à cheval, vêtus de chlamydes de pourpre, à la tête de la cavalerie romaine qui écrasa alors facilement l'ennemi. Bien plus, le même soir, deux jeunes guerriers à cheval, tout couverts de poussière et de sueur, se montrèrent tout-à-coup sur le Forum, auprès de la fontaine de *Juturna,* où ils firent désaltérer leurs chevaux et se lavèrent eux-mêmes le visage. Ils annoncèrent au peuple, réuni autour d'eux et emerveillé, la victoire remportée le matin et disparurent.

Le temple voué par Aulus Postumius fut dédié 13 ans après, en plein Forum, en 270 de Rome, aux ides de Juillet. Depuis cette époque, le 15 Juillet, les chevaliers, qui avaient pris les Dioscures pour patrons, célébrèrent une grande fête équestre en leur honneur. Ils se réunissaient à la Porte Latine, vêtus de pourpre, sur des chevaux blancs, et de là, en ordre de bataille, se rendaient au Forum, devant le temple de Castor et de Pollux, puis montaient au Capitole pour rendre grâce à Jupiter, le père des Dioscures. Ils redescendaient ensuite an cirque où se donnaient des courses en leur honneur.

Les deux divinités grecques, honorées en plein

Forum, étaient devenues essentiellement romaines. On leur rendit un culte comme protectrices des armes romaines qu'elles ne cessèrent, d'ailleurs, de favoriser, s'il faut en croire la superstition populaire. Elles intervinrent, en effet, pour donner la victoire au Consul *T. Quinctius Flaminius* contre Philippe de Macédoine, dans la lutte contre les Cimbres et les Teutons, à Pharsale, etc...

Ce n'était pas seulement comme à des dieux guerriers que les Romains leur rendirent un culte. En qualité de dieux astronomiques, ils devinrent bientôt les protecteurs des marins. C'est Castor et Pollux que ceux-ci invoquent avant leur départ, c'est à eux qu'ils s'adressent pendant la tempête et qu'ils rendent grâce au retour, surtout après une navigation périlleuse. Ostie, qui était le point d'arrivée de toutes les flottes de commerce, devint naturellement le centre de ce culte maritime des Dioscures. C'est, en effet, dans ce port qu'on en a retrouvé les plus nombreuses traces.

Mais cette protection donnée à la marine entraîna un autre caractère attribué à ces dieux. La marine étant le grand véhicule des échanges commerciaux des Romains avec le monde entier, les Dioscures furent bientôt considérés comme les protecteurs du commerce, des marchands et de tous les trafiquants : banquiers, publicains, etc.... Ils furent considérés comme présidant à toutes les affaires de négoce et consacrant la bonne foi qui en est l'âme. Aussi, est-ce en les invoquant *(edepol ! mecastor !)* qu'on prenait des engagements, qu'on signait des contrats, qu'on faisait des conventions. Les pactes de toutes sortes, les traités, les testaments, les lois financières étaient rendus publics par des affiches sur les murs de leur temple situé au Forum, près de la Basilique ou Bourse de commerce. C'est auprès de ce temple, à Rome, que s'établissaient les offices des banquiers, des changeurs et les bureaux de vendeurs et d'acheteurs d'esclaves.

L'importance des hommages de toutes sortes, réservés à ces divinités, avaient nécessairement contribué à étendre leur culte dans tout l'Empire. Nous le trouvons particulièrement adopté en Afrique. Les Cirtéens n'avaient pas songé à se soustraire à cette nécessité. Aussi est-il resté des traces de leur dévotion aux Dioscures. Deux d'entre elles, celles qui ont été trouvées à Cirta, offrent même une particularité étonnante au premier abord.

En effet, ce sont deux autels consacrés jadis au Capitole, l'un à Castor, l'autre à Pollux et qui devaient se faire pendant sur les degrés de leur temple, par un certain *L. Calpurnius Successianus,* en exécution d'un vœu (1). Or, ce personnage se donne comme *curateur* des *dendrophores*. Comment intervient-il dans un hommage rendu à des dieux qui lui semblent si étrangers, en sa qualité de membre d'un collège de prêtres de Cybèle ?

La fonction qu'il remplissait dans ce collège va nous l'expliquer.

On verra plus loin que les *dendrophores,* comme les *cannophores* et les *galles* étaient des associations de prêtres et de prêtresses de Cybèle et d'Attis. Les dendrophores étaient ceux de leurs membres qui portaient processionnellement au temple des deux

---

(1) C. I. L., VIII, 6940 et 6941.

divinités le pin mystique d'Attis, le 22 mars, d'où le nom de *porteurs d'arbres*. Ils étaient organisés en un collège dont les intérêts étaient confiés à un administrateur financier *(curator)*. Tel était le rôle de L. *Calpurnius Successianus*. C'est précisément en sa qualité d'homme d'affaires, et pour se rendre favorables les dieux qui présidaient aux opérations dont il était chargé, qu'il leur avait voué ces deux autels.

Un autre souvenir du culte des Dioscures se trouve dans une des IIII Colonies, à Chullu. C'est aussi un autel dédié à Castor, mais par une femme, *Cæcilia Domitilla*, en exécution d'un vœu (1).

Les fêtes de ces dieux se renouvelaient deux fois par an. La première solennité avait lieu le 8 avril, en l'honneur de la dédicace du temple qui leur avait été consacré au Forum. On n'a aucun renseignement sur cette cérémonie. La seconde se célébrait le 13 août. Elle consistait en jeux donnés à l'hippodrome. Les Dioscures étaient, en effet, honorés comme protecteurs des courses. Ils avaient, en cette circonstance, leurs statues érigées sur la muraille qui séparait l'arène en deux parties, et on croit même que c'est en leur honneur que le nombre des tours de l'arène, à effectuer dans une course, était marqué par des œufs de pierre ou de marbre, sur la table de l'*ovarium*.

LVII

14° Tellus

La religion des races latines était le culte de la Nature dont les dieux primitifs ne se détachaient pas. Ils n'étaient autres, à l'origine, que ses forces ou ses

---

(1) C. I. L., VIII, 8193.

actions diverses. Le principe et le théâtre de la plupart de ses phénomènes était, pour ces populations essentiellement agricoles, la Terre *(Tellus)*; aussi fut-elle la plus ancienne, la plus populaire et la plus honorée des divinités. On lui rendait un culte sous les noms les plus divers qui exprimaient ses bienfaits. On l'appelait *Bona dea*, dit Macrobe (1) parce qu'elle est la source et l'agent de tous les biens, *Fauna* parce qu'elle nous favorise de tout ce qui est utile à la vie, *Ops*, parce que c'est d'elle que viennent toute puissance et toute prospérité, *Fatua* parce qu'elle nous est esssentiellement favorable. On l'honorait aussi sous le nom de *Flora* parce qu'elle fait naître et alimente toutes les fleurs. Elle se confond souvent, sous ce rapport, avec Cérès et Vénus, lorsque cette dernière est considérée comme la déesse de la végétation.

Son culte était surtout pratiqué dans des fêtes rustiques. A Rome, le 15 avril, les Curies, ces subdivisions de la plèbe, lui consacraient les *Fordicidia* ou *Hordicidia* pour lui demander une année fertile. Avec la participation des pontifes et des Vestales, on lui sacrifiait ce jour-là des vaches pleines *(fordæ* ou *hordæ boves)*. Les fœtus, retirés des victimes, étaient réduits en cendres que conservaient les Vestales, pour les distribuer au peuple, le jour des *Parilia* où tout le monde s'en servait pour se purifier. Les *feriæ sementivæ* dont nous avons déjà parlé, à propos de Cérès, avaient aussi lieu en son honneur, ainsi que la *lustratio pagi*. On lui sacrifiait alors une truie pleine. Lorsqu'on lui faisait des prières, il fallait toucher le sol avec ses mains.

---

(1) Macrob, 1. 12, 21.

Son culte qui s'est confondu dans les derniers temps avec celui de *Mater Magna* dont nous allons parler, ne pouvait être ignoré en Afrique, cette terre si fertile, bien que les dédicaces à Tellus y soient pourtant assez rares. Aussi, était-il célébré à Cirta avec un assez grand appareil, si nous en croyons une inscription découverte en 1885, dans la rue de Mila, à Constantine. Nous y lisons, en effet, que *P. Julius Urbanus*, chevalier romain, qui avait été questeur, puis édile et enfin préfet des IIII Colonies *pour les triumvirs*, lui éleva un autel, avec statue, en souvenir de son édilité, et outre les 20,000 sesterces qu'il avait déjà versés au Trésor. Il fit même construire un tétrastyle pour y placer la statue et donna des jeux scéniques, avec distribution d'argent au peuple, en l'honneur de la dédicace (1).

Voici un autre exemple de l'importance de ce culte :

Dans la ville de Cuiculum qui fut, comme on le sait, une des colonies de la Confédération cirtéenne, Tellus avait un grand temple dont on a retrouvé, dans les restes de la basilique chrétienne qui fut, sans doute, élevée sur ses ruines, la magnifique inscription du fronton, en lettres de 12 centimètres de hauteur. On y lit que la République des Cuiculitains éleva le temple à *Tellus Genetrix* ; que *C. Julius Lepidus Tertullus*, légat d'Auguste, en 194, sous Septime Sévère, le dédia, et que *Ti. Julius Honoratus*, flamine perpétuel, fit don de la statue *acrolithe* de la déesse (2). On appelait ainsi les statues dont les extrémités seules, la tête, les mains, les pieds, étaient

---
(1) *Rec. de Const.*, vol. XVIII, p. 248.
(2) C. I. L., VIII, 8309.

en marbre. Le reste, recouvert d'étoffes ou peint, était en bois.

LVIII

Les divinités orientales : Mithras, Mater Magna

Les relations établies par la conquête de l'Asie entre le monde romain et l'Orient, la décadence de l'ancienne religion, le besoin d'un mysticisme que ne satisfaisait plus le pur formalisme d'autrefois, le goût du merveilleux qu'avait excité la connaissance des dogmes orientaux, modifièrent entièrement l'esprit public dans le sens de l'occultisme. A partir des Antonins les cultes persans, tout remplis de mystères, s'introduisirent à Rome et se répandirent avec une grande rapidité dans tout l'Empire.

La première divinité de cette provenance fut *Mithras,* le dieu du soleil, qu'il ne faut pas confondre avec *Sol* d'Emèse auquel Elagabal bâtit un temple à Rome et qu'il unit avec l'Astarté de Carthage.

Le culte de Mithras fut importé à Rome par les légions de Pompée, de retour de leur expédition contre les pirates de Cilicie. C'est à Ostie, où on lui éleva les premiers autels, qu'il fut d'abord honoré. Avec Isis, Cybèle et la *Virgo Cœlestis* de Carthage, il prit le pas sur les anciens dieux romains dans les deux derniers siècles du paganisme. C'est pourquoi tout l'effort du christianisme fut dirigé contre ces dieux. C'était leur culte, en effet, qui lui faisait la plus vive concurrence. Comme lui, il arrivait à une sorte de monothéisme, car chacun de ces dieux se prétendait unique, les autres divinités n'étant que des noms par lesquels on désignait ses divers attributs. De plus, ces cultes poussaient à la pénitence et à la pureté morale.

Mithras, en particulier, est le dieu qui se transforme, s'épure et devient la pure lumière représentée par le Soleil. Il prend naissance dans les ténébres, sous un rocher, pour s'élever, après maintes métamorphoses, jusqu'à la splendeur rayonnante. Il figure l'âme humaine qui est obligée de descendre dans le monde obscur du corps et des choses terrestres, pour atteindre, par des épreuves successives, à la pure sagesse. Lorsqu'on prend connaissance de la doctrine de Zarathustra, on croit lire un dialogue de Platon, exposant la dialectique ou marche de l'âme partant de la connaissance sensible pour aboutir à l'idée pure.

Cette sombre origine du dieu est figurée par la caverne, *spelœum*, où on célèbre toujours ses mystères. Les transformations, par lesquelles il est arrivé à l'éclat de la pleine lumière, sont représentées par les épreuves que doit subir l'initié avant d'atteindre les divers degrés de la perfection : l'eau, le fer, la faim, la soif, la flagellation et l'isolement.

Parmi ces épreuves et ces formes de purification se trouvent des cérémonies qu'on rencontrait dans le christianisme, principalement le *baptême du sang* dont nous parlerons à propos de la *Mater Magna*, en l'honneur de qui il était célébré. C'est pourquoi les polémistes chrétiens, Saint Jérôme, Justin, Tertullien, Firmicus Maternus, reprochaient aux adeptes de ce néo-paganisme d'avoir cherché à imiter la religion du Christ.

Le culte de Mithras avait des prêtres spéciaux dont Aurélien avait institué le collège et qui se recrutait souvent dans les autres sacerdoces. C'étaient en quelque sorte des thaumaturges, qui présidaient aux cérémonies des initiations par lesquelles on devenait un adepte de la religion mithriaque. Les initiés portaient des amulettes où était figuré leur dieu.

Ce culte de Mithras et des autres divinités orientales devait être nécessairement pratiqué à Cirta, dans cette capitale où la religion phénicienne, qui avait avec elles tant de points de contact, resta toujours en honneur. Aussi y avait-il trouvé des sectateurs de marque. C'est ainsi que son antre *(spelœum)* avait été aménagée au Capitole, avec ses statues et tous ses ornements, par le *præses* ou gouverneur de la Numidie constantinienne, *Publilius Ceionus Cœcina Albinus* (1) dout nous avons rappelé plus haut (2) les nombreux travaux d'utilité publique, dans la seconde moitié du IVe siècle.

Mater Magna. — Une autre divinité importante d'origine orientale et dont le culte présentait un grand nombre d'analogies avec les mystères chrétiens est *Mater Magna Idœa*, la Grande Mère Idéenne.

Elle n'était, pourtant pas, quant à son nom du moins, d'importation absolument étrangère. C'est ainsi, qu'au dire de Varron, on qualifiait de Mater Magna toutes les divinités telluriques telles que Proserpine, Ops, Tellus, Vesta, Fatua, etc... Une déesse de ce nom même avait un temple sur le Palatin, ce qui prouve bien que Mater Magna était essentiellement romaine. On sait, en effet, que tous les temples des divinités étrangères devaient être placés en dehors du *pomoerium*, tandis que les autres se trouvaient dans l'enceinte même de la ville.

---

(1) *Rec. de Const.* vol. 1er, p. 47. — C. I. L., VIII, 6975.
(2) *Ibid.*, vol. XXVIII. pp. 244-45.

C'est à partir des Antonins que le culte phrygien de Cybèle pénétra dans le monde romain, avec ses prêtres et ses cérémonies.

Nous ne pouvons nous attarder à démêler, parmi les nombreuses légendes qui eurent cours dans le monde grec et asiatique, celle qui s'applique le mieux aux diverses particularités de son culte tel qu'il fut pratiqué chez les Romains.

La suivante nous semble la plus accréditée et se prêter le mieux aux cérémonies dont nous allons parler :

Selon les traditions religieuses du mont Ida où son culte était particulièrement en honneur, Cybèle, ou la Terre, dont la jeunesse était éternelle, aimait un tout jeune berger phrygien du nom d'Attis, mais elle voulait qu'il restât pur. Elle en fit son prêtre, à la condition qu'il conserverait son innocence. Mais les sens furent plus forts que les résolutions de l'éphèbe. Honteux de n'être plus digne de sa divine maîtresse, il alla se mutiler sous un pin et se réfugia ensuite dans les roseaux où il mourut de ses blessures. C'est là que la déesse en pleurs découvrit son cadavre et le ressuscita, après l'avoir couvert de fleurs.

C'est de cette légende que s'inspirèrent, comme on le verra plus loin, toutes les cérémonies excentriques du culte de la déesse. Les prêtres se nommaient les galles *(galli)*. Il paraît qu'ils se mutilaient comme Attis et allaient partout, prêchant la continence et la chasteté. Sous la conduite de leur président, l'archigalle, ils faisaient des processions dans la ville, vêtus d'habits bariolés et opérant des quêtes au bruit de toutes sortes d'instruments phrygiens, cornes, tympanons et cymbales.

Ce culte, dont les adeptes devaient à chaque instant se purifier par des privations et des souffrances, avait, comme nous l'avons dit, des cérémonies ayant quelque analogie avec celle des chrétiens : tels sont le *taurobole* et le *criobole* ou baptême du sang.

Cette curieuse cérémonie, dont on a retrouvé d'innombrables traces dant tout l'empire romain, était très usitée en Afrique et notamment sur le territoire des IIII Colonies, ainsi qu'on le verra par les inscriptions. Voici en quoi elle consistait :

Lorsqu'un citoyen, et c'était généralement parmi ceux du plus haut rang, voulait acquérir une plus grande estime ou arriver, s'il avait la foi, à un plus haut degré de perfection, il prenait l'initiative d'un taurobole et d'un criobole *(commovebat)*, en l'honneur de la Grande Mère Idéenne et d'Attis. La cérémonie avait lieu tout entière à ses frais.

On avait creusé au préalable une fosse profonde dans laquelle le personnage en question se faisait descendre, la tête ornée d'une mître et ceinte d'une couronne d'or, le corps solennellement revêtu du *Cinctus Gabinus*. La fosse était ensuite recouverte d'un plancher criblé d'ouvertures où l'on amenait un taureau orné de bandelettes et les cornes dorées. Entouré du peuple assemblé près du lieu du sacrifice, un galle s'avançait et plongeait un large couteau dans la poitrine de la victime. Des torrents de sang fumant inondaient l'homme de la fosse. La victime immolée, on retirait son cadavre pour faire subir le même sort à un bélier, après quoi celui qui avait fait l'oblation sortait de la mare sanglante, le visage, les vêtements et le corps tout souillés. Ayant ainsi dépouillé le vieil homme, l'initié qui s'était réconcilié avec la divinité, lui et ses concitoyens, pour lesquels il s'était dévoué, était salué comme un homme nouveau et complètement purifié.

Nous trouvons à Thibili, qui faisait partie de la Confédération des IIII Colonies, deux souvenirs précieux de ces sacrifices.

Le premier est un autel trouvé, en 1849. par le capitaine d'artillerie Delamare et auquel on a attribué une si haute importance qu'on l'a transporté au Musée du Louvre. Il fut élevé à l'occasion d'un taurobole, en l'honneur de la *Terre mère Ærecura, mère des dieux, la Grande Idéenne,* par une femme, *Popilia Maxima* (1). Le texte ne dit pas qu'elle ait elle-même pris l'initiative de la cérémonie expiatoire et l'ait subie, ce qui n'est, d'ailleurs, pas probable, car ce serait, parmi un si grand nombres d'autres textes, le seul exemple d'une femme ayant joué ce rôle. Elle a simplement fait élever cet autel en souvenir d'un sacrifice de ce genre dont son père, qui est nommé dans la dédicace, fut probablement le héros, avant sa mort, survenue, sans doute, depuis cet évènement.

Mais pourquoi ce nom d'*Ærecura* attribué ici à la Grande mère Idéenne, et que nous retrouvons aussi dans le texte qui va suivre ? Sans pouvoir en donner la raison exposée, parait-il, par le seul Mommsen dans un ouvrage qui n'est pas à notre disposition (2), nous nous contenterons de rapprocher de Cybèle, l'antique déesse latine, *Rhea,* que la divinité phrygienne avait absorbée et dont le nom n'était lui-même qu'une métathèse dè l'Héra grecque, d'où est sortie Junon,

---

(1) C. I. L., vIII, 5524.
(2) *Arch. Anzeiger,* 1865, p. 88.

l'épouse du maître des dieux. Ajoutons encore que, parmi les enfants de Rhéa et de Chronos, se trouve la déesse Hérè.

Un autre souvenir, non moins important, d'un sacrifice du même genre, accompli aussi à Thibili, est l'autel que nous avons découvert, nous-même, au cours des fouilles que nous avons exécutées au mois de Mai dernier, à Announa. C'est un autel élevé à la *Terre mère Ærecura, la Grande mère Idéenne* par *P. Sextilius Honoratus* qui, dit l'inscription, suscita et accomplit *(movit et fecit)* un taurobole et un criobole, c'est-à-dire subit lui-même l'expiation (1).

Un troisième texte, plus explicite encore sur cette cérémonie, est celui qui a été découvert par Costa, en 1876, dans l'ancienne colonie cirtéenne de Milev. Il est inscrit sur un autel élevé à la *Mère des dieux, la Grande Idéenne,* par deux personnages dont le premier est *Q... Basilicus* et le second *Mnesius*. Ils ont, dit le texte, accompli et subi eux-mêmes un criobole, pour la santé de l'Empereur Alexandre Sévère, de sa mère Julia Mammæa et de toute leur famille, par les soins du prêtre *C. Aemilins Saturninus*, conformément à l'avis que leur avait donné l'archigalle (2).

Comme on le voit, tout est spécifié dans ce document : la raison du sacrifice, le nom du sacrificateur, celui des personnes qui accomplissent et subissent l'expiation, et enfin, à quelle occasion elle a été entreprise.

Deux particularités sont dignes de remarque dans ce texte. La première est que le sacrifice expiatoire

---

(1) Nous publions et commentons cette inscription dans notre article épigraphique du XXIX⁰ vol. du *Rec. de Const.*

(2) *Rec. de Const.*, vol. XVIII, p. 519 ; — C. I. L., VIII, 8203.

est entrepris et subi pour la santé d'Alexandre Sévère et de sa mère Julia Mammæa. C'était une flatterie à l'égard de ces princes dont on connaissait la dévotion envers les divinités de l'Orient.

La seconde est que le monument porte avec lui sa date approximative, 222 à 235.

Et enfin, la troisième est une irrégularité qui a son importance. La dédicace est à Cybèle et le sacrifice à Attis. On sait, en effet, que le criobole ou immolation d'un bélier était en l'honneur de cette dernière divinité. Cela nous prouve, et c'est d'ailleurs un fait établi, que le culte du dieu mutilé dont les Grecs s'étaient préservés, à cause des conceptions peu esthétiques et des pratiques étranges qu'il supposait, et que les anciens Romains avaient eux-mêmes proscrit pour des raisons analogues, s'était incorporé à tel point à celui de la Mater Magna qu'on ne les distinguait plus dans le monde romain, à partir du IIIe siècle.

Cette cérémonie étrange du baptême de sang, purifiant non seulement le citoyen qui en est l'objet, mais le peuple lui-même, est la réalisation de l'idée toute orientale de rédemption qu'a fait prévaloir le christianisme.

Les prêtres de Mater Magna se divisaient, avons-nous dit, en plusieurs collèges qui avaient chacun leur rôle dans les cérémonies de son culte. On distingue parmi eux les *Cannophores* les *Dendrophores* et les *Galles*. Voici quelles étaient leurs fonctions :

La fête de Mater Magna et d'Attis qui a laissé le plus de traces dans notre épigraphie est celle qui commençait le 15 mars par la cérémonie appelée l'entrée des cannophores *(canna intrat)*. C'était un collège d'hommes et des femmes qui portaient processionnellement des roseaux au temple de la double divinité, en souvenir de l'enfance d'Attis qui avait été exposé parmi ces arbustes, aux bords du fleuve Gallus, en Phrygie. Puis, le 22 Mars, un autre collège de prêtres, les dendrophores, portaient dans le même appareil, au même sanctuaire, de jeunes pins environnés de laine et couronnés de violettes *(arbor intrat)*. C'était pour rappeler l'arbre sous lequel le jeune dieu s'était mutilé. La laine dont ils étaient environnés évoquait le souvenir des soins pieux dont la fille du roi Midas, Ia, honora le cadavre d'Attis qu'elle avait rencontré et qu'elle recouvrit ainsi. Les violettes représentaient les fleurs que Cybèle, avant de le ressusciter, répandit sur le corps de son amant.

Deux jours après, avait lieu, en signe de deuil, la *fête du sang*. Les galles et leur chef, l'archigalle, ainsi appelés du nom du fleuve aux bords duquel fut trouvé Attis, se tailladaient les bras et en rejetaient le sang sur la foule qui se pressait autour d'eux pour en être purifiée. Ils accomplissaient cette cérémonie dans un état d'exaltation qui les rendait insensibles comme nos Aïssaouas algériens. Ce jour-là, on jeûnait et on s'imposait toutes sortes de privations.

Enfin, le lendemain, 25 mars, était un jour de réjouissances *(hilaria)* en l'honneur d'Attis ressuscité. On promenait alors en triomphe les statues de Cybèle et d'Attis, au milieu d'un cortège de masques se livrant à une joie immodérée et rappelant assez les réjouissances de notre Carnaval.

Outre les sacrifices du baptême sanglant dont

nous parlons plus haut, nos inscriptions rappellent que le culte de la Grande Mère était très répandu dans les IIII Colonies. C'est ainsi que nous trouvons à Sigus le nom d'un de ses prêtres, *L. Clodius Honoratus,* qui mourut à l'âge de 55 ans (1).

Nous venons de voir qu'un prêtre ordinaire et un archigalle sont mentionnés à Milev.

A Cirta, nous avons constaté l'existence d'un collège de dendrophores.

A Rusicade, il en était de même. Nous lisons, en effet, sur un piédestal, que la statue dont il était surmonté et dont la partie inférieure existe encore avait été élevée à Attis par un dendrophore du nom de *C. Meteius Exuperans* (2).

Enfin, à Cirta, un autel ou, peut-être, un temple avait été élevé, dans un endroit inconnu, à Jupiter très bon et très grand, à tous les dieux et toutes les déesses, à la Grande Mère Idéenne, à Apollon, etc., par *M. Coculnius Quintilianus* qui vivait au temps de Septime Sévère. Cette dédicace confirme ce que nous avons dit plus haut de la tendance qu'avaient les nouvelles divinités orientales à absorber tous les anciens dieux et à s'attribuer les honneurs qu'on leur rendait.

LIX
Les abstractions divinisées à Cirta

Telles étaient les principales divinités dont il est possible de constater le culte à Cirta et dans les IIII Colonies.

---

(1) *Rec. de Const.*, voll xi, p 411, et xviii, p. 548 ; — C. I. L., viii, 5707.

(2) Ibid., vol. xvi, p. 464 ; — Ibid., 7956.

On en trouverait encore quelques-unes, mais ce sont des divinités champêtres et particulières à l'Afrique, issues probablement de la religion des races indigènes et sur lesquelles nous ne possédons aucun renseignement. Telles sont *Bacax* qui paraît avoir été un dieu des cavernes et était surtout honoré aux grottes du Taya, dans les environs d'Hammam-Meskoutine, les anciennes Aquæ Thibilitanæ ; *Ifru* (?) sur lequel nous ne possédons absolument aucune autre indication que la mention laconique d'une inscription de Cirta ; et enfin, *Silvain,* sorte de divinité rustique, vague et impersonnelle dont on ajoute souvent le nom à celui des autres dieux telluriques. Comme nous l'avons dit plus haut, il serait intéressant d'essayer une étude de ces cultes indigènes de l'Afrique romaine dont on n'a encore qu'une idée bien imparfaite.

Mais les Romains pratiquaient à Cirta, comme dans tout l'Empire, un autre culte que celui des divinités ayant une personnalité distincte. Ils honoraient des abstractions, leur élevaient des autels, des statues et des temples et allaient même jusqu'à leur offrir des sacrifices. Cette forme de leur pensée religieuse est une tendance caractéristique de la race qui s'est perpétuée jusqu'à la fin du paganisme.

Par les développements qui précèdent, on a vu qu'à l'origine, les peuples latins n'avaient pas de divinités à personnalités bien distinctes. Leur foi religieuse s'était bornée à donner un nom à toutes les manifestations de l'activité divine et à se les rendre favorables par des supplications et des sacrifices. Ils en avaient fait autant de puissances célestes qu'ils honoraient selon des rites déterminés. Pour ne parler que de celles qui présidaient aux divers moments de la culture des terres, nous citerons *vervactor* pour le premier labour, *redarator* pour le second, *imparcitor* pour tracer les sillons, *insitor* pour les semailles, *abarator* pour le nouveau labour, *occator* pour le hersage, *sarritor* pour houer, *subruncinator* pour le sarclage, *messor* pour la moisson, *convector* pour la rassembler, *conditor* pour la rentrer, etc.... (1).

De là à diviniser les sentiments généraux qui inspirent les actes de l'homme et qui sont le résultat de l'influence divine sur son âme, tels que la Vertu, la Concorde, la Paix, la Douceur, l'Indulgence, etc., il n'y avait qu'un pas. Ces états d'âme étaient bien plus divins encore et bien plus dignes d'être honorés, lorsqu'ils se montraient ou qu'on les supposait chez l'Empereur qui était lui-même un dieu. A côté de la majesté impériale, il y avait aussi celle du peuple romain dont on honorait la Gloire, la Toute-puissance *(numen)*, la Sécurité, la Grandeur, etc. En un mot, on en vint à traiter comme des dieux toutes les qualités morales et les diverses abstractions qu'elles arrivaient à former.

C'est ce qu'on remarque par tout l'Empire et ce dont il reste une foule de traces dans l'épigraphie cirtéenne. Nous allons les passer en revue.

La Concorde. — Elle avait à Cirta, comme à Rome, un temple près de l'emplacement de la grande Mosquée actuelle. On y voyait une statue élevée, en l'honneur de la Concorde des IIII Colonies cirtéennes, par *C. Julius Barbarus* questeur et édile (2).

---

(1) Voir, pour cette énumération, J. Marquardt et Th. Mommsen, *Manuel des antiq. rom.*, t. xii, p. 11.
(2) *Rec. de Const.*, vol. 1, p. 123 ; — C. I. L., viii, 6942.

La même divinité avait, dans le grand temple du Forum, à Cuiculum, une statue élevée par un membre de l'illustre famille des *Gargilius* qui paraît être originaire de ce municipe ou qui s'y était établie dès les temps les plus anciens. Celui qui fit don de la statue est *L. Gargilius*, prêtre augustal et édile (1).

La Gloire. — On lui avait érigé un autel au Capitole, probablement sur les degrés du temple de Jupiter Vainqueur (2).

L'Honneur. — Un autel lui avait été dressé, on ne sait dans quelle partie de la ville, ni auprès de quel temple, par *Q. Julius Honoratus* qui était augure et avait rempli les fonctions d'édile revêtu de la puissance questorienne, de triumvir et de préfet jure dicundo de la colonie de Milev (3).

L'Honneur et la Vertu. — On trouvait sur le second Forum de Cirta (notre place actuelle de la Brèche), un autel élevé à cette double divinité par *Q. Domitius Primianus* et *Julia Fortunula*, son épouse (4). C'était un hommage à leur ville natale qui était placée, avons-nous dit, sous cette invocation.

La Fortune, *déesse du retour*. — On lui avait élevé au Forum une statue dont le grand piédestal de marbre a été retrouvé dans les première années de notre occupation et a été anéanti depuis, dans l'incendie de la maison où il était conservé. C'était en l'honneur de Septime Sévère, pour le féliciter de son

---

(1) C. I. L., VIII, 8300.
(2) Ibid., 6949.
(3) Ibid., 6950.
(4) *Rec. de Const.*, vol. XIII, p. 699 ; — C. I. L., VIII, 6951.

heureux retour en bonne santé, après une de ses nombreuses expéditions. Le monument avait été élevé aux frais de *C. Sittius Flavianus,* édile, triumvir, préfet des Colonies, qui l'avait promis lors de son élévation au triumvirat et qui, à l'occasion de sa dédicace célébrée pendant sa préfecture, donna des jeux scéniques au peuple (1).

Cette divinité n'était pas moins honorée sur le territoire de la Confédération.

C'est ainsi qu'à Rusicade un représentant de cette Colonie au Conseil des décurions de Cirta, *C. Annius,* qui était aussi pontife, lui avait fait élever, en l'honneur de cette dignité, deux statues d'airain, dont l'une au cirque, dans un tétrastyle (2).

A Thibili, un fragment de dé dont presque toute l'inscription a disparu, rappelle qu'un autel lui avait été élevé, pour lui rendre grâce d'avoir ramené d'une expédition un empereur dont le nom n'existe plus (3).

A Phua, pagus du territoire cirtéen, une statue avait été élevée à cette divinité, en 213, pour la remercier d'avoir ramené sain et sauf de la Gaule, où il avait essuyé une grave maladie, l'Empereur Marc Aurèle Antonin (Caracalla) (4).

L'Indulgence de l'Empereur (sa bonté) ; — Nous avons vu que *M. Cœcilius Natalis,* l'opulent magistrat qui avait jeté sur la voie ornée de statues reliant les deux Forum et dont une de nos planches reproduit ce qui en restait en 1842, avait orné ce monument d'une statue, avec tetrastyle, de l'Indulgence de l'Empereur (5).

---

(1) C. I. L., VIII, 6944.
(2) Ibid., 7983.
(3) Ibid., 5522.
(4) *Rec. de Const.,* vol. II, p. 69 ; — C. I. L., VIII, 6303.
(5) Ibid., voll. Iᵉʳ, p. 56 ; III, p. 147 ; IV, p. 127 ;— ibid., 7094-98.

La Paix. — Les Cirtéens honoraient aussi la Paix dont les avantages étaient si grands pour leur prospérité, quand l'Empire pouvait la goûter. Un édile du nom de *P. Gavius*, chevalier romain, et qui remplissait les fonctions de questeur, lui avait élevé un autel sur le second Forum (1).

Rome Eternelle. — Rome aussi avait été divinisée, et les citoyens de la Confédération rendaient hommage à sa majesté. C'est ainsi que le donateur du sanctuaire de Vénus, élevé sur le second Forum, *L. Julius Martialis*, qui avait été questeur, édile et triumvir, rappelle, dans la dédicace de ce monument, qu'il avait érigé une statue à *Rome Eternelle*, au nom de son frère *Victor* (2).

La Sécurité du Siècle qui rappelle l'ère de tranquilité et de bonheur donnée à l'Afrique par l'excellente administration de Septime Sévère qui en était originaire (3), et de son fils Caracalla, recevait à cette époque les hommages des citoyens de Cirta. Sur une des faces de l'arc de triomphe de *Cœcilius Natalis*, une *zothèque* avait été ménagée pour contenir une statue de cette divinité (4).

La Victoire. — Le bonheur constant des armes romaines avait nécessairement amené le peuple à diviniser l'influence céleste qui le lui procurait. Aussi, le temple de la Victoire était-il un des plus anciens de Rome. Cette divinité devait donc recevoir de nombreux hommages dans la Confédération. Il nous en est resté, en effet, plusieurs souvenirs.

---
(1) C. I. L., VIII, 6957.
(2) *Rec. de Const.*, vol. XIII, p. 685 ; — C. I. L., VIII, 6965.
(3) On sait qu'il était né dans la Proconsulaire (la Tunisie actuelle), à *Leptis Magna*.
(4) C. I. L., VIII, 7094-98.

Comme la Gloire, elle avait, à Cirta, un autel, dans le temple de Jupiter, le dieu qui la procurait, en sa qualité de Vainqueur (1).

A Rusicade on lui voyait, sur le Forum, une statue, au milieu d'un tétrastyle. Elle avait été érigée entre les année 218-222 par *L. Cornelius Fronto Probianus*, chevalier romain, représentant de sa Colonie au conseil des décurions de Cirta (2). C'était en l'honneur du flaminat qu'il venait de recevoir. On comprend cette libéralité de la part du prêtre même de l'Empereur qui était le véritable bénéficiaire des faveurs de cette divinité. L'auteur de la dédicace rappelle qu'en cette occasion il donna des jeux publics au peuple, outre une foule d'autres libéralités.

La Victoire avait même à Sigus une association qui lui rendait des honneurs (*cultores*). C'était probablement un groupe d'anciens soldats. Ils lui avaient consacré, dans son temple, un ex-voto inscrit sur un cartouche à queues d'arondes (3).

Enfin, sur le Forum de la petite ville d'Arsacal, se dressait une grande statue de la Victoire dont on a retrouvé le magnifique piédestal avec une dédicace d'une épigraphie fort soignée. C'était un don de *C. Julius Victor*, édile et préfet pour les triumvirs de Cirta. Il l'avait érigée au nom de ses fils, *Tertullus, Martialis, Quadratus, Julianus, Victor* et de sa fille *Honorata*. A l'occasion de sa dédicace, il donna des jeux publics (4).

La ville de Cuiculum est particulièrement riche en monuments de ce genre.

---

(1) C. I. L. viii, 6967.
(2) Ibid., 7963.
(3) *Rec. de Const.*, vol. vii, p. 185 ; — C. I. L., viii, 5895.
(4) Ibid., vol. vi, p. 79 ; — ibid., 6046.

C'est ainsi que le Conseil des décurions y avait élevé trois autels à la Victoire, en l'honneur des succès de Marc-Aurèle et de Vérus, en Arménie et chez les Parthes. Le premier même porte sa date, 165, et nomme les deux empereurs ; le second est érigé à la Victoire arméniaque, et le troisième à la Victoire parthique des deux Augustes (1).

Nous trouvons, dans ce même municipe, un autre autel à la Victoire, élevé par *L. Volusius Barbarus*, questeur, édile et augure, en l'honneur de cette dernière dignité ; il coûta au donateur six mille sesterces (2).

La Vertu est la dernière de ces divinités abstraites que nous voyons honorées à Cirta. La preuve des hommages qu'on lui rendait est dans la statue qui décorait une des faces de l'arc de triomphe de *Cœcilius Natalis* (3). Nous avons vu que sur la face opposée, se dressait la statue de la *Sécurité du Siècle*.

LX

Le culte des Génies

A côté de ces divinités abstraites, il en était d'autres d'un caractère particulier, les *Génies*, dont nous devons parler.

Nous avons constaté la tendance qu'avait la race latine à voir dans le monde entier l'action diversifiée d'une puissance unique. Ce panthéisme primitif avait donné naissance aux dieux indigètes qui n'étaient d'abord que des noms exprimant chacun des actes de la puissance divine. Les pouvoirs dont émanaient

---
(1) C. I. L., viii, 8302, 8303, 8304.
(2) Ibid., 8310.
(3) Ibid., 7094-98.

ces actes s'étaient ensuite personnifiés en autant de divinités distinctes. De là le vague polythéisme des premiers siècles. Cette tendance, avons-nous dit, subsista à tel point qu'elle fit mettre au rang des dieux des abstractions morales. Elle alla même jusqu'à faire concevoir comme une sorte de divinité le principe d'activité qui préside aux changements et aux actes dont tout être vivant est le théâtre ou la cause. Bien plus, parmi les choses, toutes celles qui pouvaient être considérées comme des unités personnelles, une famille, une ville, un peuple, un lieu même avaient leur principe divin d'individuation. C'était le *Génie*.

Chaque homme a son Génie, être impérissable et moral qui, outre l'âme, principe de la pensée, le constitue essentiellement et fait son entité ; chaque ville, chaque peuple, chaque collection d'hommes ayant des liens entre eux a le sien qui lui donne l'individualité personnelle et qu'on doit se rendre favorable par des honneurs, des prières, des offrandes et même des sacrifices. Pour les peuples et les cités, il faut bien se garder de confondre avec leur Génie leurs divinités *poliades,* c'est-à-dire protectrices de leurs institutions et de leur indépendance nationale. Chaque dieu même, à l'instar de l'homme, a son Génie.

On représentait les Génies à peu près comme nous figurons les anges dans notre ciel catholique : c'étaient des petits garçons bouffis et ailés. Leur symbole est le serpent qui signifie la fertilité du sol et l'attache étroite à une localité, car la plupart des Génies sont *topiques*.

Cette croyance et les pratiques qu'elle suppose durent se manifester avec beaucoup d'intensité chez les Cirtéens, car l'épigraphie en a conservé de nombreux souvenirs.

Nous constatons, en effet, que dans leur Métropole, un temple fut probablement élevé au Génie des Colonies Cirtéennes, à peu près sur l'emplacement où fut construit plus tard le Tétrapyle d'Avitianus. Parmi les blocs d'un des piliers, on a retrouvé des fragments d'inscription ayant appartenu à l'attique de ce temple, et où on lisait, en lettres de quinze centimètres de hauteur : « *Au Génie des Colonies Cirtéennes.* » (1).

Non seulement on honorait à Cirta le Génie de la Confédération, mais même celui de la population cirtéenne. Nous avons retrouvé nous-mêmes, au cours des fouilles de 1893, derrière le Cercle militaire, les vastes substructions du temple de la *Sittienne*, avec la stèle funéraire d'un de ses prêtres (2).

Voici deux autres témoignages :

Le premier est un grand piédestal où nous apprenons qu'un édile du nom de *C. Pontius Saturninus* lui avait élevé une statue en l'honneur de sa magistrature et donné des jeux scéniques avec distribution d'argent au peuple, le jour de sa dédicace (3).

Le second est aussi un piédestal où nous lisons que *M. Roccius Felix*, chevalier romain, triumvir, prêtre de la ville, c'est-à-dire président du collège des prêtres des divinités locales, flamine d'Antonin, lui avait érigé une statue qu'il avait promise pour l'honneur du triumvirat et qui lui coûta 6,000 sesterces. A l'occasion de sa dédicace, il fit cadeau d'un denier (environ un franc) à chaque citoyen inscrit sur la

---

(1) *Rec. de Cons.*, vol. XIX, p. 314 ; — C. I. L., VIII, 10866.
(2) *Rec. de Const.*, vol. XXVIII, p. 345.
(3) C. I. L., VIII, 6947.

matrice publique et donna des jeux scéniques avec une nouvelle distribution d'argent (1).

Mais ce n'est pas seulement à Cirta qu'on honorait le Génie de la Colonie Cirtéenne. On lui rendait aussi un culte dans toute l'étendue de son territoire.

C'est ainsi qu'à Sigus, l'autorité administrative du *pagus* lui avait élevé un grand monument dont on a retrouvé la dédicace dans les décombres de la basilique (2).

A Arsacal, il avait un autel de marbre blanc, dont il ne reste plus que le sommet, avec le début de la dédicace (3).

Nous trouvons même à Lambèse le piédestal d'une statue élevée à cette divinité par des soldats originaires, sans doute, de Cirta (4). Ce monument est même encore surmonté de sa statue qui nous donne, par conséquent, la représentation de la déesse. C'est une petite femme assise qu'on peut voir encore au milieu des débris conservés au Prætorium.

Chaque colonie de la Confédération honorait aussi son Génie propre.

Les honneurs qu'on lui rendait à Rusicade ne paraissent pas moindres qu'à Cirta. Nous voyons, en effet, qu'un opulent citoyen, après avoir donné 10,000 sesterces pour l'achèvement et l'ornementation du théâtre, lui avait élevé une statue et que, sur la demande du peuple *(postulante populo)*, il en érigea deux autres : la première au Génie de l'annone sacrée, c'est-à-dire de la dîme offerte aux temples des dieux, et la seconde à celui de la Patrie. Toutes ces libéralités fu-

---
(1) *Rec. de Const.*, vol. I, planche 4 ; — C. I. L., VIII, 6948.
(2) C. I. L., VIII, 5693.
(3) *Rec. de Const.*, vol. VI, p. 107.
(4) C. I. L., VIII, 2595.

rent accompagnées d'une journée de jeux scéniques avec distribution d'argent au peuple (1).

Cette mention du Génie de l'annone sacrée confirme pleinement la remarque faite plus haut au sujet de la facilité avec laquelle les Romains personnifiaient les choses les plus difficiles à concevoir comme des puissances morales.

A Milev, le Génie de la Colonie avait aussi sa statue. Le piédestal très mutilé subsiste encore. Le monument avait été érigé, en exécution du testament d'un certain *P. Sittius,* qui était *adjutor,* c'est-à-dire employé dans un office dont la désignation n'existe plus sur l'épigraphe (2).

Les plus petites bourgades avaient aussi leur Génie. C'est ainsi que le village antique dont les ruines se trouvent à trois ou quatre kilomètres au Sud de la mosquée de Sidi-el-Abassi et qu'on appelle tantôt Mahidjiba, tantôt Aïn-Riren, du nom de la source qui sort d'une sorte de canal souterrain, à environ deux cents mètres, avait son Génie. Cherbonneau a découvert, en 1867, sur les bords de cette source même, la dédicace de la statue que lui avait érigée *C. Arruntius Faustus,* d'une vieille et célèbre famille romaine, dont les descendants devaient s'être établis en cet endroit. Il était *magister* du *pagus* et avait fait cette libéralité avec l'assentiment de son petit Conseil municipal *(permissu ordinis)* (3). Cette inscription, sur laquelle on n'a pas suffisamment insisté, nous donne, à mon avis, le nom de la localité qu'on déclare être encore inconnu. La dédicace s'adresse au Génie d'un

---

(1) C. I. L., VIII, 7960.
(2) Ibid , 8202.
(3) *Rec. de Const.*, vol. XII, p. 522 ; — C. I. L., VIII, 5884.

numen qui porte le nom de *Caputamsagœ* (en un seul mot). C'est évidemment celui de la source en question que les Romains considéraient comme l'origine de l'Ampsaga. Si au contraire, ce nom de *Caputamsagœ* n'était qu'une désignation géographique rappelant cette circonstance, on lirait sur la pierre : *Genio numinis Capitis Amsagœ* (au Génie du dieu de la source de l'Amsaga). *Caputamsagœ*, sans flexion du premier mot composant, est donc un nom topique. Evidemment, il a eu d'abord pour fonction d'exprimer la circonstance géographique dont nous parlons, mais il est devenu ensuite le nom même de la source. Les premiers occupants du territoire où coulait cette source durent donner son nom à leur groupement et la localité, en se peuplant, le conserva. Il est à peu près certain que le monument a été élevé là où il a été trouvé, c'est-à-dire près de la source, et on pourra nous objecter que le nom de *Caputamsagœ* ne s'applique qu'au cours d'eau et non à la localité. Il nous semble que si l'hommage ne s'était adressé qu'au Génie du cours d'eau, l'*ordo* et l'autorité administrative du petit bourg n'eussent pas pris tant de soin de l'ériger. Il est bien plus probable que l'honneur s'adressait au Génie de la localité même. Si on a choisi la source pour y dresser le monument, c'est qu'en sa qualité de *numen*, elle était la personne même du Génie qui avait donné son nom à la bourgade.

Nous avons vu qu'à Rusicade, on honorait le Génie de l'annone sacrée. Dans un *pagus* de Cirta, *Uzeli*, nous trouvons le Génie d'une personnification du même ordre et aussi difficile à concevoir : c'est celui de l'aire à battre le blé *(Genius areæ frumentariæ)*. Chose plus curieuse encore : ce Génie est Jupiter lui-même ! (1). Il ne faut pourtant pas en être trop surpris, car nous savons que Jupiter avait, en effet, des attributs agricoles.

L'intéressante inscription qui nous donne ces détails rapporte que le piédestal où elle est gravée avait été donné par *P. Marcius Crescens, magister* du *pagus*, pour la statue qu'il avait promise au dieu, en l'honneur de sa magistrature, le 3 des nones de janvier, et qu'il dédia le 16 des calendes d'octobre de la même année, après avoir payé au trésor les sommes honoraires du décurionat et du *magisterium*.

Nous trouvons d'autres mentions de Génies topiques sans intérêt dans d'autres *pagi* de Cirta : Mastar (2), Subzuar (3), Phua (4) et un autre lieu dont le nom antique est encore inconnu (5).

La maison même que l'on habitait avait aussi son Génie. Nous possédons à Cirta un petit autel consacré au Génie de la maison où il résidait par un certain *Thelesphorus* (6). Les esclaves avaient même trouvé le moyen d'honorer leurs maîtres en dressant des autels au Génie de la maison où ils remplissaient des fonctions serviles (7).

Les empereurs, comme les dieux et, d'ailleurs, comme tout homme même, avaient leur Génie. Bien qu'il s'agisse de Constantine, et non plus de Cirta, dans l'exemple que nous citons, nous n'hésitons pas

---

(1) C. I. L., viii, 6339.
(2) Ibid., 6352.
(3) Ibid., 6001.
(4) Ibid., 6267-91.
(5) Ibid, 6857.
(6) C. I. L., viii, 6945.
(7) Ibid., 6974.

à le mentionner, parce qu'il témoigne des habitudes du paganisme : une inscription sur un grand autel parle du Génie de Julien et des vœux publics qui furent faits en son honneur dans notre ville (1).

Nous ne terminerons pas cette énumération sans signaler un autre texte n'appartenant pas, il est vrai, à Cirta ou à la Confédération, mais où nous remarquons la facilité avec laquelle les Romains de l'Afrique septentrionale imaginaient des pouvoirs divins sous toute influence heureuse ou malheureuse qui se manifestait dans les choses les plus inertes. Dans les environs d'Auzia existe un autel où on lit qu'un personnage, dont le nom a disparu, a offert une coupe et immolé une victime au Génie de la montagne de Pastoria qui écarte de son pays la violence des tempêtes : *Genio montis Pastorianensis vim tempestatum a patria n(ostra) arcenti* (2).

LXI

Les divinités phéniciennes honorées à Cirta : Baal-Hâman et Tanit

Ce n'était pas seulement le culte des divinités gréco-latines, des abstractions morales et des Génies qu'on pratiquait à Cirta et dans les IIII Colonies. Nous avons vu, à propos de Saturne et de quelques dieux rustiques, que les populations autochtones avaient conservé leur culte propre, même sous des dénominations romaines. D'autres sujets de Rome avaient gardé la foi de leurs pères : c'étaient les Phéniciens. Les traces de leur religion et

---

(1) *Rec. de Const.*, vol. IV, p. 128 ; — C. I. L., VIII, 6946.
(2) *Rev. afr.*, 6, p. 143 ; — Ibid., 9180.

de leurs ex-voto sont particulièrement nombreuses sur divers points de la Numidie. Notre cité, une des plus vieilles du monde, avait dû, pendant la période de son existence qui correspondait à l'apogée de l'Empire Carthaginois dans le Nord de l'Afrique, en subir l'influence, se lier avec lui par des relations politiques et commerciales et recevoir, en assez grand nombre, des trafiquants puniques. Nous en avons la preuve dans l'importante colonie punique trouvée à Cirta par les Romains, après la défaite de Jugurtha, et qui s'y maintint certainement pendant toute la durée de leur occupation. Cette population y conserva un culte dont le caractère était l'immobilité hiératique.

Un des anciens membres de notre *Société archéologique*, Lazare Costa, a découvert, en 1875, à un kilomètre, environ, de notre ville, un peu au Sud-Est de l'emplacement des grands réservoirs du Coudiat, sur le coteau d'El-Hofra, dont la direction est parallèle au lit du Rhumel, au-dessous de son confluent avec le Bou-Merzoug, toute une série de stèles votives mises à jour par des ouvriers qui défonçaient un terrain pour y planter de la vigne.

Il y avait probablement sur ce coteau, au dire du Dr Reboud qui a présenté les stèles au public (1), un sanctuaire à *Baal* et à *Tanit*, les deux principaux dieux de la triade phénicienne. « En remontant, dit-il, par la pensée, le cours des siècles, il nous semble entrevoir sur le coteau d'El-Hofra, aujourd'hui dépourvu de végétation arborescente, des bosquets de pins et d'ifs, comme ceux du *lucus* ou bois sacré de Baal-Saturne dans l'Hiéron de *Cœlestis* à Carthage.

---

(1) *Rec. de Const.*, vol. XVIII, p. 445 et suiv.

Sur le sommet d'où la vue s'étend au loin, s'élevait, sous des ombrages mystérieux, l'édicule abritant l'autel et la grande et unique déesse, *rerum natura parens*, entourée de ses nombreux attributs. C'est là qu'on venait implorer sa toute-puissance et lui offrir des sacrifices ; c'est là que beaucoup de ses adorateurs déposaient les ex-voto, dont une partie, épargnée par la main du temps, va bientôt enrichir notre musée épigraphique. »

La *Société archéologique de Constantine* a publié en dix belles planches dessinées par notre habile confrère, M. Carbonnel, trente-cinq des plus intéressantes de ces stèles dont le nombre s'élevait à cent trente dans le petit champ où elles furent trouvées. Il est probable qu'un grand nombre d'autres sont enfouies de même dans les terrains avoisinants. On en a trouvé, du reste, sur le Coudiat et aux environs de Constantine.

Ainsi que l'a fort bien vu le Dr Reboud, ces stèles ne sont pas néo-puniques, mais véritablement puniques, c'est-à-dire du même style que celles qui ont été découvertes par M. de Sainte-Marie, autour du temple de Tanit à Carthage, et que M. Philippe Berger fait remonter à une époque antérieure à la prise de cette ville par les Romains (1). En résulte-t-il qu'elles soient antérieures à l'occupation romaine de Cirta ? Nous l'ignorons, car toutes les autres stèles du même genre, trouvées à Constantine, aussi bien celles qu'a examinées, en 1860, le Dr Judas (2), que celles de Costa et un grand nombre d'autres, ont ab-

---

(1) Ph. Berger : *Les ex-voto du Temple de Tanit à Carthage*, page 5.
(2) *Rec de Const.*, vol. v, pp. 1 à 103.

solument le même caractère. Bornons-nous à reconnaître, avec M. Ph. Berger, que le néo-punique commence aussitôt après la chute de Carthage et se substitue partout au phénicien. Espérons, d'ailleurs, que de futures découvertes et de nouveaux travaux des spécialistes apporteront une lumière complète sur cette question.

Quoiqu'il en soit, le culte de Baal et de Tanit se pratiqua à Cirta, en se transformant, sans doute, pendant la longue période romaine et fut contemporain de l'organisation fédérale des IIII Colonies. Il est donc nécessaire d'en dire un mot.

Baal est le dieu par excellence des Phéniciens d'Afrique, la principale personnalité de la Trinité carthaginoise. Dans une savante étude sur un bandeau d'argent, malheureusement perdu, qui avait été trouvé à Batna et dont la *Société archéologique* avait fait don au Musée de notre ville (1), M. Philippe Berger nous a fait connaître son origine et les diverses phases qu'avait suivies son culte avant d'arriver à Carthage (2).

Ce dieu n'est autre que celui de l'oasis d'Ammon, celui que les Grecs et les Romains nommèrent Jupiter-Ammon. Il venait probablement d'Égypte où il occupait le « rang suprême dans la Trinité thébaine, sous le nom d'Amoun-Râ. » C'est pourquoi les populations puniques de la Proconsulaire et de la Numidie l'appellent Baal-Hâman. La preuve en est dans le bandeau de Batna qui le figure avec les cornes de

---

(1) Ce monument précieux, qui était probablement le diadème d'un prêtre phénicien, avait été envoyé par notre *Société archéologique* à l'Exposition universelle de 1878. C'est là qu'il s'est *égaré* (!).

(2) Ph. Berger : *La Trinité Carthaginoise*, mémoire sur un bandeau d'argent trouvé dans les environs de Batna, p. 4 et suiv.

bélier, attributs de Jupiter-Ammon, et dans les stèles du docteur Judas et de Costa qui lui donnent ce nom. « Son culte, dit M. Ph. Berger, était donc répandu dans toute l'Afrique du Nord, depuis l'Éthiopie et l'Égypte, d'où il était parti, jusqu'à la Grande-Syrte. » Là, Ammon disparaît pour être remplacé par Baal, figuré non plus avec les cornes du bélier sur le front, mais avec la couronne murale de Cybèle et uni à Tanit, qui devient la principale divinité dans la Byzacène et passe au second rang à Cirta et dans la Numidie. Ammon, pourtant, n'avait pas, nous l'avons vu, disparu tout entier, puisqu'il cède souvent ses cornes à Baal, comme dans le bandeau de Batna, sur de nombreuses stèles africaines, au sanctuaire du Djebel-bou-el-Karnîn et, enfin, sur certaines terres cuites d'Espagne. Parfois même, il lui donne son nom, comme dans les stèles de Judas et de Costa. On lui immolait souvent un bélier et quelquefois un bœuf. Ce dernier sacrifice avait surtout lieu devant le sanctuaire d'El-Hofra, puisque nous voyons cet animal figuré sur les stèles votives de Costa.

C'est ce dieu qui finit par être honoré dans toute l'Afrique sous le nom de Saturne.

La seconde divinité phénicienne adorée à Cirta par les populations puniques est *Tanit*. Nous venons de voir qu'elle a perdu à Cirta le premier rang qu'elle avait gagné à Carthage et dans la Byzacène. Sur le bandeau de Batna, en effet, elle est placée, avec tous ses symboles, à la gauche de Baal-Hâman, ce qui indique son infériorité, et, dans les stèles de Judas et de Costa, elle se nomme Tanit Pène-Baal, c'est-à-dire *face* ou *émanation* de Baal.

Cette désignation de Tanit nous rend compte de l'épithète de *Cœlestis* que lui donnaient les Romains et sous laquelle ils l'honoraient, comme nous avons vu qu'ils rendaient un culte à Baal, sous le nom de Saturne. Tanit, en sa qualité d'émanation de Baal, était son messager, son ange. Elle est, en effet, quelquefois représentée avec des ailes, comme une envoyée du Ciel. C'est, d'ailleurs, sous cette forme ailée qu'elle est considérée comme le Génie de Carthage et qu'on la retrouve sur plusieurs stèles de son temple découvertes par M. de Sainte-Marie, ainsi que sur une coupe en argent repoussé du trésor de Palestrina.

Il nous reste plusieurs textes rappelant les hommages que lui adressaient, sous cette invocation, les Romains de Cirta.

C'est ainsi que *L. Horatius Martialis,* qui semble en avoir reçu l'ordre en songe, lui éleva un autel sur le second Forum (1), et que *P. Paconius Cerialis* lui en érigea un autre dans un endroit de la ville que nous n'avons pu déterminer (2). C'est ce personnage, nous l'avons vu, qui avait placé au Capitole une statue de son ami, *L. Mœcilius Nepos,* et avait contribué, avec son frère, à dresser une statue à Silvain et une autre en bronze à Mercure.

Nous trouvons, enfin, dans nos textes, que la *dea Cœlestis* avait encore un autel à Mastar (3).

Mais Tanit, qui, du reste, n'était autre que l'ancienne Astarté, avait des liens étroits avec des divinités de la mythologie gréco-romaine. Elle corres-

---

(1) C. I. L., VIII, 6939.
(2) Ibid., 6943.
(3) Ibid., 6351.

pondait, en effet, dans le culte phénicien, à Junon-mère, à la *Virgo Cœlestis,* Diane ou Athéné, et à la Vénus impudique.

Comme Junon, elle est l'épouse du plus grand des dieux : Baal-Hâman. Elle est la déesse-mère, quelquefois représentée sur des stèles, portant un enfant à la hauteur de la ceinture. Cet enfant, d'ailleurs, ne serait autre que Dionysos, d'après une légende libyenne dont parle Diodore de Sicile (1).

Comme *Virgo Cœlestis,* elle n'est autre que Vesta, au dire de Saint-Augustin, ou Diane, Artémis et même Athéné, dans la personnalité de laquelle elle se serait transformée, lorsqu'à la suite de Cadmus, elle vint en Grèce de l'Égypte où elle était la déesse Neith.

Enfin, elle n'avait pas eu de peine à se transformer en Vénus ou Amphitrite sortant des ondes, car les Phéniciens sculptaient son image sur la proue de leurs navires qui semblait, en effet, sortir des flots.

Il est probable que Tanit venait d'Égypte, comme Baal.

C'est sous ce triple aspect qu'elle est représentée par ses attributs sur les stèles. On la voit, en effet, souvent accostée de deux colombes; comme Vénus, et comme *Virgo Cœlestis,* ou Diane, elle a pour attribut le croissant lunaire. Nous venons de voir que sa figuration, comme mère et comme épouse de Baal, est une femme portant l'enfant.

La représentation hiératique de Tanit sur les stèles est le cône, c'est-à-dire ce triangle, surmonté d'un disque, auquel on ajoute des bras levés. Quelquefois,

---

(1) III, 67 et 69. Cité par M. Ph. Berger dans sa *Trinité Carthaginoise.*

l'image est mieux tracée et figure une femme, sans visage dessiné, les bras levés, dans l'attitude de la prière. On voit aussi sur ces monuments une main faisant face de la paume : c'est l'attitude du dieu qui bénit. Ce symbole s'est transmis aux Arabes. Deux autres emblèmes sont le sceptre ou caducée et la palme. M. Philippe Berger croit que le caducée est un symbole tout différent de celui qu'on donne à Mercure. Par sa base élargie, il ne ressemble pas à un bâton, mais plutôt à un tronc d'arbre. De plus, ce sont moins des serpents enroulés et des ailes qui le surmontent, comme dans le caducée classique, mais deux branches qui s'enlacent. Ce serait donc le souvenir des *mais* que l'on plantait devant les temples de la déesse en signes d'honneur et comme offrandes. Du reste, les palmes que l'on retrouve souvent à côté de lui justifient cette interprétation.

En quoi consistait le culte de Tanit ? Il est probable qu'il était très divers dans ses manifestations, étant données les innombrables attributions de la déesse qui représentait la Nature tout entière, avec sa fécondité, de même que la chasteté des vierges, la paix de la prière et aussi la vertu guerrière. Nous n'en avons aucune idée, sinon qu'on lui faisait des sacrifices et des offrandes de toute nature.

Les stèles de Costa ont été traduites par M. Cahen. Elles sont plus ou moins la répétition de la formule suivante que nous trouvons sur la première :

« Au Seigneur, à Baal-Hâman et à la maîtresse, Tanit, manifestation de Baal, ce qu'a consacré Baalh'anna, fils de Baaljiten. Quand tu entendras sa voix, bénis-le ! »

Ces stèles ne mentionnent pas la troisième personnalité divine de la trinité carthaginoise : Eschmoun. Nous n'avons point à en parler, son culte ne semblant pas avoir été pratiqué par les Phéniciens de Cirta.

LXII
Les Jeux scéniques

Les inscriptions de Cirta mentionnent souvent des jeux scéniques donnés par des magistrats à l'occasion de la dédicace des monuments qu'ils élevaient ; mais quelques-uns faisaient partie intégrante des solennités religieuses. Nous avons vu, en effet, que la statue de la divinité dont on célébrait la fête était toujours placée, pendant la représentation en son honneur, sur l'un des côtés de la scène, en face de celle de Liber ou Bacchus qui s'y trouvait en permanence. Il est donc nécessaire, à la suite de notre étude sur les cultes pratiqués à Cirta, de rappeler ce qui se passait au théâtre, comme nous l'avons fait pour les jeux de l'hippodrome et pour certaines cérémonies religieuses.

D'ordinaire, les jeux, lorsqu'ils faisaient partie de la fête officielle d'une divinité, étaient donnés, au nom de la ville, par un des édiles en fonctions. Dans ce cas, l'*ordo* lui accordait une subvention pour en solder les frais. Très souvent aussi, ils étaient célébrés, nous l'avons vu, aux frais d'un autre personnage qui avait promis cette libéralité à ses concitoyens, lorsqu'il briguait l'honneur d'une des magistratures municipales.

Pour donner une idée de ce qu'étaient ces jeux, nous reproduirons ce que nous avons écrit à ce sujet dans un petit opuscule consacré aux ruines de l'ancienne Thamugadi (1). Une inscription de cette vieille cité rapporte qu'un opulent flamine perpétuel du nom de *Sertius Marcus Plotius Faustus,* avait fait construire à ses frais et donné à la ville le magnifique marché dont on voit encore le somptueux aménagement, à gauche de l'arc de triomphe de Trajan. En décrivant le théâtre de Thamugadi, nous avons feint, dans les termes suivants, d'assister aux réjouissances qui y furent données, en cette occasion, par le flamine :

« Le moment était propice pour assister, dans la salle même où il avait eu lieu, à un antique divertissement. Pendant que nos compagnons de voyage s'éloignent dans la direction de la belle colonnade du portique et simulent, par le bruit de leurs voix, le tumulte qui se manifestait autour de l'édifice, aux jours de représentation, nous nous installons sur un des sièges de l'orchestre. Confiant dans la facilité avec laquelle ces restes si complets d'un monde disparu en ont déjà évoqué, pour nous, le spectacle, nous nous recueillons un instant.

« L'attente n'est pas longue. Un de ces simples clignements d'yeux qui, en déplaçant la perspective, nous donnent si souvent les plus curieuses illusions, et qui faisaient voir à Léonard de Vinci, dans les irrégularités des vieux murs, des fourmillements de batailles, suffit à modifier tout à coup la réalité présente.

« Comme sous l'effort d'un de ces *pegmata*, sortes de machines qui opéraient les changements à vue dans les théâtres antiques, tout se transforme sou-

---

(1) Ch. Vars : *Promenade archéologique aux ruines de Timgad.* Extrait de l'*Annuaire du Club Alpin Français*, 17e vol., 1890).

dain. Derrière nous, la *cavea* est intacte, dans son demi-cercle de gradins et de *cunei*. Elle ne tranche même plus, au-dessus de nous, une portion du ciel bleu, car le *velarium* ou grande banne de toile est tendu tout en haut, pour protéger les spectateurs contre les ardeurs du soleil. C'est le moment où vont commencer les jeux publics, annoncés par les hérauts, en signe de réjouissance, pour la donation du généreux Sertius, et dont celui-ci a déclaré à la Curie qu'il voulait encore supporter tous les frais. Les escaliers qui rayonnent dans la *cavea* sont remplis d'un public nombreux qui cherche sa place en relisant la *tessera theatralis,* ou billet de théâtre. C'est un petit disque ou sont gravés le numéro de chaque siège et celui de la rangée du *cuneus* dont il fait partie. Un *dissignator*, sorte d'ouvreur, placé sur chacune des diverses *scalae*, montre aux arrivants les places qui répondent aux indications de la *tessera :* elles sont marquées sur les gradins, entre deux lignes qui déterminent l'espace assigné à chacun. Dans le haut de la *cavea*, sur les rangées auxquelles leurs diverses conditions leur donnent accès, se placent les femmes, plus ou moins voilées de la *calyptra* qui retombe en plis légers et gracieux sur le buste et le long de leur *palla* ou robe. De la main restée libre, sur les plis de l'étoffe légère jetée autour de leurs épaules, elles agitent, dans cette chaude atmosphère qu'entretient le *velarium*, leurs *flabella*, éventails en feuilles de lotus ou en plumes de paon. Dans le bas, se rangent les hommes. La plupart sont vêtus de la toge, plus ou moins ample, selon leur rang social ; quelques-uns, au lieu de la toge, ont jeté sur la tunique le *paludamentum* ou manteau militaire : ce sont des officiers de la IIIe légion dont le quartier général est à Lambæsis, mais dont une cohorte occupe Thamugadi. Un bruit confus de voix qui s'interpellent de loin, ou se livrent à la conversation, domine toute cette foule. A côté de nous, ont pris place les décurions ; sur un tribunal élevé au-dessus du passage qui donne accès de la scène à l'orchestre, se trouvent les deux duumvirs, les deux édiles, le flamine en fonctions, les flamines perpétuels et tous les plus hauts dignitaires de la cité. Au milieu d'eux, sur une haute chaise curule, dont les magistrats lui ont fait honneur, comme au dispensateur de cette fête, est assis le bienfaiteur de la cité, le vénérable Sertius. A côté de lui, sur une grande table de marbre qu'on scellera ensuite sous le péristyle du Forum, est gravée une grande et élogieuse inscription rappelant son *cursus honorum,* c'est-à-dire toutes les grandes charges qu'il a remplies, ainsi que ses derniers bienfaits envers la cité. Tel est le décret des décurions.

« Tout à coup, un grand silence succède au tumulte. Sur un signe du *choragus,* le rideau s'abaisse en s'enroulant sous le *proscenium,* et nous voyons, sur le fond, un peu en avant de la *scœna*, les trois portes par où doivent entrer en scène les divers personnages, et qui indiquent l'importance de leur rôle. A celle du milieu, plus haute et plus ornée que les deux autres, apparaîtra le *protagoniste* ou héros de la pièce ; par les deux autres, arriveront les personnages secondaires. Une plaque de marbre *(album)* faisant face au public, sur le côté droit du *proscenium,* porte en gros caractères les mots suivants : RVDENS PLAVTI. C'est le titre de la comédie de Plaute qu'on va jouer : *Le Câble,* une des meilleures du poète comique et dont le choix témoigne du goût des édiles de Thamugadi.

« Une gracieuse jeune fille et non, comme autrefois, un éphèbe chargé du rôle, entre par la porte principale : c'est l'héroïne. Elle est revêtue d'une *palla* traînante et coiffée d'une élégante *mitra* grecque. Elle se lamente d'être captive d'un vieux ravisseur et déplore les tristes destinées qui l'attendent. Son langage est celui de l'élégie la plus tendre et la plus ingénue, et contraste avec la manière habituelle de Plaute.

« Son ravisseur, un affreux et cynique proxénète, dont le masque et le costume sont à dessein hideux et sordides, excite le dégoût de toute la salle ; mais l'allégresse devient bientôt générale, à travers un inextricable mélange d'intrigues, d'aventures et de scènes joyeuses où l'audacieux proxénète est joué dans ses combinaisons les plus savantes. Enfin, le ravisseur cupide, qui allait vendre en Sicile sa belle captive, a vu son navire brisé par une tempête, et celle-ci lui échapper pour se jeter dans les bras d'un vieillard qui retrouve sa fille. La satisfaction que provoque un si heureux dénouement se manifeste, au milieu d'une gaieté universelle, par des applaudissements unanimes.

« Les intermèdes sont tenus par des mimes, au masque grimaçant, qui exécutent, en silence, les plus amusantes bouffonneries ; tout l'auditoire est secoué d'un rire irrésistible, et l'orchestre lui-même, où se trouvent réunis les plus grands personnages de la Cité, oublie toute gravité.

« Enfin, le rideau se lève, voilant la scène aux yeux des spectateurs, pendant que les changements pour le ballet vont s'y exécuter, et l'on entend bientôt gémir les ais du *pegma* sous le poids des nouveaux décors. L'attente du public est anxieuse, car cette partie des divertissements est celle qu'il goûte le plus, et son impatience ne prend fin qu'à la chute du rideau.

« Alors apparaît, à nos regards éblouis, un tout autre *proscenium,* resplendissant des éclatantes et riches étoffes de l'Orient, dont les torsades exécutent, sous nos yeux, une harmonieuse gamme de couleurs, dans les motifs d'ornementation les plus recherchés.

« Sur le milieu de la scène s'élance bientôt une élégante *saltatrix* d'une merveilleuse beauté, à peine vêtue d'un voile transparent qui tombe sur son corps en replis gracieux. C'est une célèbre *diva* que la riche Colonie a attirée un instant de Rome sur son théâtre. Elle est suivie et aussitôt entourée d'un essaim de jeunes filles, couvertes, comme elle, d'une gaze transparente.

« Derrière la riche décoration du fond se dissimule un orchestre invisible d'instruments à cordes, dont les sons moelleux et presque lascifs, projetés sur la salle, donnent le signal de la danse. Le ballet est d'une grâce vraiment féerique. Toute la chorégraphie orientale se déroule sous nos yeux.... » Mais alors se produit une exhibition que nous renonçons à décrire. La pudeur des anciens avait le tort de ne pas s'en effaroucher. Aussi, les Pères de l'Eglise mirent-ils une véritable énergie à condamner ces mœurs et à en rendre, avec raison, responsable la religion païenne.

Ajoutons que pendant les entr'actes, le personnage éditeur des jeux faisait souvent jeter à la foule des sommes d'argent considérables *(missilia)* et conviait parfois tout le Conseil des décurions à un banquet *(epulum),* à l'issue de la représentation.

ORGANISATION IMPÉRIALE

LXIII

Le Flamine et l'Assemblée de la Province

Nous avons distingué, au début de la seconde partie de cette étude, deux sortes de pouvoirs administratifs dans les villes romaines de l'importance de Cirta : les uns exercés par les magistrats municipaux, les autres par les agents de l'Empereur, et en son nom. On comprend que l'examen de ces derniers ne saurait entrer dans notre cadre, car Cirta est tout entière dans son rôle de Métropole des IIII Colonies. Nous avons vu, en effet, qu'au début même de son organisation en Colonie romaine, le proconsul n'y résida pas, puisqu'elle était gouvernée, avec son vaste territoire, par Sittius, et qu'après la mort de ce dernier, elle fut administrée par ses premiers duumvirs, auxquels furent substitués, peu après, les triumvirs. Elle était à la tête d'une organisation fédérale qui resta presque autonome.

Sans doute, ce n'était pas l'indépendance vis-à-vis de l'Etat romain, mais à peu près la condition juridique des *Cités libres* et des *Cités fédérées* dont la loi municipale était le résultat d'une sorte de *fœdus* ou pacte avec le gouvernement impérial. Ces villes ne faisaient point partie de la province dans laquelle elles se trouvaient et étaient si bien affranchies de l'action directe des autorités romaines, qu'en entrant sur leur territoire, les fonctionnaires impériaux en tournée devaient déposer leurs insignes. Elles n'étaient point soumises à l'impôt d'État et n'étaient assujetties qu'à des prestations qui consistaient, par exemple, à « équiper des navires ou des troupes, à fournir des grains à prix d'argent et à recevoir les fonctionnaires ou les soldats de passage » (1). Elles administraient elles-mêmes leurs affaires communales, par leurs magistrats municipaux qui étaient investis, en outre, d'une juridiction assez étendue sur leurs concitoyens. Ces droits s'exerçaient évidemment sous la haute surveillance de l'Etat et, par suite, du gouverneur, qui, bien que résidant ailleurs, en était le représentant le plus proche.

Telle nous semble avoir été la condition de Cirta, pendant la durée de la Confédération des IIII Colonies. Elle ne reçut donc, pendant ce temps, aucune organisation impériale. Les rapports qu'elle eut alors avec les hauts représentants de l'autorité impériale dans la province se bornèrent aux marques de déférence qu'elle leur témoigna, aux titres flatteurs qu'elle leur décerna et aux honneurs qu'elle leur rendit ; mais elle ne fut pas soumise à leur commandement. Les textes épigraphiques de cette période confirment tous notre hypothèse.

On voit donc que l'étude de l'organisation administrative des IIII Colonies ne comporte point l'examen des fonctions impériales.

Mais une autre raison met fin à notre tâche : Cirta ne survécut pas longtemps, quant à son nom, du moins, à la dissolution de la Confédération, tellement ce nom semblait peut-être indissolublement lié à son ancienne hégémonie municipale. On sait, en effet,

---

(1) J. Marquardt et Th. Mommsen : *Manuel des antiquités romaines*, t VIII, p. 163.

que c'est vers le commencement du IV° siècle, dès l'avènement de Constantin qui eut lieu en 312, qu'elle reçut le nom de cet empereur, et tout nous fait supposer que la Confédération s'était dissoute, peu d'années auparavant, lorsque Dioclétien, partageant la Numidie en deux provinces, fit de notre ville le chef-lieu de la Numidie Cirtéenne, sous l'autorité d'un *præses*.

D'ailleurs, autant la Colonie de Sittius offrait d'intérêt, par son organisation autonome et unique dans l'Empire, tant qu'elle était à la tête de la Confédération, autant elle deviendrait banale, considérée comme obéissant à des gouverneurs impériaux dont les attributions et le rôle bien connus seraient ici les mêmes que dans tous les chefs-lieux des provinces impériales.

Toutefois, il est un point de cette nouvelle organisation sur lequel nous nous sommes réservé de porter nos investigations. Nous avons dit, en effet, à propos du culte de l'Empereur, rendu par les flamines dans les colonies, qu'il n'était pas seulement municipal, mais encore provincial, et qu'il était confié à un flamine élu par l'assemblée de la province. Nous avons ajouté que nous compléterions notre étude sur cette fonction sacerdotale, en examinant les attributions et le rôle du flamine provincial de la Numidie. C'est par là que nous terminerons ce travail.

Il est aujourd'hui bien établi par d'innombrables travaux et de récentes découvertes, comme celle de la plaque de bronze de Narbonne, qu'une sorte de système parlementaire existait, dans chaque province de l'Empire, auprès du Gouverneur. Il consistait essentiellement en une réunion annuelle, au chef-lieu, des délégués de chaque municipe. Le but de la convocation de cette assemblée consistait d'abord à rendre à l'Empereur régnant, dans le temple d'Auguste, un culte solennel, au nom de toutes les villes de la province. De grandes fêtes avaient lieu à ce moment. Elles comprenaient des cérémonies religieuses, des cortèges triomphaux, des jeux du cirque, des représentations théâtrales et des festins donnés aux délégués. Mais ces assemblées, qui avaient une caisse commune pour solder les frais de leurs dépenses et un président qui subsistait, même après leur séparation, discutaient sur les intérêts généraux de la province et pouvaient, comme on l'a vu plusieurs fois, même en Afrique, envoyer des ambassades à l'Empereur, avec qui elles entraient directement en relation, pour lui faire entendre leurs doléances, souvent écoutées, et se plaindre de la mauvaise administration ou des exactions du gouverneur.

L'assemblée provinciale choisissait chaque année, au début de sa réunion, un des plus grands personnages qui composaient les délégations. C'était le *flamine provincial* à qui était confiée la présidence des délibérations et des fêtes, et qui conservait sa charge au chef-lieu, pendant toute l'année, pour y rendre, au nom de la province, en dehors du flamine municipal, le culte ordinaire de l'Empereur. Sa femme était aussi prêtresse de l'impératrice et présidait les fêtes données en son honneur.

Le flamine provincial avait la garde du trésor de l'assemblée qu'il confiait, sous sa surveillance, à un *curator*. Peut-être est-ce ce dernier personnage qui est désigné dans l'inscription où nous lisons avec Rénier : *curator teloni C(irtensis)*.

Mais pour donner une idée plus exacte des attributions de ce personnage, nous n'avons qu'à reproduire, avec les restitutions de M. Hirschfeld, l'inscription de Narbonne qui n'est autre que le règlement de l'assemblée provinciale de cette ville, au sujet du flamine. La traduction que nous en donnons concernant la flamine est de M. G. Lafaye (1) :

« *Honneurs du flamine en exercice :*

« A Narbonne.., lorsque le flamine célébrera les cérémonies du culte et qu'il offrira le sacrifice, les licteurs attachés aux magistrats devront se mettre à sa disposition.., conformément à la loi et au droit de la province... Il aura le droit de voter, verbalement et par bulletin cacheté, parmi les décurions ou, autrement dit, dans le sénat de la ville ; une place lui sera réservée au premier rang, parmi les décurions ou sénateurs, dans les lieux de spectacle où auront lieu des jeux municipaux... La femme du flamine, les jours de fête, portera un vêtement blanc ou teint de pourpre... Elle ne prêtera serment que de son plein gré, elle ne devra point toucher un cadavre humain.., si ce n'est celui d'un proche parent ; une place lui sera réservée dans les spectacles publics de la (ville?)

» *Honneurs du flamine sortant :*

« Si le flamine sortant n'a commis aucune infraction au présent règlement, le flamine en exercice demandera aux membres de l'assemblée de déclarer, sous la foi du serment, s'ils veulent permettre au flamine

---

(1) *Rev. de l'hist. des relig*, juillet-août 1889, p. 55 ; — J. Marquardt et Th Mommsen : *Manuel des antiq. rom.*, t. XIII, pp. 402 et 403. — Voir aussi, sur cette question, le beau travail de M. C.-A. Pallu de Lessert : *Les Assemblées provinciales et le Culte provincial dans l'Afrique romaine (Bulletin trimestriel des Antiquités africaines*, année 1884*)*.

sortant de s'élever à lui-même une statue. Le flamine qu'ils auront autorisé à s'élever une statue avec une inscription indiquant son nom, celui de son père, sa patrie et l'année de sa gestion, aura le droit de la placer à Narbonne, dans l'enceinte du temple, à moins que l'empereur César Auguste n'y mette opposition. Il siègera dans l'assemblée de la Narbonnaise, comme dans la curie de sa ville, parmi les membres du corps municipal que ladite ville aura délégués à l'assemblée conformément à loi ; il aura, comme eux, dans l'assemblée, le droit de voter verbalement et par bulletin cacheté. Aux spectacles publics qui se donneront dans la province, il aura place parmi les décurions ; il pourra y assister, revêtu de la prétexte ; il pourra aussi, aux anniversaires des sacrifices qu'il avait accomplis, étant flamine, porter en public le vêtement qu'il avait alors.

« *Cas où il n'y aurait point de flamine dans la cité :*

« Au cas où il n'y aurait pas de flamine dans la cité et où l'assemblée ne lui aurait point donné de suppléant, le flamine municipal de la colonie (?) devra, dans un délai de trois jours, à partir du moment où il aura connu la vacance et où il pourra y mettre fin, offrir un sacrifice dans la ville de Narbonne ; pendant la partie de l'année qui restera à parcourir, il aura en vertu du présent règlement, la même série d'obligations que les flamines annuels et, s'il les remplit pendant une période d'au moins trente jours, il y aura lieu de lui appliquer exactement la même loi, le même droit, la même cause qu'au flamine Augustal nommé dans les formes prescrites par le présent règlement.

« *Lieu de réunion de l'Assemblée provinciale* :

« Les délégués qui se seront rendus à Narbonne pour faire partie de l'assemblée provinciale y tiendront leurs séances. Toute décision qui pourrait être prise par l'assemblée, réunie en dehors de Narbonne ou du territoire de Narbonne, sera nulle et non avenue.

« *Fonds destinés au culte* :

« Lorsque le flamine sortant aura un reliquat sur les fonds destinés au culte, il l'emploiera à dédier, dans l'enceinte du temple, des statues ou des images de l'empereur César Auguste, après avoir pris les ordres du magistrat qui gouvernera la province, cette année-là... il devra prouver à l'agent chargé de vérifier les comptes de la province qu'il a rempli toutes les obligations que le présent règlement lui impose en cette matière... »

Nous avons là un exposé trop complet des attributions du flamine provincial pour qu'il soit nécessaire d'y ajouter autre chose.

L'épigraphie cirtéenne mentionne l'assemblée provinciale de la Numidie, un flamine provincial en exercice et six *sacerdotales* ou anciens flamines provinciaux :

Entre les années 340-350, l'*ordo* de l'*Heureuse Colonie de Constantine* et la *Province de Numidie*, c'est-à-dire l'assemblée provinciale, érigèrent une statue au Forum du chef-lieu, en l'honneur du clarissime et consulaire, *Ceionius Italicus*, auquel la colonie de Milev en dressa une autre au même endroit (1).

---

(1) *Rec. de Const.*, vol. v, pp. 136-37.

A Rusicade, nous trouvons l'épitaphe de *Cæcilia Nigellina*, fille de *Cæcilius Gallus*, ancien flamine augustal des Jules, et qui mourut, sans doute, pendant que son père remplissait la charge de flamine de la province (1).

Lorsque le flamine provincial était sorti de charge, il portait le titre de *sacerdotalis*.

L'un d'eux, *Valerius*, ayant la dignité d'*egregius*, avait veillé à l'exécution d'une statue dédiée au Capitole par *Dracontius*, vicaire d'Afrique, à Gratien, père de Valentinien et Valens (2).

Nous avons vu qu'un autre ancien flamine provincial, *Ecdicius*, sacerdotal, était aussi intervenu dans la construction d'un aqueduc destiné à recueillir les eaux des pluies à Constantine. Cette œuvre était entreprise aux frais de *Cæcina Decius Albinus*, clarissime, consulaire à six faisceaux de la province de la Numidie Constantinienne (3).

Une autre inscription mentionnant un sacerdotal dont le nom n'existe plus sur la pierre, mais qui est peut-être le même, rapporte que ce personnage participa aussi à la construction d'un autre monument, d'une destination inconnue, par le même consulaire (4).

Nous trouvons à Cuicul, dans la basilique chrétienne, la trace d'un vœu fait par un certain *Adeodatus*, dont le nom est certainement chrétien et qui était sacerdotal. C'était peut-être un évêque, car nous savons que ces ecclésiastiques avaient remplacé, à la tête des assemblées provinciales, les anciens flami-

---

(1) C. I. L., VIII, 7987.
(2) *Rec. de Const.*, vol. I, p. 49 ; — C. I. L., VIII, 7014.
(3) Ibid, voll. IX, p. 170, et X, p. 29 ; - ibid., 7034.
(4) Ibid., vol. III, p. 143 ; — ibid., 7035.

nes, pour présider leurs fêtes religieuses qui étaient alors devenues tout à fait chrétiennes (1).

Enfin, nous avons eu occasion de parler de deux autres *sacerdotales* qui sont inscrits, en cette qualité, sur l'album des décurions de Thamugadi. Ce sont *Julius Paulus Trigetius* qui fut aussi patron de cette colonie et *Antonius Victor,* flamine perpétuel municipal. Ils avaient fait partie de la délégation de leur ville à l'assemblée provinciale et avaient été élus flamines provinciaux. Après avoir rempli cette charge, ils continuaient, selon un règlement semblable à celui de Narbonne, à siéger dans la Curie de Thamugadi, en qualité de *sacerdotales* (2).

CONCLUSION

Arrivé au terme de ce long travail, il nous sera peut-être permis de souligner les conclusions qui s'en dégagent :

1° Cirta se présente désormais avec un ensemble de monuments dont on ignorait à peu près l'existence. Nous pouvons maintenant évoquer le souvenir de la vieille cité romaine dans une image précise dont nous avons tracé l'esquisse, au début de la seconde partie de ce livre. Sans doute, les fouilles ultérieures sont appelées à la compléter, mais elles ne

---

(1) C. I. L., VIII, 8348.
(2) *Rec. de Const.*, vol. XVIII, p. 440 et suiv.; — C. I. L., VIII, 7403.

la modifieront pas sensiblement. Le cadre des futures découvertes est aujourd'hui délimité. Il sera plus facile, à l'avenir, d'en comprendre la valeur et de leur assigner leur véritable portée ;

2° L'organisation si originale de la Confédération des IIII Colonies qui, dans le lointain où on l'apercevait, et dans la multiplicité variée des textes qui y faisaient allusion, était si obscure et si indéterminée, nous apparaît maintenant à peu près sans voiles.

Si nos lecteurs ratifient cette double conclusion, nous nous estimerons amplement dédommagé de nos efforts.

FIN.

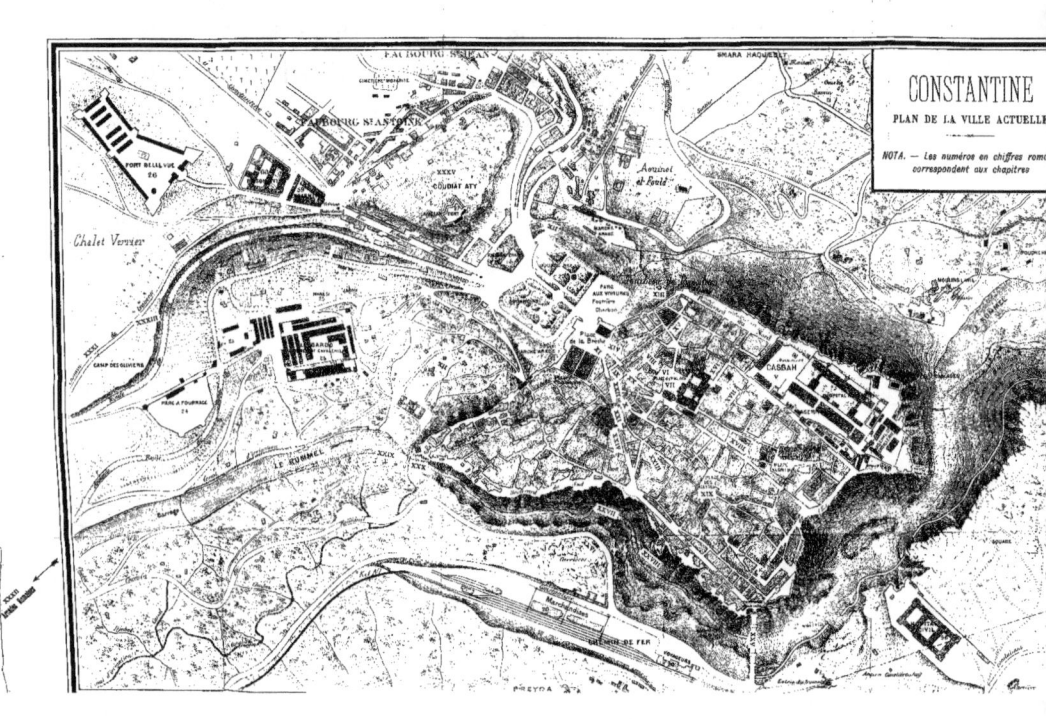

TABLE DES MATIÈRES

		Pages.
Bibliographie		v

PREMIÈRE PARTIE

Les Monuments

I.	— Des origines à la colonisation romaine. .	4
II.	— La Confédération des IIII Colonies cirtéennes	7
III.	— Topographie générale de Cirta. . . .	15
IV.	— Superficie de la ville romaine	15
V.	— Le Capitole, ses temples, ses statues et la basilique de Constantin.	18
VI.	— Le Forum de Cirta, son emplacement probable, ses voies d'accès	31
VII.	— Monuments du Forum ; édicules et statues.	34
VIII.	— Voie conduisant au Forum, avec un arc de triomphe de Caracalla	37
IX.	— Le Tétrapyle d'Avitianus et la basilique de Constance.	39
X.	— Le premier amphithéâtre de Cirta. . .	41
XI.	— Temples, sanctuaires et statues sur la place Nemours	43
XII.	— Citernes du Bardo et deuxième amphithéâtre.	54
XIII.	— Le tombeau de Praecilius	55
XIV.	— Le portique de Gratien.	62
XV.	— Monuments de la rue Leblanc	63
XVI.	— Le tombeau des Fonteius	65
XVII.	— Le temple et la statue de Pallas . . .	70
XVIII.	— Les thermes d'Arrius Pacatus	72

		Pages.
XIX.	— Aqueduc et citernes de Cæcina Albinus. .	75
XX.	— Temples de Julie et de Saturne . . .	79
XXI.	— Petit temple et statue de Bacchus . . .	81
XXII.	— Monument au Génie des Colonies cirtéennes	84
XXIII.	— La voie romaine de la place Nemours au pont d'Antonin	85
XXIV.	— Temple de Vénus et de la Concorde . .	87
XXV.	— Le pont d'Antonin sur l'Ampsaga . . .	90
XXVI.	— Arc de triomphe et portique d'Aufidius. — Théâtre et hippodrome	92
XXVII.	— Autres ponts sur l'Ampsaga	95
XXVIII.	— Aqueducs et autres souvenirs antiques du Rhumel	97
XXIX.	— Le rocher des Martyrs	99
XXX.	— Le barrage de l'Ampsaga	105
XXXI.	— Voie romaine de Cirta à Carthage. — Le triomphe d'Amphitrite.	106
XXXII.	— Gigantesque aqueduc	109
XXXIII.	— Les grands réservoirs du Coudiat . . .	112
XXXIV.	— Système général des eaux	113
XXXV.	— La nécropole de Cirta	114
XXXVI.	— Tombeaux de famille dans les environs .	117

DEUXIÈME PARTIE

L'Administration et les Magistrats

XXXVII.	- Panorama de la Cité romaine	125
XXXVIII.	— Fondation de la Colonia Julia Cirta . .	133
XXXIX.	— Organisation de la Confédération . . .	140
XL.	— Le Conseil des décurions de Cirta. . .	144
XLI.	— Magistratures municipales de Cirta. — 1° Les Triumvirs.	169
XLII.	— 2° Les Ediles	195
XLIII.	— 3° Le Questeur.	198
XLIV.	— 4° Les *Praefecti jure dicundo* des IIII Colonies.	202

		Pages.
XLV.	— Les agents inférieurs de l'administration municipale	208
XLVI.	— Les fonctions sacerdotales de la Confédération. — 1° Les Flamines	219
XLVII.	— 2° Les Pontifes	234
XLVIII.	— 3° Les Augures.	253
XLIX.	— 4° Les prêtres des différentes divinités .	263
L.	— Les divinités honorées à Cirta. — Leur culte et leurs temples. — 1° Jupiter .	267
LI.	— 2° Junon.	282
LII.	— 3° Minerve-Pallas. — 4° Vénus . . .	287
LIII.	— 5° Apollon. — 6° Neptune.	293
LIV.	— 7° Saturne. — 8° Mercure.	299
LV.	— 9° Bacchus. — 10° Cérès	309
LVI.	— 11° Hercule. — 12° Castor et Pollux . .	319
LVII.	— 13° Tellus	329
LVIII.	— Les divinités orientales : Mithras, Mater Magna.	332
LIX.	— Les abstractions divinisées à Cirta. . .	341
LX.	— Le culte des Génies.	348
LXI.	— Les divinités phéniciennes honorées à Cirta : Baal-Hâman et Tanit	355
LXII.	— Les jeux scéniques	363
LXIII.	— Le Flamine et l'Assemblée de la Province.	369
Conclusion	. . . .	377

PLANCHES

I.	— Restes des Temples du Capitole (1re fig.). . .	20
II.	— Id. (2e fig.). . .	20
III.	— Arc de triomphe de Cæcilius Natalis	38
IV.	— Tétrapyle d'Avitianus	40
V.	— Pont d'Antonin.	90
VI.	— Arcades romaines, en 1842	110
VII.	— Arcades romaines (état actuel)	130
VIII.	— Statue de Bacchus.	312
	Plan de la ville de Constantine.	

INDEX ALPHABÉTIQUE

Les chiffres renvoient aux pages

A

Abstractions divinisées à Cirta, 341-348.
Adduction des eaux à Cirta, 75, 97, 109-114.
Aemilia Gargilia.
— épitaphe au tombeau de son frère, 118.
S. Aemilius Felicianus.
— son tombeau et son épitaphe, 118.
C. Aemilius Saturninus.
— prêtre de *Mater Magna*, 338.
Aerecura, nom de *Mater Magna* (Voir ces mots).
Afrique
— romaine, 3, 108, 109, 139, 146, 172, 192, 223, 297, 300, 303, 312, 336, 355, 356, 359, 372.
— César y débarque, en 708 de Rome, 6.
— nouvelle, c'est-à-dire la Numidie, 7.
— (vicaire d'), 13.
— (légat propréteur d'), 27.
— (proconsul d'), 28.
Alexandre Sévère, empereur, 27, 88, 159, 165, 230, 262, 338, 339.
Ambarvalia, 237.
Amours dans le temple de Vénus, 45.
Amphithéâtres
— le premier de Cirta, 41, 42, 43, 81, 129.
— le deuxième, 54, 55.
Amphitrite
— (le triomphe d', mosaïque; 109.
Annæus Matutinus, érige une seconde statue à *Porcia Maxima Optata*, la première ayant été volée au Forum, 29, 166.

Annius
— élève le Portique de Gratien, 62.
C. Annius Q(uintus) ou *Q(uadratus)*
décurion des IIII Colonies, 148, 252.
— élève un autel à la Fortune, à Rusicade, ainsi que deux statues d'airain, dont l'une au cirque, dans un tétrastyle, 345.
Antonia Monnica
— son tombeau et son épitaphe, 118.
Antonia Saturnina, épouse de *C. Arrius Pacatus*, donateur des bains de ce nom, et belle-mère des clarissimes *Antoninus, Maximus* et *Pacatus Arrius*.
— a sa statue au second Forum, élevée par son affranchi, 51.
Antonin empereur, 28, 29, 66, 67, 86, 89, 90-92, 109, 148, 321.
— (Itinéraire d'), 7.
— (Pont d'), 90-92.
Apollon
— son culte et ses fêtes, 293-296.
— son autel ou son temple à Cirta, 296.
Apparitores, 214-219.
Aqueducs
— de *Cœcina Decius Albinus*, 75-79.
— sur l'Ampsaga, 97, 99, 129.
— à arcades superposées, 109-112, 130.
Arabion
— fils de Massanassès, 6.
— revendique des droits sur Cirta, 6.
— reconquiert la Numidie, 6.
— met à mort Sittius, 6.
— sa mort, 6.
Arcades romaines (les), 22.

Archives des Pontifes, 242.
Arcs de triomphe
— de *Cœcilius Natalis,* 12, 38, 39, 128, 181, 200.
— de *Q. Fulvius,* 19, 125, 183, 192.
— près du théâtre de la rive droite de l'**Ampsaga,** 92, 95.

C. Arrius Antoninus,
— IIII *vir* des voies de Rome, tribun de la IIIᵉ Légion scythique, questeur de Rome, sévir des chevaliers romains, édile curule des actes du Sénat, curateur des cités de l'Emilie, curateur d'Ariminium, chef de la juridiction de la région au-delà du Pô; *Sodalis Marcianus Antoninus,* augure de Rome, frère arvale, curateur de Nôle, tuteur des orphelins, préfet du trésor de Saturne, proconsul d'Asie.
— a sa statue sur le second Forum, 50.

C. Arrius Pacatus, père de *C. Arrius Antoninus* et époux d'*Antonia Saturnina.*
— ses thermes de la rue de France, 72, 75.

C. Arruntius Faustus, magister du *pagus* de *Caputamsagœ.*
— élève une statue au Génie du *pagus,* 352, 353.

Arsacal (Aïn-Kerma), *pagus* cirtéen, 9, 126, 197.
Assemblée de la province, 369-375.
Assemblées du peuple à Cirta, 170-173, 184.

C. Aufidius Maximus, préfet de la IVᵉ cohorte des Bracares, tribun militaire de la IIIᵉ Légion *Fulminata.*
— élève un portique avec ses niches à statues, près du théâtre de la rive droite de l'Ampsaga, 93, 94, 129, 250.

Augures
leurs attributions et leurs fonctions, 253-263.
— .... *Co..(mmodus?),* 190.
— *L. Domitius Tiro,* 8, 261.
— *M. Fabius Fronto,* président du Collège, 12, 184, 260, 262.
— *Q. Julius Honoratus,* 183, 199, 260, 261, 344.
— *Sex. Otacilius Restitutus,* 188, 199, 252, 263.
— *L. Volusius Barbarus,* 348.

Auguste, empereur.
— maintient les privilèges de la *Colonia Julia Cirta,* 142, 143.

M. Aurelius Decimus, præses de Numidie. *ex-principe peregrinorum.*
— élève, sur le second Forum, une statue à l'empereur Carin, 49.

...*Aurelius Januarius*
— restaure un édifice de nature inconnue, dans la rue Leblanc, 65.

Auspices
— comment et pourquoi on les prenait, 254, 255, 256, 257, 258.

Q. Austurnus Lappianus, édile triumvir, préfet *jure dicundo* des colonies, 203;
— sa statue à Rusicade, 185.

Autels
— de Castor et de Pollux au Capitole, 22, 328.
— de Castor à Chullu, 329.
— de Cérès à Arsacal, 318.
— de la Fortune à Thibili, 345.
— du Génie du peuple, au Capitole, 28, 186.
— du Génie du lieu, 167.
— de la Gloire, 24, 344.
— d'Hercule à Thibili, 321, 322.
— et peut-être temple de Junon Céleste (Tanit latinisée), sur le second Forum, 48, 360.
— de Mercure à Rusicade, 309.
— de Silvain, 29, 166.
— de la Victoire à Cuiculum, 348.
— de la Vierge Céleste ou Tanit, 29

B

Baal
— Hâman, son culte, son temple à Cirta, ses ex-voto, 355-359.
— Hercule phénicien, 5.

Bacchus-Liber
— son culte, ses fêtes, 309-314.
— son temple et sa statue, 81-84, 86, 129, 168, 311, 312.

Bœbia, prêtresse de Junon, 287.
Baptême du sang (le), 333, 336, 337, 338.
Barrage de l'Ampsaga, 105, 106.
Basiliques
— de Constance, 39, 40, 41, 128.

— de Constantin au Capitole, 21, 25
— sur le Mansourah, 16, 130.
— à Rusicade, 188.

Bélisaire, 14.

Bogud, roi de Mauritanie, 6.
— corps de *Sittius*, dans son armée, 6.

C

Cn. Ca... Soricio, triumvir,
— reconstruit les murs et les portes de Rusicade, 189.

Cœcilia Januaria,
— épitaphe à son mari, *P. Sittius Tullianus,* 117.

Cœcilius Gallus, flamine de la province, 376.

C. Cœcilius Gallus, quinquennal, préfet *jure dicundo* des Colonies, édile avec la juridiction de questeur;
— construit une tribune aux harangues au Forum de Rusicade, 189, 199, 205.

M. Cœcilius Natalis, édile, triumvir, préfet *jure dicundo,* quinquennal, 12;
— élève un arc de triomphe sur la voie ornée de statues qui conduisait au Forum, 38, 128, 180, 181, 200, 201, 203, 229, 345, 346, 348;
— adresse une dédicace et, peut-être, érige une statue à Septime Sévère, sur le second Forum, 47.

Cœcina Decius Albinus, clarissime, consulaire à six faisceaux de la province de la Numidie constantinienne,
— fait construire l'aqueduc et les citernes de la place des Galettes, 75-79.

Cœlia Ururia Potita, flaminique de Julie,
— élève un temple à cette impératrice divinisée, 80.

Cœlius Censorinus, consulaire à six faisceaux de la province de Numidie,
— élève un portique à Thibili, 194, 195.

T. Cœsernius Statius Quintius Statianus Memmius Macrinus, consul prêtre augustal,
— a sa statue au Capitole, 26, 163.

Calama (Guelma);
— (voie de), 33.

Calendrier,
— (Confection du), 241.

L. Calpurnius Successianus, curateur du Collége des dendrophores,
— élève au Capitole un autel à Castor et à Pollux, 22, 328.

M. Calv...., édile, préfet *jure dicundo* des Colonies,
— a sa statue à Sigus, 197.

Caninia Octavena
— son tombeau et son épitaphe, 119.

Capitole de Cirta
— ses autels, sa basilique, ses statues; ses temples, 18-31.
1° Autels :
— de Castor et Pollux, 22, 328.
— du Génie du peuple, 28, 186, 350.
— de la Gloire, 24, 344.
— de la Victoire, 24, 346.
2° Basilique :
— de Constantin, 26.
3° Statues :
— de *T. Cœsernius Statius,* 25.
— de *M. Coculnius Quintillianus,* 27.
— de Commode, 25.
— de Constantin, 25.
— du Génie du peuple, 24, 186.
— de la Gloire, 24, 344.
— de Gratien, 25.
— de Julia Domna, 25.
— de Jules César, 24.
— de *P. Julius Junianus Martialianus,* 27.
— de *L. Julius Victor Modianus,* 30.
— de *L. Mœcilius Nepos,* 29.
— de *P. Pactumeius Clemens,* 28.
— de *Sittia Calpurnia Extricata,* 29.
— de la Victoire, 24, 344.
4° Temples :
— d'une divinité inconnue, 22.
— de Jupiter Vainqueur, 18, 280.
— *Nymphœum,* 19, 280, 281.
— *Spelœum,* 22, 334.

Caracalla, empereur, 9, 11, 12, 25, 36, 37, 45, 47, 49, 128, 165, 200, 228, 345, 346.

Carin, empereur
— sa statue sur le second Forum, 49.

Carthage, 13.

Carthaginois (les)
— leur influence à Cirta, 5, 356.

Q. Cassius.
— épitaphe à sa sœur, *Mecilia Castula*, 115.

Castor et Pollux
— leur culte, leurs légendes, leurs fêtes, 323-329.
— leur autel ou temple au Capitole, 22, 328.
— autel de Castor à Chullu, 329.

Ceionus Italicus, clarissime, consulaire,
— sa statue au Forum élevée par décret de l'*Ordo* de Constantine, 37, 127. 160.

Cérès
— son culte et ses fêtes, 314-319.
— son autel à Arsacal, 318.
— ses prêtresses, 318.

César (Jules)
— guerre entre lui et Pompée, 6.
— débarque en Afrique, en 708 de Rome, 6.
— prend Sittius à sa solde, 6.
— érige la Numidie en province romaine, 6.
— Concède Cirta à Sittius, 6.
— fonde la Colonie romaine, 6.
— ses dispositions pour la constitution de la Colonie, 8, 138, 139.
— sa statue au Capitole, 25.

César et Pompée.
— guerre civile entre eux, 6.

Choix des recrues, 26.

Chullu (*Colonia Minervia* (Collo), 9, 12, 13, 38, 44, 70, 84, 139, 141, 142, 143, 179, 180, 182, 184, 185, 203, 204, 206, 229, 260, 287, 298, 305.
— son autel à Castor, 329.

Cirta *passim*.

Citernes.
— du Bardo, 54, 129.
— de *Cœcina Decius Albinus*, 75-79.
— du Capitole, 121, 126.
— du Coudiat-Aty, 53, 112.

Clarissimes, consulaires à six faisceaux :
Cœcina Decius Albinus, 75-79.
Cœlius Censorinus, 195.
Publilius Ceionus Cœcina Albinus, 22, 62.

Claudius Avitianus, vice-préfet du prétoire, comte de 1re classe,
— fait construire la Basilique de Constance avec ses portiques et son tétrapyle, 40, 128, 129.

Claudius Claudianus, légat des deux Pannonies, commandant des vexillations daciques, légat de la XIIIe Légion *Gemina*, légat de la Ve Macédonique *Pia*, 185.

M. Claudius Restitutus, procurateur du diocèse de la région d'Hadrumète et de Théveste, du *jeu matinal*, curateur des cités syriennes, tribun de la VIIe Légion *Gemina*, préfet de la première cohorte des Gétules.
— sa statue sur le second Forum, élevée par son affranchi, 46, 164.

Clodia Vitosa, flaminique des IIII Colonies, 148.

P. Clodius Quadratus, décurion des IIII Colonies, 148.

M. Coculnius Quintillianus, orné de la toge sénatoriale par Septime Sévère, flamine, triumvir, édile, questeur désigné,
— sa statue au Capitole, dressée par son ami Florus, 27, 164, 228, 341.
— élève un autel à Jupiter, à tous les dieux, à *Mater Magna*, à Apollon, 341.

Colonia Julia Cirta, 3, 27 et *passim*.
— *Julia Juvenalis honoris et virtutis Cirta*, 3, 7, 141, 142.
— *Constantina (julia)*, 3.
— *Constantina (splendida)*, 3.
— sa fondation, 6, 133-139.
— mentionnée sur les Itinéraires de Peutinger et d'Antonin, 7.
— à la tête de la Confédération des IIII Colonies, 7, 9, 143 et *passim*.
— son territoire primitif, 8, 138, 139, 140, 141.
— ses *pagi*, 8 et *passim*.
— municipes formés sur son territoire, 10, 192 et *passim*.
— sa constitution, 12, 139-143.
— après la dissolution de la confédération, 13 192, 369, 377.
— Saccagée par Alexandre ou Maxence, 14.
— rebâtie par Constantin, 14.
— sa topographie, 15.
— sa superficie, 15, 16, 17.
— son capitole, ses deux Forum, ses théâtres, ses temples, ses autels, ses magistrats, ses prêtres, ses dieux, etc. (Voir tous ces noms et *passim*).

Colonies
— comment on les fondait, 133-139.

Colonies (les IIII), *Rusicade*, *Milev*, *Chullu*, *Cuiculum* (Voir ces mots).

Colonisation romaine,
- ses progrès, 9.

Commode, empereur,
- sa statue au Capitole, 25, 44, 197.
- nommé, 25, 34, 50, 51, 197.

o....(*mmodus?*), le dernier triumvir de la Confédération, quinquennal, augure, 190, 205, 263.
— son tombeau à Milev, 263.

omte d'Hadrien,
- *Ti. Caesernius Statius Quintius Statianus Memmius Macrinus* (Voir ce nom).

oncorde des IIII Colonies,
- son temple et sa statue, 87-90, 129, 165, 196, 200, 343.

nduites d'eaux, 53, 75-79, 97-99, 109-114.

onfédération des IIII Colonies, 7, et *passim*.
- sa durée, 12
- son organisation, 140-143.

nservation des eaux, 53, 75-79, 97-99, 109-114.

nstance, empereur,
- sa basilique, 39-41, 128.
- nommé, 37, 39, 40, 128, 160.

nstantin, empereur,
- vainqueur de Maxence, 14.
- donne son nom à Cirta, 14.
- sa statue élevée au Capitole, 25.
- autre statue élevée au même lieu, 25.
- autre statue sur l'*area* des temples de Vénus et de la Concorde, 89.
- nommé 3, 14, 25, 26, 88, 89.

nstantina civitas, 3.
- reçoit son nom de Constantin, 14.
- ne tombe pas entre les mains des Vandales, 14.

nstantine et ses antiquités, par Cherbonneau, 4, 16.

nsuls originaires de Cirta ou l'ayant habitée :
T. Caesernius Statius Quintius Statianus Memmius Macrinus, 26.
P. Julius Junianus Martialianus, 27.
P. Pactumeius Clemens, 28.
Q. Pompeius Sosius Priscus, 52.
Sex. Julius Frontinus, 52.
Q. Sosius Senecio, 52

Q. Pompeius Falco, 52.
Q. Marcius Barea, 69, 232.

L. Cornelius Fronto Probianus, décurion des IIII Colonies, flamine perpétuel, chevalier,
— élève à Rusicade une statue à la Victoire, 148, 347.

T. Cornelius Quintulus et ses fils,
— font bâtir un monument près des temples de Vénus et de la Concorde.

Coudiat-Aty, la nécropole de Cirta, 4, 115-117, 128.
— nommé, *passim*.

Coup d'œil du Capitole, 30, 31.

Criobole (Voir baptême du sang).

Cuiculum (Djemila), 9 et *passim*.
— le praeses de la Numidie, *Publilius Ceionus Caecina Albinus*, y fait reconstruire un magasin de costumes pour le théâtre, 23.
— (voie de), 33.
— statues de Marc-Aurèle et de Verus, 229.
— temple et statue de *Tellus*, 331.
— Basilique Julienne, 331.
— fait, pendant quelque temps, partie de la Confédération, 9, 229, 230.

Culte des Empereurs, 223, 224, 369-377 (Voir *flamines*).

Curateurs
— de la cité des Calènes, 27.
— des voies *Clodia*, *Cassia* et *Ciminia*, 27.
— des Ardeatiniens, 45.
— des cités syriennes, 46.
— des cités de l'Emilie, 50.
— d'Ariminium, 50.
— de Nole, 50.
— du trésor cirtéen, 194, 298, 372.
— de la République de Rusicade, 194.
— de la République de Milev, 194.
— de la République de Thibili, 195.
— leurs fonctions, 193.

D

Décurions
— de Cirta, 11, 45, 46, 48, 52.
— le Conseil des décurions de Cirta, 144-169.
— comment il était recruté (*lectio*), 146, 147.
— personnages qui constituaient le Conseil, 149-154.

— délégués des IIII Colonies, 148.
— compétence du Conseil, 154-157.
— somme honoraire du decurionat à Cirta, 158.
— décrets des décurions, 159-169.

Dédicace
— en quoi elle consistait, 240-241.
— de temples, d'autels ou de statues, *passim*.

Dendrophores, prêtres d'Attis et de *Mater Magna*.
— leurs fonctions, 340.
— curateur du Collège, élève un temple ou un autel à Castor et à Pollux, 22, 328, 329.
— membres du Collège :
  L. *Calpurnius Successianus*, 22, 328, 329.
  C. *Metcius Exuperans*, 341.

Diocèses
— de Numidie, 7.
— d'Hadrumète et de Théveste, 46.

Diotimus, *adjutor tabularius*, élève une statue au Capitole à L. *Julius Victor Modianus*, procurateur de Numidie et du *tractus* de Théveste, 30.

Dissolution de la Confédération, 10, 13, 190, 205, 263,

Distribution des eaux à Cirta, 113, 114.

Domitius Alexander, légat de la IIIe Légion, 3.
— sa révolte, 13, 35.
— est reconnu empereur par Cirta, 13.
— vaincu par Volusianus, 13.
— sa mort, 13.
— sa statue au Forum, 33, 36, 127.
— nommé 13, 35, 127.

L. *Domitius Tiro*, *duumvir vicensimarius*, 7. 261.

Donatistes, 14.

Duumvirs, premiers magistrats de Cirta à l'origine, 7. 146 :
  L. *Domitius Tiro*, 7.
  Q. *Junius Firminus*, 8.
  P. *Sittius Dento*, 8, 140.

Dracontius, vicaire de Numidie,
— élève une statue à Gratien père, au Capitole, 26.

Droit des Mânes (*Jus Manium*), 243.

Durmius Felix, primipile de la IIIe Légion cyrénaïque,
— élève une statue, sur le second Forum, à P. *Julius Geminius Marcianus* dont il était écuyer, 49.

E

Ecdicius, sacerdotal, c'est-à-dire flamin de la province,
— surveille l'exécution de l'aqueduc et des citernes de *Caecina Decius Albinus*, 76, 376.

Edifices de nature inconnue.
— dans la rue Leblanc, bâti par un préfet *jure dicundo*, 64, 127, 207.
— dans ta même rue, bâti par un triumvir quinquennal, pontife et flamin perpétuel, 64, 188, 231, 250.
— dans la même rue, reconstruit par *Aurelius Januarius*, 65.
— dans la rue Desmoyen, bâti par un inconnu, 70.
— près des temples de Vénus et de la Concorde, bâti par T. *Cornelius Quintilius*, 89.
— près des mêmes temples, bâti par un patron des Colonies, 89.
— au N.-O. de la ville, bâti par... *Pomponius*..., 191, 250.
— dans un lieu inconnu de la Cité, bâti par Q. *Julius Honoratus*, augure questeur, édile, triumvir quinquennal, préfet *jure dicundo* de Milev, 183.
— à Chullu, bâti par..... *Honoratus* préfet *jure dicundo*, 190.

Ediles.
— des IIII Colonies, 10.
— leurs attributions, leur juridiction leurs fonctions, 195-198.
— nommés *passim*.
— dont on a retrouvé des inscriptions :
  P. *Sittius Dento*, 8.
  P. *Sittius Velox*, 8.
  Q. *Junius Firminus*, 8.
  M. *Caecilius Natalis*, 12, 38, 128, 180, 201.
  M. *Fabius Fronto*, 12, 184, 260, 266.
  Q. *Fulvius Faustus*, 19, 125. 1 205.
  .... *Marcius Verus*, 25, 187, 197.
  M. *Coculnius Quintillianus*, 2 228.
  L. *Maecilius Nepos*, 29, 227, 360
  P. *Paconius Cerialis*, 29, 166, 345.
  C. *Sittius Flavianus*, 36, 186, 345.

L. *Julius Martialis*, 44, 167, 346.
M. *Seius Maximus*, 47, 165.
P. *Gavius*, 48, 197, 346.
.........*nna*, 63.
? ......, 64, 188.
...*Quadratus Baebianus Vindex*, 70, 71, 182.
Q. *Quadratus Quintulus*, 83, 168, 312.
C. *Julius Barbarus*, 87, 165, 196, 343.
C. *Pontius Saturninus*, 165, 166, 196, 350.
A. *Sittius Faustus*, 179, 231.
Q *Julius Honoratus*, 183, 261, 344.
P. *Horatius*...., 186.
Sex. Otacilius Restitutus, 188, 199, 252, 263.
C. *Caecilius Gallus*, 189, 199.
....*Pomponius*.., 191, 250.
? ...., 191.
? ...., 191, 200.
Q. *Sittius Urbanus*, 196, 199, 200.
C. *Julius Victor*, 197, 347.
M. *Calv*......, 197.
? ...., 197.
? ...., 198.
C. *Julius Crescens Didius Crescentianus*, 229.
.... *Junior*, 261.
P. *Julius Urbanus*, 331.
L. *Gargilius*, 344.
L. *Volusius Barbarus*, 348.

Ediles revêtus de la puissance questorienne :
    Q. *Fulvius Faustus*, 19, 125, 183, 199, 205.
    ? ...., 81, 119.
    Q. *Julius Honoratus*, 183, 199, 261, 344.
    C. *Caecilius Gallus*, 189, 199.
    Q. *Sittius Urbanus*, 196, 199, 200.
    Sex Otacilius Restitutus, 188, 199, 252, 263.

Elagabale, empereur, 45, 230.

Epitaphes, 116-122.

Esclaves municipaux *(servi publici)*, 209-214.

Expiations, 238, 249.

F

... *Fabius Felix*, questeur, 200, 201.
M. *Fabius Fronto*, édile, triumvir, préfet jure dicundo des Colonies, prêtre de la ville, 12, 266.
— sa statue au Forum, 37, 127 203.
— *magister augurum*, 260, 262.
— élève une statue à Rusicade, 262.
— restaure le théâtre de la même ville, 262.
— élève une statue à l'empereur Alexandre Sévère, 262.

Fétial :
    P. *Pactumeius Clemens*, 28.

Flamines
— leurs attributions et leurs fonctions, 219-234.
— des IIII Colonies, en exercice :
    P. *Sittius Dento*, 8.
    M. *Coculnius Quintillianus*, 27, 228.
— d'Antonin :
    M. *Roccius Felix*, 24, 166, 266.

Flamines de la province,
— leurs attributions, leurs fonctions, leurs honneurs, 233, 234, 369-377.
— dont il reste des inscriptions :
    ..... *Caecilius Gallus*, 376.
    ... . *Valerius*, 376.
    ...*Ecdicius*, 76, 376.
    Adeodatus, 376.

Flamines perpétuels ou anciens flamines de la Confédération dont il reste des inscriptions :
    Q. *Junius Firminus*, 8.
    ...*Popilius Concessus*, 24.
    L. *Maccilius Nepos*, 29, 227, 360.
    A. *Sittius Faustus*, 179, 231.
    ? ...., 64, 188.
    ....*Pomponius*..., 191, 250.
    ? ......, 64, 188.
    C. *Julius Crescens Didius Crescentianus*, 229.
    ? ...., 230.
    ...*Co(mmodus)*..., 205, 231, 263.
    ? ...., 232.
    Ti. *Julius Honoratus*, 331.
    L. *Cornelius Fronto Probianus*, 347.

Flaminique de Julie :
    Caelia Ururia Potita, 80, 232.

Flaminiques des IIII Colonies :
    Sittia Calpurnia Extricata, 29, 161, 233.
    Veratia Frontonilla, 48, 168, 232.
    Clodia Vitosa, 148.

M. *Flavius Postumius*, patron des IIII Colonies, intendant à six faisceaux du trésor public en Gaule, légat de

la VIe Légion *Ferrata*, préteur, tribun honoraire, curateur des Ardéatiniens,
— a sa statue élevée par son fils sur le second Forum de Cirta, 45.

... *Flavius Titianus*,
— élève une statue à Jupiter Vainqueur, 159.

... *Florus*, *princeps* des Saboïdes,
— élève au Capitole une statue à son ami *M. Coculnius Quintillianus*, 27, 164.

D. *Fonteius Frontinianus*, légat de la IIIe Légion, sous Marc-Aurèle et Verus, consul,
— fait réparer la voie ornée de statues conduisant au Forum, 38, 128, 181.
— son tombeau, 38, 65-70, 127.
— ses nombreux travaux en Numidie, 66-70

Fortune (la)
— sa statue au Forum, 36, 127.

Fortune (la), déesse du retour, 237, 344.
— sa statue au Forum, 36, 127.

Fortunatus Vindex, *adjutor tabularius*
— élève, sur le second Forum, une statue à *L Junius Victor Modianus*, procurateur de Numidie et du Tractus de Théveste, 30

Forum (le), de Cirta,
son emplacement, ses voies d'accès, 31-33, 127.
— ses monuments :

1º statues :
— de *Septimius Geta*, père de Septime Sévère, 34, 35.
— de *Porcia Maxima Optata*, 29, 166, 227.
— de *Paccia Marciana*. première femme de Septime Sévère, 35.
— de l'usurpateur Alexandre, *(Domitius Alexander)*, 35, 36
— de la Fortune de Septime Sévère, 36.
— de la Fortune qui avait ramené Septime Sévère, 36. 344, 345.
— de *M Fabius Fronto*, 37.
— de *Ceionus Italicus*, 37.

2º temples :
— sur l'emplacement de la Banque, 32.
— sur l'emplacement du Cercle militaire, 32
— de la Sittienne, 3?, 350.
— sur l'emplacement du Crédit foncier, 32.

— sur l'emplacement de la maison Moreau, 32.

Forum (le second) de Cirta,
— ses temples, ses sanctuaires, ses statues :

1º statues :
— de *M. Flavius Postumus*, 45.
— de *M. Claudius Restitutus*, 46.
— de *Seia Gætula*, 46.
— de Septime Sévère, 47.
— de Caracalla, 47.
— de *Veratia Frontonilla*, 48.
— de la Paix, 48. 198, 346.
— de *P. Julius Geminius Marcianus*, 49
— de l'Empereur Carin, 49.
— de Caracalla, (2e statue), 49.
— de *C. Arrius Antoninus*, 50.
— d'*Antonia Saturnina*, 51.
— de *Sosia Falconilla*, 52.
— de ?......, 52.
— de ?.. ..., 53.
— de ? ....., 53.
— de l'Empereur Pertinax, 188.

2º tétrastyles :
— élevé par *C. Julius Potitus*, 44.
— élevé par *M. Seius Maximus*, 47.

3º temples :
— circulaire sur l'emplacement de l'hôtel de Paris, 44, 53.
— de Vénus, avec 4 statues, 44, 53.
— près du portique de Gratien, 53.
— de Junon Céleste, 53.

Q. *Fulvius Faustus*, quinquennal, préfet *jure dicundo*. triumvir, édile revêtu de la puissance questorienne,
— bâtit un arc de triomphe au Capitole, 19, 125, 183, 199

Fundus (le) des Salluste, 18

Funérailles
— Comment elles avaient lieu à Cirta, 243-247.

Q. *Furnius Crescentianus*
— consacre un autel à Hercule à *Thibili*, 322.

G

Galles (les), prêtres de *Mater Magna* et d'Attis, 335.

L. Gargilius, prêtre augustal et édile,
— élève une statue de la Concorde à *Cuiculum,* 344.

P. Gavius, chevalier romain, édile et questeur,
— élève une statue à la Paix, 48, 197, 346.

Geminia Ingenua
— son épitaphe, 115.

Génie de l'Empereur, 239, 355.

Génie des Colonies Cirtéennes
— son temple, 85, 129, 350, 351.

Génie du lieu
— son autel élevé par un esclave à la maison de ses maîtres, 167, 354.

Génie du Peuple
— sa statue élevée au Capitole par *M. Roccius Felix,* 24, 166, 186.
— autre statue élevée par *C. Pontius Saturninus,* 165.

Génies
— leur culte, 348-355.
— des Colonies Cirtéennes, 85, 129, 350, 351.
— de la Sittienne, 127, 350.
— du peuple Cirtéen, 24, 165, 166, 186, 196, 266, 350.
— de la Colonie de Rusicade, 351.
— de l'annone sacrée, 352.
— de la Colonie de Milev, 352.
— de *Caputamsagae,* 352, 353.
— de l'aire à battre le blé, 354.
— de l'Empereur Julien, 355.
— de la montagne de *Pastoria,* 355.

Gens *Antiana Satura*
— son tombeau, 120.

Gens *Flavia*
— son tombeau, 119.

Geta, fils de Caracalla, 25, 30, 35, 36, 47.

Gloire (la)
— son autel au Capitole, 24, 344.

Gratien, empereur, 53, 62, 63, 64.

Gratien père
— sa statue au Capitole, 26.

C. Grattius Victor, affranchi d'un personnage inconnu,
— lui élève une statue sur le second Forum, 54, 168.

H

Hadrien, empereur, 26, 28, 34, 87, 161.

Haruspices
— (Voir Augures).

Hercule
— son culte, ses fêtes, 319-323.
— phénicien, 5.
— son autel au Capitole de Sigus, 321, à Thibili, 321.
— vœux à Hercule, 322, 323.

Hiemsal II
— gouverne Cirta, 6.

Hippo-Regius (Bône)
— (voie d'), 33.

Hippodrome de Cirta, 94, 129, 130.

...... *Honoratus,* préfet *jure dicundo* de Chullu,
— élève un monument dans cette Colonie, 190, 205.

Honneur (l') et la **Vertu**
— son autel à Cirta, 344.

Honneurs des magistrats, *passim.*

Honorius et **Théodose,** 65.

P. Horatius, édile, triumvir, préfet *jure dicundo*
— élève un autel au Génie de la patrie à Verecunda, 186, 351.

L. Horatius Martialis
— son vœu à la *Virgo Caelestis* ou Tanit latinisée, 360.

Horrea publica ou greniers publics, construits à Rusicade par le *præses* de Numidie, *Publilius Ceionus Caecina Albinus,* 23.

I

Iallius Antiochus, præses de Numidie, 25.

Inauguration de prêtres et de temples, 258, 259.

Indulgence (l') de l'Empereur
— sa statue sur l'arc de triomphe de *Caecilius Natalis,* 39, 128, 181, 345.

J

Jeu matinal
— en quoi il consistait, 46, 124.

Jeux scéniques donnés au peuple, à l'occasion de la dédicace des monu-

ments, 24, 36, 44, 47, 63, 165, 166, 181, 186, 196, 197, 198, 261, 263, 331, 345, 347, 350, 351, 354.
— description de jeux scéniques, 363-369.
— floraux, 70.

Juba
— fils de Κέρτη, 5.
— roi des Numides, 6.

Jugurtha
— partage la succession de Micipsa, 5.
— assiège Cirta, 5
— sa défaite sous les murs de Cirta, 6.

Julia Cirtesia
— son épitaphe, 115.

Julia Credula, prêtresse de Cérès, 348.

Julia Domna, deuxième femme de Septime Sévère
— sa statue au Capitole, 25, 163.

Julia Postuma, prêtresse de Junon, 287.

Julia Renata
— son épitaphe, 120.

Julia Spes
— son épitaphe, 120.

Julie, femme d'Auguste
— son temple dans la rue Caraman, 79

Julien, empereur, 37, 40, 239, 355.

C. Julius Barbarus, questeur, édile.
— élève une statue à la Concorde des Colonies cirtéennes, 87, 165, 196, 200, 201, 343

L. Julius Cerialis,
— élève à Sigus un temple à Vénus, 293.

C. Julius Crescens Didius Crescentianus, chevalier, flamine perpétuel des IIII Colonies et de Cuiculum, pontife, ayant joui de tous les honneurs dans les V Colonies,
— élève à Cuiculum des statues à Marc-Aurèle et à Verus, 169, 229

... *Julius Fabianus*, chevalier, pontife, vice-président d'un collège de prêtres, préfet des Colonies, quinquennal,
— érige deux statues de satyres dans un temple du second Forum, 44, 184, 250.

P. Julius Geminius Marcianus, Sodalis Titius, proconsul de Macédoine, légat propréteur d'Arabie, commandant des Vexillations de Cappadoce, légat de la Xe Légion *Gemina*, légat propréteur d'Afrique, tribun du peuple, questeur, tribun laticlave de la Xe Légion *Fretensis* et de la IVe Scythique, triumvir Kapitalis,
— a sa statue sur le second Forum de Cirta, 49, 161.

Q. Julius Honoratus, augure, édile revêtu de la puissance questorienne, préfet *jure dicundo*, triumvir quinquennal,
— élève un monument dont la nature est inconnue, 183, 199, 260, 261.
— élève un autel à l'Honneur, 344.

Ti. Julius Honoratus, flamine perpétuel,
— élève à Cuiculum une statue à *Tellus*, 331.

P. Julius Junianus Martialianus, questeur de la province d'Asie, préteur, curateur des voies *Clodia*, *Cassia* et *Ciminia*, préfet du trésor militaire, proconsul de la province de Macédoine, légat de la IIIe Légion,
— a sa statue au Capitole, 27.
— ses propriétés à *Mascula*, 27
— ses statues à *Thamugadi*, et à *Lambaesis*, 28.

L. Julius Kanidius,
— son épitaphe, 120

C. Julius Lepidus Tertullus, légat de Septime Sévère.
— élève un temple à *Tellus* à *Cuiculum*,

C. Julius Libo, triérarque de la nouvelle flotte de Lybie,
— élève une statue, sur le second Forum, à *C. Arrius Antoninus*, 51.

L. Julius Martialis, questeur, édile, triumvir quinquennal,
— élève un temple à Vénus, sur le second Forum, avec statues et Amours 44, 45, 167, 187, 293.
— élève une statue de Commode au Capitole, 197.
— triumvir revêtu de la puissance questorienne, 200, 201.

C. Julius Victor, édile, préfet pour les triumvirs,
— élève à *Arsacal* une statue de la Victoire, 197, 347.

. *Julius Victor Modianus*, *vir egregins*, procurateur des Augustes (Sévère, Caracalla et Géta), en Numidie, procurateur du Tractus de Théveste, 209-214.
— sa statue au Capitole, élevée par un des employés de ses bureaux, 30.

. *Julius Potitus*
— élève un monument tétrastyle sur le second Forum, 44.

. *Julius Theodorus*, ex-centurion de légion, en retraite (*honesta missione missus*),
— élève une statue, sur le second Forum, à sa femme *Veratia Frontonilla*, flaminique des IIII Colonies, 48, 168.

. *Julius Urbanus*, chevalier, questeur, édile, préfet des IIII Colonies,
— élève à Cirta un autel avec statue et tétrastyle à *Tellus*, 331.

.....*Junior*, édile et augure, 261.

. *Junius Firminus*, édile duumvir, questeur, flamine perpétuel, 8, 12.

mon
— son culte et ses fêtes, 282-287.
— ses prêtresses, 286, 287.

mon Céleste ou Tanit latinisée
— son autel et peut-être son temple sur le second Forum, 48, 197.

piter Capitolin
— son culte et ses fêtes, 267-282.
— son temple au Capitole, 18.
— sa statue d'argent, 18, 19.
— Sylvain, son autel, 29, 166, 237, 344.

risconsulte
. *Pactumeius Clemens*, 28, 29.

K

ἑρτή, mère de Juba, 5.

L

mbaesis (Lambèse), quartier général de la IIIe Légion
— *Publilius Ceionus Caecina Albinus*, *praeses* de Numidie, y fait construire le pont de l'Aïn-Drinn et réparer le Forum ainsi que le temple de Jupiter, Junon et Minerve, 23.

— statue de *P. Julius Junianus Martialianus*, 28.
— (voie de), 33.
— martyre de Jacques et Marien 100-104.
— statue du Génie de la Colonie Cirtéenne, 351.
— *passim*.

Légats
— de la XIIIe Legion, *T. Caesernius Statius Quintius Statianus Memmius Macrinus*, 26, 27.
— propréteur de la province d'Afrique, le même, 27.
— de la IIIe Légion, *P. Julius Junianus Martialianus*, 27.
— du proconsul d'Asie, *P. Pactumeius Clemens*, 28.
— d'Hadrien à Athènes, Thespies et Platées, le même, 28.
— d'Hadrien en Cilicie, le même, 28.
— d'Antonin, le même, 28.
— du proconsul d'Afrique, le même, 28.
— d'Hadrien en Thessalie, le même, 28.
— de la IIIe Légion, *Domitius Alexander*, 35.
— de la IIIe Légion, *D. Fonteius Frontinianus*, 38.
— de la IIIe Légion, *M. Aurelius Cominius Cassianus*, 38.
— de la VIe Légion *ferrée*, *M. Flavius Postumus*, 45.
— propréteur d'Afrique, *Julius Geminus Marcianus*, 49.
— propréteur d'Arabie, le même, 49
— des Vexillations de Cappadoce, le même, 49.
— propréteur d'Afrique, le même, 49.
— sous Trajan, ?........, 53.
— de la IIIe Légion, ?........, 54, 168.
— de la IIIe Légion, ...ndus, 87.
— de la IIIe Légion, *P. Cassius Secundus*, 87.
— de la IIIe Légion, *Metilius Secundus*, 87.
— de la IIIe Légion, *Cassius Secundus*, 87.
— des deux Pannonies, *Claudius Claudianus*, 185.
— des Vexillations daciques, le même, 185.
— de la XIIIe Légion *Gemina*, le même, 185
— de Ve Macédonique *Pia*, le même, 185.
— de Septime Sévère, *C. Julius Lepidus Tertullus*, 331.

Légions
— XIIIe, son légat, *T. Caesernius Statius Quintius Statianus Memmius Macrinus*, 26, 27.

— IIIᵉ, son légat *P. Julius Junianus Martialianus*, 28.
— IIIᵉ, son légat *D. Fonteius Frontinianus*, 38
— VIᵉ *ferrée*, son légat *M. Flavius Postumus*, 45.
— XIIIᵉ *Gemina*, son légat *Claudius Claudianus*, 185.
— Vᵉ Macédonique *pia*, 185.
— IIIᵉ, un centurion élève une statue au légat, à Lambèse, 28.

L. Lepidus Nampulus
— son tombeau et son épitaphe, 121.

M. Licinius Januarius, curateur du trésor cirtéen.
— élève un autel à Neptune, 194, 298.

Lois
— *Rubria*, 11.
— *Mamilia Roscia Peducaea*, etc., 138.
— *Coloniae Genetivae*, 141, 195.
— *Malacitana*, 155.
— *Salpensana*, 155.
— *Julia Municipalis*, 155.

M

Macomades, municipe sur la route de Cirta à Théveste.
— *Popilius Concessus*, flamine perpétuel, y fait construire un arc de triomphe que dédie *Publilius Ceionus Caecina Albinus*, praeses de la Numidie, 24.

L. Maecilius Nepos, flamine perpétuel, édile, triumvir quinquennal,
— a sa statue au Capitole, 29.
— élève au Forum une statue à *Porcia Maxima Optata*, 29, 227.
— élève une statue à Sylvain et une autre à Mercure, 360.

Magistri Pagi, 9 :
— *C. Arruntius Faustus*, 352.
— *P. Marcius Crescens*, 354.

Marc-Aurèle, Empereur, 34, 51, 72, 348.

Q. Marcius Barea, douze fois consul,
— élève un temple à Julie, dans la rue Caraman, avec *Caelia Ururia Potita*, flaminique, 80.

P. Marcius Crescens, *magister* du *pagus d'Uzeli*.
— élève une statue au Génie de l'aire à battre le blé, 354.

Marcus Verus, édile.
— clause de son testament qui ordon l'érection, au Capitole, d'une stat à Commode, 25, 45, 187.

L. Martialis Nepos, élève une statue Commode au Capitole, pour se co former au testament ci-dessus, 2

Martyrs
— *Marianus*,
— *Jacobus*,
— *Datus*,
— *Japinus*,
— *Rusticus*,
— *Crispus*, } 99-105.
— *Tatus*,
— *Metunus*,
— *Victor*,
— *Sylvanus*,
— *Egyptius*,

Mascula (Khenchela)
— *Publilius Ceionus Caecina Alb nus*, praeses de Numidie, y f construire un édifice, (364-67), 2
— Grandes propriétés de *P. Julius J nianus Martialianus*, 28.

Massinissa
— se laisse enlever la Numidie p Syphax, 5.
— son épisode avec Sophonisbe, 18.

Mastar (Rouffach), *pagus* cirtéen, 9, 1 354.

Mater Magna
— son culte, ses cérémonies, 334-341.
— ses prêtres, les *Cannophores*, l *Dendrophores* et les *Galles*, 33 339.
— tauroboles, 336-339.

Maxence, empereur.
— sa lutte contre *Domitius Alexand* 13.
— son préfet du prétoire, *Volusianu* défait ce dernier, 35, 36.

Maecilia Castula
— son épitaphe, 115.

Mercure
— son culte et ses fêtes, 306-309.
— sa statue dans le temple de Satu *Frugifer*, 29, 166, 308.

Micipsa, roi de Numidie, 5.

Milev (*Colonia Sarnensis*) (Mila), u des IIII Colonies, 9, 12, 65, 81, 1 344 et *passim*.
— (voie de), 33.
— cette Colonie élève, au Forum Cirta, une statue à un membre la famille des Fronton, 37.

— *Milevitani*, 54.
— taurobole, 338.

Minerve-Pallas
— son culte et ses fêtes, 287-290.
— son temple à Cirta, dans la rue du 26e de ligne, 30, 31, 200, 201, 203, 290.

Mithras, divinité orientale, 332-334.
— son antre au Capitole, 22, 334.

Mnesithea Aurelia
— son tombeau et son épitaphe, 118.

Morts (fêtes des), 248.

Mugae, faubourg de Cirta, 16, 104, 129.

Munatius Celsus, *praeses* de Numidie,
— élève, au second Forum, une statue à Caracalla, 49.

Murs et **portes** de Rusicade reconstruits par *Cn. Ca...... Soricio*, triumvir, 189.

N

........*ndus*, légat de la IIIe Légion,
— élève un temple à Vénus sur l'emplacement de la grande mosquée, 87.

Nécropole (la) de Cirta, 114, 117.

Neptune
— son culte et ses fêtes, 296-298.
— a un temple à Cirta, 194, 298.
— sa statue à Sigus, 298.

Nævius Numidianus
— participe aux dépenses de la construction du Portique de Gratien, 62.

.......*nna*, chevalier et édile,
— élève une statue sous le Portique de Gratien, 63.

Numidie, 5, 9, 16, 22, 87 et *passim*.
— (rois de), 5.
— érigée en province par César, 6.
— appelée *Africa Nova*, 7.
— (diocèse de), 7
— *Numidia Cirtensis*, 7.
— *Numidia Militiana*, 7.
— (*praeses* de), 22, 62.
— (procurateur de), 30.
— (Oppida de), 9.

Nymphœum du Capitole, 19.

O

Oppida mentionnés par Pline en Numidie, 9.

Ordo *Coloniae Constantinae*,
— élève une statue au Forum à *Ceionus Italicus*, 37.

Ordo decurionum (Conseil municipal), 10
— de Cirta, sa constitution, sa compétence, 144-169.
— ses décrets ou délibérations, 149-169.

Orthodoxes
— Constantin leur donne une église au Capitole, 26, 36.

Sex. Otacilius Restitutus, augure, questeur, édile, triumvir,
— élève des statues de Dextri à Rusicade, 188, 199, 252, 263.

P

Paccia Marciana, première femme de Septime Sevère
— sa statue, au Forum, 35, 127, 164.

P. Paconius Cerialis, édile, triumvir.
— élève une statue à *L. Maecilius Nepos*, 29, 166.
— élève un autel à la Vierge Céleste ou Tanit latinisée, 29, 166, 360.
— élève un autel à Silvain, 29, 166, 187.
— élève une statue à Mercure, 29, 166, 187.

P. Pactumeius Clemens, XV *vir stilitipibus judicandis*, questeur, légat du proconsul d'Achaïe, tribun du peuple, fétial, légat d'Hadrien à Athènes, Thespies et Platées, légat du même en Thessalie, consul, légat d'Antonin en Thessalie, consul, légat d'Antonin en Cilicie, légat du proconsul d'Afrique, jurisconsulte
— a sa statue au Capitole, 28, 161.
— patron des IIII Colonies, 29, 161.
— sa villa à Sidi-Mabrouck, 130.

Pagi, petits bourgs,
— des IIII Colonies, 8.
— *Cirtenses*, 9, 10.

Paix (la)
— sa statue et son autel sur le second Forum, 48, 197, 237, 345.

Pallas
— son temple et sa statue dans la rue du 26e de Ligne, 70, 71, 126, 200.

Panorama de la Cité romaine, vers la fin du IIIe Siècle, 125-132.

Panthéon, 87, 129.

Patrons
— de Thamugadi, *P. Julius Junianus Martialianus*, 28.
— de Cirta : *T. Caesernius Statius*, 27.
— des IIII Colonies, 10 :
   P. Pactumeius Clemens, 29.
   C. Arrius Antoninus, 50.
   M. Flavius Postumius, 45.
   ?........ 52, 161.
   ?........ 89.

Pertinax, empereur,
— sa statue élevée sur le second Forum par *L. Scantius Julianus*, 188.

Peutinger (Itinéraire de), 7.

Phua, pagus de Cirta,
— statue à la Fortune, 354.

...*Pomponius*......, édile, triumvir, préfet *jure dicundo* des Colonies, quinquennal, pontife, flamine perpétuel,
— élève un monument au N.-O. de la ville, 191, 203, 250.

Pontifes
— leurs attributions et leurs fonctions, 234-252 :
   Julius Fabianus, 44, 184.
   ?........, 64.
   C. Aufidius Maximus, 93, 94.
   ...*Pomponius*, 191, 203, 250.
   ?.... ..., 191.
   C. Julius Crescens Didius Crescentianus, 229.

Pontius Saturninus, édile.
— élève une statue au Génie du peuple, 165, 166, 196, 350.

Ponts
— d'Antonin sur l'Ampsaga, 85, 86, 89, 90-92, 129.
— autre pont sur l'Ampsaga, conduisant au Portique et au Théâtre d'*Aufidius*, 95-97, 129.

Popilia Maxima
— élève un autel à Thibili en souvenir d'un taurobole, 337.

Popilius Concessus, flamine perpétuel, bâtit un arc de triomphe à *Macomades*, qu'il fait dédier par le *praeses* de Numidie, *Publilius Ceionus Caecina Albinus*, 24.

P. Porcius Optatus Flamma, sénateur, prêtre augustal, questeur de la province de Rhétie, tribun militaire, 227.

Porcia Maxima Optata, fille du précédent,
— a sa statue au Forum, 29, 166, 227.

Portiques
— de la Basilique de Constance, 40.
— de Gratien, 62, 63.
— d'*Aufidius*, 92-95, 129.
— du Capitole à Thamugadi, 23.
— à Thibili, 94.

Praecilius, orfèvre du IVe siècle,
— son tombeau, 55-62.

Praefecti jure dicundo des IIII Colonies,
— leurs attributions, 10, 11, 12, 37, 202-208.
— leur nombre dans la Confédération, 204-208.
— Qui ils étaient, 205-207.
— dont il est resté des inscriptions :
   M. Caecilius Natalis, 12, 128, 181, 203.
   M. Fabius Fronto, 12, 184, 203, 260, 262, 267.
   Q. Fulvius Faustus, 19, 205.
   C. Sittius Flavianus, 36, 163, 186, 203, 345.
   .·. *Julius Fabianus*, 44, 184.
   ?......, 64, 127.
   ?......, 65.
   Quadratus Baebianus Vindex, 70, 71, 182, 203.
   ?... ... 81.
   Q. Quadratus Quintulus, 83, 168.
   A. Sittius Faustus, 179, 203.
   Q. Julius Honoratus, 183, 344.
   Q. Austurnus Lappianus, 185, 203.
   P. Horatius, 186.
   C. Caecilius Gallus, 189, 199, 205.
   ...... *Honoratus*, 190, 205.
   ...... *Pomponius*, 191, 203, 250.
   ?....... 191.
   ?....... 191, 200.
   C. Julius Victor, 197.
   M. Calo...., 197.
   ...*Co(mmodus)*, 207.
   P. Julius Urbanus, 331.

Praefecti aerarii militaris, ou préfets du trésor militaire
— en quoi consistait cette charge, 27.
— dont il existe des inscriptions à Cirta :
   P. Julius Junianus Martialianus, 27.
   M. Flavius Postumus, 45.

Præsides de Numidie ou Gouverneurs de la province :
   Publilius Ceionus Caecina Albinus, 22, 334.
   Iallius Antiochus, 25, 26.
   ?......, 26.

Scironius Pasicrates, 36.
Munatius Celsus, 49.

Préfets
- de la Ire Cohorte des Gétules, *M. Claudius Restitutus*, 46.
- du trésor de Saturne, *C. Arrius Antoninus*, 50.
- de la IVe Cohorte des Bracares, *C. Aufidius Maximus*, 93, 94.
- de la IIe Cohorte des Sardes, *Fannius Julianus*, 240.

Préteurs
- *P. Julius Junianus Martialianus*, 27.
- *P. Pactumeius Clemens*, 28.
  M. Flavius Postumus, 45.

Prêtres
- de la ville, 24, 166, 184, 186, 260, 266, 350.
- de Saturne, 81, 303, 304, 305.
- vice-président d'un collège, 44, 184.
- de Mithras, 333, 334.
- de *Mater Magna Idaea*, 335, 339, 340.

Prêtres de Rome
- fétial, 28.
- *Sodalis Marcianus Antoninus*, 50.
- augure, 50.
- frère arvale, 50.
- augustal, 26, 52, 65, 121, 161, 344.

Prêtres des différentes divinités, 263-267.

Proconsuls
- de la province de Macédoine, *P. Julius Junianus Martialianus*, 27.
- d'Achaïe, *Rosianus Geminus*, 28.
- d'Afrique, le même, 28.
- d'Asie, *C. Arrius Antoninus*, 50.

Procurateurs
- du diocèse d'Hadrumète et de Théveste, *M. Claudius Restitutus*, 46, 164.
- de Numidie, *L. Julius Victor Modianus*, 30.

Prodiges, 238.

Publilius Ceionus Caecina Albinus, consulaire à six faisceaux, 22, 62, 334.

Q

Quadratus Baebianus Vindex, questeur, édile, triumvir, préfet *jure dicundo* des Colonies de Rusicade et de Chullu,

- élève le temple et la statue de Pallas de la rue du 26e de ligne et donne des jeux floraux, 70, 71, 200, 201, 203, 298.

Q. Quadratus Quintulus, édile *jure dicundo*,
- élève le temple et la statue de Bacchus, 81-84, 129, 168.

Questeurs de la Confédération des IIII Colonies
- leurs attributions et leurs fonctions, 198-202.
- dont il reste des inscriptions :
  P. Sittius Dento, 8, 201.
  Q. Junius Firminus, 8.
  M. Coculnius Quintillianus, 27.
  Caecilius Natalis, 38, 39, 180.
  L. Julius Martialis, 44, 167, 201, 346.
  P. Gavius, 48, 197, 346.
  Quadratus Baebianus Vindex, 70, 71, 182, 200, 201.
  C. Julius Barbarus, 87, 165, 200, 201, 343.
  ?........ 64, 188.
  Sex Octacilius Restitutus, 188.
  ?........ 191, 200.
  Q. Sittius Urbanus, 196, 199.
  ...... *Fabius Félix*, 200, 201.
  P. Julius Urbanus, 331.
  L. Volusius Barbarus, 348.

Questeurs de provinces
- de la province d'Asie, *T. Caesernius Statius*, 27.
- de la province de Rhétie, *P. Porcius Optatus Flamma*, 227.

Questeurs de Rome :
  P. Pactumeius Clemens, 28.
  C. Arrius Antoninus, 50.

Quindecemviri stilitipibus judicandis, c'est-à-dire présidents de cours de justice à Rome :
- *T. Caesernius Statius Quintius*, etc., 26, 27.
  P. Pactumeius Clemens, 28.

R

Rational, chef suprême de l'administration fiscale de la province, 25.
- de Numidie, *Vettius Florentinus*, 89.

Respublica Cirtensium, 3.
- élève une statue à *Julia Domna* au Capitole, 25.
- élève au Forum une statue à *Septimius Geta*, père de Septime Sévère, 34, 35,

— élève au Forum une statue à *Paccia Marciana*, première femme de Septime Sévère, 35.
— élève une statue à *P. Julius Junianus Martialianus* au Capitole, 160.

Rhumel, fleuve, l'ancien Ampsaga, 4, 16 et *passim*.

M. Roccius Felix, chevalier, triumvir, prêtre de la ville, flamine d'Antonin,
— élève au Capitole une statue au Génie du peuple cirtéen, 24, 166, 186, 266, 350.

Rocher des Martyrs, 99-105.

Rome, *passim*.
— éternelle. - Liberalité qui est faite en son honneur par *L. Julius Martialis*, 44, 346.

Rusicade *(Colonia Veneria)* (Philippeville), 9, 12, 23, 44, 64, 70, 81, 148 et *passim*.
— (Voie de), 33.
— ses Horrea publica bâtis par le *praeses* de Numidie, *Publilius Ceionus CaecinaAlbinus*, 23.
— sa statue à la Fortune élevée par *C. Annius*, pontife, 345.
— sa statue à la Victoire, érigée par *L. Cornelius Fronto Probianus*, 347.

Rutilia Novela, prêtresse de Cérès, 318.

S

Salluste
— propriétés de la famille des Salluste à Cirta, 18, 126.

Salvidenia Minna
— son épitaphe, 116.

Saturne
— son culte et ses fêtes, 299-309.
— son temple dans la rue Caraman, 81.
— *Frugifer*, son temple, 29, 166, 187.
— ses prêtres dont il existe des inscriptions :
  C. Gargilius Felix, 303.
  C. Pompeius Quintus, 304.
  L. Julius Urbanus, 304.
  M. Fortunatus, 305.
  Vibius Martialis, 305.

Satyres
— leurs statues dans un temple du second Forum, 44, 184.

L. Scantius Julianus, triumvir,
— élève une statue à l'empereur Pertinax, sur le second Forum, 188.

Science augurale, 253.

Scironius Pasicrates, *praeses* de Numidie,
— élève une statue au Forum à *Domitius Alexander*, l'usurpateur, 36

Sécurité du Siècle (la),
— sa statue sur l'arc de triomphe d triomphe de *Caecilius Natalis* 39, 128, 181, 340.

Seia Gaetula
— sa statue au second Forum, 46, 167

M. Seius Maximus, chevalier romain triumvir,
— élève une statue à Caracalla sur l second Forum et donne des jeux 47, 165.

M. Sempronius Rusticinus,
— élève une statue de Commode a Capitole, 25, 197.

Septime Sévère, Empereur, 9, 25, 27 30, 34, 35, 36, 47, 69, 74, 126, 127 164, 179, 185, 227, 228, 331, 341 344, 346.

P. Septimius Geta, père de Septim Sévère,
— sa statue au Forum, 34, 127; 164.

Servi publici (voir esclaves municipaux)

Sextilius Honoratus,
— élève à Thibili un autel à la *Terr mère*, en commémoration d'un taurobole, 338.

Sigus (Sigus), *pagus* cirtéen, 9, 10 e *passim*.
— (voie de), 33.
— temple de Vénus, 293.
— temple du Génie du peuple cirtéen, 354.
— *Cultores* de la Victoire, 347.

Sila (Fedj-Sila), *pagus* cirtéen, 9, 10.

Sitifi (Sétif), 240.

Sittia Calpurnia Extricata, flaminique des IIII Colonies,
— sa statue au Capitole, 29, 233.
— son autre statue dans l'intérieur d sa demeure, 78, 79, 161, 233.

Sittienne (la)
— son temple à Cirta, 127, 350.

L. Sittius, prêtre augustal,

— son tombeau à *Azimacia* (le Hamma), 121.

P. *Sittius Dento,* édile, duumvir quinquennal, deux fois questeur, flamine, 8, 141.

A. *Sittius Faustus,* flamine perpétuel, édile, triumvir, triumvir quinquennal, préfet *jure dicundo* des Colonies,
— monument funéraire de sa veuve *Apronia,* 179, 203.

C. *Sittius Flavianus,* édile, triumvir, préfet des Colonies,
— élève, sur le Forum, une statue à la Fortune qui avait ramené Septime Sévère, 36, 163, 186, 203, 345.

P. *Sittius Nucerinus,* ex-conjuré de Catilina, lieutenant de César en Afrique,
— commande un corps de partisans dans l'armée de Bogud, 6.
— s'empare de Cirta, 6.
— placé par César à la tête de la Colonie romaine de Cirta, 6, 138, 139.
— mis à mort par Arabion, 6.

P. *Sittius Optatus*
— son tombeau et son épitaphe à *Alba,* à l'embouchure de l'*Ampsaga,* 121.

L. *Sittius Rufinus,* décurion des IIII Colonies, 149.

P. *Sittius Tullianus*
— son épitaphe, 117.

Q. *Sittius Urbanus,* questeur et édile.
— son tombeau à *Thibili,* 196, 199.

P. *Sittius Velox,* édile, triumvir, 8.
— sa statue élevée par décret de l'*Ordo,* 160, 191.

Sosia Falconilla, arrière petite-fille, petite-fille, fille et sœur de consuls,
— a sa statue sur le second Forum, 52.

Spelaeum (antre de Mithras), au Capitole, 22, 334.

Statues
— de Jupiter Vainqueur au Capitole, 18, 159.
— du Génie du Peuple au Capitole, 24, 166, 186, 266.
— de la Victoire, au Capitole, 24.
— de Commode, au Capitole, 25, 197.
— de *Julia Domna,* au Capitole, 25.
— de Gratien père, au Capitole, 26.
— de *T. Caesernius Statius,* au Capitole, 26, 27, 163.
— de *M. Coculnius Quintillianus,* au Capitole, 27, 164, 228.
— de *P. Julius Junianus Martialianus,* au Capitole, 27, 160.
— de Mercure, en bronze, au Capitole, 29, 166
— de *P. Pactumeius Clemens,* au Capitole, 28, 161.
— de *L. Maecilius Nepos,* au Capitole, 29, 166, 227.
— de *Sittia Calpurnia Extricata,* au Capitole, 29, 161, 233.
— de *Porcia Maxima Optata,* au Capitole, 29, 227.
— de *L. Julius Victor Modianus,* au Capitole, 30.
— de *Septimius Geta,* sur le Forum, 34, 127, 164.
— de *Paccia Marciana,* sur le Forum, 35, 127, 164.
— de *Domitius Alexander,* sur le Forum, 35, 36, 127.
— de la Fortune de Septime Sévère, sur le Forum, 36, 127, 186.
— de la Fortune qui avait ramené Septime Sévère, sur le Forum, 36, 127, 163, 344.
— de *Ceionus Italicus,* sur le Forum, 37, 127, 160.
— de *M. Fabius Fronto Probianus,* 37, 127, 184, 260
— de *L. Domitius Tiro,* 261.
— de l'Indulgence de l'Empereur, sur l'arc de triomphe de *Caecilius Natalis,* 39, 128, 181, 345.
— de la Sécurité du Siècle, sur l'arc de triomphe de *Caecilius Natalis,* 39, 128, 181, 346.
— de la Vertu de l'Empereur, sur l'arc de triomphe de *Caecilius Natalis,* 39, 128, 181, 348.
— de *M. Flavius Postumus,* sur le second Forum, 45.
— de *M. Claudius Restitutus,* sur le second Forum, 46.
— *Seia Gaetula,* sur le second Forum, 46, 167.
— de Caracalla, sur le second Forum, 47, 165.
— de *Veratia Frontonilla,* sur le second Forum, 47, 168, 232.
— de la Paix, sur le second Forum, 48, 197, 346.
— de *P. Julius Geminius Marcianus,* sur le second Forum, 161.
— de *C. Arrius Antoninus,* sur le second Forum, 50.
— d'*Antonia Saturnina,* sur le second Forum, 51.

— de *Sosia Falconilla*, sur le second Forum, 52.
— de ?....., sur le second Forum, 53.
— d'un légat de la IIIe Légion, sur le second Forum, 54, 168.
— de ?....., sur le second Forum, 53.
— de *M. Dupidius*, sur le second Forum, 283.
— de ?....., sous le Portique de Gratien, 63.
— de ?....., dans la rue Leblanc, 65.
— de ?....., dans la rue Desmoyen, 69.
— de Septime Sévère, dans la rue Desmoyen, 70, 126.
— de Pallas, dans son temple de la rue du 26e de Ligne, 70, 71, 128, 182.
— de Trajan, près de ce temple, 71.
— de ?....., dans le temple de Saturne, 81.
— de ?...... sous le portique de ce temple, 81.
— de ?.... sur l'*arca* de ce temple, 81.
— de Bacchus, dans son temple, 81-84, 168.
— de la Concorde des IIII Colonies, dans son temple, 87, 165, 343.
— de Constantin, devant ce temple, 89.
— de *P. Sittius Velox*, 8, 160, 191.
— du Génie du peuple, 165, 166, 196, 350.
— de Vénus, dans son temple, 44, 129, 167.
— de deux satyres, dans un temple du second Forum, 44, 184.
— de Jupiter Sylvain, 187.
— de Mercure, 187, 308.
— d'un Empereur inconnu, 187.
— de ?....., 197.
— de *Tellus*, avec un autel et un tétrastyle, dans la rue de Mila, 331.
— de Rome Eternelle, 346.
— de *Q. Austurnus Lappianus*, à Rusicade, 185.
— de *dextri*, à Rusicade, 188, 263.
— d'Alexandre Sévère, à Rusicade, 262.
— de la Fortune, à Rusicade, 345.
— du Génie de la Colonie, à Milev, 352.
— de Marc-Aurèle et de Verus, à Cuiculum, 24.
— acrolithe de *Tellus*, à Cuiculum, 331.
— de la Concorde, à Cuiculum, 344.
— de *M. Calv*...., à Sigus, 197.
— de la Victoire, à Arsacal, 197.
— de la Fortune, à Phua, 345.
— du Génie de *Caputamsagac*, 352.

Stennia Potita
— son tombeau et son épitaphe, 121.

Subzuar (Sadjar), *pagus* cirtéen, 9, 354.

Syphax, roi de Numidie,
— enlève la Numidie à Massinissa, 6.

Système d'adduction, de distribution et de conservation des eaux à Cirta, 113, 114.

T

Tanit
— son culte, son temple, ses *ex-voto* à Cirta, 359-363.

Taurobole (voir baptême du sang).

Tellus
— son culte, ses fêtes, ses temples, 329-332.
— son autel et sa statue à Cirta, 331.
— son temple à Cuiculum, 331.
— sa statue dans ce temple, 331.

Temples
— leurs usages, 236.
— du Capitole, 20, 21, 22, 125.
— sur le second Forum, élevé par *Julius Fabianus*, 44, 125.
— de Vénus, élevé sur le second Forum, par *L. Julius Martialis*, 44, 128, 167, 187, 200.
— ou autel de Junon Céleste (Tanit latinisée), au second Forum, 48, 128, 166.
— de Pallas, dans la rue du 26e de Ligne, 70, 71, 128, 182, 200, 290.
— de Julie, dans la rue Caraman, 80.
— de Saturne, dans la rue Caraman, 81, 129.
— de Bacchus, 81-84, 129, 168.
— du Génie des Colonies cirtéennes, 85, 129, 350.
— de Vénus, sur l'emplacement de la grande Mosquée, 87-90.
— de la Concorde des Colonies cirtéennes, près du précédent, 87-90, 200, 343.
— de Saturne *Frugifer*, 29, 166.
— au Capitole, construit par un triumvir qui était pontife et avait rempli toutes les charges municipales, 191.
— de Baal Hâman et de Tanit à Cirta, 355-359.
— de la Sittienne, sur le Forum, 127, 350.
— de Vénus, à Sigus, 293.
— du Génie du peuple cirtéen, à Sigus, 351.
— de Tellus, à Cuiculum, 331.

Tétrapyle d'Avitianus, 39, 40, 128, 129.

Tétrastyles
— sur l'arc de triomphe, bâti par *Caecilius Natalis*, 38, 128, 180.

— sur le second Forum, bâti par *C. Julius Potitus*, 44, 128.
— sur la même place, bâti par *M. Seius Maximus*, 47, 165.
— dans la rue de Mila, bâti pour la statue de Tellus, par *P. Julius Urbanus*, 331,

Thamugadi *(Colonia Ulpia Trajana)* (Timgad).
— *Publilius Ceionus Caecina Albinus*, *praeses* de Numidie y fait réparer les portiques du Capitole, 23.
— Statue de *P. Julius Junianus Martialianus*, 28.
— Son Forum, 33.
— *Album* de ses décurions, 152.

Théâtre près du Portique d'*Aufidius* et de l'hippodrome, sur la rive droite de l'Ampsaga, 92-95, 129.

Thermes
— du Capitole, 30, 31, 126.
— d'*Arrius Pacatus*, 72-75, 126.
— extra muros, 107-109.

Thibili (Announa)
— (voie de), 33.
— ses représentants au Conseil des décurions de Cirta, 148.
— tauroboles, 337, 338.
— Statue à la Fortune, 345.

Tiddi (Le Kheneg), *pagus* cirtéen, 9, 126, 179.
— (voie de), 33.
— *Tiditni*, 54.

Tombeaux
— des *Fonteius*, 38, 65-70, 127.
— de *Praecilius*, 52-62.
— de familles dans les environs de Cirta, 117-122.
— de *Sex. Aemilius Felicianus*, 118.
— d'*Antonia Monnica*, 118.
— de *Mnesithea Aurelia*, 118.
— de la *Gens Flavia*, 119.
— de *Caninia Octavena*, 119.
— de la *Gens Antiana Satura*, 120.
— de *L. Julius Kanidius* et de *Julia Spes*, son épouse, 120.
— de *Julia Renata* et de son mari, *Julius Sarnianus*, 120.
— de *L. Lepidius Nampulus* et de son épouse, *Stennia Potita*, 121.
— de *L. Sittius*, prêtre ougustral, 121.
— de *P. Sittius Optatus*, 122.
— de ? ....., à Salah-Bey, 122.

Tractus de Théveste
— (Procurateur du), 30.

Trajan, empereur, 9, 34, 71.

Tribune aux harangues du Forum de Rusicade, construite par *C. Caecilius Gallus*, 189.

Tribuns militaires
— de la VIIe Légion *Gemina*, *M. Claudius Restitutus*, 46.
— de la IIIe Légion Scythique, *C. Arrius Antoninus*, 50.
— de la IIIe Légion *Fulminata*, *C. Aufidius Maximus*, 93, 94.
— d'une Légion inconnue, *P. Porcius Optatus Flamma*, 227.

Tribuns du peuple :
— *T. Caesernius Statius*, 26.
— *P. Julius Junianus Martialianus*, 27.
— *P. Pactumeius Clemens*, 28.
— honoraire, *M. Flavius Postumus*, 45.
— ?......., 53.

Tribus
— *Arnensis*, 8.
— *Quirina* 8 et *passim*. La plupart des inscriptions de Cirta mentionnent des personnages appartenant à cette tribu qui était celle des habitants de cette ville.

Triumvirs
— des IIII Colonies, 10.
— leur origine, 141.
— leurs attributions et leurs honneurs, 169-195.
— dont les inscriptions se trouvent à Cirta :
P. *Sittius Velox*, 8, 160, 191.
M. *Caecilius Natalis*, 12, 38, 39.
M. *Fabius Fronto*, 12, 184, 260, 263.
Q. *Julius Honoratus*, 183, 199, 260, 261, 344.
.....*Co(mmodus)*, 131, 190, 205, 263.
Q. *Fulvius Faustus*, 19.
M. *Roccius Felix*, 24, 166, 186, 350.
M. *Coculnius Quintillianus*, 27.
L. *Maecilius Nepos*, 29, 166.
P. *Paconius Cerialis*, 29, 166.
C. *Sittius Flavianus*, 36, 186, 345.
L. *Julius Martialis*, 44, 167, 346.
M. *Seius Maximus* 47, 165.
Quadratus Baebianus Vindex, 70, 71, 182.
?.... 64, 188.
A. *Sittius Faustus*. 179.
M. *Dupidius*, 183.
L. *Scantius Julianus*, 187.
Sex. Otacilius Restitutus, 188, 199, 252, 263.

Cn. Ca ... Soricio, 189.
..... Pomponius...., 191, 250.
?....191, 200.
?....191.
C. Julius Crescens Didius Crescentianus, 229.

Triumvirs quinquennaux,
— leurs attributions, 146, 177.
— dont il reste des inscriptions à Cirta :
Q. Fulvius Faustus, 19.
L. Maecilius Nepos. 29
M. Caecilius Natalis, 38, 39.
Julius Fabianus, 44, 184.
?....64, 127,
A. Sittius Faustus, 179.
Q. Julius Honoratus, 183, 260, 260.
M. Dupidius, 183.
C. Caecilius Gallus, 189.
....Pomponius...., 191.

U

Umbria Matronica
— son épitaphe, 116.

Uzeli (Oudjel), *pagus* cirtéen, 9, 126.
— *Uzelitani*, 54.

V

Valentinien et **Valens**, empereurs, 22.

Valentinien, Valence et **Gratien**, empereurs, 62.

Vandales (les)
— ne prennent pas Constantine, 14.

Vénus
— son culte, ses fêtes, 290-293.
— son temple élevé au second Forum, par *L. Julius Martialis*, 44, 129, 167, 187, 200, 293, 346.
— son sanctuaire au Panthéon, 88, 293.
— son temple à Sigus, 293.

Veratia Frontonilla, flaminique des IIII Colonies,
— a sa statue sur le second Forum, 48, 168, 232.

Vérone
— (la liste de) mentionne une *Numidia Cirtensis*, 7.

Vertu de l'Empereur (la)
— sa statue à Cirta, 39, 128, 181, 348.

Vettius Florentinus, rational de la Numidie et de la Mauritanie, 89.
— élève une statue à Constantin devant le temple de la Concorde, 89.

Vicaires de Numidie, 26.

Vice-préfet du prétoire :
— *Claudius Acitianus*, 40.

Victoire
— statuette trouvée au Capitole, 20.
— statuette d'argent dans la main de Jupiter au Capitole, 18.
— statue au Capitole, 24.
— statue à Arsacal, 197, 347.
— statue à Rusicade, 347.
— autels à Sigus, 347, à Cuiculum, 348.

Vœux, 239, 293, 303, 321, 322, 323, 329.

Voies
— (curateur des), 27.
— de Rusicade et Tiddi à Cirta, 33.
— de Sigus, Hippo Regius, Calama et Thibili à Cirta, 33.
— ornée de statues entre les deux Forums de Cirta, 33, 128.
— de la place Nemours au pont d'Antonin, 85, 86, 127.
— de Cirta à Carthage, 106, 107.
— entrant au Capitole, 125, 183.

Volusianus, préfet du prétoire de Maxence,
— sa victoire sur Alexandre l'usurpateur, 13.

L. Volusius Barbarus, questeur, édile et augure,
— élève un autel la Victoire, à Cuiculum. 348.

Z

Zenas, lieutenant de *Volusianus*,
— vainqueur d'Alexandre l'usurpateur, 13.

ERRATA

Page 24, ligne 15, *au lieu de* prêtre de Rome, *lire* prêtre de la ville.

Page 29, ligne 12, *au lieu de* Fortune Céleste *lire* Vierge Céleste.

Page 49, ligne 11, *au lieu de* P. *Julius Marcianus, lire* P. *Julius Geminius Marcianus.*

Page 51, ligne 1. *au lieu de* le *Concilium provinciae* de Cirta, *lire* le Conseil des décurions de Cirta.

Page 60, ligne 22, *au lieu de* certaines parties des eaux, *lire* certaines parties des os.

Page 75, ligne 16, *au lieu de* XVIII, *lire* XIX.

Page 127, ligne 34, *au lieu de* C*eionus Italicu, lire* C*eionus Italicus.*

Constantine. — Imp. Ad. Braham.

EN VENTE
À La Librairie Adolphe BRAHAM
2, RUE DU PALAIS. — CONSTANTINE

Ch. VARS, professeur de philosophie au Lycée, secrétaire de la Société Archéologique de Constantine.
- *Promenade archéologique aux ruines de Timgad.* Brochure in-8º, avec planches. . . . . 1 fr. 50
- *L'ancienne Thamugadi (Timgad), ses monuments, son administration, ses magistrats, d'après les fouilles et les inscriptions.* . . . . En préparation.

MERCIER (Ernest), interprète judiciaire assermenté, à Constantine.
- *Des abus du régime judiciaire des Indigènes de l'Algérie et des principales modifications à y apporter.* 1 vol. in-8º 1 fr. 50
- *Étude sur la Confrérie des Khouan de Sidi-Abd-el-Kader-el-Djilani*, à propos d'un Catéchisme à l'usage de cette secte Brochure in-8º . . . . 1 fr. 50
- *Histoire de l'Afrique Septentrionale (Berbérie), depuis les temps les plus reculés jusqu'à la conquête française (1830).* 3 forts vol. in-8º. . . . . 25 fr. 00
- *La France dans le Sahara et au Soudan.* Br. in-8º 1 fr. 00
- *La France dans l'Afrique Centrale en 1894.* Br. in-8º 1 fr. 00
- *L'Algérie en 1880.* 1 vol. in-8º . . . . 5 fr. 00
- *Constantine avant la conquête française (1837).* Notice sur cette ville à l'époque du dernier Bey. In-8º, avec plan . 1 fr. 50
- *Élévation de la famille El-Feggoun.* Br. in-8º . . 1 fr. 00
- *Les Indigènes de l'Algérie.* Leur situation dans le passé et dans le présent. Brochure in-8º . . . . 1 fr. 00
- *Épisodes de la conquête de l'Afrique par les Arabes.* Les héros de la résistance berbère : Kocéïla. — La Kahéna. In-8º. avec carte. . . . . 1 fr. 50
- *Le Centenaire de la prise de Constantine.* Br. in-8º. 0 fr. 50
- *Histoire de Constantine*, un gros vol. in-8º. En préparation.

Recueil des Notices et Mémoires de la Société archéologique de la province de Constantine. 29 vol. in-8º, avec nombreuses planches (1853-1895) Le vol . . . . 5 fr. 00
Ces volumes, dont le nombre s'accroît chaque année, forment le recueil le plus complet de renseignements historiques et archéologiques sur l'Afrique Septentrionale.

Album du Musée de Constantine, publié sous les auspices de la Société archéologique. Dessins de M. L. Féraud, interprète principal de l'Armée, et texte explicatif par M. A. Cherbonneau.
- 1er Album, 1 vol. in-4º oblong. . . . . 5 fr. 00
- 2e — 1 vol. id. . . . . 5 fr. 00

A.-C. PALLU DE LESSERT, *Fastes de la Numidie sous la domination romaine.* 1 vol. in-8º . . . . 4 fr. 00
- *Vicaires et Comtes d'Afrique* (de Dioclétien à l'Invasion Vandale). 1 vol. in-8º. . . . . 4 fr. 00

www.ingramcontent.com/pod-product-compliance
Lightning Source LLC
Chambersburg PA
CBHW050911230426
43666CB00010B/2123